백두용과 한남서림 연구

白斗鏞
翰南書林
研究

개정판

백두용과
한남서림
연구

이민희

역락

머리말

　　서적이란 것은 한 나라 인심·풍속·정치·산업·문화·무력을 산출하는 생식기이며, 역대 성현·영웅·고인·지사·충신·의협을 본떠 전하는 사진첩이다. 서적이 없으면 그 나라도 없을 것이다. (「구서간행론－서적출판가 제씨에게 고함」, 『대한매일신보』, 1908년 12월 18일자)

　　일찍이 개화기 사상가이자 역사학자였던 단재(丹齋) 신채호(申采浩)가 책의 가치를 논파한 글의 일부다. 단재는 책이야말로 한 나라의 문화, 정치, 풍속을 만들어내는 자궁과 같고, 선인과 지사의 뜻과 정신을 오롯이 들여다 볼 수 있는 앨범과 같다고 했다. 더욱이 책이 없으면 나라 또한 없다고 보았다. 당시 서적 출판이 얼마나 중요한지 강조하기 위한 목적에서 이렇게 강변한 것이었다.

　　그렇다. 꺼져 가던 대한제국의 현실을 직시한 단재는 단순히 책의 가치와 중요성을 강조한 것이 아니라 책의 역할을 민족과 국가 담론으로 연결, 확장시켜 나간 것이다. 이렇듯 단재가 고서 간행의 의미를 적극 피력한 것은 당시 19세기 말~20세기 초 서점과 출판사에서 서양 서적의 간행과 수입에 맞서 국내 기존 서적(고서)을 출판하고자 한 이유와 관점을 단적으로 대변하는 것이기도 하다. 이때 그는 그 논리를 두 가지 키워드, 즉 고서(古書)와 출판에서 찾고자 했다. 서양 문물이 들어오고 신서가 쏟아져 나오는 상황에서 새삼 책의 가치와 존재 의의 자체를 부연코자 함이 아니라 '옛 것'과 '고유한 것'을 현재의 문제로 환치시켜 적용시키는 문제, 곧 고서 출판과 보급이 나라의 운명을 결정지을 수 있다는 인식을 갖고 있었던 것이다. 그리고 그 실천적 행동을 출판업자에게 주문코자 했던 것이다.

　　당대에 이런 단재의 주장과 문제의식을 실천하며 살았던 이들이 있었다. 그 중 한 사람이 바로 한남서림(翰南書林)의 주인 백두용(白斗鏞)이다. 한남서림은 신서와 고서의 간행과 매매, 유통이 활발하게 나타나면서 그 체계를 조금씩 갖춰 나가던 시기에 서점업과 출판업을 겸했던 초창기 대표 서점 중 하나였다. 회동서관과 신구서림 등 일부 서점이 한남서림보다 다소 앞서 나타났지만, 한남서림은 여느 서점과 달리 고서만을 취급했으며, 후에 출판업을 추가하면서도 고서 출판만을 고집했던 유일무이한 서점이었다. 한남서림은 당시 다른 서점과 달리 출판업보다 서점업에 중심을 두었고, 출판업의 경우에도 고서 간행에 초점을 두는 등 시류와 다른 영업 노선을 취함으로써 개업 후 많은 관심과 주목을 받았다. 시대 흐름에 따라 돈 벌이가 되는 잡지, 교과서, 문방구, 신서 간행으로 출판 대상을 바꿔 서점 경영을 했던 대다수의 서점과 달리 한남서림은 고서만을 전문으로 취급하며 그 정체성을 고수하고자 했다.

  그렇다면 왜 백두용은 시류를 좇지 않고 고서만 고집했던 것일까? 1930년대에 한남서림을 팔게 되었을 때, 왜 하필 문화재 수집가로 유명한 간송(澗松) 전형필(全鎣弼)에게 넘게 주게 된 것일까? 아니 간송은 당시 그 많던 서점 겸 출판사 중에서 왜 하필 한남서림을 인수해 서점을 운영하려 한 것일까? 이 책은 바로 이런 질문에 대해 답하고 있다. 여러 대에 걸쳐 화원(畫員)으로 활동한 백두용 집안 내력과 선친 대의 장서(藏書), 그리고 백두용의 서점 경영이 밀접한 연관을 가지고 나타났음을 여기서 밝히고자 했다. 이는 백두용이 한남서림을 설립하고 서점 문을 열었을 때, 서점 개업이 당시에 커다란 사회적 관심을 끌고 내노라 하던 당대 유명 인사들과 관료들이 앞 다투어 한남서림의 등장을 축하하고 커다란 의미를 부여하고자 한 이유와 연결된다는 점에서 의미가 있다. 한남서림 개업은 사회적 반향을 불러일으킨 일대 사건과도 같았다. 그 구체적 증거를 한남서림에서 편찬한 『가장도서첩(家藏圖書帖)』을 통해 확인 가능하다.

『가장도서첩』은 1913년~1916년에 당시 사회 각계 인사들이 한남서림 개업을 축하하기 위해 써준 시문을 모아 펴낸 첩을 말한다. 여기에 참여한 이들은 총 325명에 이르고 당대 내노라 하던 인사들이 대거 참여했다. 시문의 내용을 보더라도 서점 개업을 축하하는 것뿐만 아니라, 한남서림이 세워지게 된 이유와 백두용 집안의 내력, 백두용과 일가친척에 대한 인물평, 그리고 한남서림 등장을 바라보던 당대 지식인의 평가와 사회 인식의 문제까지 담겨 있어 시사하는 바가 적지 않다. 더욱이 『가장도서첩』 참여자와 그들의 글은 백두용의 대인관계와 한남서림의 초창기 성격을 이해하는 중요한 열쇠가 된다. 이를 위해 참여자 325명의 면면을 일일이 살피고, 그들이 『가장도서첩』에 남긴 글 중 의미 있다고 판단되는 것들은 그 내용까지 함께 소개하고자 했다. 『가장도서첩』의 내용을 전체적으로 파악함으로써 백두용의 대인관계는 물론, 초기 서점 설립과 운영의 실체, 그리고 사회의식을 고구할 수 있다. 또한 『가장도서첩』 내용을 토대로 한남서림의 설립 시기가 1910년 이후의 일이었음을 확인할 수 있다.

결국, 이 책은 한남서림과 백두용, 그리고 한남서림 간행물 등 제반 사항을 종합적으로 고찰한 최초의 성과물에 해당한다. 『가장도서첩』 외에도 한남서림 소장 도서 장부인 『고서목록』 등 여타 자료를 가급적 많이 모아 백두용의 생애와 평가를 보완해 내는 한편, 전국에 흩어져 소장되어 있는 한남서림 간행물의 총 목록을 작성해 그 실체를 보여주게 된 것도 의미 있는 일이라 하겠다. 또한 한남서림이 근대 서적 출판 유통사에서 차지하는 위치를 고구하고 서점경영자·출판인으로서 백두용이 어떤 인물이었는지를 탐구했을 뿐만 아니라, 간행물을 통해 근대 서적 출판문화의 일 풍경을 엿볼 수 있었던 것도 적지 않은 소득이라 자부한다. 그동안 백두용과 한남서림에 관해 가려져 있던 면모가 본 연구를 통해 좀 더 다채롭게 드러날 수 있기를 희망해 본다. 또한 향후 한남서림 간행도서 연구와 출판문화의 양상 파악에도 적잖은 도움을 줄 수 있을 것이다. 20세기 초 한남서림의 형성과 경영, 그리고 그 간행물에 대한 이해는 결국 20세기 초 근대서점의 형성과 성장, 출판 및 유통사의 한 단면을 조명하는 것의 다름 아니다. 백두용이란 서적상의 활동상과 출판·유통사에서의 한남서림의 역할을 다면적으로 평가함으로써 일제강점기 서적상의 활동과 출판·유통의 제도적, 사회적 풍경을 이해하는 첩경으로 삼을 수 있으리라 자평한다.

이 책이 나오기까지 만 4년이 넘는 시간이 걸렸다. 나 자신과의 싸움뿐 아니라, 자료와의 싸움이기도 했다. 강원대 국어교육과 학부생들과 대학원생이 일부 나를 도와주어 힘을 얻을 수 있었다. 학부생 중에는 이미 졸업한 지 3년이나 지난 이들도 있다. 어현동, 김미희, 이정호, 이단비, 박지선, 남진화, 그리고 박사과정생 김미정에게 감사의 마음을 전한다. 그리고 어려운 출판 여건에서도 흔쾌히 출간을 허락해 주신 역락 출판사 사장님께도 고마운 마음을 표하고 싶다. 근대 서적과 출판문화에 깊은 관심을 갖고 후원해 주시는 멋진 출판인이시기에 더욱 고마울 따름이다. 예쁘게 책을 편집해 주신 박선주 님께도 감사의 말을 전하고 싶다.

마지막으로 이 책의 초고는 가족이 사는 캐나다의 작은 도시 키치너에서 끝마칠 수 있었다. 세상이 온통 하얗게 변한 겨울날, 사랑하는 가족과 함께하는 시간 속에서 맺은 결실이라 더욱 행복하고 소중하다. 옆에서 늘 응원해 주는 아내와 두 딸은 언제나 내 연구의 든든한 버팀목이자 기쁨 그 자체이다. 초여름으로 접어드는 6월에야 드디어 탈고를 했다. 이제야 '변하는 것'과 '변하지 않는 것'의 의미를 조금이나마 깨달았을까? 자문해 본다.

2013년 6월

파란(波蘭) 이민희(李民熙) 짓다

개정판 머리말

한남서림(翰南書林)은 근대 초기 민간 서점의 역사를 대표하는 고서점 중 하나다. 1910년대부터 1960년대 초까지 반세기 동안 고서 유통과 출판의 역사에서 기념비적인 역할을 담당해온 산 증인과 같다. 백두용(白斗鏞, 1872~1935)도 국문학, 서지학, 출판학, 서예학 등을 연구하는 이들에겐 꽤나 낯익은 이름이다. 한남서림을 고서점의 대명사로 만들고 고서화를 통해 격동의 사회에 희망을 주고자 한, 최전방 지식인이자 서적상으로 부족함이 없다. 여기에 한남서림을 매개로 간송 전형필과의 관계를 고려할 때, 그와 한남서림이 갖는 의미는 거듭 재평가될 필요가 있다.

우리 모두 한남서림과 백두용에게 빚진 것이 너무 많다. 특히 연구자들에게 한남서림과 백두용은 여러 면에서 큰 은혜를 입었다. 그 은혜를, 그 채무를 절감하고 4년이 넘는 기간 동안 한남서림과 백두용에 매달려 미친 듯이 공부한, 그러나 부족한 점이 가득했던 결과를 세상에 내놓은 지도 벌써 6년이란 시간이 흘렀다. 책을 세상에 내놓은 후는 필자의 후회가 쌓인 시간에 비례한다.

초판을 세상에 내놓기까지 무척 힘들었지만, 반대로 초판이 나왔기에 많은 분으로부터 과분한 격려와 사랑을 받을 수 있었다. 초판이 나온 후, 백두용과 한남서림에 관한 새로운 자료를 여럿 추가할 수 있었다. 부족한 부분을 보완하고 잘못된 지점을 바로잡아 독자 제위에게 다시 정확히 알려주고자 개정판을 낸다.

개정판을 내면서 특별히 고마운 분들에게 감사를 표하지 않을 수 없다. 지금은 고인이 된, 백두용의 손자 고(故) 백태규 님의 영전에 이 개정판을 바치는 바다. 거동이 대단히 불편하심에도 불구하고 흔쾌히 필자를 만나 주시고 수 차례 장시간 집안의 대소사를 들려주시던 기억을 잊을 수 없다. 백두용의 재종형인 백철용의 증손자 백우열 님, 대구 보광한의원의 최순화 한의사 님과 동학 부산교대 김준형 교수님께도 특별히 감사를 표하고 싶다. 학문적 스승이셨던 고(故) 정명기 교수님의 은혜 또한 따뜻하고 그립다.

이번 개정판에는 간송 전형필이 한남서림을 인수한 시기와 그 과정을 정확히 적시할 수 있게 되었다. 그리고 2020년 새해, 한남서림이 위치했던 관훈동 18번지 옛터에 표지석이 세워질 예정이다. 이 일이 가능할 수 있었던 데엔 국외소재문화재재단의 강임산 팀장의 헌신과 애정이 컸다. 서울시와 문화재청, 그리고 종로구청에서 한남서림과 그 터를 문화유산으로 인정해 한남서림 터 표석을 세울 수 있는 산파 역할을 해 주었을 뿐만 아니라, 간송미술관과 전형필, 그리고 백두용을 연결해 주었다.

개정판은 바로 이런 고마운 분들의 도움으로 탄생했다. 행여나 이런 고마운 분들에게 이 개정판이 누가 되지 않을까 더욱 조심스럽기만 하다.

한남서림이 이제 후손들에게 물려줄 만한 문화유산으로서 당당히 자리하게 된 2020년 현재. 그럼에도 불구하고 한남서림과 백두용, 그리고 전형필과 만나는 길은 여전히 좁기만 하다. 연구자로서 부족한 부분이 많으나, 이런 방식으로라도 마음의 짐을 덜 수 있다면 그나마 다행이라 할 것이다.

AI 생활문화가 성큼 우리 곁에 다가오고 있는 오늘날, 백두용과 한남서림의 흔적을 더듬어보는 작업은 우리에게 정말 과연 어떤 의미가 있을까? 그 의미를 찾는 일은 독자 개개인의 몫으로 남겨놓을 수밖에 없다. 그럼에도 '변해야 할 것'과 '변하지 말아야 할 것'의 선택과 그 활용은 결국 필자 개인 앞에 던져진 운명일지 모르겠다.

2020년 1월

파란(波蘭) 이민희(李民熙) 새로 깁고 고치다

백두용과 한남서림 연구

제2부 | 자료편

제1부

연 구 편

제1장 백두용(白斗鏞)의 생애와 활동

1. 연구 목적

한남서림(翰南書林)은 근대적 형태의 초창기 민간 서점 겸 출판사다. 정확한 설립 시기를 확정하긴 어려우나 1910년을 전후한 시기에 세워져[1] 1960년대 초까지 존재했던 서점으로, 근대 초기 민간 서점의 역사를 한눈에 살필 수 있는 대표적 서점으로 평가된다. 방각본 소설을 비롯해 각종 중요 고서들을 간행한 출판사로서 그 독자적 위치를 점하고 있다. 구한 말과 일제 강점기 민간 서적 출판 및 유통 문화를 이해하는 데 있어 한남서림의 존재는 가히 필수적이라 할 것이다.

그런데 한남서림과 주인 심재(心齋) 백두용(白斗鏞, 1872~1935)의 명성과 기여에 비해 지금까지 우리가 그 실체에 관해 아는 것은 별로 없었다. 그동안 20세기 전반기 출판업을 이끌었던 대표적 서점 내지 출판사로 평가되어 온 박문서관, 회동서관, 영창서관, 덕흥서림, 신구서림 등에 관

---

1) 한남서림의 설립 시기와 관련해 의견이 다양하다. 이에 대해 뒤에서 자세히 다루기로 한다.

한 연구는 상당히 축적되어 있는 것과 비교해 보더라도 그렇다.[2] 그 이유야 여러 가지가 있겠지만, 그동안 고전문학 분야보다 현대문학 분야 연구자들이 신문학 간행물 연구를 하면서 신서를 주로 취급한 서점들에 관해 함께 다룬 성과가 많았던 것이 한 이유라 할 것이다. 이에 반해, 한남서림은 고서만을 취급했기 때문에 현대문학 연구자들의 관심에서 벗어나 있었던 측면도 없지 않다. 그렇다면 고전문학 연구자들이 관심을 가졌어야 했을 텐데, 최근 들어서야 서점과 서적 유통에 관해 관심을 갖기 시작했고, 무엇보다 한남서림 관련 취급 자료가 부족했던 것이 가장 큰 이유라 할 것이다.

이런 상황을 극복할 수 있는 방법 중 하나가 바로 새로운 자료의 발굴이다. 수년 전 필자가 새 자료 『가장도서첩(家藏圖書帖)』[3]을 발굴한 것이 본 연구를 가능케 한 원천이다. 『도서첩』은 한남서림의 개업을 축하하며 쓴 시문을 모아 엮은 것으로, 1913년 여름부터 1917년 2월까지 약 3

---

2) 김민환, 「개화기 출판의 목적 연구」, 『언론정보연구』 제47권 제2호, 서울대학교 언론정보연구소, 2010, 100~133쪽 ; 김종수, 「일제 식민지 문학서적의 근대적 위상-박문서관의 활동을 중심으로」, 『우리어문연구』 제41집, 우리어문학회, 2011, 453~483쪽 ; 박몽구, 「일제 강점기 한민족 출판 연구」, 『한국출판학연구』 제36권 제2호(통권 제59호), 한국출판학회, 2010, 89~124쪽 ; 방효순, 『일제시대 민간 서적발행 활동의 구조적 특성에 관한 연구』, 이화여대 박사학위논문, 2001 ; 안미경, 「일제시대 천자문 연구」, 『서지연구』 제22집, 서지학회, 2001, 291~323쪽 ; 엄태웅, 「회동서관의 활자본 고전소설 간행 양상」, 『고소설연구』 제29집, 한국고소설학회, 2010, 475~509쪽 ; 유탁일, 「경판방각소설의 문헌학적 연구를 위한 모색」, 『도남학보』 제7~8집, 도남학회, 1985, 46~64쪽 ; 이종국, 「개화기 출판 활동의 한 징험-회동서관의 출판문화사적 의의를 중심으로」, 『한국출판학연구』 통권49호, 한국출판학회, 2005, 215~252쪽 ; 최호석, 「지송욱과 신구서림」, 『고소설연구』 제19집, 한국고소설학회, 2005, 255~282쪽 ; 「영창서관의 고전소설 출판에 대한 연구」, 『우리어문연구』 제37집, 우리어문학회, 2010, 349~379쪽 ; 하동호, 「博文書館의 出版書誌攷」, 『출판학연구』, 한국출판학회, 1971, 35~51쪽 등.
3) 이하에서 『가장도서첩』을 줄여 『도서첩』이라 칭하기로 한다.

년 반 동안 325명의 명사들이 참여해 만들어졌다. 『도서첩』에 수록된 글의 내용과 참여자들의 면면을 분석함으로써 백두용과 한남서림에 관한 다양한 정보를 얻을 수 있게 된 것이다. 또한 20세기 전반기 출판 유통사에서 한남서림이 차지하는 의미가 무엇인지 구체적으로 고구할 수 있게 되었다. 그 과정에서 한남서림을 개업한 백두용의 생애와 그에 대한 세평, 그리고 대인 관계까지 두루 확인할 수 있다.

물론 이전에 한남서림 연구가 아예 없었던 것은 아니다. 한남서림과 주인 백두용에 관해서는 1980년대 후반부터 언급이 되기 시작했다. 하동호는 백두용이 중인 출신으로 고상한 인품을 갖춘 전형적 유학자였으며, 보수적이지만 온후하고 인자한 서적상이었다고 했다.[4] 그런가 하면 유탁일은 백두용에 관해 "알려진 바가 거의 없다"고 전제하면서 "다만 市井에 묻힌 知識人으로서 자기 저술을 남길 정도의 識見이 있었고 蓮波居士란 선비를 後見人으로 모시고 출판 사업을 했던 분"[5]이라고 소개했다. 그러나 이들 논의는 자료가 부족한 탓에 개괄적이고 소략한 수준에서 간단히 언급하고 만 정도에 그쳤다.

한남서림이 학계의 관심사로 떠오른 것은 한남서림 간행 경판본 고소설에 관한 연구가 나타나면서 부터다. 이창헌은 한남서림 출판물 현황과 고소설 이본(판본) 상황, 그리고 출판사로서의 한남서림의 의미에 관해 집중 조명함으로써[6] 당시 고소설 출판문화와 유통의 전반적 문제를 건드리는 단초를 제공해 주었다. 그러나 이 연구 역시 논의 대상이 한남서림 출판물 중 방각본 고소설로 국한되어 있었기 때문에 주인 백두용

---

4) 하동호, 「韓國古書籍商變遷略考」, 『近代書誌攷類叢』, 탐출판사, 1987, 14~17쪽.
5) 유탁일, 『韓國文獻學研究』, 아세아문화사, 1989, 177쪽.
6) 이창헌, 「한남서림 간행 경판방각소설 연구」, 『한국문화』 제21집, 서울대 한국문화연구소, 1998, 63~111쪽.

과 한남서림에서 취급한 출판물 전반의 제 특징까지 종합적으로 이해하기는 어려웠다.

한남서림의 역사와 주인 백두용에 관한 연구는 최근 들어 이중연과 전재진, 방효순 등에 의해 보다 구체화되었다.[7] 조선총독부 기록과 한남서림에서 간행한『해동역대명가필보(海東歷代名家筆譜)』의 발문, 「심재기(心齋記)」 자료,『동상기찬』발문, 그 밖에 한남서림 간행『남훈태평가(南薰太平歌)』에서 언급된 내용을 토대로 백두용의 생애와 활동, 그리고 한남서림의 영업상을 재구하는 논의를 전개한 바 있기 때문이다. 이는 기존 연구물 중 출판·유통 사회학의 입장에서 백두용에 관한 평가와 한남서림의 경영 역사, 그리고 간행물의 의미까지 개관하고자 한 성과물이라 할 것이다. 특히 방효순은 백두용의 집안 내력을 새롭게 추가, 소개함과 동시에 활자본 출판 환경에서 방각본 소설을 대거 간행했던 한남서림의 경영방식과 그 이유를 사회적, 제도적, 서지학적 측면에서 살펴봄으로써 한남서림의 출판 전략을 이해하는 데 유익한 정보를 제공해 주었다.

그러나 아직 백두용의 생애와 활동을 연보 차원에서 정리할 만한 자료조차 확보되지 못했을 뿐더러 백두용이란 인물에 대한 평가조차 제대로 이루어지지 못했다. 더욱이 한남서림 간행 출판물의 총목록조차 파악하지 못한 상태다. 한남서림의 개업과 폐업 시기도, 백두용의 사망과 전형필의 한남서림 인수 시기와 그 이유도 불분명하기는 마찬가지다. 한남서림이 고서 간행에 열중한 이유와 그러한 간행물이 사회적, 문학사적으로 미치는 영향이 무엇인지, 또 한남서림의 출판·유통문화가 개

---

7) 이중연, 「백두용과 한남서림」,『고서점의 문화사』, 혜안, 2007, 132~152쪽 ; 전재진, 「≪남훈태평가≫의 인간과 개화기 한남서림 서적발행의 의의」,『인문과학연구』제37집, 성균관대 인문과학연구소, 2007, 3~29쪽 ; 김유경, 「방각본 ≪남훈태평가≫의 간행 양상과 의의」,『열상고전연구』제31집, 열상고전연구회, 2010, 169~212쪽 ; 방효순, 「한남서림의 소설류 방각본 발행」,『근대서지』제5호, 근대서지학회, 2012, 135~169쪽.

화기·일제강점기 서적 출판 유통 문화를 이해하는 데 어떤 열쇠를 쥐고 있는지에 관해서도 심도 있는 논의가 이루어지지 못했다.

본 연구는 이런 의문점들을 해소하기 위한 목적에서 출발했다. 『도서첩』을 통해 한남서림의 출판물과 백두용의 생애를 종합적으로 재구성하고 한남서림 서적장부로 추정되는 『서적목록』의 도서 목록까지 처음 소개하고자 했다. 이미 학계에 발표한 것이 있지만[8] 여기서 처음으로 관련 자료들을 모두 공개하고, 백두용과 전형필의 관계, 그리고 한남서림의 전 역사를 종합적으로 고찰하는 기회로 삼고자 한다.

2. 백두용의 생애

백두용은 본관이 임천(林川)(오늘날 충남 부여군)으로, 1872년 8월 2일 서울에서 태어났다. 중인계급에 속하는 화원(畵員) 집안 출신이다.[9] 연산군 대에 등과(登科)한 휴암(休菴) 백인걸(白仁傑, 1497~1579)이 백두용 집안의 이름난 선조이다.[10] 자(字)는 도칠(道七)이고, 호는 심재(心齋)이다.

『임천백씨족보(林川白氏族譜)』[11]에 의하면 백두용은 시조(始祖) 백우경(白宇經)의 40대손으로 부친 백희배(白禧培, 1837~1911)와 모친 전주 전씨(全氏,

---

8) 이민희, 「한남서림의 백두용 연구—새 발굴 자료 <가장도서첩(家藏圖書帖)>을 중심으로」, 『고전문학연구』 제37집, 고전문학회, 2010, 175~201쪽.

9) 하동호, 「韓國古書籍商變遷略考」, 『近代書誌攷類叢』, 탑출판사, 1987, 17쪽.

10) 휴암 백인걸은 인종, 명종, 선조 3대에 걸쳐 기로소에 들어갔고, 청백리 관리로 우참찬(右參贊)에 이르렀다. 『가장도서첩』 <제7책>의 이익수(李益洙)의 축하문에서 백두용 집안에 대해 밝혀 놓았다. "公(=休菴 白公)在燕山朝登科歷事. 仁明宣三朝入耆社, 淸白吏官至右參贊."

11) 현 『임천백씨족보』는 1901년(光武 5)에 백두용과 먼 종형지간(從兄之間)인 백남용(白南鏞)·백시용(白時鏞)이 단행권으로 발행한 것을 증보한 것이다.

1846~1921) 사이에서 둘째 아들로 태어났다. 위로 형 백세용(白世鏞, 1866~
1885)과 최봉식(崔鳳植)에게 시집 간 누이(1868~?)가 한 명 있었다. 그런데
참봉을 지낸 세용은 20세의 나이로 요절한 까닭에 실질적으로 집안을
이끈 이는 두용이었다. 두용은 슬하에 2남 2녀(潤福, 潤翰, 陳琬, 潤卿)를 두
었다.

백두용은 당대 궁중화원이자 산수화가로 이름이 높았던 부친 백희배
(白禧培)의 영향을 많이 받았다. 백희배의 자(字)는 악서(樂瑞), 호는 향석(香
石)이다. 『임천백씨족보』에 의하면 그의 관직이 정3품 벼슬인 통정대부
행중추원의관(通政大夫行中樞院議官)에 이르렀다.[12] 백희배는 천성이 근검
(勤儉)하며 청렴결백[廉潔]할뿐더러, 산수화를 잘 그려 이름이 났다.[13] 그
리하여 철종~고종 대인 약 20년(1861~1880) 동안 규장각 소속으로 왕의
어진을 그리던 자비대령(差備待令) 화원(畵員)으로도 활동했다.[14]

---

12) 오세창의 『槿域書畵徵』과 김영윤의 『韓國書畵人名辭書』에서는 그가 정3품 벼슬인 남
   부령(南部令)에 이르렀다고 했다.
13) 김영윤, '白禧培', 『韓國書畵人名辭書』, 한양문화사, 1959, 448쪽.
14) 강관식, 『조선후기 궁중화원 연구(상)』, 돌베개, 2001, 18~19쪽.

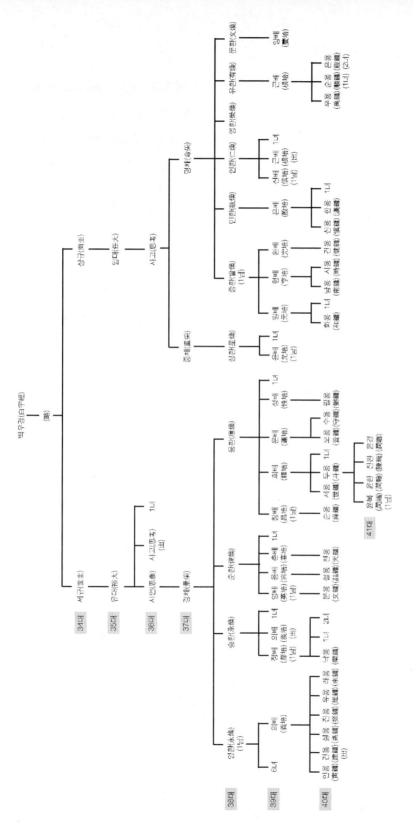

임천박씨가계도

그런데 백희배 뿐만 아니라 그의 부친인 백응환(白應煥, 1808~1867)을 비롯해 백부 백준환(白俊煥, 1799~1873), 동생 백운배(白運培, 1843~ 1876)와 백성배(白性培, 1848~1924)도 모두 화원이었다. 또한 사촌인 백영배(白英培, 1824~1879)와 백용배(白容培, 1837~1860), 그리고 백희배에게 먼 당숙에 해당하는 백인환(白仁煥, 1801~1823)과 그의 아들 백은배(白殷培, 1820~1901) 도 모두 화원이었다. 이처럼 2대에 걸쳐 약 50여 년 간 10여 명의 화원이 배출될 만큼, 임천 백씨 집안은 조선후기에 대표적 화원 가문으로 자리를 잡았다.

이들은 모두가 궁중화원(자비대령 화원) 출신이었다. 이처럼 임천 백씨 집안이 화원 가문으로 번성할 수 있게 된 것은 임천 백씨 가문에서 처음으로 화원이 된 백준환(白俊煥)이 당대에 화원 가문으로 유명했던 개성 김씨 김건종(金建鐘)의 딸과 혼인을 하게 되면서부터였다.[15] 더욱이 백희배의 먼 친척인 백은배(白殷培)[16]의 아버지 백민환(白民煥) 역시 전주 이씨 화원 집안의 이윤민(李潤民)의 딸과 결혼하고, 백준환의 아들인 백영배도 전주 이씨와 혼인하는 등 화원 가문과의 통혼이 빈번해짐에 따라 자연스럽게 화원 가문으로 성장할 수 있었다. 여러 대에 걸쳐 가문의 다수가 궁중화원으로 활동했기 때문에 이들이 화단에 끼친 영향은 지대했다.

이처럼 소위 잘 나가던 중인 집안에서 부를 축적하고 고서화를 비롯한 골동품을 모으는 취미를 갖고 있었던 것은 자연스러운 일이었다. 백희

---

15) 박준영, 「朝鮮 末期 畵員 琳塘 白殷培의 生涯와 繪畵」, 『미술사연구』 제25호, 미술사연구회, 2011, 399쪽. 개성 김씨 집안은 김득신(金得臣)을 비롯해 4대에 걸쳐 17명의 화원을 배출한 대표적 화원 가문이다.

16) 백은배의 호는 임당(林塘)이며 화원으로 지추(知樞)를 지냈다. 그림을 잘 그렸는데, 특히 인물, 산수, 영모(翎毛)에 뛰어났다. 75세에도 필력에 힘이 넘쳤으며 섬세한 필치가 뛰어났다고 한다. 「海上群仙圖」가 유명하다.(김영윤, '白殷培', 『韓國書畵人名辭書』, 한양문화사, 1959, 432쪽)

배와 백은배 등 백두용 집안은 선대부터 풍부한 자산을 보유한 중인 부유층이었다. 특히 백두용 집안은 의역관, 또는 경아전 계통의 화가들로서 부유한 중인 골동서화 수장가들과 연계되어 창작활동을 할 수 있었다.[17]

백두용은 역과 출신이었다. 그는 16세 되던 해인 1888년(고종 25)에 열린 식년시(式年試)에서 역과(譯科)에 응시해 2위의 성적으로 합격했다.[18] 이때 백두용은 한학(漢學)을 전공했다. 그 후 참봉(參奉) 벼슬을 했다. 백두용의 5촌 당숙 백용배는 역과주부(譯科主簿)를, 소향(小香) 백춘배(白春培)[19]는 역판관(譯判官)을 역임했다.

당시 역관은 외국을 드나들며 견문을 넓히고 적지 않은 부를 축적할수 있었다. 한학 관련 전문 지식이 상당한 데다 화원 출신인 부친 역시고서화 수집에 힘쓸 만큼 집안이 넉넉했기에 백두용 집안에서 소장하고 있던 장서는 만 권을 운운할 정도로 많았다. 후에 한남서림을 차리고 많은 양의 책을 취급하고, 출판까지 할 수 있었던 것은 순전히 집안의 재산과 장서 덕분이었다.

백두용은 30세(1902)에 광제원(廣濟院) 사무위원으로 활동했다. 광제원은광혜원과 더불어 고종의 명으로 궁 안에 설치된 병원이었다. 그리고 얼마 안 있어 백두용은 노변에 점포를 얻어 책을 벌려 놓고 서점 영업을 시작했다. 그러다가 1910년 이후에 '한남서림'이란 간판을 내걸고 본격적으로 서적판매업을 하게 된 것으로 보인다. 『도서첩』 글 중에는 백두용이선친 백희배와 6촌 당숙 백춘배 등의 뜻을 이어 한남서림을 열게 되었다

---

17) 황정연, 『조선시대 서화수장 연구』, 신구문화사, 2012, 818쪽.
18) 『朝鮮時代雜科合格者總覽』, 한국학중앙연구원 소장본.
19) 백춘배는 개화파 인물로 1884년에 김옥균 등과 함께 갑신정변에 참여했다가 붙잡힌 후, 1887년에 옥사했다. 그의 죽음을 안타까워하며 그의 기개를 높이 산 이들이 그를 추모하는 내용의 글을 『도서첩』 수록 축하문에 빈번하게 언급한 것이 특별하다 하겠다. 이에 관해서는 뒤에서 다시 다루기로 한다.

는 기록이 자주 보인다. 한남서림 개업을 축하하는『도서첩』수록 시문들이 1913년 이후에 작성된 것임을 고려한다면, 한남서림의 개업 시기를 대략 가늠해 볼 수 있다. 그것은 백희배의 사망 시기(1911)와 맞물려 있다. 즉, 백희배 사후에 백두용이 선친의 뜻을 이어 받아 본격적으로 서점을 경영하게 되자, 이를 기념하기 위해『도서첩』을 만든 것이다.

백두용이 서점 경영을 시작한 이유는 선친의 뜻을 잇고자 했기 때문만은 아니었다. '옛 것'과 '고유한 것'의 가치를 잃어가던 시절에 백두용 스스로 그것을 지키고 나누는 것이 가장 소중하다고 여겼기 때문이었다. 나라를 잃은 지식인이요 지사(志士)로서 민족의 정신을 지켜나가기 위해서는 우리 것을 소중히 여기고 보전하는 한편, 많은 이들에게 알려주고 배우게 하는 일이 긴요하다고 보았던 것이다. 백두용이 죽을 때까지 고서만 취급하고, 간행물 역시 고서만 고집스레 고수한 것도 바로 민족의 식과 전통에 대한 보전 의식에서였다. 신분제가 사라진 시대에 신문물 수용과 신문화 창출의 필요성을 절감하면서도 지식인으로서 옛 것을 지켜나갈 수 있는 방편으로 서점 경영은 꽤나 매력적인 직업이 아닐 수 없었다. 그래서 백두용은 관직을 버리고 서적을 취급하며 시류에 휩쓸리지 않은 채 고고하게 살고자 했다. 백두용의 이런 성격과 면모를 두고 당시 많은 이들은 그를 '대은(大隱)', 또는 '시은(市隱)'이라고 칭송했다. 이에 관해『도서첩』에서 많은 이들이 거듭 언급해 놓아 당대 그런 의식의 단면을 확인할 수 있다. 어떤 면에서 서적중개상이었던 송신용(宋申用) 역시 백두용과 비슷한 평가를 받는다. 휘문의숙을 졸업하고 한학에 정통했던 지식인이었지만, 변화된 시대 환경에 맞춰 고서 매매를 행했는데, 유사한 이유에서 고서를 전문으로 취급하는 직업을 택했기 때문이다.[20]

---

20) 송신용에 관해서는 이민희,『마지막 서적중개상 송신용 연구』(보고사, 2009) ;『책쾌 송신용』(역사의 아침, 2011)에서 자세히 다루었다.

한남서림이 새로운 도약을 시도했다는 것은 한남서림의 개업을 축하하고 발전을 희구하는 뜻에서 1913년부터 1917년까지 모은 축하시문을 『도서첩』으로 묶어 낸 데서 잘 드러난다. 백희배 사후 백두용은 서점을 새롭게 일신할 필요가 있었다. 의지를 다지고 새로운 출발을 시도하기 위해 일부러 축하 시문첩(帖)을 만들고자 했고, 축하시문을 주위 명사들에게 부탁했던 것이다. 이때 백두용의 제작 취지에 공감한 이들은 『도서첩』에 실릴 글들을 기꺼이 보냈고, 그 글 속에 한남서림의 개업을 축하하고 서점 운영을 시작한 백두용에 대한 격려와 찬사를 아끼지 않았다.

『도서첩』 수록 글들 중 상당수는 백희배와 그 집안 어른들의 소신과 덕행을 높이 기리는 내용이고, 선대의 뜻을 받들어 서점을 잇게 된 백두용의 인품과 소신을 높게 평가하는 글도 적지 않다. 백두용이 백희배의 뜻을 받들어 서점을 운영하는 것을 은자다운 삶이라 높게 평가하는 한편, 한남서림의 사회적 역할과 기능을 강조하고, 백두용의 고매한 성격과 인물됨을 평가한 내용이 주를 이루고 있다.

한남서림이 1905년경에 간판을 달고 본격적 서점 경영을 시작했다는 주장[21]은 재고를 요한다. 만약 1905년경에 서점 문을 열었다면 약 8년이 지난 1913년에 이르러서야 축하시문을 모은다는 것도 우스울뿐더러, 이런 요구에 부응해 325명이나 되는 인사가 개업 축하문을 써 준다는 것도 쉽게 납득이 가지 않기 때문이다. 『도서첩』 수록 서점 개업 축하시문이 1913년 이후부터 쓰였다는 것은 적어도 1910년 전후로 한남서림이 제대로 서점의 모습을 갖추고 개업을 했음을 의미한다 할 것이다.

한남서림이 개업하자, 많은 이들이 백두용 집안의 서점 경영에 비상한 관심을 가졌다. 무엇보다 백두용 집안에서 소장하고 있던 많은 고서

---

21) 이중연, 『고서점의 문화사』, 혜안, 2007, 138~139쪽.

를 기반으로 서점을 연 것은 이례적인 일이 아닐 수 없다. 그러한 의식의 일단을 이하에서 소개할『도서첩』수록 글에서 쉽게 확인할 수 있다.

그러나 신문물이 대거 들어오고 신서가 쏟아져 나오는 상황에서 고서만을 취급하는 서점 운영이 평탄할 리 없었다. 당시 한남서림보다 앞서 세워진 회동서관, 신구서림 등을 비롯해 우후죽순 격으로 생겨난 서점들과의 경쟁이 불가피했기 때문이다. 예컨대, 1907년에 김상만(金相萬)이 운영하던 광학서포(廣學書鋪)에서 이인직의 신소설『血의 淚』가 처음 출간되고 새로운 독서물을 찾는 독자들이 늘어나게 되자, 서점들이 앞 다투어 출판업까지 겸하게 되었다. 수동적으로 손님을 기다리는 서점업보다 적극적으로 책을 출간함으로써 독자에게 다가갈 수 있는 출판업에 더 큰 매력을 느꼈기 때문이다.

이런 서적 유통, 출판 환경 변화에도 불구하고, 한남서림은 고서 매매만을 고집하면서 쉽사리 출판업에 뛰어들지 않았다. 그러나 한남서림의 경영노선을 바꾸는 일은 시간 문제였다. 한남서림도 결국 서점업 외에 출판업에 뛰어들지 않을 수 없게 된 것이다. 서점만 운영해서는 더 이상 수지타산을 맞추기 어려웠기 때문이다. 결국 한남서림은 1916년부터 천자문과 고소설 등을 간행하기 시작했다. 한남서림은 이렇듯 출판부를 두어 책을 간행하는 일을 1930년대 초까지 지속해 나갔다. 1926년에 출판된『해동역대명가필보(海東歷代名家筆譜)』(전6권)가 한남서림을 대표하는 간행물이다.

백두용은 서점 경영과 출판업 외에도 여러 사회 모임에 참여해 뜻 있는 활동을 벌였다. 예를 들어, 36세 때인 1908년부터 그는 기호흥학회 찬무원(贊務員)으로 활동하게 된다. 찬무원은 사무 일체를 감독하고 독려하는 직책이었다. 이때 이 모임에는 고유상(高裕相, 회동서관), 현채(玄采, 대창서원), 남궁준(南宮濬, 유일서관), 노익형(盧益亨, 박문서관), 김정진(金正珍) 등 서적상들도 다수 참여했다. 그런데 이들은 단순한 상인이 아니라, 뜻을 가진 지식인들이었다. 단지 상업적 이익을 추구하지 않고 당시 사회 현실과 나라의 앞날을 고민하며 자신들이 해야 할 일을 찾고자 노력했다. 그들은 서점 경영과 출판을 통해 독자의 정신을 일깨우고 바로 세울 수 있다는 지사적(志士的) 소신을 갖고 있었다. 그래서 서적상이기 이전에 한 명의 지식인으로서 사회운동과 계몽운동에 나름대로 동참하고자 했던 것이다.[22]

당시 백두용은 인맥이 대단히 넓고, 평도 좋아 주위에 많은 지식인과 정치인, 종교인들이 그의 서점을 드나들었고, 한남서림에서 취급하던 서적의 고객(독자)이 되었다. 1910년대(1913~1916)에 만든 한남서림 개업 축하 시문첩인 『도서첩』에 참여한 이들이 325명이나 되는 것만 보아도 그의 인맥과 대인관계가 얼마나 넓고 다양했는지 짐작하고도 남음이 있다. 이는 한남서림의 개업이 당시 사회 인사들의 큰 관심의 대상이 되기도 했음을 간접적으로 증명하는 것이기도 하다. 『도서첩』에 대해서는 제4장에서 자세히 다루기로 한다.

백두용은 1916년에 설립된 경성서적업조합(京城書籍業組合)의 조합원뿐만 아니라, 1920년에 설립된 조선도서주식회사(朝鮮圖書株式會社)의 대주주로도 수년 간 활동했다. 그리고 1923년에는 간도(間島) 소재 대성학교(大成學校) 확장 사업을 전개할 때 기부금을 냈으며[23] 1925년에 수재(水災)가 크게 났을 때 수재 위로금을 쾌척하기도 했다.[24] 이처럼 백두용은 사회 활동에 적잖은 관심을 갖고 적극적으로 참여했다. 그런가 하면 1931년에는 단군신전봉찬회(檀君神殿奉贊會) 창립총회에 참여했다.[25] 이 모임은

---

22) 한기형, 『한국 근대소설사의 시각』, 소명출판, 1999, 227쪽 각주 9번 참조.
23) 「大成中學寄金寄附人士芳名錄」, 『東亞日報』, 1923년 11월 25일자.
24) 「水災同情金」, 『東亞日報』, 1925년 9월 29일자.

단군을 우리 민족의 조상으로 모시던 대종교와 관련된 것으로, 유명 인사들이 대거 참석했다. 참석자들 중에는 지석영(池錫永), 윤치호(尹致昊), 권상로(權相老), 정인보(鄭寅普), 최린(崔麟), 최남선(崔南善), 민영휘(閔泳徽), 박영효(朴泳孝) 등이 있었다.

그밖에 백두용은 1920년대 중후반에 경성제국대학(京城帝國大學) 도서관에다 고서를 여러 차례 납입했다.[26] 현재 서울대 도서관에 소장되어 있는 한남서림 도서목록집인『서적목록』도 아마 이때 다른 책들과 함께 들어간 것이 아닌가 싶다. 이 무렵 경성제대 도서관에 많은 고서를 납품한 이들 중에는 서적상 이성의(李聖儀), 박준화(朴駿和), 송신용(宋申用) 등이 있었다.[27]

그런데 1930년대 들어 서점뿐 아니라 출판사로서 명성을 구가해 오던 한남서림은 일대 전환기를 맞이하게 된다. 나이 60세 되던 1932년에 백두용이 20여 년 경영해 온 한남서림을 간송(澗松) 전형필(全鎣弼, 1906~1962)에게 넘겨주게 된 것이다. 20여 년간 한남서림을 키워 온 백두용이 전형필에게 매각 의사를 먼저 밝힌 것은 뜻밖의 일이 아닐 수 없다.

휘문고보를 졸업하고 일본 유학에 올랐던 전형필은 1930년 귀국과 함께 역관 겸 서화가로 유명했던 위창(葦滄) 오세창(吳世昌, 1864~1953)을 만난 후 본격적으로 우리 문화재를 수집하는 일에 뛰어들었다. 1932년에 오세창이 백두용과 전형필을 연결시켜 주었고, 오세창의 권유로 전형필은 한남서림을 후원하며 서점 운영에 관여하게 된 것이다. 이 무렵부터

---

25) 전재진, 「≪남훈태평가≫의 印刊과 개화기 한남서림 서적발행의 의의」, 『인문과학』 제39집, 성균관대 인문과학연구소, 2007, 22~23쪽.

26) 정병설, 「'도서원부'를 통해 본 경성제국대학 부속도서관의 한국고서 수집」(미발표 원고)

27) 이 중 박준화는 백두용의 『가장도서첩』 제7책에도 등장한다. 이로 보아 서적상 또는 서점 경영자로서 백두용과 평소 친분이 많았음을 짐작해 볼 수 있다.

전형필은 한남서림을 거점으로 고서화 수집에 힘을 쏟게 되었고, 그 결과 1933년에 정선(鄭敾)의 화첩인『해악전신첩(海嶽傳神帖)』을, 그 다음해에는 신윤복(申潤福)의 화첩『혜원전신첩(蕙園傳神帖)』같은 국보, 보물급 자료를 모을 수 있었다.

이처럼 백두용이 다른 사람이 아닌 전형필에게 한남서림을 넘긴 것은 우연이 아니었다. 고서에 지대한 관심이 있었고, 선친의 유지를 받들어 서점을 운영해 온 백두용 입장에서는 당시 골동품과 고서화 등 우리 옛것에 비상한 관심과 열정을 갖고 이를 수집하던 젊은 자본가 전형필이야말로 한남서림을 맡길 수 있는 적임자였다. 전형필 또한 다른 서점들과 달리 고서만을 고집하며 수많은 책을 소장하고 있던 한남서림만큼 자신의 뜻을 맘껏 펼칠 수 있는 서점이 없다고 여겼다. 물론 백두용이 전형필에게 한남서림을 넘기고자 한 이유 중에는 경제적 요인도 적지 않았다.

1932년 전형필이 한남서림 운영을 후원하기 시작했을 때, 백두용은 전체 2층 건물인 한남서림 중 서점으로 사용하던 1층을 전형필에게 넘겨주고, 인출부, 곧 출판사가 있던 2층은 그대로 사용했다.[28] 미처 간행하지 못한 책들을 출판하고자 했던 것으로 보인다. 그러나 그 이후로 실제 책을 다수 출판했던 것 같지는 않다. 1932년에 간행한『몽학도상 천자문(蒙學圖像千字文)』하나만 확인될 뿐, 그 후 초판으로 찍어낸 새 간행물은 보이지 않기 때문이다.[29] 물론 백두용 사후에도 일부 기 판본을 발행한 것은 있다. 발행자를 백두용으로 그대로 둔 채 내용은 동일하나 간기만 바꿔 다시 찍어낸 것들이 그렇다.

---

28) 이충렬,『간송 전형필』, 김영사, 2010, 144쪽.
29) 한남서림 간행물 중 간행 시기를 알 수 없는 책은 5종으로 파악되는데, 이 책들이 1932년 이후에 출판되었음을 알려줄 만한 단서가 없다.

백두용은 한남서림에 소장되어 있던 고서 목록을 기록한 장부책『심재장서(心齋藏書)』까지 건네주었다. 필자는 한남서림의 장부책이 현재 서울대 도서관에 소장되어 있는『서적목록』일 것으로 추정하고 있다.[30]

백두용은 1935년 8월 20일, 62세의 나이로 세상을 떠났다. 복막염으로 갑작스럽게 사망한 것이다.[31] 백두용은 임천 백씨의 선영인 고양시 신도면(神道面) 지축리(紙杻里, 현 고양시 덕양구 지축동)에 묻혔다.[32]

그렇다면 한남서림이 전형필에게 완전히 인수된 것은 언제일까? 1932년에 한남서림을 후원하면서 운영을 하기 시작한 전형필은 백두용 밑에서 일하던 김동규(金東奎)에게 서점의 실무를 그대로 맡기고 친척 조카에게 1~2년 한남서림을 경영케 했다. 전형필의 자본금이 더해지면서 한남서림은 출판사보다 서점 쪽에 치우친 경영 방향을 택하게 되었다. 전형필은 한남서림을 새롭게 고서적 수집의 중심부로 활용하려 했기 때문이다. 이후로 한남서림은 출판사보다 서점의 역할에 집중하게 되었다. 그후 전형필은 오세창이 길러낸 문화재 중개상인 이순황(李淳璜)에게 한남서림의 경영을 맡겼다.[33]

한남서림의 법적 소유권이 백두용에서 전형필로 완전히 넘어간 것은 1936년 3월의 일이다.『동아일보』 1962년 5월 7일자 기사에서 한남서림

---

30) 서울대 도서관 소장『서적목록』(한남서림 고서목록 장부책)에 기재된 서적에 관해서는 '제2부 자료편 제2장 한남서림 작성 서적장부『서적목록』과 기재 도서 목록'에 소개해 놓은 것을 참고할 것.

31) 방효순, 앞의 글, 143쪽. 그밖에 하동호와 1962년 5월 7일자『동아일보』기사에서도 백두용이 63세였던 1935년에 사망했다고 증언하고 있다.(하동호,「韓國古書籍商變遷略考」,『近代書誌攷類叢』, 탑출판사, 1987, 14~17쪽 ;『東亞日報』1962년 5월 7일자.)

32) 1917년 조선총독부 임시토지조사국에서 조사한 지적도(地籍圖)에도 그 지역이 백두용 집안 소유의 땅이었음을 명기해 놓았다. 현재 고양시 소재 선영에는 백두용 가문의 상당수 인물이 묻혀 있다.

33) 최완수 외에도 통문관 주인이었던 산기(山氣) 이겸로(李謙魯) 역시 그렇게 회고한 바 있다. 한국민족미술연구소 편,『澗松 全鎣弼』, 보성중고등학교, 1996, 183~184쪽.

이 1936년에 유가족에 의해 간송에게 인수되었다고 적고 있거니와 결정적으로 전형필의 차남 전영우가 찾아낸 한남서림 매입계약서에서 그 사실을 확인할 수 있다.[34]

매입계약서에 의하면, 1936년 2월 12일에 매입계약서를 작성하고, 그해 3월 9일에 한남서림 매입을 완료한 것으로 나온다. 매입계약서에는 백두용의 장남인 백윤한(白潤翰)이 매도인으로, 전형필의 대리인 전승태(全昇泰)가 매수인으로 명시되어 있다.[35] 그리고 3년 후 1939년 조선총독부『관보』에 게시된 기사를 보면 한남서림 상호가 전승태에서 전형필로 변경된 사실을 확인할 수 있다.[36]

백두용 사후 한남서림의 운영을 맡은 이순황은 1936년부터 전형필의 전적인 지원 하에 고서화를 비롯한 당판본(唐板本) 등 여러 판본과 서적을 고가에 매입했다.[37] 앞서 언급했듯이, 새로운 서점 경영자인 전형필은 한남서림을 문화재 수집의 거점으로 삼고자 했다.[38] 전형필은 한남

---

34) 최완수,「간송 전형필 선생 평전」,『간송문화』, 간송미술문화재단, 2014.

35) 매매계약서에 의하면, 매도 물건이 관훈동 18번지 토지 가옥 1동과 구서적을 목록화해 매매한다고 했다. 1936년에 계약을 체결할 때 백두용의 장남인 백윤한이 상속 받기엔 아직 너무 어리다고 여겨서인지 백윤한의 어머니, 곧 백두용의 아내인 김정희를 친권자로 내세우고, 계약 내용의 세부 상황은 일가 친족(백윤국, 백윤방, 백윤문)과 한남서림 관계자에게 위임 처리를 했다. 이때 서적과 서화 목록 확인은 이당(以堂) 김은호(金殷鎬)의 제자인 화가 백윤문(白潤文)이 맡았다. 그밖에 계약서에는 매수인을 전형필이 아닌 친척인 전승태(全昇泰)를 내세운 사실과 한남서림의 직원이었던 김동규와 친척 백윤건에게 영업권 이전에 대한 대리권을 위임한 사실도 적시되어 있다.

36) 조선총독부『관보』381호, 1939년 9월 19일자. "상호 취득: 소화 14년 7월 13일 전승태가 사용하는 상호 한남서림을 전형필(종로 4정목 112번지)이 양수한다.(商號取得 昭和拾四年七月拾三日全昇泰ノ使用スル商號翰南書林チ左ノ者讓受ク京城府鐘路四丁目百拾貳番地 全鎣弼)"

37)「廣告」,『每日申報』, 1936년 8월 2일자.

38) 이에 관해서는 한국민족미술연구소 편,『간송 전형필(澗松 全鎣弼)』, 보성중고등학교, 1996, 183~184쪽 ; 230쪽 ; 244쪽 ; 413~414쪽을 참고할 것.

서림을 인수한 후 더 이상 책을 간행하지 않는 대신, 1940년 3월에 한남서림을 증축해 문화재 수집 창고로 활용코자 했다. 그런 과정에서 1943년에 전형필이 서적중개상을 통해 한남서림에서 『훈민정음』 해례본 원본(국보 70호)도 구입할 수 있었다.

그러나 한남서림의 운명은 순탄하지 못했다. 해방 후 서점 경영을 책임지던 이순황이 죽고, 1950년에 발발한 한국전쟁 통에 수많은 고서들이 불타 없어지거나 뿔뿔이 흩어져 사라지고 말았기 때문이다. 한남서림은 전쟁 중에 문을 닫았다. 전쟁이 끝난 후 간송은 한남서림 장소 사용권을 김동규에게 위임했다. 그러나 혼자 서점을 경영하는 것이 어렵다고 판단한 김동규는 통문관 주인인 이겸로(李謙魯)에게 동업을 제안했다.39) 금항당(金港堂)을 이어 통문관(通文館)을 운영해 오던 이겸로는 그 제안을 받아들여 원래 한남서림이 있던 자리에서 통문관을 경영하게 되었다. 그러나 이겸로 역시 서점 경영난이 심각해져 1959년 한남서림 운영을 중단하고 통문관 경영에만 집중하게 되었다.

결국 1962년 1월 전형필마저 세상을 떠나고 폐점한 한남서림 건물은 그해 5월에 완전히 철거되고 말았다. 이렇게 한남서림은 흔적도 없이 역사 속으로 사라지고 말았다.

3. 백두용에 대한 평가

한남서림 주인인 백두용에 관한 평가는 그동안 다수 이루어져 왔다.

---

39) 이후 한남서림 경영에서 물러난 김동규는 인사동에서 골동품 가게를 운영하다가 미국 샌프란시스코로 가 살았다. 방효순, 「한남서림의 소설류 방각본 발행」, 『근대서지』 제5호, 한국근대서지학회, 2012, 144쪽.

『도서첩』에 실린 글들을 제외하고 백두용이 살던 시절에 여러 인사들이 남긴 평, 또는 연구자들이 소개한 백두용 관련 자료만을 먼저 따로 모아 정리하면 다음과 같다.

(가) 號는 心齋, 혹은 嘉林, 字는 建七-백두용[40]

(나) 翰南書林 主人 白斗鏞은 學識있고 風采있는 學者같은 느낌을 주는 사람이었다.[41]

(다) 白翁은 中人 階級에 屬하는 畵員 집안에서 生長한 高尙한 人品의 所有者로 書籍商을 하였으나 典型的인 儒學者로 頑固하고 保守的이며 性格은 溫厚仁慈한 便이었다.[42]

(라) 翰南書林은 新舊書林보다는 뒤에 설립되었지만 由洞·宋洞·紅樹洞的인 출판성향을 이은 書店이며, 이를 경영했던 白斗鏞은 市井에 묻힌 知識人으로서 자기 著述을 남길 정도의 識見이 있었고 蓮波居士란 선비를 後見人으로 모시고 출판 사업을 했던 분이다.[43]

(마) 吾友白心齋斗鏞君은 隱於市者也라.[44]

(바) 돌아가신 아버님의 뜻을 이어 수십 년 동안 우리 역사 4,000년 간 고금명가의 필적 700점을 모아 6권을 편집하여 『海東歷代名家筆譜』라 이름 한다.[45]

(사) 심재 백두용 군은 저잣거리에 은둔한 사람이다. 집안의 장서가 수천 권이나 되어, 담소를 할 때는 반드시 그 책에서 화제를 삼고, 음식을 먹을 때도 반드시 그 책에 있는 대로 먹으며, 평상시의 생활이나 출입을 할 때도 반드시 그 책에 있는 대로 행하여 일찍이 잠시도 떨어지지 아니하였다. 비록 그가 글자를 모른다고 하더라도 남들은 필시 그를 일러 학자라고 할 것이다. 그런 까닭에 책을 모으는 데 많은 비

---

40) 『전주사가시(箋註四家詩)』, 한남서림, 1917.
41) 하동호, 「韓國古書籍商變遷略考」, 『출판학』 제20집, 한국출판학회, 1974, 77쪽.
42) 하동호, 「韓國古書籍商變遷略考」, 『近代書誌攷類叢』, 탑출판사, 1987, 17쪽.
43) 유탁일, 「한국문헌학연구」, 『아세아문화사, 1990, 177쪽.
44) 장지연, 「天君演義序」, 『天君演義 全』, 한남서림, 1917, 1쪽.
45) 백두용, 「心齋 白斗鏞 謹跋」, 『海東歷代名家筆譜』, 한남서림, 1926.

용을 들이고 시간과 정력을 아끼지 않았다.[46]

(아) 翰南書林-主人 白斗鏞은 學識 있고 風采 있는 學者같은 느낌을 주는
사람이었다.[47]

백두용에 대한 호의적 평가가 압도적으로 많았음을 알 수 있다. 학식
이 높고 저술까지 하던 재야의 지식인이자 학자적 풍모를 보이던 전문
서적상이었음을 공통적으로 증언하고 있다. 전형적인 유학자로서 보수
적 성격의 소유자이지만, 인자하고 돈후하다고 했다. 또한 부친의 뜻을
받들어 수십 년간 책과 필적을 모아 책을 낼 정도로 학구열과 소신이
강했던 인물이기도 했다. 서점과 출판사를 경영한 상인이기 이전에 시
정에 자신을 드러내기보다 조용히 지내며 서적 발행과 유통에 정성을
쏟았던 인물임을 알 수 있다.

그 밖에 위 자료를 통해 백두용뿐만 아니라 한남서림과 근대 민간서
점의 초기 역사에 관한 몇 가지 사실도 확인할 수 있다.

첫째, (라)에서 신구서림보다 한남서림이 나중에 설립되었다고 했다.
지송욱(池松旭)이 경영한 신구서림은 1887년에 서울 봉래동에 설립된 서
점으로 고유상(高裕相)의 회동서관과 더불어 가장 이른 시기에 세워진 근
대 서점이었다. 일찍부터 출판업에 뛰어들어 신소설을 비롯한 문학서를
많이 출간했다.[48] 그런데 (라)에서는 한남서림이 '유동·송동·홍수동적

---

46) 연파거사, 「東床記纂序」, 『東床記纂』, 한남서림, 1918. "白君心齋는 大隱者也. 家藏書이
倂二酉ᄒ야 談笑에 必於是ᄒ며 飮食에 必於是ᄒ며 起居出入에 必於是ᄒ야 未嘗須臾離
也ᄒ니 雖曰不文이라도 人必謂之學矣리라. 故로 多費翔楷ᄒ야 不斬壽棗ᄒ고…" 번역은
김동욱 역, 『국역 동상기찬』(보고사, 2004)을 따랐다.

47) 古家實三, 「古本仕入旅日記(4~5)」, 『日本古書通信』 6~7, 1962, 218~219쪽 ; 방효순,
앞의 글, 140쪽 각주 13번에서 재인용.

48) 대표적인 출판물에는 1911년에 간행한 이해조(李海朝)의 『소양정(昭陽亭)』·『구의산하
(九疑山河)』·『벽오동(碧梧桐)』·『탄금대(彈琴臺)』 등을 비롯해 『옥중금낭(獄中錦囊)』·『우
중기연(雨中奇緣)』·『보은록(報恩錄)』·『우중행인(雨中行人)』 등이 있다. 지송욱 자신

인 출판성향'을 잇고 있노라고 했다. 그렇다면 '유동·송동·홍수동적인 출판성향'이란 무엇을 의미하는가? 유동(由洞), 송동(宋洞), 홍수동(紅樹洞)은 오늘날 각각 무교동(武橋洞), 명륜동(明倫洞), 창신동(昌信洞) 일대에 해당한다. 이곳은 19세기 중반부터 방각본 책을 주로 간행하던 대표적 방각소들이 모여 있던 곳이었다.[49] 그러므로 이 세 곳의 출판경향이란 방각본의 출판을 고집했다는 의미로 해석 가능하며, 이는 1920년경에 방각본 소설을 대거 간행한 사실을 염두에 둔 발언이라 할 것이다.

둘째, 백두용이 출판업을 할 때 연파거사가 후견인 노릇을 했다는 사실이다. '연파거사(蓮波居士)'는 백두용의 친구였던 이용민(李容民)을 가리킨다.[50] 한남서림에서 1918년에 간행한 『동상기찬(東床記纂)』의 서문을 써 줄 만큼 이용민과 백두용의 친분이 두터웠음을 알 수 있다. 그런데 두 사람의 관계는 이미 1913년에 이용민이 편찬한 『성호보휘(姓號譜彙)』(12권 10책)[51]에 백두용이 서문을 써 준 것에서도 확인 가능하다. 『성호보

___

이 저자로 표기된 『부용(芙蓉)의 상사곡』도 출판했다. 시기적 상거는 있지만 1926년에 『금의환향(錦衣還鄕)』을 내놓기도 했다.

49) 19세기 중엽 이후로 서울의 야동(冶洞)·홍수동(紅樹洞)·석교(石橋)·무교(武橋) 등의 이름이 명시된 신간본(新刊本)이나 지방의 완산(完山)·전주(全州) 등지에서 개판(開版)된 매매 목적의 방각본이 많이 나타났다. 이러한 방각본은 『천자문』, 『소학』 등 학습용 교재를 비롯해 간략한 의학서와 고소설 등이 주를 이루었다. 영리를 목적으로 간행하다 보니 값싸게 출판하기 위하여 인쇄나 지질(紙質) 상태가 좋지 못했다. 그러나 대량생산이 가능했기 때문에 일반 서민 독자들이 책을 쉽게 접할 수 있는 기회를 제공해 주는 역할을 했다.

50) 방효순, 앞의 글, 140쪽.

51) 『성호보휘』는 서울대 규장각에 소장되어 있다.[청구기호 奎 2380] 권11~12 부분이 없고, 간지 및 간년, 간자를 모두 알 수 없는 필사본이다. 각 성씨를 본관(本貫)별로 나누고, 호와 성명을 적고 그 아래에 자(字), 본관(本貫), 부자(父子), 혼인(婚姻) 등의 인척(姻戚) 관계 및 사우(師友)관계, 행적 등 특이사항을 수록해 놓았다. '심재보장(心齋寶藏)'이라는 글자가 적혀 있는 것으로 보아 백두용이 소장하고 있던 책이 경성제대 도서관으로 들어온 것으로 보인다.

『해동역대명가필보』수록 백두용 사진

휘』에는 심재 백두용의 서문 외에 윤상현(제10책), 강하형(제10책), 윤영구(제6책), 최성학(제1책), 박준화(제7책), 현동건(제10책), 남규희(제2책), 신경희(제3책), 이섭(제10책), 홍종길(제6책) 등의 서문도 보인다. 이들은 한남서림 개업 축하시문집인 『도서첩』에도 글을 남긴 이들이기도 하다. 백두용과 이용민, 그리고 두 책에 서문과 글을 써 준 이들은 모두 백두용과 함께 어울리며, 평소 가깝게 지냈던 이들이었다.

셋째, (바)에서 언급한 것처럼 돌아가신 부친의 뜻을 이어받아 해동의 서예 작품들을 모아 책을 냈다고 말한 데서 부친 백희배가 화원(畵員)으로서 서예에 능하고 골동품을 이미 상당수 소장하고 있었음을 확인할 수 있다. 평소 책읽기를 좋아해 책 모으는 데 많은 비용을 들였다는 언급에서도 집안 형편이 어렵지 않았음을 짐작해 볼 수 있다.

뒤에서 소개할 『도서첩』에도 이런 기존 평가와 유사한 내용이 상당수 보인다. 거기엔 백두용과 한남서림의 초기 역사 이해에 도움이 될 만한 새로운 내용도 다수 들어 있다. 더욱이 백두용을 아는 많은 지인들이 1910년대 초반 백두용의 인물됨과 그의 서점 경영에 관해 다양한 목소리를 내놓았다. 이를 통해 한남서림 초창기 서점과 백두용에 관한 종합적

이해를 꾀할 수 있다. 『도서첩』에 관해서는 제4장에서 상술하기로 한다. 반면, 백두용을 부정적으로 바라보던 시각도 있었다.

> (자) 한남서림에 가서 『남화경(南華經)』을 펼쳐 보고 『계서잡록(溪西雜錄)』 1책을 사 오려다가 값을 너무 달라 하여 말았다. 백두용(白斗鏞)은 책을 다른 책장사보다도 몇 갑절이나 더 받으려 한다. 그 두텁디두터운 얼굴, 뚱뚱한 몸뚱이, 굼뜬 말, 느린 동작은 대번 보아도 그 성격의 어떠함을 알겠다.[52]

(자)는 가람(嘉藍) 이병기(李秉岐)가 쓴 1931년 10월 19일자 『가람일기』 기사이다. 장서가이자 고서 전문가였던 가람은 평소 한남서림을 수시로 드나들며 책을 구입했다. 그러니 두 사람의 친분이야 굳이 설명할 필요가 없을 듯하다. 그런데 의외다 싶을 정도로 가람이 백두용을 돈 밝히는 장사꾼으로 폄하하고 있는 대목이 눈에 띤다. 더욱이 백두용을 잘 알고 있었을 가람이 인신공격에 가까운 외양 묘사로 그의 성격을 깎아내리고 있는 것이다. 그것도 나이 60살이 된 노인 백두용을 두고 평가한 것 치고는 심하다 싶을 정도다. (자)의 내용이 대다수의 지인들의 평가와 사뭇 달랐던 이유는 무엇일까? 백두용에 대한 가람의 부정적 평가는 가람 개인의 지극히 주관적이며 일시적 감정의 표현일 수 있다. 그러나 평소 가람의 성격을 볼 때, 상대를 일순간 감정적으로 판단하고 이를 일기에 다 적어 놓았을 것으로 보이지는 않는다.

일기 내용대로라면 가람이 못마땅해 한 것은 백두용의 영업 방식이었다. 백두용은 가람 정도의 고서 수집가[53]가 보기에도 터무니없이 비싸

---

52) 이병기, 정병욱·최승범 편, 『가람일기(II)』, 신구문화사, 1976, 387~388쪽.

53) 이민희, 「서지학자로서의 가람(嘉藍) 이병기(李秉岐) 연구-『가람일기』에 나타난 고서 수집 및 거래를 중심으로」, 『한국학연구』 제37집, 고려대학교 한국학연구소, 2011, 193~227쪽. 여기서 가람이 고서 수집가이자 서지학자라 부를 수 있는 이유를 상세히 밝혀 놓았다.

다 싶을 정도로 책을 고가에 거래했다. 그런데 가람이 이것을 기록한 시기가 1931년이라는 사실에 주목할 필요가 있다. 이때는 백두용이 전형필에게 한남서림을 넘겨주기 직전이었다. 추측컨대 경제적으로 어려웠기 때문에 책값을 지나치게 높이 불러 가면서까지 팔려고 했고, 결국 사정이 나아지지 않자, 다음 해에 서점까지 내놓게 되었을 것이다. 가람이 백두용을 비판적으로 본 이면에는 백두용의 이런 내적 사정과 무관하지 않은 듯하다.

그러나 대체로 백두용에 대한 평가는 호의적이었다. 그리고 이런 평가와 표현은 주로 1910년대에 간행된 책의 서문에 국한해 공통적으로 나타난 사실에 유의할 필요가 있다. 그 중에서도 백두용에 대한 호평((마), (사), (아))은 대부분 유사한 내용으로, 어떤 면에서는 유형화된 찬사라는 느낌마저 든다. 이는 제4장에서 살필 『도서첩』의 축하시문집의 내용과도 별 차이가 없다.[54] 서점 경영 초기에는 대체로 일관된 평가를 받았음을 알 수 있다.

한편, 통문관(通文館) 주인이었던 이겸로는 백두용에 관해 다음과 같이 적고 있다.

1920年頃의 이른 봄에 옷차림은 襤褸하나 眉目이 淸秀한 20餘 歲의 시골 靑年이 書鋪에 들어와 册을 중얼중얼 읽고 있었다. 이를 본 白翁이 身上事情에 대한 好奇心이 일어 房으로 불러들여 人事交換 兼 說往說來해 본 즉 慶南 聞慶서 살던 蔡某로 家勢가 貧寒하여 普通學校를 마친 後 漢文을 修學하다가 젊은 마음에 向學熱을 抑制치 못하고 空想과 靑雲의 뜻을 품고 上京하여 流

---

54) 예를 들어, 『가장도서첩』에 보면 "백두용은 저잣거리에 은둔한 사람이다.", "장서가 만권이나 된다.", "학식 있고 학자와 같은 인물이다.", "仁의 소유자이다.", "성격이 고상하며 지조가 있다.", "책을 모아 서점을 연 것은 많은 이들에게 유익하게 하려 함이다." 라는 식의 평가가 주종을 이룬다.

浪生活을 繼續中이었다 한다. 白翁은 蔡 靑年을 舍廊房에 起居시키며 보니 漢文學의 實力도 깊고 言語와 行動擧止가 매우 端正하여 又荷 閔衡植 先生께 薦擧하였던 바, 第二高普와 京城醫專을 卒業한 後 刀圭界에 從事한 老名醫가 되었다 한다.55)

이는 백두용의 인간적 면모를 또 다른 관점에서 엿볼 수 있는 자료라는 점에서 의미가 있다. 백두용이 향학열에 불타는 문경 출신의 빈한한 채씨 청년의 인물됨을 알아보고 우하(又荷) 민형식(閔衡植)에게 부탁했다는 내용이다. 여기서 장래가 촉망한 가난한 청년에게 길을 열어주고자 한 백두용의 마음 씀씀이를 엿볼 수 있다. 민형식은 휘문의숙(徽紋義塾)을 세운 민영휘(閔泳徽)의 아들로 재력가였다. 백두용과 민형식의 도움을 받은 채씨 청년은 결국 서울 제2고보(=경복고의 전신)와 경성제대 의과대학을 졸업하고, 의사들의 사회[刀圭界]에서 유명한 외과의사가 되었다.56) 백두용이 민형식 집안과 평소 친분이 있었음을 알 수 있거니와 한남서림 개업 축하시문첩인 『도서첩』에도 민형식(제7책)의 글이 실려 있는 것에서 그러한 사실을 알 수 있다. 백두용의 대인관계와 영향력이 크고 넓었음을 미루어 짐작해 볼 수 있다.

---

55) 이겸로, 「흘러간 옛 出版界 : 翰南書林篇 ①·②」, 『出版文化』 제15·16호, 1962년 3월 10일·4월 10일.
56) 서점주인인 백두용과 후에 외과의사가 된 채씨 청년과의 인연은 지송욱이 경영하던 신구서림을 인수한 노익환(盧益煥)의 경우와도 유사한 면이 있다. 노익환은 휘문고등보통학교를 거쳐서 세브란스 의학전문학교에서 공부한 의학도였기 때문이다.

제2장 한남서림(翰南書林)의 역사

1. 한남서림의 설립

한남서림 설립시기를 알려주는 결정적인 근거는 없다. 일찍이 이창헌은 한남서림에서 간행한 『정수정전』(蛟洞 新刊)을 1905년부터 1917년 사이에 판각된 것으로 보고, 이에서 한남서림의 설립 시기를 가늠하고자 했다.[1] 그러나 판각 시기를 넓게 본 근거가 정확하지 않을 뿐더러 정작 한남서림에서 출판물이 나오기 시작한 것은 1916년 이후의 일이라 판각 시기가 곧바로 서점 설립 시기라 단정 지어 말할 수 없다.

한편, 이중연은 한남서림이 1905년경에 간판을 걸고 점포 형태로 설립한 것으로 보았다.[2] 그가 1905년 설립을 주장한 근거는 조선총독부에서 발행한 『朝鮮人の商業』(1925, 「書籍商」) 기록에 기초한 것이다. 이 책에 서점업을 하던 백두용과 한남서림에 관한 기록이 남아 있기 때문이다. 비록

---

1) 이창헌, 「한남서림 간행 경판방각소설 연구」, 『한국문화』 제21집, 서울대한국문화연구소, 1998, 98쪽.
2) 이중연, 『고서점의 문화사』, 혜안, 2007, 138~139쪽.

책에서 '한남서림'을 명시해 놓지는 않았지만, 주소지가 '경성부 관훈동(寬勳洞) 18번지'이며 주인을 '김두용(金斗鏞)'3)으로 소개해 놓은 것만 보아도 한남서림과 백두용을 가리키는 것임을 쉽게 알 수 있다. 김두용은 백두용을 잘못 적어 놓은 것이다. 여기서 이 서점이 "20년 전부터 영업했다"4)고 적고 있는 바, 이 책이 1925년(大正 14)에 발행된 것을 감안해, 20년 전인 1905년경으로 이중연은 개업 시기를 보았던 것이다. 그러나 『朝鮮人の商業』의 저술 시기와 출판 시기가 차이가 날 수도 있다는 점을 고려한다면, 1905년경으로 확정지어 받아들일 수 있을 지 의심스럽다. 더욱이 『朝鮮人の商業』에서 한남서림이 간판을 내걸고 영업을 시작했다는 기록

---

3) 백두용(白斗鏞)의 오기(誤記).

4) 朝鮮總督府, 『朝鮮人の商業』, 京城: 朝鮮總督府, 大正14年(1925), 311~312쪽. 원문과 번역은 다음과 같다. "◎書籍商 / 營業所 京城府寬勳洞十八番地 / 營業主 金斗鏞 / 營業 朝鮮古諺漢文書籍の販賣 / 購客 內地及朝鮮の內鮮人及在米國鮮人. 筋を顧客とし, 現金賣を主となすも府內のものには掛賣を行ふこともあり / 仕入先 府內及地方より現金にて仕入る / 店鋪 間口四間, 奧行三間, 店主所有の家屋, 二十年前より營業す. / 資本金 一千圓 / 使用人 二名, 賄付一人は月十圓, 外は賄付六圓なり. / 帳簿 物品賣渡帳一冊を使用す, 半紙形に下記の如く印刷し綴合せしものなり, 一頁六行宛にして縱書とす. 記載方法は番號, 賣渡月日, 買受番號, 物品の種類, 品質, 模樣, 員數, 代價, 讓受人の住所氏名の順字とす.(◎서적상 / 영업소 경성부 관훈동(寬勳洞) 18번지 / 영업주 김두용(金斗鏞) / 영업 조선의 옛날 언문 및 한문 서적의 판매 / 구매손님 일본[內地] 및 조선에 사는 내선인(內鮮人), 그리고 미국 거주 조선인을 주 고객으로 하고 현금판매를 주(主)로 하되 서울(경성부)의 사람에게는 외상 판매를 하기도 함. / 매입 우선적으로 서울 안과 지방에서 현금으로 입수[仕入]함. / 점포 정면 폭이 4칸, 안길이가 3칸, 점주(店主) 소유의 가옥, 20년 전부터 영업함. / 자본금 일천 원. / 사용인 2명, 시중드는 한 사람의 월급이 10원, 다른 곳에서는 6원임. / 장부 물품 매도장(賣渡帳) 1책을 사용함. 반지(半紙)형(形) 종이에 하기(下記)할 수 있도록 인쇄해 합철(合綴)시켜 놓았음. 한 면(페이지) 6행씩으로 해서 세로쓰기[縱書]를 함. 기재 방법은 번호, 매도(賣渡)날짜, 매수(買受)번호, 물품의 종류, 품질 상태, 모양, 쪽수[頁數], 가격, 양도 받는 사람의 주소와 성명 순으로 함.)" 번역은 이민희, 『16~19세기 서적중개상과 소설·서적 유통관계 연구』, 역락, 2007, 121쪽의 것을 재인용했다. 그런데 조선총독부가 소개한 한남서림의 규모와 영업방식 등은 한남서림이 관훈동으로 옮긴 후 총독부에서 조사하던 시점의 사정을 밝혀 놓은 것이지 개업 당시의 모습을 보여주는 것은 아님에 유의할 필요가 있다.

은 보이지 않는다. 다만 같은 책 다른 곳에서 한남서림 간판의 모습과 크기를 소개해 놓았는데5) 이것이 1905년에 한남서림이 내건 간판이라는 근거가 없고, 간판은 오히려 1920년대에 걸렸던 것을 소개했을 가능성이 크다.

참고로, 1913년부터 작성된 『도서첩』 수록 글들 중에는 한남서림이 간판을 내건 사실을 적어 놓은 것이 여러 편 존재한다. 이해를 돕기 위해 몇 가지 예문을 제시해 본다.

> * 내가 뜻하지 않게 인사동 거리를 지나다가 언뜻 문미(門楣)에 '한남서시(翰南書市)'라고 크게 쓰인 글자가 보였다.6)
> * 크게 서점을 열고, 현판에 '翰南書林'이라 썼다.7)
> * 문미에 '翰南書林'이란 현판을 달고 스스로 호를 '심재(心齋)'라 하였다.8)
> * 경서와 각종 서화를 좋아하여 가게가 죽 늘어서 있고 왕래가 빈번한 거리 한 가운데에 서점을 크게 열고 '翰南書林'이란 현판을 걸었다.9)
> * 옛날에 원각사(圓覺寺)에서 동쪽으로 수십 보를 구불구불 가서 서쪽으로 꺾으면 누각의 날개가 있고, 그곳에서 시가를 향해 내리 누르는 것만 같은 편액에는 '翰南書林'이라고 큰 글씨로 적혀 있다.10)
> * 성 안에 한남서림이 있어 가게의 간판을 집 머리에 달아놓았다.11)

『도서첩』 수록 윤하병(제4책), 조익원(제9책), 김종근(제9책), 이위래(제10책),

---

5) 朝鮮總督府, 『朝鮮人の商業』, 京城: 朝鮮總督府, 1925, 48쪽.
6) 윤하병, 『가장도서첩』 제4책. "余偶過寺街, 瞥見門楣大書翰南書市."
7) 김종근, 『가장도서첩』 제9책. "廣開書鋪扁之曰翰南書林也."
8) 조익원, 『가장도서첩』 제9책. "扁其楣曰漢南書林, 自號曰心齋."
9) 이위래, 『가장도서첩』 제10책. "只以經籍書畵有娛, 乃大開書鋪於列肆通衢之中而扁其額曰翰南書林."
10) 백만갑, 『가장도서첩』 제11책, 19쪽. "古圓覺寺之東行數十武逶而西折有樓翼然壓臨市街大書扁額曰翰南書林."
11) 정최섭, 『가장도서첩』 제11책, 28쪽. "城中有書林翰南扁屋頭."

『해동역대명가필보』 수록 한남서림 간판 사진

백만갑(제11책), 정최섭(제11책)의 글 속에서 한남서림에 간판이 크게 달려 있었음을 밝혀 놓은 부분만을 일부 발췌해 소개해 놓은 것이다. 한남서림 간판이 커다랗게 달려 있었으며, 그것이 지나가는 사람들의 시선을 한 눈에 사로잡기에 충분하다고 했다. 이 글들은 대개 1913년 여름 이후에 쓰인 것으로 1913년 이전에 이미 큰 글씨로 '한남서림'이라고 쓴 간판이 걸려 있었음을 증명하는 중요한 기록물이다.

그런데 서점을 크게 연 후 간판을 달았다는 기록에 주목할 필요가 있다. 개업 시기와 간판을 높이 세운 시기와의 상거가 얼마나 먼지 정확히 알 수 없지만, 문맥상 개업 후 간판을 세웠다는 의미로 읽을 여지는 충분하다고 본다. 그렇다면, 이중연이 앞서 조선총독부 조사보고서에 기초해 1905년에 한남서림이 세워졌다고 본 것보다 다소 뒤에 한남서림이 세워졌다고 보는 것이 더 타당할 듯하다. 『도서첩』 수록 개업 축하문의 등장 시기가 1913년 이후이기 때문이다. 필자는 1910년을 전후해 한남서림이 문을 열었을 것으로 판단한다. 『도서첩』 수록 글을 보면 백두용의 부친 백희배의 뜻을 받들어 서점을 열었다는 기록이 자주 보이기 때문이다. 백희배 사망(1911년) 직전에 부친의 뜻을 이어받아 본격적으로 서점을 열었다고 보는 편이 타당할 것이다.

그 밖에도 『도서첩』에는 초기 한남서림의 위치를 알 수 있는 글들이 여러 편 존재한다.

* 심재 백군은 진실로 옛날의 군자를 좋아하여 인사동[=寺洞]에 서점을 열어 유서(遺書)를 모았으니 수천 만권을 헤아린다.12)
* 일찍이 한남서림을 저잣거리[闌闐] 한 모퉁이[一隅]에 개설하고, 제자백가의 책들을 갖추어 놓았다.13)
* 누각의 동쪽과 원각사지 탑 서쪽의 옛 거리에 한남서림이 섰다.14)
* 백암(白巖) 남쪽 원(院)과 탑 사이에 살며 세상에 의지하지 않는 인재 한 사람이 있으니, 곧 백두용이다.15)
* 마침내 서울 대사동(大寺洞)에 한남서림을 열었다.16)
* 심재 백두용은 성격이 고상하고 지조가 있다. 저잣거리에 서점을 하나 열었다.17)
* 내 친구 백두용은 옛 것을 좋아하고 적는 것을 잘해 서울 대사동(大寺洞)에 서점을 열었다.18)
* 원각사지탑의 우편에 한남서림이라는 가게를 세우고 옛 경서를 비롯해 제자백가의 책 수천 권을 모았다.19)

이용관(제1책), 민달식(제2책), 김세익(제9책), 윤상현(제10책), 송헌빈(제11책), 윤근수(제11책), 이노수(제12책) 글에 실린 내용 중 일부를 발췌, 번역한 것이다. 이 중에는 한남서림이 대사동에서 시작되었다고 적어 놓은 글도 두 편(윤상현, 윤근수)이 있다. 인사동(仁寺洞)은 원래 중부 관인방(寬仁坊)의 인(仁)자와 대사동(大寺洞)의 사(寺)자를 취하여 일제 강점기에 붙여진 동명(洞名)으로 인사동과 대사동을 혼용해 썼기 때문으로 보인다. 위 글을 종

---

12) 이용관, 『가장도서첩』 제1책. "開肆於寺洞通衢, 收聚遺書, 累千萬卷."
13) 민달식, 『가장도서첩』 제2책. "曾設翰南書林於闌闐一隅, 藏徜諸子百家之書."
14) 김세익, 『가장도서첩』 제9책. "樓閣之東, 塔西古衖,⋯ 翰南爲樓."
15) 조익원, 『가장도서첩』 제9책. "白巖之南院塔之間有一不世倚材者卽白君斗鏞也."
16) 윤상현, 『가장도서첩』 제10책. "遂開翰南書林於京城之大寺洞."
17) 송헌빈, 『가장도서첩』 제11책. "白心齋高尙自潔, 開一書館於市街之上"
18) 윤근수, 『가장도서첩』 제11책, 12쪽. "吾友白君斗鏞好古强記, 開書肆於漢城大寺洞."
19) 이노수, 『가장도서첩』 제12책, 2쪽. "築室於圓覺塔院之右扁以翰南書林多儲古經及諸子書累千卷."

합하자면, 남쪽에서 보면 원각사지 10층 석탑(현 탑골 공원 내 위치)의 서쪽에, 동쪽에서 보면 석탑의 오른쪽 거리에 한남서림이 위치해 있었다는 것이 된다. 이로 보더라도 초기 한남서림은 판권지에 명기된 인사동 170번지에 있었음을 확인할 수 있다. 그밖에도 한남서림의 위치와 관련해 '경성 남부'에 속한다거나, '경성 정중앙'에 위치한다고 언급한 것은 실제로 행정구역에 의거해 위치를 밝힌 것이기도 하지만, 심리적, 정신적으로 고유한 위치를 점하고 있다는 의미를 강조하기 위함에서였다.

한남서림 개업 시기를 언급한 또 다른 관련 자료로는『동아일보』기사가 있다. 1962년 5월 7일자『동아일보』에「古書畵 머물던 翰南書林」이란 제하의 기사가 실렸는데, 한남서림이 1900년을 전후해 입정동 길가에서 노점 비슷한 형태로 처음 시작되었다고 밝힌 것이 그것이다.

李朝末葉에 淸溪川의 水標橋와 孝經橋새에 俗稱 <하리꼬다리>(河浪橋) 건너 남쪽(입정동) 노변에 노점 비슷하게 시작한 책방이 <한남서림>이요 이 간판을 내걸고 다시 인사동으로 옮긴 것이 정확하지는 않지만 六五년 전인 것으로 알려지고 있고 한창 성할 때가 寬勳洞 18번지 현 <通文館> 자리로 옮긴 뒤라 하는데 그 때가 純祖四年(1900年)頃이다.[20]

위 신문 기사를 쓰던 당시(1962)에 통문관이 있던 자리로 한남서림이 이사한 것이 '순조 4년'의 일이라 했는데, 이는 명백한 오기(誤記)다. '순조 4년'이라면 '1805년'이기 때문이다. 그러나 기사에서 밝힌 '1900년'은 '광무 4년'에 해당하므로, '순조'라 한 것은 '광무'를 잘못 적은 것이라 하겠다. 그런데 한남서림이 처음에는 입정동 노변에서 노점 비슷하게 시작했다가 인사동으로 자리를 옮겨 간판을 내건 것이 정확하지 않지만 '65

---

20)「古書畵 머물던 翰南書林」,『동아일보』1962년 5월 7일자.

년 전 일'이라 한 대목에 주목할 필요가 있다.[21] 기사가 작성된 해가 1962년임을 고려할 때, 65년 전이라면 그것은 약 1897년경이 된다. 그렇다면 비록 1897년이 정확한 해는 아니라 할지라도 대략 그 무렵에 한남서림이 인사동에 세워졌음을 의미하는 것이 된다. 그러나 1897년에 이미 인사동에서 간판을 내걸고 본격적으로 영업을 했다고 보긴 어렵다. 그렇다면 입정동에서 "노점 비슷하게 시작한 책방"이란 1897년 이전에 있었다고 보아야 할 턴데, 1897년 이전이라면 회동서관, 신구서림보다도 앞선 시기이므로 한남서림이 이들 서점보다 늦게 세워졌다는 다른 기록들과 상충한다. 또한 앞서 언급했던, 1905년경에 간판을 내걸고 영업을 시작했다는 다른 기록과도 7~8년의 시간적 차이가 난다. 오히려 그 시기는 최초의 서점으로 알려진 대동서시(大東書市)의 설립 시기(1896)와도 유사하다.[22] 따라서 위 『동아일보』 기사 내용을 곧이곧대로 받아들이긴 어렵다. 다만 『도서첩』 수록 글 중에 인사동의 길가 한 모퉁이에다 서점을 열었다고 적고 있는 글도 있는 것으로 보아[23] 한남서림이 인사동 길가 한 모퉁이에서 노점의 형태로 시작된 것만큼은 분명해 보인다.

그런데 위 기사 내용 중 믿기 어려운 구석은 또 있다. 한남서림의 전성기가 인사동에서 관훈동 18번지로 옮긴 후라 하면서 그 시기를 1900

---

21) '六五년 전'을 '5~6년 전'으로 해석할 수도 있다. 그렇다면 1962년 신문 기사에서 말하는 '5~6년 전'이란 1956~57년을 가리킨다, 물론 이때에도 한남서림이란 나무 현판이 걸려 있었던 것은 사실이나 그것은 인사동이 아닌 관훈동 시절의 일이다. 관훈동의 '한남서림'이란 나무 현판은 1960년대 초에 사라졌다.(이중연, 『고서점의 문화사』, 혜안, 2007, 132쪽.) 그러므로 인사동으로 옮겨 와 간판을 내걸었다고 한다면 신문 기사에서 말하는 '六五년 전'이란 '65년 전'으로 읽는 것이 타당해 보인다.

22) 이승우, 「개화기 출판·서적계를 가다─한말 신문광고에 비친 책방 풍속도」, 『출판저널』, 대한출판문화협회, 1993, 8쪽.

23) 李容觀, 『家藏圖書帖』 제1책. "心齋白君, 誠好古君子也. 爲是之懼, 開肆於寺洞通衢, 收聚遺書, 累千萬卷, 九流百家名畵法筆." ; 閔達植, 『家藏圖書帖』 제2책. "曾設翰南書林於闤闠一隅, 藏侔諸子百家之書,"

▎『주해 어록총람』 판권지(국립중앙도서관) 주소지가 '관훈동 18번지'로 적혀 있다.

년으로 적고 있는 것이 바로 그것이다. 한남서림이 인사동에서 관훈동으로 옮긴 것은 맞지만, 한남서림 간행물의 판권지에 근거할 때 관훈동으로 옮긴 시기는 적어도 1919년경으로 보이기 때문이다. 1918년에 간행한『동상기찬(東相記纂)』에는 '인사동 170번지'로 적혀 있는 것이『매일신보』1919년 8월 3일자에는 한남서림 간행『註解 語錄總攬』광고의 주소지로 '관훈동 18번지'라고 소개해 놓아 주소지의 변동 사실을 확인할 수 있다.24) 따라서『동아일보』기사 내용은 전체적으로 신뢰하기 어렵다.

설립 시기와 관련한 또 다른 자료는 1918년에 한남서림에서 간행한『동상기찬(東廂記纂)』서문이다. 이 서문은 백두용이 직접 쓴 것으로 설립 시기를 확정할 수 있는 증거로 신빙성이 높다고 하겠다. 그런데 거기서 백두용은 자신이 서울에 한남서림을 처음 연 것이 "거의 십 년 가까이 되어"25) 간다고 했다.

『동상기찬』이 1918년 11월에 간행되었으므로, 서문대로 거의 십 년이 다 되어간다면 1918년에서 10년 가까이 되는 시기는 1909~1910년이 될 것이다. 그렇다면 이는 한남서림 개업 축하시문이 1913년경부터 작성된

---

24) 한남서림에서 1921년에 간행한 소설『郭汾陽傳』의 판권지에 발행자 백두용과 발행소인 한남서림의 주소가 '인사동 170번지'로 되어 있던 것이 1922년에 간행된『擊蒙要訣』에는 '관훈동 18번지'로 기재되어 있다.

25) 백두용 편,「自序」,『東廂記纂』, 翰南書林, 1918. "開書林이 將近十稔ᄒ니"

것과도 그리 상거가 멀지 않다. 그리고『도서첩』에서 백희배의 뜻을 이어 서점을 열었다는 여러 사람들의 글과도 일치한다. 따라서 이로 보더라도 한남서림이 1910년을 전후한 시기에 개업했다고 할 것이다. 이것은 한남서림이 회동서관, 대동서시, 박문서관, 신구서림처럼 1890년대, 또는 1900년대 초에 세워지지 않았음을 의미한다.

이상에서 언급한 내용들을 종합해 보면, 한남서림은 큰 길 가에 가게를 열어 책을 파기 시작했는데, 기록에 따라 다소 차이가 나지만, 입정동에서 인사동으로 옮겨 와 제대로 된 서점의 모습을 갖추게 되었다는 사실 만큼은 분명해 보인다. 그리고 입정동 노상에서 책을 팔기 시작한 한남서림이 인사동 170번지(현 인사동길 23번지)에서 번듯한 점포 건물을 짓고 거기에 간판을 달아 본격적인 영업을 시작한 것은 1910년을 전후한 시기의 일이라 하겠다.

그 후로 한남서림은, 판권지를 기초로 할 때, 1919년경에 관훈동 18번지(현 인사동길 34번지)로 이전한 것이 확실하다. 그리고 1920년대에 관훈동에서 최고 전성기를 구가하게 된다. 목판본 고소설을 대거 간행하는가 하면『역대해동명가필보』(전6책)와 같은 역작을 내놓는 등 많은 서적을 간행하고 서점업과 출판업을 겸하면서 외적으로 크게 발전해 나갔다.

2. 백두용의 한남서림 경영 : 1900년대 초~1930년대 초

앞서 언급한 대로, 백두용이 서점 개업에 뜻을 정한 후 한남서림이란 간판을 내걸고 고서를 매매하기 시작한 것은 1910년 전후의 일로 추정된다. 이때 한남서림 간판에 글씨를 써 준 이는 몽인(夢人) 정학교(丁學敎, 1832~1914)[26]였다. 그는 구한말 난초와 괴석 그림을 잘 그리고 글씨 잘 쓰기로 이름이 났던 인물이었다. 당시 한남서림의 간판은 눈에 크게 띄었으므로 세간에 명물로 여겨졌다. '한남서림'이라는 간판 글씨가 이정표 역할을 한 셈이다.

조선총독부에서 발행한『朝鮮人の商業』(1925)에는 한남서림의 간판이 설명되어 있다. 당시 대표적 서점이라 할 회동서관과 한남서림, 그리고 세계서림의 간판 크기와 간판에 적힌 글자까지 그림으로 소개해 놓았기 때문에 당시 한남서림 간판이 어떠했는지 이해할 수 있다.[27]

이 자료에 의하면, 한남서림의 간판은 가로 3척(尺), 세로 1척(尺), 즉, 가로 90cm, 세로 30cm 정도의 크기였다. 이 크기라면 다른 서점의 간판과 비교해 그리 큰 것은 아니었다. 회동서관의 간판은 가로 2문(間) 반(약 4미터 50cm), 세로 3척(90cm)로 한남서림의 그것보다 3배 이상이나 되고, 세계서림의 간판은 가로 1문(약 182cm), 세로 3척(90cm)으로 한남서림의 그것보다 2배가 훨씬 넘었다. 더욱이 한남서림의 간판에는 간단히 '한남서림' 네 글자를 중앙에 한자로 적고 왼쪽 끝에는 글자를 쓴 정학교의 호인 '夢人'을 적어 놓은 것이 전부인데 반해, 회동서관의 간판은 중앙에 '滙東書館'을 한자로 적고, 바로 그 아래에 한글로 '회동서관'이라 적었으

---

26) 정학교는 조선 후기의 서화가. 글씨는 전(篆)·예(隷)·행(行)·초(草)에 모두 능했으며 광화문의 편액은 그가 쓴 것으로 알려졌다. 그림은 주로 죽석도(竹石圖)·괴석도(怪石圖) 등 문인화가들이 즐겨 그린 화목(畵目)을 많이 그렸는데, 담백하면서도 섬세한 필치로 바위의 특성을 예리하게 포착, 묘사하고 있다.(김영윤,『한국서화인명사서』, 한양문화사, 1959, 443쪽.)

27) 朝鮮總督府,『朝鮮人の商業』, 1925, 48쪽.

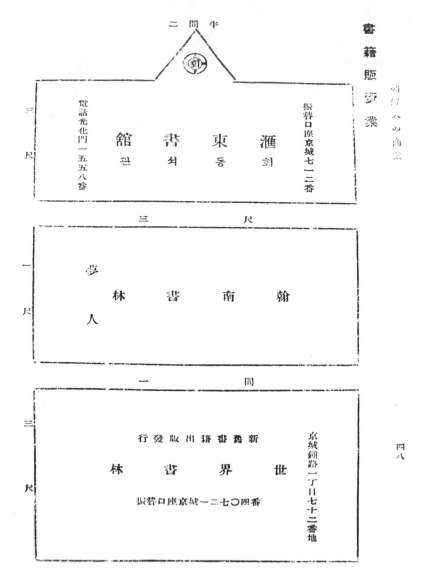

二間半

三尺

電話光化門一五五八番

館 書 東 滙
관 서 동 회

振替口座京城七一二番

三尺

一尺

夢
人

林 書 南 翰

一間

三尺

新刊舊書籍出版發行

林 書 界 世

振替口座京城一二七〇四番

京城鍾路一丁目七十二番地

四八

┃출처 : 『朝鮮人の商業』(46쪽) 수록 간판 소개 부분

며, 오른쪽에는 '振替口座京城七一二番'이라는 계좌번호를, 왼쪽에는 '電話光化門一五五八番'이라는 전화번호까지 세로로 적혀 있다. 또한 간판 맨 위에는 회동서관의 문양까지 그려 놓았다. 세계서림의 경우, 중앙에 한자로 '世界書林'이라 적고 오른쪽에는 서점 주소인 '京城鐘路一丁目七十二番地'를, 위쪽에는 '新舊書籍出版發行'이라는 광고 글귀를 작은 글씨로, 아래쪽에는 '振替口座京城一二七〇四番'이라 적었다. 이는 커다란 간판에 구좌번호와 전화번호까지 기재함으로써 광고 효과를 보려는 의도였던 것 같다. 이에 비해, 한남서림은 간판을 통한 광고 효과를 별반 고려하지 않았던 듯하다.[28]

한편, 한남서림에서 간행한 책이 처음 나온 것은 1916년의 일이었다. 첫 해에 한남서림에서 간행된 책은 현재 10종이 확인된다. 이 중 가장 먼저 간행된 도서는 『천자문(千字文)』과 『동몽필습(童蒙必習)』이었다. 그후, 서점이 점차 번성하게 됨에 따라 1919년경에 관훈동 18번지의 2층 건물로 이사를 했다. 이사 직후인 1920년에는 한 해에만 22종의 고소설 책을 간행했다. 이는 우리 서점 출판사에서 특이한 위치를 차지한다. 이 무렵 다른 서점에서는 고소설이 수지가 맞지 않는 사업이라 여겨 모두 방각본 출판을 꺼렸기 때문이다. 그러나 백두용은 사라져가는 우리 고소설을 원하는 독자가 여전히 있을 것으로 믿고, 불리한 여건에서도 소신을 갖고 옛 고소설 판본을 구입해 다시 찍어냈다.

1926년에는 한남서림 간행물을 대표하는 『해동역대명가필보(海東歷代名家筆譜)』가 세상에 선을 보였다. 『해동역대명가필보』는 신라의 김생부

---

28) 『해동역대명가필보』(1926) 수록 사진에 보이는 한남서림 간판에는 『朝鮮人の商業』에서 소개한 간판 내용과는 다른 점이 있다. '翰南書林' 네 글자 하단에는 글자 사이에 '白斗鏞'이라는 글자가, 오른편에는 '新舊書籍販賣'라는 글귀가, 왼편에는 선명하지는 않지만 주소지가 적혀 있는 것으로 보인다. 이로 본다면, 1926년 기준 한남서림 간판은 그 이전 간판과 달라진 것이라 하겠다.

터 조선 후기에 명필가에 이르기까지 700여 명의 글씨를 모은 것으로, 수십 년간 부친과 백두용 자신이 모은 글씨를 책으로 만든 것이다. 백두용은 위창(葦滄) 오세창(吳世昌)과 가깝게 지냈기 때문에 당대 최고 서예 감식가였던 오세창에게 『해동역대명가필보』의 표제(表題)를 써줄 것을 부탁했다. 박제가와 유득공 등 조선 4대 시인의 시에 주석을 가한 『전주사가시(箋註四家詩)』(1917)를 간행했을 때도 백두용은 오세창에게 책의 제자(題字)를 부탁하기도 했다.

▎『해동역대명가필보』 간행(1926) 직후 한남서림 앞에서 책을 홍보하기 위해 세운 입간판을 배경삼아 서점 직원들과 함께 찍은 사진. 『해동역대명가필보』 내 수록 사진

한남서림은 고서적(古書籍), 고당판(古唐版), 고서화(古書畵)를 매입하고 파는데 주력했지만,[29] 앞서 언급했듯이, 특별히 구서(舊書)를 고집하며 소신을 갖고 목판본 판매와 간행에 주력했던 서점 겸 출판사였다. 백두용 자신도 이 점을 분명히 밝힌 바 있다.

당시의 서점이라고 하면 몇 군데도 되지 아니합니다. 中央書林, 大東書市, 新舊書林, 廣學書鋪, 滙東書館, 그리고 내가 하는 翰南書林 등이었으며 그 중

---

29) 『동아일보』 1937년 4월 8일자 2면 광고 ; 『매일신보』 1940년 3월 11일자 5면 광고.

에 中央書林 하나가 新書籍을 전문으로 팔았고 新舊書林은 舊書籍의 木版책을 많이 내었으며 翰南書林만이 헌 책만을 팔았습니다. 그 나머지는 전부 新舊書籍을 兼하여 팔았습니다. 이 중에 아직까지 남아있는 서점은 滙東書館과 이 翰南書林뿐일 것입니다. 新舊書林은 남아 있기는 있지만 그때 주인이 갈렸습니다. 저는 헌 책만 취급하여 온 관계상 당시 팔린 책의 종류로 말하면 七書가 제일이었으며 다음 文集, 史記, 八大家, 通鑑, 千字, 古文眞寶, 漢書, 春秋, 大傳, 童蒙先習, 禮記, 小學 등이었는데 지금은 七書가 팔리지 아니하니 저로서는 한심할 일입니다. 그때 顧客으로 말하면 서울 사람보다는 시골에는 서점이라 할 만한 서점이 없었던 만큼 시골 손님이 많았으며 시골 손님이 올라오면 여러 사람의 부탁을 많이 받아 가지고 올라오는 관계로 한 번에 수십 수백 권씩 사 가지고 갔었습니다.30)

1930년 5월 1일자 『매일신보』에 실린 백두용의 인터뷰 기사 전문이다. 여러 서점이 문을 닫고 경영이 어려워진 상황에서도 한남서림에서는 여전히 고서만을 취급하고 간행했다. 특별히 칠서(七書), 곧 사서삼경(四書三經)을 비롯한 문집과 역사서가 많이 팔렸다. 신서적(新書籍) 간행이 이윤 창출에 유리할 수 있음을 잘 알면서도 고서만 팔고 그것을 간행하는 데 집중한 것은 시류에 편승하지 않은 채 자기 소신을 지키려 한 이유에서였다.

그러나 고서 수요가 감소하고, 고객이 급감하는 상황에서 끝까지 자신의 소신과 철학만 고집하며 서점을 끌고 나가기란 쉬운 일이 아니었다. 시골 손님이 한 번에 수백 권씩 사가던 시절도 지나가고, 이미 환갑의 나이에 접어든 백두용이 지키고자 한 것은 바로 사라져가는 고서를 간행해 후손들에게 남겨주는 일 뿐이었다. 백두용이 별도의 작품 내지 글을 발표한 것은 없었지만, 그는 고서 간행을 통해 자신의 신념과 가치관을 지키고자 했다. 결과론이기는 하지만, 오늘날 다수의 방각 경판본

---

30) 「한남서림翰南書林=주인主人 백두용白斗鏞씨氏 담담談」, 『每日申報』, 1930년 5월 1일자.

고소설 작품이 남을 수 있었고,『천자문』을 비롯한『해동역대명가필보』, 경서 등 다양한 서적이 간행되어 남게 된 것은 백두용의 공이 아닐 수 없다. 일제강점기 출판 유통과 고서 간행 및 보급을 이야기할 때, 한남서림과 백두용을 빼놓을 수 없는 이유가 바로 여기에 있다.

3. 전형필의 한남서림 인수 및 경영 : 1930년대 중~1945년

1932년에 25세였던 간송(澗松) 전형필(全鎣弼)은 위창(葦滄) 오세창(吳世昌)의 천거로 고서화 거간꾼으로 잔뼈가 굵은 이순황(李淳璜)을 처음 만났다. 위창이 간송에게 서화골동에서 고서에 이르는 수집품을 수집하는 일을 전담할 만한 인물로 이순황을 소개해 준 것이다. 간송은 이순황과 여러 차례 일을 해 본 후 그를 신임할 수 있었다. 그 해에 한남서림을 인수한 간송은 그에게 서점 경영까지 맡겼다. 한남서림을 고서뿐 아니라 서화 미술품 수집의 중간 거점지로 삼고자 했기 때문이다. 간송이 노년에 쓴 수필『수서만록(蒐書漫錄)』은 1960년경에 발표된 것인데, 여기서 간송은 한남서림을 인수한 시기가 약 30년 전이라고 했다.

却說하고 以上은 내 자신이 학생 때부터 손수 한 권 두 권씩 책을 수집하던 이야기이거니와 그 후 뜻있는 先輩와 親友들이 "그대가 기왕 꽤 많은 書籍을 모았으니 한 걸음 더 나아가서 지금 그대가 열심히 하고 있는 古美術品 蒐集의 一部門으로 나날이 흩어져 가는 우리나라 古書籍도 함께 수집하되 그대는 門外漢이니 古代書籍에 밝은 專門人들의 協力을 얻어서 좋은 文庫를 하나 만들어 보라"는 간곡한 勸告를 받고 나도 그 勸告가 지극히 좋은 意見이므로 그대로 實行할 것을 決定하고 準備를 하고 있던 중 마침 유명한 古書鋪인 翰南書林이 店鋪를 移讓하게 되어 내가 그 점포를 인수하게 되었으니 지금으로부터 약 30년 전 일이다. 그때부터 나의 漢籍蒐集이 本格的으로 시작되었던 것이다.

　　前記 翰南書林은 朝鮮末葉부터 白斗鏞이라는 老人이 있어 당시 碩學들의
後援을 얻어 수십 년 동안 경영하던 한국 최대 老舖의 하나로서 白 老人이
別世한 후 그 遺族에게서 내가 引繼 經營하게 된 것인데 白 老人 앞에서 오
랫동안 業務를 담당하던 金東圭 씨와 나의 親友인 故 李淳璜씨와 現在 華山
書林 주인인 李聖儀씨 등 古代 書籍에 밝은 몇몇 사람이 협력하여 우리나라
의 자랑이 될 만한 알뜰한 漢籍文庫를 하나 만들어 보자는 나의 뜻에 贊同하
고 새로운 포부와 의도 하에 첫 출발을 한 것이었다.[31]

　간송은 이순황을 '親友'라고 불렀다. 그가 이순황에게 한남서림 경영
을 맡긴 것은 그를 신뢰했음을 단적으로 보여주는 것이다. 또한 간송은
한남서림을 백두용이 별세한 후 유족으로부터 인수했다고 했다. 그 인
수 시기가 30년 전이라 했는데, 이 글이 발표된 시기가 1960년경이므로
간송의 증언대로라면 간송이 한남서림을 인수한 것은 1930년경이 된다.
그러나 이때 간송이 말한 인수란 정식으로 한남서림을 넘겨받았다는 것
이 아니라, 한남서림을 후원하면서 실질적인 경영을 하게 된 것을 의미
한다. 이것이 1932년의 일이다.

　그러다가 백두용이 1935년 8월 20일에 갑작스럽게 사망했다.[32] 후손
들의 증언에 의하면 백두용은 복막염으로 황망하게 세상을 떠났다.[33]
그 후 정작 한남서림이 법적으로 간송에게 인수된 것은 다음 해인 1936
년의 일이었다. 따라서 간송의 위 증언은 기억에 의거한 것이라 사실과
다소 다르다.

---

31) 전형필, 「수서만록」 ; 『간송 전형필』, 보성중고등학교, 1996, 288~289쪽.

32) 한국민족미술연구소, 『간송문화(澗松文華)』 창간호~77호, 1971~2009 ; 이충렬, 『간
　　송 전형필』, 김영사, 2010, 274쪽.

33) 방효순, 「한남서림의 소설류 방각본 발행」, 『근대서지』 제5집, 한국근대서지학회,
　　2012, 143쪽. 백두용의 갑작스런 사망과 사인, 사망 시기에 관한 이야기는 손자 고
　　(故) 백태규 선생으로부터 직접 들어 필자도 확인한 내용이다.

그렇지만, 위 글을 통해 백두용에서 전형필로 주인이 바뀌면서 한남서림은 출판사와 인쇄소 외에 한적 수집 문고의 역할까지 맡게 된 사실을 알 수 있다. 한남서림의 베테랑 직원이자 서적중개상이었던 김동규(金東奎), 그리고 원래 서적중개상 노릇을 하다가 후에 화산서림(華山書林)을 차리고 서점을 연 이성의(李聖儀), 그리고 이순황 등이 뜻을 모아 서적을 모으는 일에 힘을 기울였다고 했다. 이들은 당대 송신용(宋申用), 김효식(金孝植) 등과 더불어 서적상으로 이름 꽤나 날리던 전문가들이었다.

또 한 가지 흥미로운 것은 백두용이 "당시 碩學들의 후원을 얻어 수십 년 동안" 한남서림을 경영해 왔다고 한 부분이다. 석학(碩學)이라면 당대 각계각층에서 중요한 역할을 하던 명사를 의미하는 바, 사회 저명인사들이 한남서림과 백두용을 후원했다는 것은 개인적 친분이 두터웠다는 의미일 뿐 아니라 한남서림의 위상 또한 대단했음을 방증한다. 그리고 당시 유명 인사들의 한남서림 후원 정도를 단적으로 보여주는 것이 바로 『도서첩』의 존재다. 3백 명이 넘는 당대 관료들과 예술가들이 대거 개업 축하시문을 써 줬다는 사실 그 자체만으로도 역사적 사건과 같은 일이었을 뿐 아니라, 당대인들에게 많은 관심과 사랑을 받았음을 짐작하고 남음이 있기 때문이다. 간송이 한남서림의 역사를 떠올리며 당대 서점가에서 차지했던 가치와 역할을 '수십 년간 석학의 후원을 얻어 경영해 온 한국의 대표적 서점'이라는 말로 집약해 놓았던 것이다.

전형필이 한남서림을 인수한 후, 한남서림은 한적 수집의 거점지가 되었다. 한남서림은 해방 전까지 각종 진서(珍書)와 호본(好本)을 상당량 수집한 보고(寶庫)와도 같았다. 전형필은 특히 지방의 장서를 일부가 아닌 전부를 이양 받아 선별해 수집하는 데 힘을 썼다. 그 결과 수년이 채 지나지 않아 방대한 수량의 책을 모을 수 있었다. 더 이상 한남서림은 출판사나 인쇄소가 아닌 서점 형태의 고서 문고가 된 것이다.

간송은 1940년 3월에 한남서림을 증축됐다. 수서 공간을 늘리고 본격적으로 고서 수집 및 보관 공간으로 활용키 위함에서였다. 서예가이자 양정고보 교장을 지낸 석정(石丁) 안종원(安鍾元, 1874~1951)은 증축을 축하하는 현액 '예해영화(藝海英華)'를 써 주었다. 그리고 "경진년(1940) 춘분절에 한남서림 증축을 기뻐하며 이를 축하하기 위해 관수거사 종원 짓다 [時庚辰春分節, 爲祝翰南書林增築之喜, 觀水居士 鍾元]"라는 글귀까지 덧붙여 놓았다.[34] 그런데 이 무렵, 일본이 태평양 전쟁을 일으켰다. 전형필은 그 불똥이 한반도에까지 미치지 않을까 내심 걱정했다. 자신이 정성껏 수집해 온 문화재와 고서들을 망실하는 것을 가장 염려했던 것이다. 그러나 다행히도 그가 염려하던 일은 발생하지 않았다. 커다란 피해 없이 해방을 맞이할 수 있었던 것이다.

4. 한남서림의 퇴락 : 해방 이후~1960년대 초

해방 후에도 전형필은 희귀 고서 수집에 진력했다. 6·25 전쟁이 발발하기 전까지 한남서림에 쌓인 책 수만 해도 수만 권에 이르렀다. 그 중에는 국보와 보물로 지정된 『훈민정음(訓民正音)』, 『동국정운(東國正韻)』, 『금보(琴譜)』 등 다수의 진적(珍籍)이 포함되어 있었다.

그러나 그가 혹시나 하며 걱정해 오던 일이 현실로 나타나게 되었다. 간송은 6·25 한국전쟁의 발발로 황급히 피난을 갈 수밖에 없었다. 그런데 다시 돌아왔을 때 그 동안 힘써 모아 놓았던 책들은 모두 분실되고 사라졌다. 장서목록과 카드 상자도 흩어졌고, 산실된 어떤 책은 땔감용

---

34) 최완수, 「간송(澗松) 전형필(全鎣弼)」, 『간송문화』 제70호(간송탄신백주년기념호), 한국민족미술연구소, 2006, 144쪽.

으로, 어떤 책은 도배용으로 사용된 것을 목도하기까지 했다. 청계천가의 노점에서 자기가 잃어버린 고서를 다시 구입하기도 했다. 뜻깊은 친구의 도움으로 수백 권의 책을 다시 되찾기도 했다. 그러나 산실된 책들을 모두 다시 모은다는 것은 불가능한 일이었다.

그 후로 전형필이 한남서림을 통해 고서를 수집하고자 하는 의욕은 한풀 꺾였다. 그러나 비록 다시 문고를 만들기는 어렵게 되었다 할지라도 그냥 그렇게 주저앉을 수만은 없었다. 결국 전형필은 1953년에 한남서림에서 오랫동안 일해 온 혜란(兮蘭) 김동규(金東奎)에게 한남서림의 경영권을 일체 넘겨주어 서점의 정상화를 꾀하고자 했다. 그러나 김동규는 한남서림에 채워 넣을 만한 책을 갖고 있지 못했다. 그래서 통문관 주인인 이겸로(李謙魯)가 한남서림에서 가지고 있던 책들을 위탁 받아 서점을 운영했다. 그러나 김동규마저 한남서림 운영을 포기하기에 이르자, 이겸로가 관훈동 18번지 한남서림 자리에서 1959년 7월까지 집세 한 푼 내지 않고 서점을 대신 운영했다.35) 백두용으로부터 시작한 한남서림은 전형필을 거쳐 김동규, 그리고 이겸로에게로까지 이어졌다. 이겸로는 전형필과 자주 만나 거래를 지속해 나갔다. 이 둘 사이에 거래가 잦았던 만큼, 후에 전형필이 소장하고 있던 『훈민정음』관련 서적과 『동국정운』 등을 이겸로가 운영한 통문관에서 간행할 수 있었다.

그러나 재정 악화로 이겸로마저 한남서림 경영에서 손을 떼고 통문관에만 집중하게 되었다. 그러다가 결국 한남서림 건물은 1962년에 흔적도 없이 철거되고 말았다. 한남서림이 언제 문을 닫았다고 할 것도 없이 한남서림은 사람들의 기억 속에서 서서히 사라져 버린 것이다. 전쟁 후 산실한 고서적들을 제대로 추수하지도 못하고 그 존재조차 희미해져 버

---

35) 최완수, 「간송 선생 평전」, 『간송문화』 제 41호, 1991, 120쪽.

린 한남서림. 그 한남서림의 역사를 기억하고 재평가하는 작업은 서적
유통 및 출판문화의 현주소를 가늠할 수 있는 좋은 척도가 된다.

제3장 한남서림 간행물의 제 특징

1. 한남서림 간행도서

한남서림이 서점업과 별개로 출판사로서 도서 간행을 처음 시작한 것은 1916년의 일이다. 한남서림 역사상 『천자문(千字文)』과 『동자필습(童子必習)』이 처음으로 목판으로 간행되었다.[1] 그리고 다음 해인 1917년에는 『주해천자문(註解千字文)』이, 1919년에는 『천자문(千字文)』이, 그리고 1932년에는 『몽학도상천자문(蒙學圖像千字文)』이 지속적으로 간행되었다.[2] 이 4종의 천자문 책은 한남서림 출판물의 주력 상품이 되다시피 했다. 출판업을 시작한 첫 해에 선보인 책이 『천자문』이었고, 한남서림의 경영권을 전형필에게 넘겨준 1932년에 간행된 책도 천자문(『몽학도상 천자문』)이

---

1) 이중연과 하동호는 1916년에 간행된 『童子必習』(국립도서관 소장)을 가장 이른 시기에 출판된 것으로 보았다.(이중연, 『고서점의 문화사』, 혜안, 2007, 142쪽 주 25번 ; 하동호, 「韓國古書籍商變遷略考」, 『近代書誌攷類叢』, 탑출판사, 1987, 15쪽) 1916년에는 『동자필습』 외에도 『천자문』을 비롯해 여러 종의 책이 간행되었다.
2) 안미경, 「일제시대 천자문 연구—판권지 분석을 중심으로」, 『서지학연구』 제22집, 서지학회, 2001, 302쪽.

었다. 『천자문』은 백두용의 출판 역사와 함께 한 산 증인 같은 책이라
할 것이다.

▮『몽학도상 일선 천자문』 표지
(국립중앙도서관)

▮『몽학도상 일선 천자문』 본문
(국립중앙도서관)

백두용은 1917년부터 『천군연의(天君演義)』·『전주사가시(箋註四家詩)』
등 다양한 종류의 출판물을 활발히 간행해 나간다. 1918년에는 『동상기
찬』을, 1920년에는 『홍길동전』·『심청전』·『구운몽』·『백학선전』·『옥
주호연』 등 고소설 작품들을 목판본으로 간행했다. 그리고 1926년에 석
판 영인본으로 『海東歷代名家筆譜』를 내놓고 한남서림의 이름을 세상에
널리 알렸다.

이와 관련해 한남서림의 출판과 간행 도서의 성격을 개관해 놓은 『경
향신문』 기사를 보도록 하자.

활기를 잃고 있는 출판계지만 꾸준히 명맥을 이어가는 속에 1917년경에는 또 하나의 良書출판사로 翰南書林이 발족하고 이외에 德興書林, 永昌書館 등 이름 있는 업체들이 10年代에 생겼다. 翰南書林은 본래 白斗鏞이 조그마한 구멍가게 비슷하게 서적상을 시작하여 기초를 쌓은 후 仁寺洞에 자리를 잡고 1917년 11월『天君演義』를 처녀출판으로 출판계에 투신, 약 20년 간 50여 종의 가치 있는 책들을 발간했다.

그러나 이때만 해도 아직 수공업적인 木版으로 출판하던 관습이 남아 50여 종의 출판물 중 반 이상이 木版이었고 대표적 출판물인『海東歷代名家筆譜』도 목판본이었다. 이 책은 전6권으로 되어 新羅 眞興王 金生, 崔致遠으로부터 최근에 兪吉濬, 張志淵, 玄采 등에 이르기까지 우리나라 名筆家 7백여 명의 필적을 7년이라는 장구한 세월을 두고 수집, 간행한 것으로 1백부씩 20여 판을 印出했다고 전한다.[3]

위 기사에 의하면, 1910년대에 이름난 출판사인 덕흥서림과 영창서관이 나타날 때 한남서림 역시 서점업 외에 출판업에 뛰어들었다고 했다. 그러면서 1917년에 간행된『천군연의』가 한남서림에서 처녀 출판된 책이라고 소개했다. 그러나 현재 한남서림 판권지가 찍힌 최초의 간행물은, 앞서 언급한 대로, 1916년에 선보인『천자문』등 교육용 교재 10여 종이다.

정작 중요한 것은 한남서림에서 목판으로 간행한 서적이 50여 종 되고, 그것이 전체 간행물의 절반을 차지한다는 사실이다. 즉, 신식 또는 구식 활자를 사용하거나 최신 인쇄기계를 사용하기보다 기존의 전통적 판본을 고집하면서 서적 간행에 심혈을 기울였다는 것만으로도 한남서림 간행물의 성격을 잘 대변해 준다. 오랫동안 수집하고 심혈을 기울여 내놓은 대표작『해동역대명가필보』역시 목판본이었다는 것은 백두용의 신념을 단적으로 보여주는 것이다. 전 6권의 거질인『해동역대명가필보』를 1백부씩 20여 판, 곧 2천여 부(전6권)를 인출했다. 이것만 보아도 이

---

3) 「우리문화－도서출판(5)」, 『경향신문』, 1972년 10월 26일자.

책이 얼마나 대단한 인기를 누렸을지 실감할 수 있다. 고서를 통해 '옛 것'과 '고유한 것'의 가치를 널리 알리고, 이를 다른 사람들과 공유하고 자 했던 그의 신념의 결과라 할 것이다.

▌『천자문』 표지

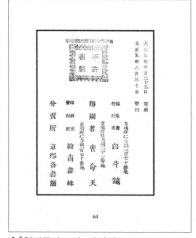

▌『천자문』(1916) 판권지

한편, 1919년에 한남서림에서 발행한 초서체 『천자문』 판권지에는 "本書林發行新舊書目錄"이라 하여 한남서림에서 기 간행된 책 목록을 소개해 놓은 광고가 보인다. 거기에는 책 수만 밝혀놓은 서목(書目)과 책 수와 정가까지 모두 표시한 서목, 이렇게 두 가지로 나눠져 있다. 신서는 책 수와 정가까지 표시해 놓은 반면, 구서는 책 수만 밝혀 놓았 다. 이러한 기 간행 도서목록의 표시 방법은 1920년에 간행된 고소설 판권지에서도 동일하게 사용되었다. 구서목록에 가격표시가 없는 것은 구서를 대개 방각본 형태로 출판한 것으로, 종이 값의 등락에 따라 책 가격이 크게 달라졌기 때문이다. 1925년에 회동서관에서 발행한 해서 체 『천자문』의 판권지에 서목을 나열하기 전에 "但 價格은 白紙 時勢의

高低을 隨야 一定치 안키로 記載치 못"한다고 적은 것으로 보아 그런 사정을 충분히 짐작할 수 있다.[4] 당시 책값이 종이 값에 따라 결정되고 있었음을 잘 보여준다. 1921년 5월 21일자『동아일보』책 광고에서도 한남서림에서 발행한『대방초간독(大方草簡牘)』전 2책의 정가가 백지(白紙)일 경우 1원50전, 개량지(改良紙)일 경우에는 1원 20전이라고 명기해 놓았다.[5]

참고로 1922년 5월에 발행된『한국경성활동서해(韓國京城活動書海)』에도 당시 서울에서 간행된 책들의 가격이 기록되어 있는데, 비록 출판사가 명시되어 있지 않지만 한남서림에서 간행한 것과 동일한 목판본 고소설 작품의 가격이 제시되어 있다. 이에서 당시 한남서림에서 간행한 고소설의 책값이 어느 정도였는지 대략 짐작해 볼 수 있다.

이 책에 의하면, 목판본『구운몽』1책이 25전, 목판본『심청전』1책이 13전, 목판본『신미록』1책이 15전, 목판본『남훈태평가』1책이 13전 등이었다.[6] 이는 앞서『동아일보』에 소개된『대방초간독』2책의 가격보다 다소 싸기는 하지만, 큰 차이가 없다. 장르와 내용에 따라 가격이 달랐을 수도 있지만, 방각본 고소설 제작에 사용된 종이의 질이 비슷했기 때문으로 추측된다.

그렇다면 한남서림에서 간행한 도서로는 어떤 것들이 있었을까? 간행도서를 장르 불문해 종합적으로 정리해 볼 필요가 있다. 앞서『경향신문』기사에서는 한남서림이 50여 종의 책을 20년 간 간행했다고 소개한 바 있거니와 실제로 현전하는 간행물의 총량을 따져볼 일이다. 이를 위해

---

4) 안미경,「일제시대 천자문 연구─판권지 분석을 중심으로」,『서지학연구』제22집, 서지학회, 2001, 316쪽.
5)『동아일보』1921년 5월 27일자 1면.
6) 안춘근,『韓國古書評釋』, 동화출판공사, 1986, 42쪽에서『韓國京城活動書海』(1922)에 기재되어 있던 당시 소설 간행물 가격을 인용해 놓았는데, 그 자료를 참고한 것이다.

전국에 있는 대학도서관과 국립중앙도서관, 그리고 유관 도서관 소장 도서의 서지사항을 참고해 한남서림 간행물 목록을 작성해 보았다. 다음은 판권지에 출판사명이 한남서림으로 명시되어 있는 간행물 목록을 간행 연대순으로 정리해 놓은 것이다.

[표 1] 한남서림 간행 도서 목록7)

간행 연도	종수	도서명	판본 형태	비고
1916	10종	童子必習	목판본	현토
		史要聚選	목판본	丙辰(1916)季冬由洞新刊
		(懸吐) 士小節	신연활자본	안왕거 序 / 丙辰(1916)仲秋…
		(遺補)喪祭禮抄	목판본	
		唐詩長篇	목판본	1책 40장
		天機大要	목판본	
		剪燈新話	목판본	
		千字文	목판본	(→註解 千字文 ; 양승곤·백두용·김기홍 공편, 목활자본, 1917)
		啓蒙篇諺解	목판본	
		十九史略通攷	목판본	백두용·조선지·최홍선 공편

---

7) 간행 시기는 초판 발행을 기준으로 한 것으로 책에 따라서는 여러 해에 걸쳐 거듭 간행되었으나, 위 표에서는 이를 반영하지는 않았다.

간행 연도	종수	도서명	판본 형태	비고
1917	14종	(懸吐)天君演義	신식활자본	장지연 序, 백두용 閱
		古今歷代標題註釋 十九史略	?	증선지 編
		時行簡牘會粹	목판본	白斗鏞 編
		註解增補三略	목판본	원문 한문, 한글 언해(新刊增補三略)
		少微家塾點校附音通鑑節要	목판본	강지송 편, 백두용 교
		宋書百選	목판본	6권 3책, 송시열 저
		增補天機大要	대활자본	
		重訂方藥合編	목판본	原本印出記 : 乙酉仲秋美洞新刊
		箋註四家詩	신연활자본	류금 초, 박제영 주, 백두용 교
		二十一都懷古詩	목판본	유득공 찬
		四禮撮要	목판본	石泉新刊, 윤희배 謹誌
		(懸吐)彰善感義錄	신연활자본	이병욱 序 / 재판(1919), 3판(1924)
		全韻玉篇(上/下)	목판본	백두용 編
		(御定)奎章全韻	목판본	奎章閣 編, 편집 겸 발행자 백두용
1918	4종	西遊記	鉛印本	線裝 4권 1책
		東國文獻錄	목판본	
		西遊記語錄	목판본	
		東廂記纂	신활자본	
1919	2종	註解 語錄總攬	목판본/ 석판본	백두용 編纂, 윤창현 增訂
		三體草千字	목판본	17장 / 韓石峯 序

간행 연도	종수	도서명	판본 형태	비고
1920	24종	삼국지	목판본	3권 3책
		홍길동전	목판본	24장. 卷末 : 本書林發行舊書目錄
		심청전	목판본	
		백학션전	목판본	
		옥주호연	목판본	原本印出記 : 辛亥元月
		구운몽	목판본	32장
			석판본	1책 / 구운몽젼지단
		장한졀효긔	목판본	29장. 原本印出記 : 紅樹洞新刊
			필사본	
		숙영낭자전	목판본	
		신미녹	목판본	32장 표제 : 辛未錄 / 한글본
		월왕전	목판본	
		뎡슈졍전	목판본	
		흥부전	목판본	
		묘웅전	목판본	
		양풍던	목판본	
		격셩의젼	목판본	
		남장군전	목판본	刊記 : 華泉重刊
		곽분양전(상/하)	목판본	2책
		당태종전	목판본	
		양산백젼	목판본	24장
		춘향전	목판본	16장
		남훈태평가	목판본	原本印出記 : 癸亥石洞新刊

간행 연도	종수	도서명	판본 형태	비고
1920	24종	쇼대성전	목판본	
		금방울전	목판본	
		大方草簡牘	목판본	김성근 序 / 윤희구 觀 / 여규형 書 (→1921 新撰大方初簡牘)
1922	4종	擊蒙要訣	목판본	28장
		玉樞寶經註解	연활자본	崔秉斗 序 / (→詳密註解玉樞寶經(1923→1928)
		雙蓮夢	활자본	全1冊
		孫悟空	활자본	회동서관, 덕흥서림 등 12개 서적상 공동 발행
1923	1종	蒼松綠竹	활자본	소설(국립중앙도서관 소장)
1926	3종	海東歷代名家筆譜	목판본	6권 6책 / 于堂生尹喜求朱玄序 / 心齋白斗鏞謹跋
			목판영인본	대구
		朝鮮列聖朝陵行圖	石版本	朴承曄 編, 金錫泰 畫
		增刪 易理大方		全在鶴 著, 自序
1927	2종	王右軍法帖	목판본	
		朝鮮女俗史 (朝鮮解語花史)	鉛印本	李能和 著, 著者識
1929	2종	積德門	?	백두용 編
		陜州東海碑	全拓本	許穆 撰篆 ; 鄭南石 編 / 發行 兼 總發賣所- 翰南書林
1932	1종	蒙學圖像 千字文	목판본	21장
시기 미상	4종	趙斗南詩藁	필사본	조인규 저, 623장
		題衛夫人筆陣圖8)	목판본	25장
		申紫霞詩	?	全2冊
		篆韻便覽	목판본	景惟謙 跋文 효종2년 편찬(1651), 백두용 소장인

현재 파악된 한남서림 간행본(백두용 소장본『篆韻便覽』)9)과 필사본『趙斗南詩

---

8) 이 책은 1927년에 간행된『王右軍法帖』과는 다른 책이다.
9)『전운편람(篆韻便覽)』은 효종 대에 경유겸(景惟謙)이 편찬한 목판본 책이다. 책의 끝에

藥』, 그리고 왕희지(王羲之)의『題衛夫人筆陣圖』는 제외)은 총 68종이다.[10][11] 대개가 목판 간행물인 데다 고서가 주종을 이루고 있음을 쉽게 알 수 있다. 이 중 경판 방각소설이 22종으로 가장 많은 비중을 차지하고 있다. 특별히 1920년에 방각 고소설이 한꺼번에 쏟아져 나온 것에 주목할 필요가 있다. 이는 1920년 이전에 간행물들이 주로 한적류 위주였다는 사실을 고려했을 때, 출판 경향의 변화를 엿볼 수 있는 대목이기도 하다. 한남서림 경영이 점차 본 궤도에 오른 시점에서 백두용은 경판본 고소설을 대거 간행한다. 특별히 1920년에 22종에 달하는 목판본 고소설이 집중적으로 간행되었다.[12] 사라져가던 방각본 고소설을 한남서림에서 재인

경유겸의 발문이 있어, 이 책의 편찬의도와 함께 효종 2년(1651)에 편찬되었다는 사실도 알 수 있다. 한편 발문 밑에는 대전과 소전의 다른 전서체 800여자를 뽑아서 실어놓았다. 이 800여 자는 미수(眉叟) 허목(許穆, 1595~1682)의 전서 글씨와 매우 흡사하다. 책 첫머리에 한남서림 주인이었던 백두용(白斗鏞)의 소장인이 찍혀 있어 그의 소장본이었음을 짐작할 수 있다. 『전운편람』은 한남서림에서 간행된 책은 아니므로 간행본에 포함시키지 않았다.

10) 이와 관련해 방효순은 한남서림 간행물이 총 75종이며, 활자본 12종을 제외한 대부분이 소설류 및 비소설류 방각본이라 했다.(앞의 글, 135쪽) 이는 필자가 조사한 간행물이 총 68종인 것과는 다소 차이가 난다. 이처럼 차이를 보이는 것은 방효순의 경우, 아마도 위 목록에는 보이지 않지만, 한남서림 간행 광고 서적목록에 나타난『통감』과 『사략』이 각각 대판, 중판, 소판으로 나눠 간행된 것을 모두 별개의 종으로 간주해 6종으로 파악한 반면, 필자는 현재 실물을 확인하지 못하는 관계로 종수에 포함시키지 않았고, 백두용 소장본 2종 역시 한남서림 간행물로 처리하지 않았기 때문이 아닌가 싶다. 그리고 간행 시기 미상으로 분류한 것 중『왕희지제위부인필진도(王羲之題衛夫人筆陣圖)』는『왕우군법첩(王右軍法帖)』과 같은 책이다. 따라서 두 책은 1종으로 보아 종수에 포함시키지 않았다. 한편, 한남서림 간행 활자본 12종 중에서 소설은『현토 천군연의』,『현토 창선감의록』,『쌍련몽』,『손오공』,『창송녹죽』, 이렇게 5종이 있다. 이밖에 필자가 파악하지 못한 한남서림 관련 간행본 또는 필사본이 존재할 수 있다. 따라서 한남서림 간행본과 필사본 종수를 확정짓는 일은 좀 더 신중할 필요가 있다. 새로운 자료가 발견되면 추후 보완하기로 한다.

11) 본고에서 처음 다루는『가장도서첩』은 한남서림 간행본 종수에 포함시키지 않았다. 이 책은 필사본이자 기념집 성격이 강한 시문첩이고, 판매를 목적으로 하지 않은 책으로 보아 제외시켰다.

쇄하거나 새롭게 간행한 것이다. 오늘날 방각본(경판본) 고소설의 실상을
보다 구체적으로 살필 수 있는 자료로서 가치가 있다.

▎『남훈태평가』 본문 첫장(국립중앙도서관)

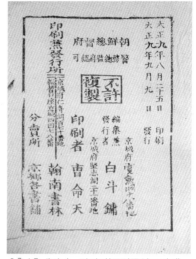

▎『남훈태평가』 판권지(국립중앙도서관)

그런데 『해동역대명가필보』를 간행한 1926년을 기점으로 간행도서의

---

12) 결과를 놓고 볼 때, 3·1운동 이후 무단통치가 아닌 문화통치로 일본이 기본 정책을
전환하면서 독자 우민화의 일환으로 통속물에 대한 검열과 제제를 느슨하게 취함으
로써 기존의 한적류보다 소설의 간행이 상대적으로 사회의식에서 자유로울 수 있어
출판 방향을 바꾸게 되었다고 추측해 볼 수 있다. 그러나 다른 관점에서 본다면, 한
적류 일변도가 아닌 다양한 출판물의 간행을 시도함으로써 영업상 위험 부담을 타개
하기 위한 목적도 깔려 있었다고 할 것이다. 그것은 집중적으로 기존의 목판 중 인수
가능한 것들만을 모아 준비했다가 한꺼번에 내놓는 방식으로 새로운 시작을 추구한
것이라는 의미와 상통한다. 이와 관련해 이창헌은 경제적 손실을 최소화하기 위해 다
른 서점에서 간행한 작품의 판목을 싼 값에 인수해 간행하는 것이 판목을 다시 새기
는 것보다 비용 절감 효과가 컸기 때문에 이 무렵 한남서림이 경판본 고소설 작품을
대거 간행한 것으로 보았다. (이창헌, 「한남서림 간행 경판방각소설 연구」, 『한국문화』
21집, 서울대 한국문화연구소, 1998, 63~111쪽.)

질과 양이 현저한 차이를 보이는 것에 유의할 필요가 있다. 한남서림 간행 대표작이라 할『해동역대명가필보』가 간행되기 이전 시기에 나온 책의 종수는 약 60여 종으로, 전체 약 72종의 도서 중 대부분이 1916년부터 1926년 사이에 출간되었음을 알 수 있다. 그리고 현재 여러 도서관에 가장 많이 남아 있는 간행물 중 대부분이 역시 1926년 이전 간행도서라는 점 역시 시사하는 바가 적지 않다. 간행연도만 놓고 볼 때는 1916년과 1917년, 그리고 1920년에 가장 많은 종수의 서적을 간행했다. 그리고 1926년 이전에 간행된 책에는 '편집 겸 발행자'가 '백두용'인 경우가 많았으나, 그 전후한 시기부터는 백두용의 이름 대신 다른 사람의 이름이 자주 등장하고 있다. 1926년에 간행된『증산 천리대방(增刪易理大方)』만 하더라도 '저작 겸 발행자'가 '전재학(全在鶴)'이고, '한남서림'은 '발행소' 또는 '인쇄소' 란에 그 이름이 적혀 있다. 실제적으로 출판사로서 백두용이 주도한 한남서림의 출판업은 1926년에 그 정점을 찍고는 점차 하향 곡선을 그리게 된 것으로 추측된다.

한편, 아래의 간행도서 목록 광고는 1926년에 간행된『해동역대명가필보』뒷 속지에 처음 보이기 시작해 그 후로도 한남서림 간행도서에 동일한 내용으로 계속 등장한다. 이를 통해 당시 간행 도서의 종류와 그 분량 및 판매 가격, 그리고 1926년 이전 한남서림 간행 도서가 무엇이었는지 대략적으로나마 확인할 수 있다.

本書林發行新舊書籍目錄

통감(通鑑)	대판(大板)	1질(至) 3책
통감(通鑑)	중판(中板)	1질(至) 8책
통감(通鑑)	소판(小板)	초(初) 1책
사략(史略)	대판(大板)	초(初) 1책

사략(史略)	중판(中板)	1질(至) 3책	
사략(史略)	소판(小板)	1질(至) 3책	
천자문(千字文)		전(全) 1책	
주해천자(註解千字)		전(全) 1책	
동자필습(童子必習)		전(全) 1책	
계몽편언해(啓蒙編諺解)		전(全) 1책	
삼체초천자(三體草千字)		전(全) 1책	
당시장편(唐詩長篇)		전(全) 1책	
규장전운(奎章全韻)		전(全) 1책	
전운옥편(全韻玉篇)		전(全) 2책	
사요취선(史要聚選)		전(全) 4책	
보유상제예초(補遺喪祭禮抄)		전(全) 1책	
동국문헌녹(東國文獻錄)		전(全) 3책	
전등신화(剪燈新話)		전(全) 2책	
사례촬요(四禮撮要)		전(全) 3책	
증보천기대요(增補天機大要)		전(全) 2책	
주해증보삼략(註解增補三略)		전(全) 1책	
중정방약합편(重訂方藥合編)		전(全) 1책	
이십일도회고시(二十一都懷古詩)		전(全) 1책	
송서백선(宋書百選)		전(全) 3책	
주해어록총람(註解語錄總攬)		전(全) 2책	
시행간독회수(時行簡牘會椊)		전(全) 1책	
신찬대방초간독(新撰大方草簡牘)		전(全) 2책	
상밀주해옥추보경(詳密註解玉樞寶經)		전(全) 1책	1원(圓) 30전(錢)
현토천군연의(懸吐天君演義)－附心史		전(全) 1책	35전
현토사소절(懸吐士小節)		전(全) 1책	65전
전주사가시(箋註四家詩)		전(全) 1책	70전
현토창선감의록(懸吐彰善感義錄)		전(全) 1책	65전
동상기찬(東廂記纂)		전(全) 1책	80전
신자하시(申紫霞詩)		전(全) 2책	80전
창송녹죽(蒼松綠竹)		전(全) 1책	30전
쌍련몽(雙蓮夢)		전(全) 1책	25전

그런데, 또 다른 한남서림 간행물 광고란 중에는 위 목록에 없는 도서명이 보인다. 예컨대, 1926년에 간행된 『增删 易理大方』(조선대 고문헌실 소장) 맨 마지막 판권지 란에 소개되어 있는 한남서림 간행도서 목록에는 위 표에는 없는 도서가 4종 포함되어 있다.

- 『朝鮮名臣錄』 / 2책 / 4원 50전
- 『三十種 佛經要集』 / 1책 / 90전
- 『特別 土亭秘訣－附六十四卦金錢課』 / 25전
- 『復天警世歌 全』 / 1책 / 인쇄중

▌『증산 역리대방』(조선대학교)

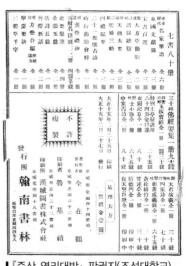
▌『증산 역리대방』 판권지(조선대학교)

『해동역대명가필보』와 『증산 역리대방』은 1926년 같은 해에 간행된 것으로, 그 속에 삽입된 광고용 서적목록이 차이가 날 수 있겠지만, 위 4종의 도서는 『증산 역리대방』에서만 보인다. 즉, 한남서림 간행 서적이라며 소개된 것 중에 위 4종의 책은 『증산 역리대방』에서만 보이고, 실제로 이들 책들이 현존하는지는 확인되지 않는다. 『증산 역리대방』에만 이들 서적명이 기재되어 있는 이유를 알 수 없으나, 이 4종까지 모두 합한다면 한남서림 간행 도서는 총 73종이 된다.

그런데 73종이라는 간행물 종수가 그리 많은 것은 아니다. 1910~20년대에 한남서림과 함께 경쟁하던 출판사(겸 서점)의 간행 종수를 비교할 때, 한남서림의 간행물 종수는 비교도 안 될 정도로 적기 때문이다. 예를 들어, 회동서관이 1897년부터 1927년까지 30년 동안 출판한 간행물이 100여 종에 이르고, 전체적으로 428종이 된다.[13] 그런가 하면 박문서관이 1920년대에 출판한 신소설·고소설 종수는 293종에 이르고, 전체적으로 716종이나 된다.[14] 그리고 영창서관은 720종, 신구서림은 463종, 덕흥서림은 177종을 간행했다.[15] 따라서 한남서림이 20년 간 73종의 서적을 간행한 것은 그리 내세울 만한 것은 못 된다. 그러나 이는 한남서림이 상대적으로 출판업보다 서점업에 충실했음을 방증하는 것이 된다.

한남서림 간행 도서 중 목판본은 55종으로 전체 간행물의 약 80%를 차지한다. 구서 간행에 집중했음을 알 수 있다. 반면 활자본은 기존 목판으로 할 수 없는 고서를 대상으로 삼았다. 주로『천군연의』·『현토 창선감의록』·『서유기』·『동상기찬』·『창송녹죽』등 고소설 계통의 것이 적지 않다.

그러면 한남서림에서 간행한 도서 중 대표적인 간행물을 몇 가지 살펴보기로 하자. 서적 간행을 시작한 첫 해에는 총 10종의 책이 나왔다. 그 중『현토 사소절(懸吐 士小節)』은 서문과 판권지에서 각각 '丙辰中秋月下澣'과 '大正 五年'으로 밝혀 놓고 있어 '1916년 음력 8월 하순'에 서문

13) 안춘근,『한국출판문화사대요』, 청림출판, 1991, 375쪽.
14) 하동호,「박문서관의 출판서지고」,『출판학연구』, 한국출판학회, 1971, 42~44쪽.
15) 방효순,『일제시대 민간서적 발행 활동의 구조적 특성에 관한 연구』, 이화여대 박사학위논문, 2001, 62~63쪽.

을 짓고 같은 해에 간행한 사실을 확인할 수 있다. 『현토 사소절』은 원래 이덕무가 한문으로 지은 『사소절』을 당시 독자들이 좀 더 읽기 쉽게 현토(懸吐) 표기로 바꿔 간행한 것이다. 이 책의 간행 목적은 안왕거(安往居, 1858~1929)가 쓴 서문에 잘 나타나 있다.

▌『현토 사소절』 표지(좌)와 속지(중), 판권지(우)(국회도서관)

아정 이덕무의 학문과 문장은 가히 일대(一代)를 호령하기에 족하다. 그의 저술은 심다(甚多)한데 그가 남긴 저술 중 『사소절』 한 편은 진실로 옛 규범에 부합하며 시대의 고민에 적합하여 한 평생 실천하며 행할 바를 대략 보여 주었다. 공부하는 자는 마땅히 올바름을 마음에 간직하여 잠시도 잊지 않으며 배운 것을 다시 익히는 자여야 할 것이다. 그러나 요즘 나라 풍속이 귀한 것을 멀리하고 천한 것을 가까이 하여 아녀자들과 어린아이들은 자신을 돌아보지 않고 자법(字法)은 거칠고 난삽해 얕은 식견과 껍데기뿐인 지식이라 깨달아 터득하기 어렵다. 심재 백두용은 우리의 서적과 문서가 흩어지고 깊이가 얕아진 것을 분개한 나머지 널리 사라져 가는 우리 동방의 서적을 가르치고 깨우치기 위해 목판에 새긴 것이 대단히 많았다. 또 이러한 책을 수집하기 위해 어디에 있다고 하면 그곳을 쫓아갔고, 벽에 붙여진 언문서의 구절이라도 모으고자 했다. 또 민간에 널리 배포하고자 했으니 책 간행을 위해 고심한 것이 진실로 천고(千古)에 기억될 만하다. 옛날에 중국의 유섬(劉剡)이란 이가 『송감(宋鑑)』을 만들고 이를 전택목(錢擇木)이 계승했더니 지금까지 국내에 유포되어 공부하는 이들에게 역사의 정통을 바로 알게 했다. 아정이 심혈을 기울여 즐겁게 책을 지어 그것이 세상에 규범이 되었는데, 백여 차례 기원하여 심재 같은 청어람(靑於藍)한 인물이 나타나 책이 세상에 알려지게 되었다. 그러나 알려지고 알려지지 않는 것이 어찌 비단 기다림이 있고 없고의 문제이겠는가? 일그러졌던 달이 다시 원래대로 둥글게 된 것을 내가 기뻐하여 대강 거친 말로 책머리에 삼가 적는다.16)

안왕거는 구한말에 임금의 주치의를 역임하기도 했지만, 한문학의 부활을 내걸고 조직된 신해음사(辛亥唫社)에서 시사집 편집과 발행에 깊이 관여했던 인물이었다. 신해음사는 안왕거를 비롯해 이해조(李海朝), 선우일(鮮于日), 이재극(李載克) 등이 발기해 1911년에 설립된 단체로 1910년대에 한문학의 부흥을 위해 만들어진 문예단체들 중 가장 큰 영향력을 발휘했던 단체였다.17) 이 신해음사는 누구라도 회비를 내면 회원으로 가입할 수 있었는데 특히 기생을 비롯하여 양반가 규수, 그리고 외국인 여성까지 참여했다. 신해음사에서는 전국에서 우편으로 투고한 한시를 수집해 한시집을 간행했는데, 이때 안왕거가 편집장직을 맡았다. 그 밖에 안왕거는 여성의 시문집을 표방한 『고부기담(姑婦奇譚)』을 편집, 발행했

---

16) 안왕거(安往居), 「서문」, 『현토 사소절』, 한남서림, 1916. "雅亭之學問文章이 足可以駕馭一代라. 其著述이 甚多而就中士小節一編은 允合古規ᄒ고 適中時病ᄒ야 略示其生平所踏履ᄒ니 爲士者ㅣ 正宜服膺而溫習之者也어늘 但邦俗이 貴遠而賤近ᄒ야 婦孺輩가 ○不省焉ᄒ고 且字法이 硬澁ᄒ야 淺見膚識이 難以曉解라. 心齋白君斗鏞이 慨文獻之淸漓ᄒ야 廣裒我東書籍ᄒ야 校讐而鋟梓者ㅣ 幾汗牛之背而又撫此書ᄒ야 逐處懸諺而句節之ᄒ고 且付民手而廣布之ᄒ니 良工之苦心이 良足千古矣라. 昔에 劉剡이 作宋鑑에 錢擇木이 繼鏤之ᄒ야 至今遺布海內ᄒ야 使讀士者로 知史氏之嫡傳이러니 雅亭之劇心嘔血ᄒ야 爲世模範者ㅣ 歷百餘祺에 待心齋而靑於藍ᄒ니 物之顯晦ㅣ 豈非有待耶아. 余喜其缺月復圓ᄒ야 略叙蕪辭ᄒ야 弁于卷首ᄒ노라."

17) 성민경, 「<姑婦奇譚> 연구 : 작자 문제와 창작 양상을 중심으로」, 고려대 석사학위논문, 2011, 18~19쪽.

으며, 허난설헌의 문집인『난설헌집(蘭雪軒集)』을 간행하기도 하고, 『중외일보(中外日報)』에서 우리나라뿐 아니라 중국, 일본, 베트남, 유구국 등지의 여성들이 지은 한시에 평정(平定)을 가해 매회 연재한 '열상규조(洌上閨藻)'를 책임지기도 했다. 이렇듯 그는 여성 한시에 관심이 많았을 뿐만 아니라, 한시집 간행과 편집에도 직간접적으로 적극 참여할 정도로 활발히 활동한 인물이었다. 이런 경력의 안왕거가『현토 사소절』의 서문을 쓰면서 백두용이 한남서림에서 이 책을 출간하게 된 경위와 이유를 밝힌 것은 그만큼 평소 친분이 두텁고 유사한 분야의 전문가로서 교감하는 바가 컸었음을 방증한다. 『도서첩』<제2책>에 글을 남긴 안택중(安宅重)이 바로 안왕거(安往居)로서, 일찍부터 백두용의 지인이었음을 이에서도 확인할 수 있다.

위 서문에서 안왕거는 백두용이『현토 사소절』을 간행한 목적이 따로 있다고 했다. 즉, 훌륭한 고서가 많이 산실되고 식견이 얕아진 현실에서 『사소절』처럼 깊이 있는 저서를 유포해 널리 읽게 하는 것이 중요하다고 여겨 일부러 역사의 정통을 알리고자 고서적을 간행했노라고 했다. 좋은 책의 출판과 유통이 시대를 이끄는 지혜의 등불 역할을 함을 자각하고 어려운 환경에서 천고에 기억될 만한 책을 사명감을 갖고 세상에 내놓고자 했던 것이다. 게다가 저자도 중요하지만, 민간에 유익한 지식을 제공할 수 있는 책의 출판을 책임지는 출판업자가 얼마나 중요한지를 유섬(劉剡)과 전택목(錢擇木)의 예를 통해 거듭 강조해 놓은 것이 눈에 띈다.

그리고『현토 사소절』본문 첫 장에는 저자와 편자, 그리고 교열자 이름이 다음과 같이 나란히 소개되어 있다.

完山 李德懋懋官甫 著
藥城 崔瑆煥星玉甫 編
後學 嘉林 白斗鏞建七甫 閱

각각 본관과 이름과 자(字), 그리고 역할이 명시되어 있는데, 백두용의
경우, 본관 앞에 '後學'이라는 단서가 붙어 있는 것이 특이하다. 백두용
이 후학임을 특별히 강조한 것일 텐데, 그렇다면 누구의 후학인가? 저자
이덕무와 백두용과는 시기적으로 상거가 멀기 때문에 사제 관계를 운운
하기 어렵다. 그렇다면 편자인 최성환과 백두용이 학문의 사제지간, 또
는 선후배지간이 된다는 말이 된다. 물론 '후학'의 개념을 넓게 해석하여
이덕무의 저서를 읽고 공부해 깨달음을 얻었다는 의미로 쓸 수도 있
다.18) 그러나 특별히 '후학'을 운운한 것은 저자든, 편자든 이들과 자신
의 관계가 남다르기 때문에 일부러 드러낸 것이라 했을 때, 최성환과 백
두용의 관계를 염두에 둔 것이라 할 것이다.

옥보(玉甫) 최성환(崔瑆煥, 1813~1891)은 본래 충주 예성(藥城) 사람으로 옥
보는 그의 자(字)이고, 호는 어시재(於是齋)이다. 중인 신분으로 집안에 잡
과와 무과 급제자가 상당히 많았다. 그 역시 무관 출신의 중인으로 특별
히 많은 책을 편집, 출판한 것이 특별하다. 『대동여지도』를 만든 고산자
(古山子) 김정호(金正浩)와 함께 『여도비지(輿圖備志)』를 편찬하기도 했으며,
당대 최고 지식인으로 통하던 최한기, 이규경 등과도 잘 알고 지냈다.

---

18) 이렇게 판단할 수 있는 최소한의 이유는 1917년에 한남서림에서 간행한 『현토 천군
연의』의 본문 첫 부분 오른쪽 하단에 "蓬萊 鄭泰齊 東望 著"라고 명기한 후 연이어
그 왼쪽에 "後學 嘉林 白斗鏞 建七 閱"라고 적고 있어 백두용이 정태제의 후학임을 여
기서도 밝혔는데, 이때 17세기에 살았던 정태제(1621~?)와는 백두용이 차이가 많이
나는 만큼 직접 사제 간 관계를 맺었다기보다 정신적 스승으로 존경한다는 의미를
담은 것이라 보는 편이 더 타당하기 때문이다. 이럴 경우 '후학'은 넓은 의미의 후배
학자 정도로 새길 수 있을 것이다.

이들과는 특히 지리지를 편찬, 출간하면서 많은 교류를 한 것으로 보인다.19) 이렇듯 최성환은 한학은 물론, 지리지와 여러 책의 편집 출판에 깊이 관여했던 인물로 백두용과 유사한 길을 걸었음을 알 수 있다. 그의 생몰연대를 고려할 때, 백두용이 한남서림을 열기 이전에 이미 최성환으로부터 한학을 사사한 것으로 보인다. 그리고 비록 스승은 죽었지만 최성환이 편집한 『사소절』을 잘 간직해 두었다가 출판업을 시작한 1916년 첫 해에 스승의 뜻을 기리고자 애착을 갖고 '후학'이라는 표현을 써가며 『현토 사소절』을 간행한 것이 아닌가 추측된다.

초기 간행물 중에는 『전주사가시(箋註四家詩)』도 눈여겨 볼 만하다.

▌『전주사가시』 속 표지(국립중앙도서관)

▌『전주사가시』 판권지(국립중앙도서관)

---

19) 그밖에도 최성환은 『태상감응편도설(太上感應篇圖說)』 5권과 『각세신편팔감상목(覺世新編八鑑常目)』, 『성령집(性靈集)』, 『효경대의(孝經大義)』, 『사소절』 등을 편집 출판했고, 직접 『고문비략(顧問備略)』을 저술한 바 있다.(이상태, 「김정호의 생애」, 『월간 산』 11월호(통권 505호), 조선일보사, 2011.)

이 책은 서점 외에 출판사로서의 영업 반경을 확장시켜 나가던 한남서림이 1917년에 내놓은 책 중 하나다. 이 책은 고전문학사에서 중요하게 평가되는 『한객건연집(韓客巾衍集)』을 한남서림에서 신식활자로 인쇄하면서 『전주사가시』로 바꿔 간행한 것이다. 주지하듯이 『한객건연집』은 18세기 후반에 북학파로 이름을 날렸던 이덕무(李德懋)·유득공(柳得恭)·박제가(朴齊家)·이서구(李書九)의 시선집이다. 이 '사가(四家)'의 시선집인 『한객건연집』을 유금(柳琴, 1741~1788)이 북경에 사신으로 갈 때 가져가 청나라 문인들로부터 서문과 평어를 받아옴으로써 이들의 이름이 당시 청대 문단에도 널리 알려지게 된 것이다. 이러한 『전주사가시』를 1917년 4월에 초판 발행하고, 1921년 10월에 재판을 찍었다. 윤희구(尹喜求)가 쓴 서문이 실려 있고, 1777년에 청대 문인인 이소원(李調元, 1734~1803)과 반정균(潘庭筠, ?~?)이 쓴 서문도 함께 수록되어 있다. 본문 주석은 박제영(朴濟永)이, 교감은 백두용이 직접 맡았다.

『현토 창선감의록(懸吐彰善感義錄)』은 1917년 5월 20일에 간행된 고소설이다. 『창선감의록』은 1919년에 재판이, 1924년에 3판이 발행되었다. 신구서림을 비롯한 다른 출판사에서도 거듭 간행되고, 필사본, 활자본 등여러 이본으로 존재할 만큼 널리 읽힌 작품이다. 그런데 한남서림 간행 『창선감의록』에는 이병욱(李炳勗)[20]이 쓴 서문이 실려 있어 간행 이유를 살필 수 있다.

이 세상에서 제일가는 의(義)는 착함과 의로움이다. 무릇 사람의 사람됨이란 선하거나 의롭지 못하다면 그것으로 위인(爲人)이라 보기 어려우니 이것을 힘쓰지 않을 수 없다. 대개 『창선감의록』이란 책은 봉래(蓬萊) 정동준(鄭東浚)이 지은 것으로 화씨 집안의 효자와 눈물 많은 아우에 의해 천신(天神)도

---

20) 이병욱(李炳勗)은 연안 이씨 집안의 인물로, 중추원의관(中樞院議官)을 지냈다.

감동케 할 만한 내용이 이야기의 전말이다. 일의 바르고 곧음을 논하고 말을 엮어내는 것이 평이해 여항의 부녀자와 아이들로 하여금 그것을 읽게 하면 족히 착한 마음을 감발(感發)케 할 만하니 청렴하고 완고히 유교의 도를 세우는 것은 패관이 이야기를 찾아다니는 것에 비할 바가 못 된다. 내가 어렸을 적에 일찍이 이 책을 읽고 간행해 유포했으면 하고 생각한 것은 거칠고 험악한 세상에 뜻이 있되 아직 그것을 이루지 못했기 때문이다. 그런데 심재 백두용이 특별히 신실한 마음을 발하여 판각하여 널리 퍼뜨리니 이것은 세상을 구하고 하늘을 존숭하고자 한 일단의 착한 마음에서 비롯한 것이다. 이런 마음을 이어받아 선을 좋아하고 군자의 마음가짐을 심재와 같이 하여 새로이 간행한즉, 이는 여러 가지로 심재에게 한 조각 불편한 마음을 짊어지지 않게 하고 또 화씨 집안의 고행과 남다른 절행으로 하여금 영원히 잃어버리지 않게 하는데 있다.[21]

화씨 집안의 효자 화진과 그 아우의 행실은 천신도 감동케 할 만한 것이라 족히 착한 마음을 감발(感發)케 한다고 했다. 이런 이유에서 이 책을 간행해 유포했으면 하는 바람이 있었는데, 백두용이 이를 실현해 그 아름다운 절행을 잃어버리지 않게 되어 기쁘다고 밝혔다. 그러면서 발행인인 백두용 역시 선을 좋아하는 군자의 심성을 갖춘 인물이라는 칭송을 아끼지 않았다.

그런데 이병욱은 『창선감의록』의 저자를 정동준(鄭東浚, 1753~1795)[22]으

---

21) 이병욱, 「序」, 『현토 창선감의록』, 한남서림, 1917. "亘天地第一義는 善也오 義也라. 夫人之爲人也ㅣ 非善非義則無以爲人이니 可不勉哉아. 盖『彰善感義錄』一書는 卽蓬萊鄭公東浚之所作而花家之孝子悌弟所以格天感神之始末也라. 其論事之正直ᄒᆞ고 措語之平易ᄒᆞ야 使閭巷婦孺로 讀之면 足以感發善心ᄒᆞ야 廉頑立儒而非尋常稗官比也라. 余之少時에 曾見此書ᄒᆞ고 思所以刊布而碌碌風塵에 有志而未逮焉이러니 心齋斗鏞氏가 特發信心ᄒᆞ야 鋟梓而廣布之ᄒᆞ니 此는 救世天尊之一端善心也라. 嗣後樂善君子之宅心을 如心齋ᄒᆞ야 隨毁而隨刊之則 庶不負心齋之一片취心而亦使花家之苦行特節로 永永不墜也리라."

22) 정동준은 정조의 신임을 얻어 1780년에 규장각대교(奎章閣待敎)를 지내고 의정부 초계강제문신(抄啓講製文臣)에 발탁된 후 대사간과 경상도관찰사 등을 역임하면서 승승장구했으나 1795년에 탄핵된 후 음독자살하였다.

로 소개했다. 지금까지 작자와 관련해서는 김도수(金道洙)·정준동(鄭浚東), 혹은 정동준(鄭東浚)·조성기(趙聖期)라는 이설이 있는데, 한남서림 간행『창선감의록』서문은 정동준 설을 뒷받침하는 근거가 된다. 그러나 정동준은 졸수재(拙修齋) 조성기(趙聖期, 1638~1689)보다 꽤 후대의 인물로 정동준을 저자로 삼을 만한 근거가 충분하지 못한 상태다. 영남대본에는 '김도수 소술(所述)'이라는 기록이 있고, 조재삼(趙在三)의『송남잡지(松南雜誌)』에는 조성기가 그 모친을 위하여 지었노라 했다.

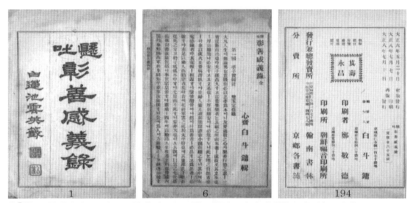

┃『현토 창선감의록』속 표지(좌)와 본문 첫 장(중), 판권지(우)(국립중앙도서관)

또 한 가지,『현토 창선감의록』판권지에는 백두용을 '編修兼發行人'으로, 한남서림을 '發行兼總發賣所'로 표기해 놓았다. 여기서 발행자는 출판 관련 모든 자본과 업무과정, 그리고 그 판매까지 책임진 사람을 의미한다.[23] 이는 책 출판과 관련해 일체의 권한을 발행인인 백두용과 한남서림이 맡았음을 의미한다. 발행소가 책의 제작과 판매, 그리고 광고를 맡았다면, 발행자는 자본을 제공한 이로 실질적인 권리를 행사할 수

---

23) 방효순,『일제시대 민간 서적발행 활동의 구조적 특성에 관한 연구』, 이화여대 박사학위논문, 2001, 31쪽.

있었던 것이다. 이와 같이 발행인과 발행소가 같은 경우가 많았지만, 서로 다른 경우엔 발행자가 계약이 끝나면 다른 출판사(발행소) 또는 서점과 다시 계약을 맺고 출판물을 팔 수 있었다. 따라서 발행자 입장에서는 발행소와 서점을 동시에 겸하고 있을 때 자신이 원하는 서적을 일사분란하게 출판할 수 있었다. 이는 저작자보다 발행인의 권한이 더 컸었음을 의미하는 것으로 아직 저작권 개념이 분명히 정립되지 않은 때에나 가능한 일이었다. 그러나 1930년대 이후에는 발행자와 저작자의 구분이 분명해지면서 오늘날과 같은 출판 관계가 형성될 수 있었다.

1918년에는 총 4종의 책이 간행되었다. 이 중 『동상기찬(東床記纂)』은 우리나라 최초의 희곡 작품인 『동상기』에다 야담 80편을 덧붙여 연활자본으로 간행한 책이다. 『동상기찬』은 현재 『동상기』 이본으로 알려진 총 4종(한국학중앙연구원본, 국립중앙도서관본, 가람문고본(서울대), 한남서림본) 중 하나이다. 한남서림본은 표지를 '동상기찬'이라고 하고 작품명을 '동상기'라 했는데, 「김신부부전(金申夫婦傳)」과 매화치농(梅花癡儂)이 제(題)했다는 「김신사혼기제사(金申賜婚記題辭)」, 그리고 문양산인(汶陽散人)이 농제(弄題)했다는 「동상기(東床記)」 이렇게 세 편이 묶여 있다. 현재 『동상기』의 작자를 이덕무와 이옥으로 보기도 하는데, 애초 읽기 위해 창작된 이옥의 희곡 「사혼기(賜婚記)」와 그 제사, 그리고 이덕무의 전(傳)이 별개로 있었고 이를 모아 다시 편찬한 것이 한남서림본 『동상기찬』인 것이다.[24]

1919년에 한남서림에서 간행한 『주해 어록총람(註解語錄總攬)』은 목판본으로 전체 2권 2책으로 되어 있다. 권1에 『주자어록』과 『수호전』이, 권2에는 『서유기』, 『서상기』, 『삼국지연의』 등 당대 인기 있던 소설의 어록해(語錄解)를 한 곳에 모아 놓았다. 어록해는 작품에 등장하는 단어와

---

24) 정용수, 「<동상기>의 성격과 조선후기 백화투 문체」, 『한문학보』 제18집, 우리한문학회, 2008, 991~1015쪽.

어구를 쉽게 풀어 놓은 것으로 중국소설 책을 읽는 독자들이 자류(字類)
순으로 찾아 읽기 쉽도록 해 놓은 것이다. 윤창현이 증정(增訂)했다고 적
고 있지만, 그가 어느 저본을 참고해 어느 정도 수정을 가해 만들었는지
는 알 수 없다.[25]

▍『주해 어록총람』 표지(좌)와 속지(중), 본문(우)(국립중앙도서관)

한편, 1920년에는 『대방초간독(大方草簡牘)』을, 다음 해에는 『신찬(新撰)
대방초간독(大方草簡牘)』을 내놓았다. 『대방초간독』은 일종의 화보집(畵譜
集)으로, 김성근(金聲根, 1835~1918)과 윤희구(尹喜求, 1867~1926)의 서문과 여
규형(呂圭亨)의 서(書)가 함께 실려 있다. 『동아일보』 1921년 5월 15일, 21
일, 27일자에 6일 간격으로 세 차례 『대방초간독』 광고를 낼 만큼 백두
용이 애착을 가진 간행물이었다. 『대방초간독』에는 서문을 빼고 총 34
명의 판화 그림과 제사(題辭)가 실려 있는데, 서문을 쓴 김성근(제1책)과
윤희구(제11책), 여규형(제4책) 외 34명의 참여자 중에는 『도서첩』에 글을
남긴 이들이 다수 포함되어 있어 흥미롭다. 즉, 강진희(제4책), 김가진(제1

25) 최근 유춘동이 『수호전』 어록해에 관해 자세히 논한 바 있다. 유춘동, 『<수호전>의
국내 수용양상과 한글 번역본 연구』, 연세대학교 박사학위논문, 2012.2., 71~80쪽.

책), 김돈희(제6책), 김석준(제1책), 윤용구(제3책), 이용자(제12책), 정봉시(제3책), 현채(제3책) 등이 그렇다. 한남서림 개업 후 『도서첩』에 개업 축하문을 써 준 이들이 지속적으로 백두용과 친밀한 관계를 유지해 나갔기 때문에 1920년에 간행한 『대방초간독』에도 그들의 글과 그림이 실릴 수 있었다고 보아 마땅하다. 더욱이 이들은 화원, 또는 화가로 활동했던 이들이었던 만큼, 화원 집안이었던 백두용 집안과 교양 및 취미 면에서 동질의식이 강했기 때문에 더 긴밀한 관계를 유지할 수 있었다고 할 것이다.

▌『정수정전』 표지

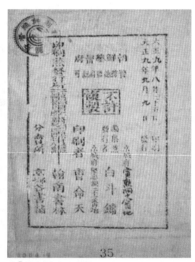
▌『정수정전』 판권지

1920년에는 『대방초간독』 외에 『남훈태평가(南薰太平歌)』와 고소설 작품이 대거 간행되었다. 먼저 『남훈태평가』는 필사본이 아닌 방각본으로 출판된 유일한 가집(歌集)이라는 점에서 주목을 요한다. 이는 1910년대부터 활판본 가집이 성행하게 됨에 따라 나타난 결과로, 노래 가사집의 대중적 보급이라는 의미를 갖는다.26) 원래 1863년에 처음 간행된 『남훈태평가』는 경성 거주 일본인들을 위한 잡지인 『朝鮮』(日韓書房 간행) 제1권 제4호(1908)와 제2권 제6호(1909)에 『남훈태평가』 수록 시조 32수를 마츠오 타케요시[松尾茂吉]가 일본어로 번역하고 해제까지 써서 소개함으로써[27] 그 존재가 부각되기 시작했다. 그리고 한남서림에서 『남훈태평가』 판목을 인수해 '읽는 노랫말' 책자 형태로 발간함으로써 비로소 널리 인기를 끌게 된 것이다. 시조를 비롯한 우리말 노래의 보급과 대중화에 한남서림 『남훈태평가』가 적지 않은 기여를 한 셈이다.

이때 출판된 고소설 작품은 모두 목판본으로 총 22종에 이른다. 현전 경판 방각본 소설이 총 52종인데,[28] 그 중 한남서림에서 한 해에 22종이나 되는 방각본 소설을 간행했다는 것은 이례적인 일이다. 구체적으로 『곽분양전』, 『구운몽』, 『금방울전』, 『당태종전』, 『백학선전』, 『삼국지』, 『소대성전』, 『숙영낭자전』, 『신미록』, 『심청전』, 『양산백전』, 『양풍전』, 『옥주호연』, 『월왕전』, 『임장군전』, 『장한절효기』, 『적성의전』, 『정수정전』, 『조웅전』, 『춘향전』, 『홍길동전』, 『흥부전』이 이에 해당한다.

그런데 이들 방각본 소설은 한남서림에서 직접 판각하지 않고 기존 판목을 가져다가 출판한 것이 대부분이다.[29] 이미 상품 가치를 상실한 판목을 인수해 내놓은 것은 비록 경서류가 아닌 소설책일지라도 옛 것을 지키고 후손에게 전해 주고자 한 의도가 컸기 때문이었다. 그러나 『금방

---

26) 김유경, 「방각본 ≪남훈태평가≫의 간행 양상과 의의」, 『열상고전연구』 제31집, 열상고전연구회, 2009, 200~201쪽. 여기서 한남서림 간행 『남훈태평가』의 출판 양상과 그 출판문화사적 의의를 구체적으로 다루었다.

27) 松尾茂吉, 「南薰太平歌 一・二」, 『朝鮮』 第一卷 第四號 ; 第二卷 第六號, 京城 : 日韓書房, 1908 ; 1909.

28) 이창헌, 「한남서림 간행 경판방각소설 연구」, 『한국문화』 제21집, 서울대 한국문화연구소, 1998, 77~103쪽.

29) 이창헌, 「한남서림 간행 경판방각소설 연구」, 『한국문화』 제21집, 서울대 한국문화연구소, 1998, 91~103쪽.

울전』, 『정수정전』, 『춘향전』 등 일부 방각소설은 한남서림에서 번각 등의 방식으로 새롭게 판목을 새겨서 출판한 것이다.[30] 이들 고소설 책은 원래 향목동 세책점에 있던 것들이었는데, 소유권이 한남서림으로 넘어왔다가 1927년에 일본인 마에마교사쿠[前間恭作]에 의해 동경에 위치한 동양문고로 옮겨지게 되었다.[31]

▌『신찬 대방초간독』　　▌『조선열성조능행도』의 일부

1926년에는 한남서림 간행 도서 중 대표작이라 할 『해동역대명가필보 (海東歷代名家筆譜)』를 선보였다. 한남서림의 주인 백두용이 가장 심혈을 기울여 간행한 책으로 당시 신문에서도 이 책의 간행 사실을 크게 기사화했다. 간행 직후에 『동아일보』와 『시대일보』에 실린 기사 내용을 보자.

---

30) 이창헌, 「한남서림 간행 경판방각소설 연구」, 『한국문화』 제21집, 서울대 한국문화연구소, 1998, 100~101쪽.
31) 전상욱, 「향목동 세책의 대출장부에 대한 고찰」, 『고전문학연구』, 한국고전문학회, 2013, 각주 4번 내용 참조.

上下四千年의 七百餘人을 蒐輯

書家와 史家의 好參考材料 될 만한 冊이 翰南書林으로부터 出刊되엇다. 그것은 朝鮮 四千餘 年史 期間의 名家의 筆跡을 모흔 것인데 그 編輯을 爲하야 著者 白心齋氏는 數十年의 工夫를 드렷다 한 그 結果가 人數로는 七百餘人이오 時間으로는 神誌時代로부터 現代까지 朝鮮歷史上의 各期를 包括하엿다. 冊은 朝鮮 裝六八卷 一秩의 木刻板인데 白紙板, 同次品, 及改良紙의 三品인데 白紙板의 定價 十圓. 發行所 京城 寬勳洞 一八 翰南書林 圖書部.[32]

- 『동아일보』(띄어쓰기 및 구두점 – 인용자)

翰南書林 心齋 白斗鏞 氏의 累年 心血을 다하야 蒐集 編纂한『海東歷代名家筆譜』(全六冊)가 近間에야 겨우 市上에 나오게 되엇는데 字劃에 多少 失眞함이 업지 아니하야도 璧이라 하기는 어려울 듯하나 어쎗든 數年 間 七百十餘 名 ○○筆蹟을 蒐集하기에 그만한 努力○心이 集注되엇다는 것을 우○○ ○○할 수 업는 同時에 쏘한 쌀해서 果然 그 內容이 堅富하고 印刷가 精麗하야 古家의 筆蹟을 參考하기에 가장 조흔 冊이 될 것이라고 밋는다. 그리고 冊價는 三種으로 區別되어 十圓, 八圓, 六圓이라고 한다.[33]

- 『시대일보』(띄어쓰기 및 구두점 – 인용자)

『해동역대명가필보』야말로 4천년이란 시간동안 축적되어 온 7백여 명의 명필을 모은 거작이라고 높게 평가했다. 삼국시대부터 구한말에 이르기까지 역대 서예가들의 필적을 모두 실어 편찬한 것으로, 내용이 견부(堅富)하고 인쇄 역시 정려(精麗)하여 책으로서 가치가 뛰어나다고 했다. 말이 7백여 명이지 수천 년 동안 문인들이 쓴 필적을 한 곳에 모으기까지 얼마나 오랜 시간이 걸렸을 것인가? 고서화에 대한 감식안이 있고 이 분야에 조예가 깊고 박식하지 않고서는 출간하기 힘든 책임이 분명하다. 표지 글씨는 오세창(吳世昌, 1864~1953)이 썼다. 위 기사대로 "數十

---

32) 「海東歷代名家筆譜」, 『동아일보』, 1926년 4월 28일자.
33) 「海東歷代名家筆譜出來」, 『시대일보』, 1926년 5월 23일자.

年 工夫를 들"이고 "累年 心血을 다하야 蒐集編纂한" 역저(力著)임에 틀림없다. 공력을 들인 만큼, 백두용은 책 제목을 큼지막하게 적은 광고물을 서점 앞에다 세워놓고 사진을 찍어 널리 홍보까지 했다. 더욱이 책값을 3가지[三品]로 나눠 각각 10원, 8원, 6원으로 달리 책정해 놓았다고 했다. 이는 앞서 언급했듯이 어떤 종이를 사용했느냐에 따라 달라지고 있음을 보여주는 좋은 예가 된다.

▍『해동역대명가필보』 표지(좌)와 속 표지(중), 본문(우)(한국학중앙연구원)

『해동역대명가필보』의 서문은 우당(于堂) 윤희구(尹喜求)가 썼다. 윤희구는 앞서 언급한대로, 1920년에 한남서림에서 간행한 『대방초간독』의 서문을 쓰고, 『도서첩』<제11책>에도 글을 남긴 인물이다. 서문의 일부를 보자.

심재 백두용은 선친 대부터 수십 년 간 널리 모아 온 옛 문필이 거의 일세(一世)를 이룰 만큼 축적되었다. 이에 우리 동방의 여러 선현들이 남긴 글자와 그림을 읽을 수 있는 자들이 단군 시절부터 생겨나 상하의 사람들이 쓴 글이 모두 합쳐 4천 여 수레에 실을 만하고, 이 중 7백 10여 명의 것을 여러 목판에 본뜨고 꾸며 6권의 책으로 만들어 냈다. 미리 말하자면, 『해동명가필보』는 장차 세상에 질문을 던지고, 아첨하지 않아 검은 것을 맑다고 말할 수 있는 책이 될 것이다. 그 이유는 의롭고 본보기가 될 만하기 때문이다. 심재 역시 이런 이유로 스스로 발문을 지어 이를 경계하고자 했다.[34]

윤희구는 백두용이 선친 백희배가 화원으로 활동하며 수십 년 간 모았던 옛 문필이 실로 방대했다고 했다. 그리하여 그 문필 중에서 710여 명의 글을 목판에 새겨 총 6권의 책으로 만들어낸 것이 『역대해동명가필보』라 했다. 거짓된 것이 없는 까닭에 떳떳하고 본받을 만하다는 말로 이 책의 의의를 분명히 밝혀 놓았다.

그런데 한남서림 간행물 중에는 이례적이라 할 것이 있다. 바로 1923년에 간행한 신작 구소설(구활자본 소설) 『창송녹죽(蒼松綠竹)』이다. 고서만을 취급하던 한남서림에서 신작 구소설 작품을 책으로 냈기 때문이다. 비록 새롭게 창작된 것이지만, 작품의 주제의식과 내용이 여성의 정렬과 가족 간 결속에 초점이 맞춰져 있어 감계와 교훈을 주기에 적합하다. 당대 독자에게 윤리 의식을 고양시킬 목적으로 널리 읽히고자 일부러 간행한 것으로 판단된다. 『창송녹죽』은 이창헌이 『현토(懸吐) 창선감의록(彰善感義錄)』의 광고 목록에 가격 표시가 생략된 채 서명만 보이는 책으로 처음 소개[35]한 이후로 이 책의 간행 시기와 실제 원문 소개 및 내용 분석을 시도한 적이 없었다. 그러던 것이 필자가 이 책의 작품 해제와 원문 소개를 하게 되면서 비로소 세상에 알려지게 되었다.[36] 일명 딱지본

---

34) 윤희구, 「序」, 『해동역대명가필보』(제1권), 한남서림, 1926. "心齋白君自其先尊甫博古翰墨積數十捻所蓄傾一世, 乃次吾東諸先哲心畵之可讀者, 起檀箕汔于及見之人上下四千餘載, 得七百餘十人摹而繡諸木彙爲六卷. 籤曰, 『海東名家筆譜』將以問世且謂不佞爲玄晏也. 其緣起義例則, 心齋所自爲跋已藏之矣."

35) 이창헌, 「한남서림 간행 경판방각소설 연구」, 『한국문화』 21집, 서울대 한국문화연구소, 1998, 108쪽.

36) 이민희, 「한남서림 간행 신작 구소설 <창송녹죽(蒼松綠竹)> 작품 해제」, 『근대서지』

소설로 불리는 활자본 소설 『창송녹죽』은 현재 국립중앙도서관에 소장되어 있다. 1926년에 덕흥서림에서 다시 간행한 『창송녹죽』(3판)은 현재 화봉문고에 소장되어 있다.

본문 첫 부분에 '貞烈小說 蒼松綠竹'이라 밝혀놓았듯이 이 책은 여성의 '정렬(貞烈)' 문제를 주제로 다룬 작품이다. 서울에 사는 사대부 집안 황참의의 딸 황 소저와 정해창의 아들 정필원이 난리 통에 헤어졌다가 부산과 해인사까지 오가는 가운데 가족과 주인공들의 정성으로 다시 재회하는 과정을 그렸다. 작자미상의 작품으로 판권지에는 백두용이 '편집 겸 발행자'로, 주소는 '관훈동 18번지'로 되어 있다. 동시대에 산출된 여타 구활자본 고소설 작품의 서사적 특성을 두루 갖추었다. 한남서림에서 간행한 유일한 신작 구소설 책이라는 점에서 의미 부여할 만하다. 『창송녹죽』에 관해서는 제2부 '창송녹죽 작품해제' 편에서 별도로 다루기로 한다.

이상에서 한남서림 간행 주요 간행물의 성격과 의미에 대해 간략히 살펴보았다. 그렇다면 앞에서 표로 제시한 한남서림 간행 도서물에 나타난 판권지 내용은 어떠한가? 이를 통해 간행 도서의 출판 관련 서지 사항을 일괄적으로 개괄할 수 있다. '백두용'으로 기재된 판권지 중 1919년 간행본인 『현토 창선감의록』까지는 '인사동 170번지'로 되어 있는 반면, 1920년 이후 간행물에서는 '관훈동 18번지'로 기재되어 있다. 이로 보아 1919~20년 사이에 한남서림이 인사동에서 관훈동으로 이사했음을 알 수 있다.

제6호, 소명출판, 2012, 359~463쪽.

[표 2] 한남서림 간행도서 판권지 내용

도서명	발행일	발행인	발행지 주소	인쇄자	인쇄소	발행 겸 총발매소	분매소	정가
동자필습	大正五年(1916) 6月 30日	白斗鏞	仁寺洞 170番地	曹命天	翰南書林		京鄉各書舖	
현토 사소절	大正五年(1916) 12月15日	白斗鏞	仁寺洞 170番地	金敎瓚	普成社	翰南書林		65전
당시장편	大正五年(1916) 6月 30日	白斗鏞	仁寺洞 170番地	曹命天	翰南書林	翰南書林	京鄉各書舖	
상제례초	大正五年(1916) 7月 30日	白斗鏞	仁寺洞 170番地	曹命天	翰南書林	翰南書林	京鄉各書舖	
현토 천군연의	大正六年(1917) 1月10日	白斗鏞	仁寺洞 170番地	金敎瓚	普成社	翰南書林	京鄉各書舖	40전
현토 창선감의록	大正六年(1917) 5月20日(초판)	白斗鏞	仁寺洞 170番地	金弘奎	普成社	翰南書林	京鄉各書舖	65전
소미가숙통 감절요	大正六年(1917) 6月 30日	白斗鏞	仁寺洞 170番地	曹命天	翰南書林	翰南書林	京鄉各書舖	
소미가숙교 부음통절요	大正六年(1917) 6月 30日	白斗鏞	仁寺洞 170番地	曹命天	翰南書林	翰南書林	京鄉各書舖	
주해 천자문	大正六年(1917) 6月 30日	白斗鏞	仁寺洞 170番地	曹命天		翰南書林	京鄉各書舖	
삼체초전자	大正八年(1919) 6月 25日	白斗鏞	仁寺洞 170番地	金鉉秀	翰南書林	翰南書林	大邱府在田堂書浦 鐘路通永昌書浦 鐘路通廣益書浦 鐘路通德興書林 寬勤洞寶文舘 寬勤洞唯一書舘 南大門通匯東書館 蓬萊町博文書舘 蓬萊町新舊書林	
주해 어록총람	大正八年(1919) 6月 25日	白斗鏞	仁寺洞 170番地	金鉉秀	翰南書林	翰南書林	大邱府在田堂書浦	

								鐘路通永昌書浦 鐘路通廣益書浦 鐘路通德興書林 寬勳洞寶文舘 寬勳洞唯一書舘 南大門通匯東書館 蓬萊町博文書舘 蓬萊町新舊書林	
현토 창선감의록	大正八年(1919) 7月10日(재판)	白斗鏞	仁寺洞 170番地	鄭敬德	翰南書林	翰南書林	京鄉各書舖	65전
금방울전	大正九年(1920) 9月 9日	白斗鏞	寬勳洞 18番地	曺命天	翰南書林	翰南書林	京鄉各書舖	
남훈태평가	大正九年(1920) 9月 9日	白斗鏞	寬勳洞 18番地	曺命天	翰南書林	翰南書林	京鄉各書舖	
뎡슈졍젼	大正九年(1920) 9月 9日	白斗鏞	寬勳洞 18番地	曺命天	翰南書林	翰南書林	京鄉各書舖	
됴웅젼	大正九年(1920) 9月 9日	白斗鏞	寬勳洞 18番地	曺命天	翰南書林	翰南書林	京鄉各書舖	
백학션젼	大正九年(1920) 9月 9日	白斗鏞	寬勳洞 18番地	曺命天	翰南書林	翰南書林	京鄉各書舖	
숙영낭자젼	大正九年(1920) 9月 9日	白斗鏞	寬勳洞 18番地	曺命天	翰南書林	翰南書林	京鄉各書舖	
쇼대성젼	大正九年(1920) 9月 9日	白斗鏞	寬勳洞 18番地	曺命天	翰南書林	翰南書林	京鄉各書舖	
삼국지	大正九年(1920) 9月 9日	白斗鏞	寬勳洞 18番地	曺命天	翰南書林	翰南書林	京鄉各書舖	
신미녹	大正九年(1920) 9月 9日	白斗鏞	寬勳洞 18番地	曺命天	翰南書林	翰南書林	京鄉各書舖	
심청전	大正九年(1920) 9月 9日	白斗鏞	寬勳洞 18番地	曺命天	翰南書林	翰南書林	京鄉各書舖	
옥쥬호연	大正九年(1920) 9月 9日	白斗鏞	寬勳洞 18番地	曺命天	翰南書林	翰南書林	京鄉各書舖	

양풍뎡	大正九年(1920) 9月 9日	白斗鏞	寬動洞 18番地	曺命天	翰南書林	翰南書林	京鄉各書舗	
님쟝군전	大正九年(1920) ?月 30일	白斗鏞	寬動洞 18番地	曺命天	翰南書林	翰南書林	京鄉各書舗	
젹셩의전	大正九年(1920) 9月 9日	白斗鏞	寬動洞 18番地	曺命天		翰南書林	京鄉各書舗	
홍길동전	大正九年(1920) 9月 9日	白斗鏞	寬動洞 18番地	曺命天	翰南書林	翰南書林	京鄉各書舗	
흥부전	大正九年(1920) 9月 9日	白斗鏞	寬動洞 18番地	曺命天	翰南書林	翰南書林	京鄉各書舗	
월왕전	大正九年(1920) 12月 30日	白斗鏞	寬動洞 18番地	曺命天	翰南書林	翰南書林	京鄉各書舗	
임쟝군전	大正九年(1920) 12月 30日	白斗鏞	寬動洞 18番地	曺命天	翰南書林	翰南書林	京鄉各書舗	
쟝한절효기	大正九年(1920) 12月 30日	白斗鏞	寬動洞 18番地	曺命天	翰南書林	翰南書林	京鄉各書舗	
곽분양전	大正十年(1921) ?月 30日	白斗鏞	寬動洞 18番地	曺命天	翰南書林	翰南書林	京鄉各書舗	
옥주호연	大正十年(1921) ?月 30日	白斗鏞	寬動洞 18番地	曺命天	翰南書林	翰南書林	京鄉各書舗	
격몽요결	大正十一年 (1922) 2月 25日	白斗鏞	寬動洞 18番地	金鉉秀	翰南書林	翰南書林	大邱府在田 堂書浦 鐘路通永昌 書浦 鐘路通廣益 書浦 鐘路通德興 書林 寬動洞寶文舘 寬動洞唯一 書舘 南大門通匯 東書館 蓬萊町博文 書舘	
현토 창선감의록	大正十五年 (1926)10月10日 (3판)	白斗鏞	寬動洞 18番地	魯基禎	漢城圖書 株式會社	翰南書林	京鄉各書舗	65전
해동역대 명가필보	大正十五年 (1926) 4月 5日	白斗鏞	寬動洞 18番地	李星來	翰南書林	翰南書林	朝鮮公道會 漢陽書院 東洋書院	

몽학도상 천자문	1932	白斗鏞	寬勳洞 18番地	金鉉秀	翰南書林	翰南書林	
주석 어록총람	미상	白斗鏞	寬勳洞 18番地	金鉉秀	翰南書林	翰南書林	大邱府在田堂書浦 鐘路通永昌書浦 鐘路通廣益書浦 鐘路通德興書林 寬勳洞寶文舘 寬勳洞唯一書舘 南大門通匯東書館 蓬萊町博文書舘 蓬萊町新邱書林
주해 어록총람	미상	白斗鏞	寬勳洞 18番地	金鉉秀	翰南書林	翰南書林	

한남서림의 주소지가 '인사동 170번지'에서 '관훈동 18번지'로 바뀐 것이 1919년에 간행된 『현토 창선감의록』(재판) 이후부터임을 확인할 수 있다. 한남서림이 두 차례 이사하면서 간행한 도서가 무엇인지를 1916년부터 1926년까지 약 10년간은 분명히 드러난다. 이때 한남서림 간행도서의 인쇄를 책임진 이들은 조명천(曺命天)과 김현수(金鉉秀)였다. 1920년대 중반 이후에는 노기정(魯其禎)과 이성래(李星來)라는 이름이 새롭게 등장한다. 그러나 이들에 관한 구체적 행적은 확인할 수 없다. 그런데 1926년 이후로는 한남서림의 간행물에 판권자가 없을뿐더러 간행물의 종수 또한 현저히 줄어들었음을 알 수 있다. 그것은 재정난이 가장 큰 원인이었을 것으로 짐작된다. 그런데 위 표에서 1920~21년에 간행된 고소설 중 일부(『월왕전』, 『임장군전』, 『장한절효기』, 『곽분양전』, 『옥주호연』)는 다른 고소설 판권지와 달리 이전 주소지인 인사동 170번지로 명기되어 있

는 것이 보인다. 이는 기존 판목에 있던 판권지 주소를 그대로 사용했기 때문으로 보인다. 분매소는 대개 '경향 각 서포'라고 적었지만, 일부는 대구와 동래에 위치한 서점 명까지 구체적으로 밝혀 놓았다.

또한 한남서림 간행물 중에는 판권지에 발행 날짜가 없는 것들도 있다. 간행연도와 날짜를 정확히 판권지에 밝히는 것에 큰 의미를 두지 않았기 때문이다. 기존 판목을 가져다 해적판으로 간행하거나 동일 내용의 텍스트를 거듭 찍어낼 경우, 굳이 판권지 정보에 큰 신경을 쓰지 않았던 것으로 보인다. 이는 간행연도가 큰 의미를 갖지 못하는 간행물이었음을 방증하는 것이라 할 것이다.

2. 한남서림 간행도서 및 소장처 목록

현재 한남서림 간행 도서는 전국 대학 도서관과 국립중앙도서관 등 일부 국립·시립 도서관에 산재되어 있다. 그러나 각 도서관 소장본을 일일이 눈으로 확인하기 어려운 것이 현실이다. 가능한 한 실물을 확인하고자 했으나, 그렇지 못한 경우, 소장 기관에서 밝혀 놓은 서지사항을 참고할 수밖에 없다.[37] 현재 전국 기관에서 소장하고 있는 한남서림 간행 도서목록과 그 소장처[38]는 다음과 같다.

---

37) 도서관 소장 자료를 직접 확인하지 못한 경우, 도서관에서 제공한 서지사항을 그대로 반영한 것인데, 이 중 도서관 제공 정보 중 일부는 정확하지 않을 수도 있다. 직접 소장 자료를 일일이 확인하지 못한 관계로 불가불 발생할 수 있는 오류임을 인정하지 않을 수 없다. 도서관 제공 정보를 그대로 가져온 것도 있음을 밝혀 둔다.
38) 해외기관에 소장되어 있는 도서는 목록에서 제외시켰다.

[표 3] 한남서림 간행도서 및 소장처 목록

표제/ 책임표시	판본 형태	발행사항	형태	주기사항	소장처(도서관)	원문
註解語錄總覽 / 백두용 편찬 ; 윤창현 증정	목판본	한남서림, 1919	不分卷 2册 (112張)	한글 解譯, 한글 釋音, 언해본	성균관대 존경각	×
					연세대 중앙도서관	
					고려대 도서관	
					건국대 상허기념도서관	
					숙명여대 도서관	
					경희대 도서관	
					전남대 도서관	
					충남대 도서관	
					한국학중앙연구원 장서각	
					전주대 중앙도서관	
					전북대 도서관	
					영남대 도서관	
					계명대 동산도서관	
					동국대 중앙도서관	
					국립중앙도서관	○
		심재 산방	1卷 2册		규장각한국학연구원	×
			1册 (37張)		서울대 중앙도서관	
			1册		고려대 도서관	
	목판본	한남서림	1册 (56張)		숭실대 도서관	×
					한양대 백남학술정보관	
					동국대 중앙도서관	
					인하대 정석학술정보관	
			1册		경기대 도서관	
					경상대 도서관	
현토 창선감의록	신연활	한남서림,	상하권	이병욱 序	성균관대 존경각	×

					단국대퇴계기념도서관	
전(全) / 백두용 집(輯)	자본	1917	1冊 (95장)		동국대 중앙도서관	
					부산대 도서관	
					한국학중앙연구원 장서각	
					용화사 묵담유물관	
		1917, 1919, 1938			국립중앙도서관	○
		1924			국회도서관 자료수집과	
		1919, 1924			경희대 도서관	
		1924			고려대 도서관	
		1919			동아대 도서관	
		1917, 1919, 1924			전남대 도서관	×
		1919, 1924			경기대 도서관	
		1924			단국대 율곡기념도서관	
		1919			영남대 도서관	
		1919			계명대 동산도서관	
현토 사소절 : 上下 / 이덕무 저 ; 백두용 편	신연활 자본	한남서림, 1916	2卷 1冊	序 : 丙辰(1916) …之亨安往居書, 上之五十一年乙未(1775)完 山 李德懋 序	용화사 묵담유물관	×
					단국대 퇴계기념도서관	
					인하대 정석학술정보관	
					전남대 도서관	
					충남대 도서관	
					국립중앙도서관	○
					한국학중앙연구원	
					국립중앙도서관	
(현토) 사소절 / 이덕무 저 ; 최성환 편	연인본				국회도서관	
천군연의 / 정태제 저 ; 백두용 열(閱)	신식활 자본	한남서림, 1917	1冊	삽도: 심성도 異題 : 天君本紀	고려대 도서관	×
					성균관대 존경각	

					경희대 도서관	
				跋: 鄭顯爽 附: 心史/鄭琦和 著 ; 白斗鏞 校 序:丙辰(1916) 張志淵 序:閼逢執徐(1916)鄭泰齊 心史 / 정기화 著	인하대 정석학술정보관	
					단국대 율곡기념도서관	
					영남대 도서관	
					한국학중앙연구원 장서각	
					국립중앙도서관	O
시행간독회수 / 백두용 편	목판본	한남서림, 1917			국립중앙도서관	×
격몽요결 / 백두용 편	목판본	한남서림, 1922	28장		국립중앙도서관	O
동자필습 / 백두용 편	목판본	한남서림, 1916	1册		부산대 도서관	×
					경상대 도서관	×
					국립중앙도서관	O
삼국지 / 나관중 저	목판본	백두용 가, 1920	3卷 3册		국립중앙도서관	O
		1921			서울대 중앙도서관	×
		1921			대구가톨릭대 도서관	×
趙斗南詩藁 / 조인규 저	필사본		623장	심재 백두용 인 조인규 서	국립중앙도서관	O
서유기 어록 / 백두용 편	목판본		56장	서상기어록, 삼국지어록, 이문어록	국립중앙도서관	×
					고려대 도서관	
					전남대 도서관	
					계명대 동산도서관	
					전주대 중앙도서관	
서유기 / 백두용 편	연인본 (鉛印本)	한남서림, 1918	線裝 4卷1册	表題 : 동상기찬 序 : 時는 徒維敎將 (戊午1918)首夏月落佛日에 其友蓮坡居士也리라	충남대학교 도서관	×
동국문헌록 / 백두용 편	목판본	한남서림, 1918	2책	판심제 : 문헌록	국립중앙도서관	×
					경상대 도서관	
			8卷 3册		국회도서관 자료수집과	
					국민대 도서관	

제목 / 저자	판본	간행	책수	비고	소장처	
			1冊(第2冊 缺)		국회도서관	
			線裝, 6卷 1冊		성균관대 존경각	
			3卷 3冊		규장각한국학연구원	
		1916			전남대 도서관	
			2卷 2冊		경상대 도서관	
			6卷 1冊		숙명여대 도서관	
		한남서림	1冊	文獻錄	단국대 퇴계기념도서관	
					대구가톨릭대 도서관	
				1冊(卷上 ; 黃閣, 文衡, 儒林, 筆苑, 都元, 副元, 登壇)	영남대 도서관	
홍길동전 / 허균 저 ; 백두용 편	목판본	한남서림, 1920	1冊 (24장)	한글본 卷末 : 本書林 發行 舊書目錄	연세대 중앙도서관	×
					한국학중앙연구원	
					영남대 도서관	
					국립중앙도서관	○
심청전 / 백두용 저	목판본	백두용家 1920 한남서림	不分卷 1책		영남대 도서관	×
					국립중앙도서관	○
심[청]전 / 백두용 편		한남서림, 1921	1冊	표제 : 沈淸傳 한글본	서울대 중앙도서관	×
백학선전 / 백두용 편	목판본	한남서림, 1920	不分卷 1冊		국립중앙도서관	○
			1冊 (24장)	한글본	영남대 도서관	×
학선전 전(全)		한남서림, 1921	不分卷 1冊		한국중앙연구원	
옥주호연 / 백두용 편	목판본	백두용가 1920	不分卷 1책	한글본 原本印出記(卷末): 辛亥元月	국립중앙도서관	○
					영남대 도서관	×
옥쥬호연 전		한남서림,	不分卷		한국학중앙연구원	

		1921	1冊			
구운몽 / 백두용 편	목판본	한남서림, 1920	32장		국립중앙도서관	○
					고려대 도서관	
					서울대 중앙도서관	×
구운몽 전지단	석판본		1冊		충남대 도서관	
장한절효기 / 백두용	목판본		不分卷 1冊		국립중앙도서관	○
장한절효긔 / 백두용 편	필사본				영남대 도서관	×
	목판본	한남서림, 1920	1冊(29장)	한글본 원본인출기(권말): 紅樹洞 新刊	고려대 도서관	×
장한절효[기] / 백두용 편				한글본	서울대 중앙도서관	
장한절효긔 전(全)		한남서림, 1921	不分卷 1冊		한국학중앙연구원	
슉영낭자전 / 백두용 편	목판본	한남서림, 1920	1冊(16장)	한글본	영남대 도서관	×
		한남서림			국립중앙도서관	○
		한남서림			고려대 도서관	×
		한남서림, 1921			서울대 중앙도서관	
		한림서림			전남대 도서관	×
슉영낭전 전(全)		한남서림, 1921	不分卷 1冊		한국학중앙연구원	
신미녹 / 백두용 편	목판본	한남서림, 1920	1冊(32장)	표제 : 辛未錄 한글본	국립중앙도서관	○
					서울대 중앙도서관	×
월왕전 / 백두용 편	목판본	한남서림, 1920	3卷3冊		국립중앙도서관	○
			2冊	한글본	영남대 도서관	
		한남서림, 1921	3卷3冊		한국학중앙연구원	×
뎡슈정전 / 백두용	목판본 (後刷)	한남서림, 1920	不分卷 1冊		국립중앙도서관	○
금방울전	목판본	백두용가,	不分卷	표제 : 금령전	국립중앙도서관	○

		1934	1册			
금방울전 단(單)		한남서림	1卷1册	印 : 懷月藏書	한국학중앙연구원	
홍부전	목판본	백두용가, 1932	不分卷 1册	표제 : 홍부전	국립중앙도서관	○
홍부전 / 백두용 편	목판본	한남서림, 1920	1册(25장)	한글본	영남대 도서관	×
		한남서림	線裝, 1册	紙質: 楮紙	고려대 도서관	
					충남대 도서관	
홍부전 단(單)	목판본 (후쇄본)		1卷1册		한국학중앙연구원	
됴웅전		백두용가, 1934	不分卷 1册	표제 : 조웅전	국립중앙도서관	○
됴웅전 / 백두용 편	목판본	한남서림, 1920	1册(29장)	한글본	영남대 도서관	×
		1920	線裝 3卷 1册	趙雄傳 한글본, 楮紙	원광대 도서관	
		1921	1册		서울대 중앙도서관	
					한국학중앙연구원	
양풍뎡	목판본	백두용가, 1932	不分卷 1册	표제 : 楊風傳	국립중앙도서관	○
양풍뎐 / 백두용 편		1920	1册(24장)	한글본	서울대 중앙도서관	×
					영남대 도서관	
쇼대성전	목판본	백두용가, 1932	不分卷 1册	표제 : 蘇大成傳	국립중앙도서관	○
		1921			서울대 중앙도서관	×
					규장각한국학연구원	
		한남서림			고려대 도서관	
					전남대 도서관	
		1920			영남대 도서관	
쇼성전 전(全)		한남서림, 1921	1册		한국학중앙연구원	
적성의전	목판본	백두용가,	不分卷	표제 : 적성의전	국립중앙도서관	○

		1932	1冊			
격성의젼 / 백두용 편		한남서림, 1920	1책(23장)	한글본	영남대 도서관	×
[젹]경의젼 / 백두용 편		한남서림, 1921	1冊	한글본	서울대 중앙도서관	×
격성의젼 전(全)		한남서림, 1921	1冊		한국학중앙연구원	
(유보) 상제례초(抄) / 백두용 편	목판본	한남서림, 1916	1冊	표제 : 遺補喪祭禮抄	부산대 도서관	×
					전남대 도서관	
					전주대 중앙도서관	
					동국대 경주캠퍼스 도서관	
喪祭禮抄		1917	60장		국립중앙도서관	○
補遺喪祭禮抄		1917	1卷		경희대 도서관	×
註解增補三略 / 유인解 ; 백두용 刊篇	목판본	한남서림, 1917	3卷1冊 (上, 中, 下)	표제: 주해증보삼략(全)	국립중앙도서관	×
신간증보삼략 / 유인 解 ; 백두용 편					고려대 도서관 단국대 퇴계기념도서관	
					동국대 경주캠퍼스 도서관	
海東歷代 名家筆譜 / 백두용 편	목판본	한남서림, 1926	6권 6책	版心題 : 명가필보 跋: 심재 백두용 근발 序: 于堂生 尹喜求朱玄序	국립중앙도서관	×
					국회도서관 자료수집과	
					고려대 도서관	
					중앙대 중앙도서관	
					동국대 중앙도서관	
					성균관대 존경각	
					한양대 백남학술정보관	
					경희대 도서관	
					서울대 중앙도서관	
					동아대 도서관	
					전남대 도서관	

					충남대 도서관	
					한국학중앙연구원 장서각	
					경기대 도서관	
					원광대 도서관	
					전주대 중앙도서관	
					전북대 도서관	
					한국국학진흥원 도서관	
					영남대 도서관	
					안동대 도서관	
					경상대 도서관	
					계명대 동산도서관	
	석판본	1925			고려대 도서관	
	목판본		1冊	印本	대구광역시립 중앙도서관	
		한남서림	5冊		전남대 도서관	
			2卷 2冊 (缺帙)		경기대 도서관	
명가필보 / 백두용 편 ; 정도영 각 ; 이성래 인	목판영 인본	대구 : 한 국문화원, 1981	선장6권 6冊	양지 영인본	원광대 도서관	
삼체초천자 / 한호 서 ; 백두용 刊編	목판본	한남서림, 1919	17長	간기: 1864 季夏武橋重刊 萬曆丁酉(1597) 季秋石峯書(권말)	국립중앙도서관	○
少微家塾點校附音 通鑑節要 / 강지(송) 편 ; 백두용 교	목판본	한남서림, 1917	19권 6책	서: 嘉熙 丁酉(1237). 강용	국립중앙도서관	○
		1916	1책 (영본)	冊4 楮紙	전남대 도서관	×
					고려대 도서관	
소미통감절요	한남서림, 1917	5卷 2冊		국립중앙도서관	○	
		6冊				
啓蒙篇諺解 / 백두용 편	목판본	한남서림, 1917	22장		국립중앙도서관	×
		1916	1冊 (23張)		서울대 중앙도서관	

서명 / 편자	판본	출판	장책	비고	소장처	표시
님쟝군젼 / 백두용 刊編	목판본	한남서림, 1920	1책	刊記 : 華泉 重刊	국립중앙도서관	○
					서울대 중앙도서관	×
졍슈졍젼 / 백두용 刊編	목판본	1921	16장		국립중앙도서관	○
新撰 大方草簡牘	목판본	한남서림, 1920	2冊 (59張)	序: 김성근 / 序: 윤희구 觀識:甲寅年 呂圭亨 書	연세대 중앙도서관	×
					국립중앙도서관	○
					동국대 경주캠퍼스 도서관	
		1921	不分卷 1冊 59장		성균관대 존경각	×
		1921	1冊		경희대 도서관	
			1冊		경희대 도서관	
	석연본	1921	1冊		단국대퇴계기념도서관	×
		1921	3卷 1冊		고려대 도서관	
玉樞寶經註	연활자본	한남서림, 1923	64장	표제 : 詳密註解玉樞寶經 서 : 時維壬戌 최병두	국립중앙도서관	○
詳密註解玉樞寶經 / 백두용 편	신연활자본	한남서림, 1923	60장		경상대 도서관	×
					전남대 도서관	
					경상대 도서관	
		1928			국회도서관	
		1928	1冊 (64張)	양지 한글 현토, 언해본	전남대 도서관	
		1923			전남대 도서관	
玉樞寶經註解 / 백두용 편			1冊	目錄題 : 詳密註解玉樞寶經 序:明世宗肅皇帝御製序, 金正喜焚香謹書, 時維壬戌(1922) 崔秉斗 序	고려대 도서관	
곽분양젼 / 백두용 刊編	목판본	한남서림, 1921	3卷 1冊	한글본	국립중앙도서관	○
			3卷 3冊		한국학중앙연구원	
		1920	上,中,下卷		서울대 중앙도서관	×

서명 / 편저자	판종	간행	장·책수	비고	소장처	
唐詩長篇 / 백두용 刊編	목판본	한남서림, 1917	1冊(40張)	한 칸에 5言, 7言 2구절씩 써 넣은 唐 詩集	국립중앙도서관	×
					고려대 도서관	
					한양대 백남학술정보관	
					영남대 도서관	
					동국대 경주캠퍼스 도서관	
					계명대 동산도서관	
		1916			전남대 도서관	
주해천자문 / 양승곤 ; 백두용·김기홍 [공]편	목활자본	완주 : 양주방	32張		국립중앙도서관	○
(몽학도상) 천자문 / 백두용 편	목판본	한남서림, 1932	21張		국립중앙도서관	○
古今歷代標題註釋 十九史略. / 조선지 편 ; 餘進宗海通攷 ; 백두용 校(校)	목판본	한남서림, 1916	3冊, 卷1~3	表紙書名 : 史略	국립중앙도서관	○
					한국학중앙연구원	
임장군전 / 백두용 편	목판본	한남서림, 1920		언문판본	국립중앙도서관	○
님장군전 / 백두용 편			1冊(27張)	한글본 印出記(권말): 화천重刊	단국대 율곡기념도서관	×
					영남대 도서관	
증보천기대요 / 백두용 편	대활자본	한남서림, 1917	2冊, 卷1~2		국립중앙도서관	○
天機大要 上下 / 지백원 회보 ; 백두용 편	목판본	한남서림, 1916	2冊	권두서명 : 增補參贊秘傳 天機大要	단국대 퇴계기념도서관	×
서유기어록[外]/ 백두용 편	목판본		56장	표제: 서유기어록해 권말제: 주해어록 총람: 서상기어록, 삼국지어록, 이문어록	국립중앙도서관	○
					전남대 도서관	×
		1919			국회도서관자료수집과	
		1918			단국대퇴계기념도서관	
주해어록총람 /	영인본	1996	2冊		국립중앙도서관	×

백두용 편						
남훈태평가 / 백두용 편	목판본	한남서림, 1920	1冊	版權紙(卷頭): 本書林發行舊序目錄, 한글본 原本印出記(卷末): 癸亥石洞新刊	서울대 중앙도서관	×
					연세대 중앙도서관	
					영남대 도서관	
			不分卷 1冊	表題 : 南薰泰平歌	국립중앙도서관	
		동신, 1923			고려대 도서관	
		1923			전남대 도서관	
남훈평가 전(全)		한남서림, 1920	不分卷1 冊		한국학중앙연구원	
王右軍法帖 / 왕희지 ; 백두용 편	목판본 (일부 음각본)	한남서림	1冊 (29장)	부록 : 위부인서(6장)	영남대 도서관	×
	목판본 (탁본)	1900	1冊 (23張)		전남대 도서관	
		한남서림, 1927	1卷1冊		경희대 도서관	
당태종전 / 백두용 편	목판본	한남서림, 1920	1冊	한글본	영남대 도서관	×
		1921			고려대 도서관	
당종전 전(全)		한남서림,	1卷1冊		한국학중앙연구원	
양산백전 / 백두용 편	목판본	한남서림, 1920	1冊 (24장)	한글본	영남대 도서관	×
춘향전 / 백두용 편		한남서림, 1920	1冊 (16장)		영남대 도서관	×
츈향젼 전(全)	목판본	한남서림, 1921	1冊		한국학중앙연구원	
춘향전 단(單)		한남서림, 1920	1卷1冊		한국학중앙연구원	
중정방약합편 / 황도연 저 ; 백두용 편	목판본	한남서림, 1917	1冊	표제: 중정방약합편, 내부보유방 혜암선생유고 원본인출기록(권말): 乙酉仲秋美洞新刊	영남대 도서관	×

동상기찬 / 백두용 찬	신활자 본	한남서림, 1918	線裝, 5卷 1册, 卷1~5	序: 무오(1918) 백두용自序: 歲在戊午(1918) 地中春上浣...백두용 洋紙	고려대 도서관 한양대백남학술정보관	×
					단국대퇴계기념도서관	
					성균관대 존경각	
					부산대 도서관	
					인하대정석학술정보관	
					전남대 도서관	
					한국학중앙연구원장서각	
					단국대율곡기념도서관	
					원광대 도서관	
					동국대 경주캠퍼스 도서관	
			1卷1册		경희대 도서관	
			1册 (138張)		전남대 도서관	
	연인본	한남서림, 1918	5卷1册	序: 蓮波居士 自序 : 心齋白斗鏞書于翰 南書林	한국학중앙연구원	
東廂記纂 / 백두용 著		한남서림, 1918			국립중앙도서관	
東廂記	신연활 자본		4卷1册, 권 1~4		충남대 도서관	
箋註四家詩 / 유금 초 ; 박제영 주 ; 백두용 교	신연활 자본	1921	線裝 4卷1册	跋: 錢塘潘庭均德園 序:乾隆四十二年歲次丁酉(1 777) 元夕後二日文淵閣檢閱克 方略館撿校官四庫全書分 敎官內閣中書人杭州潘庭 均書 題簽 : 四家詩	경희대 도서관	×
					충남대 도서관	
					한국학중앙연구원	
		1917			성균관대 존경각	
					국립중앙도서관	
			1册(82張)		전남대 도서관	
				再版	경상대 도서관	
전등신화 /	목판본	한남서림,	2册	대정 5년(1916) 발행 / 楮紙	전남대 도서관	×

구우 저 ; 백두용 편집		1916				
二十一都懷古詩 / 유득공 찬		1917	39장	서: 乙巳(1785) 중추 고운거사, 楮紙	전남대 도서관	
					충남대 도서관	
이십일도회고시 / 유득공·이덕무 訂	목판본	한남서림	1冊		국회도서관	×
이십일도회고시 / 유득공 저(著) ; 백두용 교(校)		한남서림, 1917	1卷1冊		국립중앙도서관	
王羲之題衛夫人筆 陳圖 / 왕희지 필 ; 백두용 편	목판본	한남서림	1冊 (25張)	楮紙	전남대 도서관	×
四禮撮要 / 백두용 편	목판본	한남서림, 1917	4卷3冊	刊記: 石泉新刊 序:崇禎後四庚戌 (1850) 윤희배 謹誌	연세대 중앙도서관	×
					전주대 중앙도서관	
宋書百選 / 송시열 저 ; 백두용 편집	목판본	한남서림, 1917	6卷3冊	跋: 丙子(1876)孟秋 [宋] 泌秀謹拜手再識 序:崇禎紀元後五丙子(1876) 仲秋 後學 安東 金炳學 謹序. 楮紙	충남대 도서관	×
					경희대 도서관	
					동아대 도서관	
					경상대 도서관	
		1916, 1917			전남대 도서관	×
補增參贊秘傳天機 大要 / 백두용 편	목판본	한남서림	線裝 2卷2冊	표제 : 增補天機大要	장로회신학대 도서관	×
史要聚選 / 권이생 저(著) ; 백두용 편	목판본	한남서림, 1918	4冊(缺帙)	序: 此編善取諸- 己未年月日安東權以生書 草于詩山客齊 刊記:丙辰季冬由洞新刊	충북대 도서관	×
		新舊書林: 太華書館: 韓南書林, 1913~1918			국립중앙도서관	○
사요취선 전(全) / 권이생 편		한남서림, 1918	1冊(第1 ~3冊缺), 9卷4冊	版心書名 : 史要. 舊刊記:丙辰(1856) 季冬由洞新刊	한국학중앙연구원	
朝鮮女俗史 / 이능화 저	연인본	한남서림, 1927	1冊	序:寅(1926) …著者識	국회도서관	

蒼松綠竹 / 백두용 편집 겸 발행자		한남서림, 1923			국립중앙도서관
全韻玉篇 / 백두용 편	목판본	한남서림, 1917	2冊, 상, 하		국립중앙도서관
(蒙學圖像)千字文 / 백두용 편	목판본	한남서림, 1932	21張		국립중앙도서관
篆韻便覽 / 경유겸 편	목판본	孝宗 2년(1651)	1冊 (43張)	序: 己丑(1649), 呂爾徵 跋:辛卯(1651), 景惟謙	국립중앙도서관
積德門 / 백두용 편		한남서림, 1929			한국학중앙연구원
朝鮮解語花史 / 이능화 편저	연인본	한남서림, 1927	不分卷 1冊	序 : 丙寅(1926) 著者識	한국학중앙연구원
增删易理大方 전(全)		한남서림, 1926	1冊	自序 : 乙丑菊月. 雪皐學人全在鶴書	조선대학교

필자가 파악한 한남서림 간행 도서 소장 도서관만 해도 총 40곳에 이른다. 이 밖의 도서관이나 소장처, 그리고 개인 소장자도 적지 않다. 소장처를 모두 망라한 것이 아니라, 40곳 소장처를 표본 삼아 한남서림 간행 도서의 소장 현황을 대강 가늠해 보고자 했다. 40곳을 기준으로 할 때, 간행 도서 중에는『해동역대명가필보』가 가장 많은 도서관, 곧 27곳에 소장되어 있음을 알 수 있다. 그 뒤를 이어『주해어록총람』이 25곳에,『현토 창선감의록』과『동상기찬』이 16곳에,『동국문헌록』이 13곳,『천군연의』가 8곳, 그리고『당시장편』과『남훈태평가』,『전주사가시』가 모두 7곳에 소장되어 있었다. 이렇듯 특정 도서가 여러 도서관에 많이 소장되어 있는 것은 그 책이 그만큼 널리 유통되고 인기가 있었음을 방증한다. 한남서림을 대표하는 책으로서 나름 성공한 간행물이라 할 것이다.

한남서림 간행 도서를 가장 많이 소장하고 있는 곳은 국립중앙도서관으로 59종을 보유하고 있다. 현재까지 파악된 한남서림 간행 도서 종수가 73종인데, 그 중 약 81%에 해당하는 도서가 국립중앙도서관에 소장되어 있는 셈이다. 그 다음으로는 한국학중앙연구원의 장서각이 27종, 영남대 도서관이 25종, 전남대 도서관이 21종, 고려대 도서관이 20종, 서울대 도서관이 17종, 단국대 퇴계와 율곡 기념도서관을 합쳐 12종 등 한남서림 간행 도서를 소장하고 있다. 그밖에 대학 도서관이 아닌 용화사와 대구광역시립 도서관에서 한남서림 간행물을 소장하고 있음이 확인된다. 마지막으로, 국외에 위치한 하버드 대학교 엔칭 도서관 소장『주해 어록총람(註解語錄總覽)』(백두용 편찬, 윤창현 증정)은 여기서 제외했다.

3. 20세기 전반기 근대 서점과 출판의 지형[39]

개항 이후 19세기 말~20세기 초 근대적 의미의 출판사가 등장하고, 서점도 점차 활성화되어 대중 독자를 겨냥한 상업적인 서적이 쏟아져 나왔다. 서양에서 들여온 서구식 활자 인쇄기를 이용한 활자본 신서들이 계속 발행되면서 더 이상 필사나 방각에 의한 도서 간행은 제 기능을 발휘하기 어렵게 되었다. 특히 근대식 서점의 출현은 서적 유통과 출판문화에 커다란 지각변동을 가져왔다.

광고 기재 내용에 근거한다면, 우리나라 최초의 근대 서점은 1896년에 종로 2가에 세워진 대동서시(大東書市)라 할 것이다. 1896년 6월 23일자『독립신문』에 "종로 대동서시란 책사는 예수교 성경과 공업 화학 천

---

39) 하동호, 「개화기소설의 서지적 정리 및 조사」, 『동양학』 7집, 단국대동양학연구소, 1977 ; 한기형, 「1910년대 신소설에 미친 출판 · 유통 환경의 영향」, 『한국 근대소설사의 시각』, 소명출판, 1999, 219~252쪽.

문 지리 산학 외학 등서와 학부책과 팔월사변(=乙未事變) 보고서를 파오니"라는 광고가 실려 있어 대동서시의 존재를 확인할 수 있기 때문이다. 여기서 대동서시가 주로 판매하던 서적 중에 기독교 성경을 가장 먼저 앞세운 것은 아마도 가장 판매부수가 많았기 때문으로 추측된다.

그런데 초기 서점은 갑오개혁을 전후한 시기에 이미 나타난 것으로 보인다. 특히 고제홍의 회동서관, 김기현의 대동서시, 주한영의 중앙서관, 김상만의 광학서포 등은 이미 1890년대 초에 나타난 서점들이다.[40] 1890년에 프랑스 외교관으로 조선에 왔다가 1892년에 다시 본국으로 돌아간 모리스 꾸랑이 1894년에 프랑스에서 간행한『한국서지』만 보더라도 이미 그 당시 적지 않은 수의 서점이 있었음을 기록해 놓았다.

> 책방들은 도심에 모두 모여 종각에서 남대문까지 곡선으로 이어지는 큰 거리에 위치하고 있었다. … 부산한 광장의 소음은 피하면서 오가는 사람들의 움직임은 쉽게 볼 수 있는 곳에서 책방 주인은 그의 가게 깊숙이 웅크리고 자리 잡고 앉았다. 그 앞에 놓인 진열대는 고객들이 책을 살 때 보호될 수 있도록 안쪽으로 들어가 판자 위에 비스듬히 놓여 있다. 비단 옷과 양반 전용의 작은 관을 쓴 안색이 좋은 이 책방 주인은 긴 담뱃대를 물고 자기 옆에 앉은 내방객과 담소하면서 매우 중요한 고객이 아니면 움직이지 않는다.[41]

그러나 위 글에서 확인할 수 있듯이, 말이 서점이지, 노변에 차광막을 치고 판자 위에 앉아 파는 노점 형태를 띠고 있었다. 따라서 건물을 따로 갖춘 근대식 서점 형태라기보다는 전신에 해당하는 지전(紙廛)이나 서화포(書畵鋪) 형태가 주를 이루었다. 1901년에야 회동서관(滙東書館)의 전신

40) 조기준,『韓國企業家史』, 박영사, 1973, 205쪽. 최호석도 이 주장에 동의하면서 광고지에 서점명이 처음 등장한 것으로 서점의 설립 시기를 파악할 수 없다고 보았다.(최호석,「지송욱과 신구서림」,『고소설연구』제19집, 한국고소설학회, 2005, 257쪽)
41) 모리스 꾸랑, 이희재 역,『한국서지』, 일조각, 1997, 3쪽.

인 고제홍 서사(高濟弘書肆)가 세워졌으며, 그 다음 해인 1902년 6월에 중
앙서관(中央書館)의 전신인 주한영 책사(朱翰榮册肆)가 등장했다는 기록42)이
그 한 예가 된다. 그밖에 야주개에 위치한 위경식 지전(魏敬植紙廛), 광화
문 네거리 서쪽에 위치한 장현주 지전(張賢周紙廛), 수송동에 위치한 정두
환(鄭斗煥) 서화포(書畵鋪), 안국동에 있었던 권석희 상전(權錫禧床廛), 종로4가
배오개(이현)에 위치한 편홍기 지전(片鴻基紙廛), 소공동에 있었던 강흥연(康
興淵) 모물방(毛物房), 공평동에 있었던 김효연 지전(金孝演紙廛), 그리고 탑골
소재 김륜식 지전(金崙植紙廛) 등 지물포와 잡화상이 주종을 이루었다.

온전한 형태의 근대 서점이 본격적으로 등장하기 시작한 것은 1905년
이후의 일이었다. 1905년에 광학서포의 전신인 김상만책사를 비롯해,
1906년에는 야소교서원(평양)이, 1907년에는 고금서해관과 박문서관, 그
리고 신구서림이, 1908년에는 대한서림과 광동서국, 유일서관, 태극서관
등이, 그리고 1910년에는 동양서원과 보급서관, 수문서관 등이 번듯한
서점의 외양을 지니게 된 것이다. 이처럼 업종 변경을 하면서까지 근대
적 서점을 연 것은 그만큼 서점업이 매력 있는 신흥 시장으로 각광받기
시작했기 때문이었다.

한남서림은 이보다는 좀 더 늦은 1910년 이후에 간판을 걸고 개업을
하게 되었다. 1910년 당시 저명한 서점들을 소개해 놓은 아래 글에서
한남서림의 이름이 보이지 않는 것도 한남서림이 그 이후에 개업한 사
실을 단적으로 보여준다.

隆熙 4년(1910년) 현재로 安泰瑩의 廣德館(罷朝橋下), 玄櫶의 博學書館(布
屛下), 李星鎬의 大韓書林(安峴), 金寅珪의 古今書海館(종로), 李鍾楨의 光東書

---

42) 이승우, 「개화기 출판·서적계를 가다—한말 신문광고에 비친 책방 풍속도」, 『출판저
널』, 대한출판협회, 1993.10.5., 8쪽.

局(典洞), 河益弘의 安峴書館, 盧益亨의 博文書館(尙洞), 兪鎭泰의 廣韓書林(寺洞), 崔昌漢의 廣華書館(西署松橋), 玄公廉의 大昌書院(종로), 閔大鎬·趙南熙의 東洋書院(종로), 李興均書肆(大寺洞) 등과 이밖에 中署 承洞과 南署 尙洞에 耶蘇敎書肆 2개 처가 있었다.[43]

그런데 백두용이 노변에 책을 펴 놓고 팔다가 간판을 내걸고 본격적 영업을 시작한 것은 서점업종의 성공 가능성을 재빨리 알아차렸기 때문이라기보다, 급속도로 사라져 가는 전통문화와 옛 것의 가치를 보존하는 것이 필요하다는 소신에 기인한 것이었다. 그런데 회동서관의 고제홍(高濟弘)은 가업이었던 백목전을 접고 서점을 열었으며, 후에 신구서림의 주인이 된 지송욱은 어려서부터 상점 점원으로 있다가 독립해서 서점을 시작했다.[44] 즉, 이들은 이미 상업에 종사하던 이들로 백두용처럼 대단한 화원 집안에다 선대의 개인 장서를 기반으로 상업을 처음 시작한 것은 아니었다. 그렇기에 출판인, 또는 서점주인의 내력을 고려할 때, 백두용과 같은 지식인의 서점 경영은 오히려 세간의 주목을 끌기에 충분했다. 많은 이들이 앞 다퉈 한남서림의 개업에 주목한 것도 바로 그런 특별한 배경과 무관하지 않다.

초기 서점들은 서적을 출판하거나 판매하는 일 외에 명함인쇄, 약품, 학교용품 등을 함께 판매하는 식의 겸업형 경영을 추구했다. 박문서관을 비롯해 회동서관과 대동서시, 덕흥서림 등이 서적 외에 학교용품을 판매한다며 광고한 것이 그 좋은 예가 된다. 그러나 이런 현상은 무엇보다도 자본이 부족한 데서 빚어진 고육지책이었다. 현금 거래가 쉽지 않은 만큼, 어느 정도 기반이 든든한 서점이 아니고서는 오래 버텨낼 수

---

43) 조기준, 『韓國企業家史』, 박영사, 1973, 205쪽.
44) 최호석, 「지송욱과 신구서림」, 『고소설연구』 제19집, 한국고소설학회, 2005, 262쪽.

없는 구조를 갖고 있었다. 따라서 서적 판매 외에 출판업을 겸하는 것이 이 시기 서점 주인들이 택한 일반적 경영 전략이었다. 이런 상황을 고려할 때, 한남서림의 경영방식은 더더욱 예외적이라 할 만 했다. 왜냐하면 한남서림이 간행물을 내놓게 된 것은 1916년의 일로, 그 이전까지는 서점으로서 순수하게 서적 판매만 해 왔기 때문이다. 서점을 열 수 있었던 요인이 본래 집안에서 소장하고 있던 장서가 많았던 데다 백두용의 소신이 크게 작용한 결과라면, 출판업을 하게 된 것은 한남서림 역시 재정적 이유에서 시대와 사회적 환경에 의해 불가피하게 택한 방편이었던 것이다.

서점이 우후죽순 격으로 생겨나자, 얼마 지나지 않아 서점 간 경쟁이 치열해진 것은 명약관화한 일이었다. 서점의 수가 적정 수준의 수요를 넘어서게 되자 이로 말미암아 생존을 위한 서점 간 도서 할인 경쟁이 심해졌기 때문이다. 신문, 잡지 등 여러 지면에 실린 서적 광고란에 할인 광고 문구가 심심치 않게 실린 것이 그러한 사정을 단적으로 잘 보여준다. 이때의 책값 할인 경쟁은 정가 판매를 하던 일본서적이나 국정교과서가 아닌, 한국 서적을 대상으로 한 것이었다.

1910년대 이후로 서점은 소위 북촌과 남촌을 중심으로 형성되었다. 덕흥서림(德興書林), 박문서관(博文書館), 영창서관(永昌書館), 통문관(通文館), 한남서림(翰南書林), 한성도서(漢城圖書), 회동서관(滙東書館), 신구서림(新舊書林), 삼중당(三中堂) 등은 청계천 북쪽에 위치해 있었다. 반면, 군서당(群書堂), 일한서방(日韓書房), 문광당(文光堂) 등 일본인 서점은 주로 명동(충무로) 일대에 모여 있었다.[45] 그런데 북촌과 남촌에 위치한 대다수 서점들은 출판을 병행하면서 지역을 가리지 않고 경쟁을 벌여야 했다. 그런 와중

---

45) 박종화, 『역사는 흐르는데 청산은 말이 없네』, 삼경출판사, 1979, 375쪽.

에 남촌에 형성된 일본 서점들은 신서와 외국 서적을 전문적으로 취급함으로써 신 독자의 취향에 부합한 서점으로 판매 우위를 점할 수 있었다. 더 이상 서점은 상층 지식인과 고급 독자만의 전유물이 아니라, 일반 지식인들과 학생, 그리고 책쾌(서적외판원)까지 고객으로 서점을 드나들게 되었다. 자연스럽게 서점은 대중 독자가 고서와 신서를 쉽게 취급할 수 있는 일반 통로가 되었다.

아래 표는 서울과 전국의 서점 명칭과 위치, 개업 시기와 그 경영주 등에 대해 정리한 것이다. 19세기 말부터 1910년대에 나타났던 초기 서점들만 망라해 소개한 것이다.

[표 5] 19세기 말~1910년대 설립 시점(출판시) 목록46)(가나다순)

서점 (출판사)	대표자	개점 시기	주소	대표 간행도서	비고
開新册肆	이동호(李東皓)	1907	인천 축현(杻峴)		
敬心書館		1908	인사동		
古今書海館	김인규(金寅珪)	1907	관훈동		
高濟弘書肆	고제홍(高濟弘)	1901	광교(廣橋)		회동서관(1907)

---

46) 누락된 서점(출판사)과 항목별 내용들은 추후에 계속 보완해 나갈 것이다. 1910년대까지의 서점 목록은 일차적으로 신문광고에 처음 등장한 해를 기준으로 하거나 판권지 광고 내용을 기초로 했다. 이승우, 「개화기의 출판·서적계를 가다-한말 신문광고에 비친 책방 풍속도」, 『출판저널』, 대한출판문화협회, 1993, 9쪽과 한기형, 『한국 근대소설사의 시각』, 소명출판, 1999, 219~252쪽의 자료를 참고했고, 개화기 서울 소재 서점 명단이 나와 있는 김봉희, 『한국 개화기 서적문화 연구』, 이화여대출판부, 1999, 82~88쪽의 자료와, 이경훈, 「옛 종로의 서점 이야기」, 『(속) 책은 만인의 것』, 보성사, 1993, 115쪽, 그리고 이중연, 『고서점의 문화사』, 혜안, 2007, 82~152쪽과 방효순, 『일제시대 민간 서적발행 활동의 구조적 특성에 관한 연구』, 이화여대 박사학위논문, 2001에 <부록>으로 소개된 '일제시대 출판사 및 서점' 목록(184~197쪽) 자료 등도 참고했다. 그 밖의 것은 필자가 개인적으로 직접 조사해 추가해 놓은 것이다.

廣德書館	안태옥(安泰瑩)	1908	종로3가	『화중화』(1912)	
光東書館	임학재(任學宰)	1909	인사동		
光東書館	안윤재(安允在)	1908	황해도 송화(松禾) 수교(水橋)		
光東書局	이종정(李鍾楨)	1908	종로 견지동		
光明書觀	박치록(朴致祿)	1908	평양 대관동(大貫洞)		
光明書鋪	백일성(白日成)	1909	김해(金海)		
廣文堂書鋪	남홍우(南鴻祐)	1910	저동(苧洞)		
廣智書鋪	현 환(玄桓)	1909	광교		
廣學書館		1907	평북 의주 남문 밖	『沙村夢』(1917)	
光學書鋪	김상만(金相萬)	1907	종로3가 90번지	『血의淚』(1907)	
廣學支書鋪	김상만(金相萬)	1909	종로5가		*廣學書鋪 支店
廣韓書林	유진태(兪鎭泰)	1909	견지동 51번지/ 종로2가 42		신구서, 문방구
廣華書館	최창한(崔昌漢)	1907	신문로 1가		
群書堂		1914 이전	충무로		
金剛堂			충무로		
金基鴻書鋪	김기홍(金基鴻)	1908	대구		*在田堂書鋪 (1909)
金相萬冊肆	김상만(金相萬)	1905	종로3가		*廣學書鋪
南溪七書房	장재언(張在彦)	1908	전주		
大廣書林	박건회(朴健會)				
大同書館	김대윤(金大潤)	1906	평양 종로 / 수송동 77번지		
大東書市	김기현(金基鉉)	1896	종로2가		천주교 서적, 교과서 등
大正書屋			송현동		
大昌書院	현채(玄采)		경성 중부 대사동(大寺洞) / 견지동 80	『고의성』(1912)	신구서 출판, 문방구
大阪屋書店			충무로 1가 28		서적, 잡지
大韓書林	정운복(鄭雲復)	1908	안국동	『구마검』(1908)	

大英聖書公會			종로2가 91		기독교서적
德興書林	김동진(金東縉)		종로2가 20		교과서지정판매
東京堂			충무로 2가 33		서적, 古本
동광당서점			관훈동 123		서적, 잡지, 문방구
동문사				『은세계』(1908)	
同文書林	김우균(金雨均)	1910	수하정 17번지		
동미서시	이용한(李容漢)	1914?	봉래동 1가 103번지	『송죽』(1914)	
동아서관			종로 3가 83번지	『수일룡』(1916)	
東洋書院	민준호(閔濬鎬)	1910	종로2가 86 / 경성 중부 철물교(鐵物橋) / 인사동	『만월대』(1910)	교과서 판매, 출판 * 金相冀(1912)
東一書觀		1908	봉래동 1가 85번지		
동창서옥			견지동 61번지		
東華書館	김경세(金經世)	1906	안국동(安國洞)		
東華書館支店	선우석(鮮于埖)	1906	평양 종로		
東華書館支店	김응성(金應聲)	1906	함경북도 성진(城津)		
東華書館支店	신경균(申景均)	1906	함경남도 단천(端川)		
만서옥			견지동		
勉强堂			충무로		
모성서관			남대문로 1가 12번지		
文光堂					
문광서림	홍순민(洪淳民)		관훈동 28 / 인사동		조선고서, 중국서적
文明書館	현 억(玄檍)	1908	종로3가 10번지	『신번 구운몽』(1913)	
文友堂			수송동 67		교육용 참고서, 사전 전문
文益書館			경성 중부 대사동(大寺洞)		
文華堂	주정균(朱定均)	1908	종로 1가		
文化書林			수창동(需昌洞) 38		각종 서적

서점명	인물	연도	주소	간행물	비고
朴基鴻書肆			관철동 44		중국서적
博文書館	노익형(盧益亨)	1907	남대문 내 상동 (尙洞) / 종로2가 20	『송뢰금』(1908)	교과서 지정판매, 출판
博聞書館	조승모(趙承模)/ 현억(玄檍)	1907	구리개[銅峴] (을지로2가)		* 博學書館 (1908)
博文書院	하상기(河相驥)	1905	미동(美洞)		
朴昌鎭書鋪	박창진(朴昌鎭)	1907	황해도 해주		
博學書院			경성 북부 전동(典洞)	『강상촌』(1912)	
普敎書館		1909	종로4가		
普及書館	김용준(金容俊)	1910	경성 북부 소안동 (小安洞) / 안국동	『월하가인』(1911)	* 金商鶴 (1915년경)
普明書館	송재동(宋在東)	1910	전라북도 태인(泰仁)		
보문관			관훈동 155번지	『동사연표』(1915)	
보서관			공평동 118번지	『옥매화』(1913)	
보신서관			종로 2가 98번지		
보창서관			종로 2가 81번지		
森書店			을지로 2가 200		서적, 잡지
三中堂	서재수(徐載壽)				
石室書館		1908	대구		
成文舘	유해섭(柳海燮)				
成文堂書店		1906	대한문(大漢門) 앞		
少年書鋪	박봉엽(朴奉燁)	1908	평양		*太極書館 支店
송원서재			견지동		
修文書館	박희관(朴熙寬)	1910	경성 서부 야주현(夜珠峴) / 신문로 1가	『요지경』(1910)	
時文學會			인사동 63		서적발간, 소개
新舊書林	지송욱(池松旭)	1907	봉래(蓬萊) 1가 77	『구의산』(1912)	도서, 잡지, 문방구
신명서림			종로 2가 98번지		

新文館	최남선(崔南善)	1908	서울 남부 상려동	『소년』(1908)	동명사(東明社)
新民書會		1907	평안북도 선천(宣川) 읍내 천변(川邊)		
安國善家				『공진회』(1915)	
安陵書館	김익하(金翼河)	1909	평안북도 안주(安州)		
安峴書館	하익홍(河益弘)	1908	안국동		* 후에 陸文館
岩松堂서점			종로1가 30		서적, 古本
耶蘇敎書院	정익로(鄭益魯)	1906	평양 관동(貫洞)		
耶蘇敎書院	정익로(鄭益魯)	1908	종로2가		
耶蘇敎書院		1909	대구 남문 안		
耶蘇敎冊肆	김태희(金泰熙)	1909	평안북도 강계(江界)		
永昌書館	강의영(姜義永)		종로2가 85	『형제』(1918)	서적, 문방구
영풍서관			종로		
五車書廠			종로		
玉虎書林		1909	을지로		
往來書市			경성 중부 전동(典洞)		
雲林書院		1908	경성 중부 대립동(大笠洞)		
唯一書館	남궁준(南宮濬)	1908	경성 중부 사동(寺洞)	『치악산』(1908)	
以文堂			관훈동 30		출판, 문방구
이종성			南大門外紫岩二層屋紙店及書鋪	『보은록』(1913)	
一成堂	황종수(黃宗洙)		관훈동		
李興均書肆	이흥균(李興均)	1907	인사동		
仁愛堂書店	홍인표(洪仁杓)	1909	개성 남문 밖		
일석서장			안국동 152		
日韓書房		1908	충무로2가 10		서적, 잡지
奘文書館		1908	안국동		
정직서관			수송동 27번지		
第一義進書館		1909	인사동		
第二義進書館		1909	광교(廣橋)		
朝鮮耶蘇敎敎會			종로 2가 91		도서출판

조선서관	박건회(朴建會)		종로통		
趙承禧冊肆	조승희(趙承禧)	1906	회현동		
朝陽書館		1909	황해도 鳳山 沙里院		
朱翰榮冊肆	주한영(朱翰榮)	1902	종로3가		
중앙서관	주한영(朱翰榮)	1907	종로3가		
至誠堂					
進命書館		1908	광교		
창문당서점			종로 2가 9		서적, 문방구
창문사				『설중매화』 (1913)	
天道敎冊肆		1909	견지동(堅志洞)		
청송당서점				『원앙의 상사』 (1916)	
춘보약국			평양	『운외운』(1914)	
太極書館	안태국(安泰國)/ 이승훈(李昇薰)	1908	평양 종로		
태학서관			견지동 38번지		
泰華書館	강하형(姜夏馨)		종로 3가 83번지		
翰南書林	백두용(白斗鏞)	1910년경	인사동 170번지		고서적
한성도서주식회사			견지동 32번지		도서출판, 잡지
한성서관			종로 3가 76번지		
한성서적업조합				『금수회의록』 (1908)	
漢陽書館	조종만(趙鍾萬)	1907	인사동		
韓興書館	김태형(金泰衡)	1908	부산		
홍인서관			을지로 4가 81번지		
海東書館	김기율(金基律)	1908	함경남도 북청(北靑)		
海東書林		1908	송현동(松峴洞)		
海東書會		1908	명동		
杏林書院	이태호(李泰浩)				醫書 전문
현공렴家	현공렴(玄公廉)			『동각한비』 (1911)	

마루젠[丸善]					洋書 전문
活文社			경운동 96		합자회사
황화서재				『성산명경』(1909)	
滙東書館	고유상(高裕相)	1897	경성 남부 대광교(大廣橋) / 남대문로 1가 17번지	『설중매』(1908)	교과서지정판매
興學書鋪	강조원(姜助遠)	1909	개성		

위 표에서 확인할 수 있는 서점 수만 해도 약 130여 곳을 상회한다. 일찍이 1910년에 전국의 서점 중 서울에 위치한 서점이 68개 이상 있었다는 연구[47]도 있었거니와, 위 표만 보아도 서울에 위치한 점포가 약 100여 개, 평양에 8개, 그리고 인천, 개성, 의주, 대구, 성진, 선천, 북청, 태인, 부산 등 전국 각지에 흩어져 있었음을 알 수 있다. 서울에 서점이 밀집되어 있었다는 것은 그만큼 서울이 서적 유통과 출판의 메카였음을 방증한다. 위 표에서 언급한 서점 중에는 1910년대에 이미 사라진 곳도 있다. 그리고 지점에 해당하는 점포는 개수에 포함시키지 않았다.[48] 그러나 선대의 점포를 이어받아 새로운 상호로 시작한 서점은, 각각 별개의 점포로 인정했다. 개점 시기는 신문광고에 처음 등장한 해를 준거삼은 것이 많으므로, 실제로 서점이 설립된 시기와 반드시 일치하는 것은 아니다. 대표자 역시 판권지와 여러 관련 기록을 토대로 작성한 것으로 반드시 실제 서점주인(경영자)이 아닐 수도 있다. 이를 통해 한남서림이 설립되던 무렵, 이미 크고 작은 서점과 점포가 있었으며, 이미 출판업을 전문적으로 행하던 곳도 적지 않았음을 알 수 있다.

---

47) 김봉희, 『한국 개화기 서적문화 연구』, 이화여대 출판부, 1999, 82~88쪽.
48) 예컨대, 廣德書館의 지점인 廣德支書館(1910), 光學書鋪의 지점인 光學支書鋪(1909), 東華書館의 지점인 東華書館支店(1906) 3곳, 第一義進書館의 지점인 第二義進書館(1909), 太極書館의 지점인 少年書鋪(1908) 등이 그러하다.

위 서점들은 구한말~일제 강점기에 서울의 북촌과 남촌 일대를 중심으로 자리를 잡았다. 특히 종로 1·2가와 관훈동, 인사동 일대와 충무로 1·2가 및 명동 일대를 중심으로 서점이 대거 세워졌다. 이때 서울 북촌 일대에 위치한 서점만 해도 50여 곳에 이른다. 명동 일대인 남촌에는 일찍부터 일본인 거주지가 형성된 까닭에 주로 일본인을 대상으로 한 일본 서점이 주를 이루었다. 이곳도 약 십여 곳을 헤아린다. 그밖에 근대 민간서점은 평양에도 있었다. 태극서관과 야소교 서원이 대표적이다. 그리고 개성, 대구, 태인, 부산, 인천, 전주, 김해, 태인, 북청, 선천 등 전국 각지에서 1910년 이전에 서점이 생겨나 출판과 매매를 겸한 영업을 해나갔다. 서울에서 성행한 서점은 서울 시내뿐 아니라 지방에 지점을 두고 운영하기까지 했다. 이처럼 한남서림의 설립과 성장은 1910년 이전에 급성장해 나가던 서점계의 분위기와 맞물려 이루어졌다.

1910년 이후로도 수많은 서점이 생겨나고 사라졌다. 그런데 초기 개업 서점 중 1930년대 초까지 명맥을 유지한 채 영업을 계속해 온 서점은 한남서림과 회동서관, 그리고 신구서림 등 일부 서점에 불과했다.

문화는 인지(人智)에서, 인지는 학문에서, 학문은 문자에서, 문자는 서책에서……라는 굳은 표어를 세워 이십오 년의 짧지 않은 세월을 두고 우리 『매일신보』와 아울러 이 땅 이 겨레의 문화 보급을 위하여 부단의 노력을 아끼지 아니한 회동(滙東), 한남(翰南)의 두 서포(書鋪)는 그것이 한 영리의 기관이었을망정 반면에 숨은 위대한 공적은 조선의 문화인으로서 또한 잊을 수 없는 것이다. (중략) 그렇던 조선이 지금에 녹음 드리우고 백화경염(白花競艶)하려는 아름다운 동산이 된 것은 오로지 인물의 발달에 의한 것이었으니 이십오 년 동안 『매일신보』가 드리운 공헌과 함께 같은 시간을 병행하여 꾸준히 공헌하여 온 이 무렵 두 서포에 어찌 한 마디 감사가 없을 것이랴. (중략) <한남서림 주인 백두용(白斗鏞) 씨 담(談)> 당시의 서점이라고 하면 몇 군데도 되지 아니합니다. 중앙서림(中央書林), 대동서시(大東書市), 신구서림(新舊書

林), 광학서포(廣學書鋪), 회동서관(滙東書館), 그리고 내가 하는 한남서림 등
이었으며 그중에 중앙서림 하나가 신서적을 전문으로 팔았고 신구서림은 구
서적의 목판 책을 많이 내었으며 한남서림만이 헌책만을 팔았습니다. 그 나
머지는 전부 신구서적을 겸하여 팔았습니다. 이 중에 아직까지 남아 있는 서
점은 회동서관과 이 한남서림뿐일 것입니다.[49]

┃『매일신보』, 1930년 5월 1일자 제3면
기사 사진. 위쪽이 한남서림과 백두
용, 아래쪽이 회동서관과 고유상

┃회동서관, 1913년 이후 모습

┃회동서관 주인 고유상

49)『매일신보』, 1930년 5월 1일자 제3면.

위 표에서 거명된 서점들은 당대 대표 서점이었다고 해도 과언이 아
니다. 이때 이 서점을 경영한 주인들 중에『도서첩』에 이름이 보이는 이
들도 있다. 강하형(제10책), 김우균(제7책), 박건회(제6책), 현채(제3책) 등이
바로 그러하다. 이들은 각각 태화서관, 동문서림, 대광서림·조선서관,
대창서원 등을 운영했다. 그밖에 영창서관(永昌書館) 주인이었던 강의영
은 강하형(제10책)과 강우형(제8책)과 종질 사이다. 그런가 하면 주한영책
사(朱翰榮冊肆)와 중앙서관을 운영한 주한영(朱翰榮)은『도서첩』참여자 중
주원영(제6책)과 종형지간이다. 동양서원을 이끌었던 민준호(閔濬鎬)는『도
서첩』참여자 중 민찬호(제2책), 민창호(제11책)와 먼 친척 관계에 있다. 그
밖에 위 표에서 문명서관(文明書館)의 대표로 소개된 현억(玄檍) 역시 현채
(제3책)의 종형이다. 그리고 현공렴가(家)의 주인으로 소개한 현공렴(玄公廉)
은 현채의 아들이기도 하다.

이처럼 여러 명의 서점주인, 또는 출판업자가 한남서림 개업을 축하
하는 글을『도서첩』에 남긴 것은 단순히 지인으로서가 아니라, 동종의
일을 하던 서점주인 겸 출판업자로서 백두용과의 친밀한 관계 유지는
물론, 당대 가장 유명한 고서점이라는 위상을 무시할 수 없었기 때문으
로 보인다. 한남서림에 대한 당대 다수의 인식이 어떠했는지는『도서첩』
내용 분석을 하면서 중간에서 다루기로 하자.

제4장 한남서림 개업 축하시문첩
『가장도서첩(家藏圖書帖)』

1. 『가장도서첩』 개관

백두용의 생애와 활동을 알려주는 자료가 부족한 상태에서 『가장도서첩(家藏圖書帖)』의 존재는 그 자체로 매우 중요한 의미를 갖는다. 현재 국회도서관 귀중서고에 소장되어 있는 『도서첩』은 '心齋白斗鏞先生翰南書林開業祝賀記念詩文'이라는 부제가 달려 있어 이 책의 성격과 내용을 짐작해 볼 수 있다. 한남서림이 개업하자 이를 축하하기 위해 서점을 찾아온 인사, 또는 책 구입을 위해 서점을 찾았던 손님들, 그리고 백두용과 그의 선친 백희배 및 그 집안사람을 알거나 뜻을 같이하는 친구들과 지인들이 쓴 시문과 편지글, 그림 등을 묶어 첩(帖)으로 만든 것이다. 『도서첩』 수록 글들을 보면, 백두용이 처음부터 축하시문을 모아 첩을 만들 요량으로 지인들에게 시문을 부탁했음을 알 수 있다. 관료, 예술가, 사회 유명 인사들로부터 지인에 이르기까지 축하시문을 청탁해 받은 글들이 다수이며, 손님으로 서점을 찾았다가 남긴 축하시문까지 포함되어 있다.

한남서림이 1900년대 들어 노변에서 책 파는 일을 시작하다가 1910년을 전후한 시기에 번듯한 건물을 짓고 거기에 간판을 세우고 개업을 했다. 백희배가 사망한 1911년 이전에 한남서림이 문을 연 것으로 보인다. 개업 축하시문 작성은 1913년부터 이루어졌다. 『도서첩』 수록 글 중에는 백두용의 선친과 집안 어른의 죽음을 안타까워하는 내용의 글이 다수 실려 있고, 백두용이 선친의 뜻을 받들어 서점을 열었다는 내용의 지인 글들이 많이 보인다. 이로 볼 때, 유명 인사들이 서점 개업 축하 시문을 쓸 때, 백희배의 사망이 당시 지인들의 뇌리에 가장 큰 사건으로 자리 잡고 있었다고 할 것이다. 백두용 선친의 유지(遺志)가 서점 경영과 옛 전통의 유지, 보존에 관한 것이었다는 점을 고려할 때, 한남서림 개업 시기는 백희배의 사망 이전이라 보는 것이 온당할 듯하다.

그리고 백두용 집안 인물 중 『도서첩』에 빈번하게 등장하는 인물로 소향(小香) 백춘배(白春培, 1844~1887)를 들 수 있다. 백춘배는 한남서림 개업과는 직접적 관계가 없는 백두용의 먼 당숙이다. 다만 갑신정변 때 개화파 일원으로 참여했다가 붙잡혀 1887년에 옥사한, 백씨 집안에서는 매우 자랑스럽게 여기는 지사(志士)형 인물이다. 이처럼 백희배 뿐 아니라 백춘배의 죽음까지 함께 거론한 글이 다수 존재하는 것은 백두용의 서점 경영이 백씨 집안의 평소 소신과 철학에 기초한 의미 있는 활동이었음을 강조하려는 데 있었다고 할 것이다. 이는 결국 선친과 일가친척의 뜻을 받들어 서점을 열고 고서를 팔며 은자다운 삶을 사는 백두용에 대한 칭송으로 귀결시키고자 한 의식의 결과이기도 하다. 종합컨대, 『도서첩』의 제작은 백희배의 죽음을 추모하고 선친의 뜻을 이어 새롭게 서점을 경영하게 된 백두용의 새출발을 격려하고 백두용 스스로 각오와 의지를 다지기 위한 목적에서 이루어진 것이라 할 것이다.

『도서첩』의 발행은 1917년 이후에 이루어졌다. 참여자 대다수가 '계축

(癸丑)'년(1913)에 시문을 썼지만, 일부 글은 '갑인(甲寅)'년(1914)에, 늦게는 1916년과 1917년에 쓴 글도 보이기 때문이다.[1] 따라서 『도서첩』은 한남서림 개업 후 어느 정도 시간을 두고 모은 뒤 1917년 이후에 별도로 편찬, 간행된 것으로 보인다. '계축년(1913) 孟夏~中秋' 시기에 쓴 글이 가장 많은 것으로 보아 이 시기에 백두용이 서점 개업 사실을 널리 알리거나 축하시문을 수집하고자 하는 의지가 가장 컸었다 할 것이다.

▌『가장도서첩』〈제1책〉 표지 　▌『가장도서첩』〈제1책〉 수록 고영주(高永周)의 축하문

　『도서첩』은 전체 12책으로 구성되어 있다. 그리고 전체가 12책이라서 책 수를 나타내기 위해 숫자 대신에 십이지(十二支)를 순서대로 기입해 놓았다. 예컨대, 제1책은 '자(子)'책, 제2책은 '축(丑)'책에 해당한다.[2]

　한 책마다 최소 20명에서 최대 32명의 시(詩), 또는 문(文)이 수록되어 있다. 그리고 매 장 우측 상단에는 편집자가 축하시문을 써 준 이들의

---

1) 서양인 참여자 중 한 명인 Frederick Starr가 쓴 글에는 "January 27. 1916"로 분명히 명기되어 있다.(『가장도서첩』 제8책) 그밖에 〈제9책〉에 수록된 김상화의 글은 '병진년(丙辰年) 중양일(重陽日)' 곧, 1916년 음력 9월 9일에 쓴 것이다. 늦게 작성된 글 중 하나다.
2) 여기서는 편의상 십이지가 아닌 아라비아 숫자로 책 순서를 나타내기로 한다.

성명과 자호(字號), 본관과 관직명 등 특기사항을 간략히 밝혀 놓았다.

　그런데 이런 사실을 『도서첩』에 기록하고, 책 전체 편집을 맡았던 이가 따로 있었다. 바로 심재(審齋) 백인해(白仁海, ?~1921)이다. 백인해가 정리해 놓은 참여자들의 신상과 특기사항은 당대 인물 정보를 얻을 수 있는 귀한 자료가 될 뿐 아니라, 당시 백두용의 인적 네트워크를 이해하는 데 중요한 열쇠가 된다. 백인해가 백두용, 또는 한남서림과 어떤 관계에 있었는지 그 자세한 내용은 알 수 없다. 다만 한남서림 개업 후 수 년 동안 수백 명의 지인들로부터 받은 축하시문을 꼼꼼히 정리, 편찬하는 일을 맡았던 것으로 보아 백두용과는 무척 가까운 측근이었을 것임을 짐작해 볼 따름이다. 성씨도 같은 것으로 보아 친인척 관계의 인물이었을 것으로 추정된다. 백인해에 관한 자료가 별로 없지만, 다만 후에 중국으로 망명해 독립단에 가입해 독립운동을 하다가 국내에서 경찰의 불심검문에 걸려 순국했다는 정도만 알려져 있다. 백인해의 호와 백두용의 호가 음가가 같은 '심재'였다는 사실이 흥미롭기만 하다.

　『도서첩』의 편집은 기본적으로 나이순으로 정렬되어 있다. 예컨대, <제1책>에는 1913년 당시 이미 나이가 80~90세에 이른 고령자들의 글이 많고, <제2책>, <제3책>으로 갈수록 점차 그 연령대가 낮아지고 있다. 그리고 <제12책> 마지막 부분에는 8명의 여성이 쓴 시문이 수록되어 있다. <제12책>의 여성 참여자들은 주로 10대 후반의 젊은 여성들로 9살짜리 소녀가 가장 나이가 어리다. 군수를 비롯한 관료의 딸이 대부분이며, 난파여사(蘭坡女史)라는 대구 기생도 포함되어 있다.

　이처럼 『도서첩』에는 축하시문과 그림 외에 참여자들에 관한 기본 정보가 실려 있고, 글을 쓴 시기까지 기재되어 있어 이 시기에 활동한 인물들에 대한 광범위한 탐구 자료뿐 아니라, 백두용과 그의 부친인 백희배의 대인관계와 사회적 활동 범위, 그리고 세간의 평가 등을 살필 수 있는 자료로서 매우 유용하다. 이하에서 『도서첩』에 축하시문을 남긴 이들의 면면을 하나씩 소개해 보기로 한다. 한남서림과 백두용에 관한 언급 중 특기할 만하다 판단되는 것은 축하시문의 번역문과 원문을 함께 소개하기로 한다. 『도서첩』의 내용과 성격을 폭넓게 이해함으로써 백두용과 한남서림을 바라보는 다양한 자료를 얻을 수 있으리라 믿는다.

2. 『가장도서첩』 내용 분석

『도서첩』이 맨 처음 어떤 의도로 만들어졌는지 그 경위를 정확히 알긴 어렵다. 다만 참여자 중에 심의평(沈宜平)처럼 자신이 시문을 짓게 된 내력과 첩(帖)을 만들게 된 사정을 일부 밝혀 놓은 글이 있어 그것을 통해 그 윤곽을 추측해 볼 수 있을 따름이다. 심의평에 의하면, 한남서림이 개업하자 여러 사람들이 자발적으로 축하 시문을 써 주었는데, 그렇게 해서 모인 글이 열 궤짝에 차고 넘칠 정도나 되었다고 했다. 그리하여 그런 글들이 후일에 영원한 보물이 될 수 있도록 하기 위해 첩(帖)을 별도로 만들게 되었노라 했다.[3] 그래서 당시 78세인 심의평 자신도 부탁을 받고 한 마디 축하의 말을 써 준다고 했다. 이런 식의 내용이 다른 글에서도 발견되는 바, 백두용이 처음부터 축하 시문첩을 만들 요량으로 글을 지인들에게 부탁한 것임을 알 수 있다. 그러하기에 참여자들은 더욱 정성껏 시문을 써서 첩에 실릴 글을 작성한 것으로 보인다. 백두용과 한남서림의 개업을 축하하기 위해 수많은 지인들이 참여해 만든 『도서첩』이야말로 참여자 수만큼이나 다양한 의견과 표현을 쏟아낼 수 있

---

3) 심의평, 『가장도서첩』 제1책. "衰然諸君子贈之什盈溢篋筒, 將欲擥收於帖, 爲後日永寶用."

었다. 그러니 이들의 글 속에는 그간 백두용과 한남서림에 관해 미처 알지 못했던 새로운 사실들까지 풍부히 제공해 주고 있다.

『도서첩』 수록 시문들은 순수한 의미에서 한남서림 개업을 축하하는 내용의 글이 가장 많다. 그러면서 서점을 연 주인 심재(心齋) 백두용과 선친 향석(香石) 백희배(白禧培), 그리고 당숙 소향(小香) 백춘배(白春培)에 대한 칭송과 추모의 내용을 담은 글이 주를 이룬다.4)

백춘배란 누구인가? 호가 소향(小香)인 백춘배(白春培, 1844~1887)는 박규수와 유홍기, 오경석 등의 영향을 받았던 개화파 인물이다. 역관으로 판관(判官)을 지냈다. 일찍이 육교시사(六橋詩社)의 동인으로서 강위와 가깝게 지냈으며5), 유대치(劉大致)의 문하에 들어가 개화파의 일원이 되었다. 채탐사(採探使)로 러시아 블라디보스톡을 다녀온 뒤 1882년에 고종에게 러시아 침략에 대비해야 한다는 내용의 상소문을 올리기도 했다. 그는 개화파 핵심인물이었던 김옥균, 박영효 등과 함께 갑신정변(1884)을 일으켰다가 정변이 실패로 끝나자 일본으로 피신했다. 그런데 권토중래를 노리던 김옥균의 명으로 국내 정보 수집을 위해 국내에 들어온 백춘배는 체포당하고 옥고를 치르다가 결국 1887년에 옥중에서 사망하고 말았다.6) 그가 죽은 뒤 평소 그를 따르던 30여 명은 시를 써서 추도했는데, 그것이 『도서첩』에 실려 있다. 『도서첩』 수록 시문에 소향공 백춘배에 관한 추모의 글이 많은 것은 기존에 백춘배를 추모하던 시문을 그대로 가져와 『도서첩』으로 만들었기 때문이다. 이렇게 뜻과 소신을 굽히지

---

4) 백춘배는 1884년 갑신정변 때 김옥균과 함께 개화를 주장했던 인물로 붙잡혀 감옥에서 1887년에 죽임을 당했다. 『도서첩』에는 백춘배의 죽음이 소신과 의로움의 결과였음을 높이 평가하고 그를 추모하는 내용의 글이 많이 등장한다.

5) 정옥자, 『조선후기 문학사상사』, 서울대학교출판부, 1990, 124쪽.

6) 김양수, 「朝鮮開港前後 中人의 政治外交－譯官 卞元圭 등의 東北亞 및 美國과의 활동을 중심으로」, 『실학사상연구』 제12집, 1999, 314~324쪽.

않고 옥사한 백춘배의 죽음을 의롭다고 여긴 백씨 집안사람들은 그의 정신이 당질(堂姪)인 백두용의 서점 개업 정신과 맞닿아 있다며『도서첩』에다 백춘배의 정신을 기리는 내용을 거듭 천명해 놓았다.

그 밖에『도서첩』에는 한남서림 개업의 필요성과 목적, 그리고 서점의 역할에 관해 자기 소견을 밝힌 글들도 자주 눈에 띈다. 백두용을 장서가(藏書家)요 은자(隱者)로 평가하면서 '仁心'을 소유한 인물이라는 점을 들어 그의 고상한 인품과 서점 개업의 의미를 연결 지어 서술해 놓은 것들도 적지 않다.

일례로, 유당(有堂) 신대균(申大均)(제10책)7)이 쓴 글을 보면, 유교 덕목이 땅에 떨어지고 도덕이 해이해져 세상을 탄식할 만한 때에 백두용이 뜻이 있어 서점을 열었노라 했다. 그리고 3만 권의 책이 집에 가득 소장되어 있으며, 5천 권의 서책은 상자에 가득 쌓여 있다고 했다. 또한 선현을 영모(永慕)하고, 동방의 후진을 깨우치기 위해 한편으로 책을 나눠 판매하고 한편으로 소장한다고 했다.8) 이 글만 보더라도 백두용이 서점을 개업하기 이전부터 개인적으로 장서량이 대단했었음을 알 수 있다. 또한 백두용이 뜻을 갖고 서점을 개업한 사실도 확인할 수 있다.

이러한 시문 중에는 한남서림의 존재 가치와 백두용의 사람됨을 칭송한 것이 적지 않다. 그러한 글들의 일부를 들어 보자.

> ㉠ 근래에 한남서림의 주인 백두용은 휴암(休庵) 선생의 후손으로 장차 크게 될 인물이다. 시장에 드러내지 않고 지내다가 이번에 서점을 크게 열었는데 쌓아 놓은 책이 얼마만큼 되는지 알 수 없다. (중략) 각종 경서·제자백

---

7) 자(字)는 성유(聖有), 호(號)는 유당(有堂), 평산(平山) 출신으로 승지(承旨) 벼슬을 역임했다.
8) 신대균,『가장도서첩』제10책, "經殘敎弛世歎傷 / 有意白君書舖張 / 三萬靑篇將溢宇 / 五千黃券已盈箱 / 永慕先賢尊北學 / 淡憂後進牖東邦 /或恐嬴秦收燒日 / 一邊分播一邊藏"

가·의약·점술서·패관잡기 등이 집에 가득 정리되어 있다. 구하는 책이 있으면 반드시 구비해 놓아 일찍이 부족한 적이 없었다.[9]

ⓛ 내 친구 소향(小香) 백군(白君)은 능력이 뛰어나며 기개와 절조가 있는 선비다.[10]

ⓒ 자신이 책을 소장하는 것은 자신에게 이로울 뿐 타인에게까지 이로운 건 아니다. (중략) 근래에 한남서림 주인은 이미 장서가 많고, 또 다른 사람이 요구하는 것을 빌려주거나 팔기도 한다 하니 이는 진실로 자신에게 유익할 뿐 아니라 타인에게도 이로운 일이다. 또한 장차 천하 후세에도 이로운 일이다.[11]

ⓔ 심재(心齋) 백군(白君)이 나라 안의 서적·법서·명화 등을 수집해 필요로 하는 이들에게 제공해 주었다. (중략) 천하의 물건을 세상 사람들로 하여금 구해 보도록 하는 것이니, 가히 다른 사람들과 더불어 잘 사는 법이요 인(仁)에 가까운 일이라 할 만하다.[12]

ⓜ 책 또한 보석과 같아 창고나 상자에 넣고 읽지 않는다면 아직 보석의 아름다움과 말의 뛰어남을 알지 못하는 것과 같다. 무릇 문(文)이란 재도지기(載道之器)요 천하를 교화시키고 인재를 단련시키는 도구인데, 어찌 보석과 비교할 수 있으리오. 내가 보건대 근래 경서가 사라지고 교육이 해이해져 일절 고서를 구할 수 없어 유식자가 없음을 한탄한 지 오래되었다. 그런데 심재 백군은 진실로 옛날의 군자를 좋아하여 인사동[=寺洞]에 서점을 열어 유서(遺書)를 모았으니 구류백가(九流百家)·명화(名畵)·법률서(法律書) 등 수천 만권을 헤아린다.[13]

---

9) 송규회, 『가장도서첩』 제1책. "近有翰南書林之主白君斗鏞以休庵先生肖孫,亦將大. 隱於市, 乃大開書鋪, 儲書不知幾千萬卷⋯諸子百家以至醫藥卜筮稗官雜記之爲之庋閣而充棟焉. 有求必應未嘗有闕."

10) 고영주, 『가장도서첩』 제1책. "友白君小香卓犖氣節之士也."

11) 남정철, 『가장도서첩』 제1책. "自藏其書, 利於己而己非歡以利於人在⋯近翰南書社主人, 旣藏書之富而又借人之求, 無己也. 是誠利於己在也. 誠利於人在也. 又將以利天下後世在也."

12) 이근명, 『가장도서첩』 제1책. "心齋白君蒐羅國中書籍及法書名畵以待人之出之⋯天下之物使人人得以見之, 此 可謂善與人同亦近乎仁矣"

13) 이용관, 『가장도서첩』 제1책. "書亦爲然, 藏之庫匣而不閱, 則未免爲玉之璞驥之櫪而已. 夫文者, 載道之器, 而化成天下陶人才之具也. 豈玉與驥之比哉. 挽近經殘敎弛, 一切古書莫可收拾, 有識之窃歎久矣. 心齋白君, 誠好古君子也. 爲是之懼, 開肆於寺洞通衢, 收聚遺書, 累千萬卷, 九流百家名畵法筆."

ⓗ 백군과 이공택(李公擇)은 서로 막상막하다. 소장공(蘇長公=소식(蘇軾), 역자 주)이 이공택 산방(山房)에 관해 기록하기를 "이는 어진 자의 마음이다"고 했는데, 나는 백군이야말로 우리 중에 어진 마음을 소유한 이라고 말할 것이다.14)

ⓢ 백두용은 우리들 중 인(仁)의 소유자다. 문원(文苑)이 망지(亡地)가 된 것을 분개하여, 일찍이 한남서림을 저잣거리[=閭閻] 한 모퉁이에 개설하고, 제자백가의 책들을 갖추어 놓았다. (중략) 이런 것이 사람의 어진 마음이다.15)

ⓞ 심재(心齋) 선생은 시(詩)에 능하고, 술을 잘하며 만 권의 책을 쌓아 놓고 날마다 고명한 벗들과 즐기는 취미가 있었다.16)

ⓩ 심재 백두용은 성격이 고상하고 지조가 있다. 저잣거리 위에다 서점을 하나 열었다.17)

한남서림이 사동(寺洞=인사동)에서 처음 서점 문을 열었다거나(ⓟ) 저잣거리 큰 길 모퉁이에다 세웠다(ⓢ, ⓩ)는 사실에서부터 백두용이 시(詩)에 능하고 술을 잘하고 지식인들과 수많은 책을 매개로 교유했던 사실(ⓞ), 만 권 이상의 많은 책을 소장하고 있었던 사실(ⓣ, ⓔ, ⓟⓢ) 등을 확인할 수 있다. 그리고 한남서림은 단순히 앉아서 고객을 기다리는 수동적 영업방식이 아니라 고객이 필요로 하는 책들을 직접 구입했다가 이를 중개해 팔거나 빌려주는 거간 노릇을 했다는 사실 또한 알 수 있다.(ⓔ, ⓡ) 즉, 서점이라지만 판매(서적 매매)만 한 것이 아니라 서적 대여와 서적 거간 노릇까지 병행했었음을 살필 수 있다. 그런가 하면 그가 책을 모아 타인이 읽을 수 있도록 한 서점업이야말로 가치 있고 의미 있는 일임을

---

14) 민달식, 『가장도서첩』 제2책. "白君與李公擇相上下也. 是以蘇長公記公擇之山房, 曰此仁者之心也. 余所謂白君吾人中仁心之人也."

15) 민달식, 『가장도서첩』 제2책. "白君心齋吾人中仁心之人也. 慨文苑之泯堨, 曾設翰南書林於閭閻一隅, 藏待諸子百家之書,…此人之仁心也."

16) 김규보, 『가장도서첩』 제4책. "心齋先生, 能於詩, 又善於酒, 積萬卷, 日與古朋娛樂,"

17) 송헌빈, 『가장도서첩』 제11책. "白心齋高尙自潔, 開一書館於市街之上"

거듭 칭송하고 있기도 하다.(ⓒ, ⓔ, ⓜ)

백두용이 절개가 있고 어진 마음의 소유자임을 평가한 것도 종종 발견되는 대목이다.(ⓛ, ⓗ, ⓢ, ⓩ) 특별히 ⓗ에서처럼 백두용을 송나라의 장서가로서 자신의 책 1만 권을 공부방에 기증해 다른 사람들이 쉽게 책을 볼 수 있게 한 이공택(李公擇)[18]과 비교해 가며 그의 인품을 높게 평가하기도 했다. 책을 혼자만의 소유물로 여기지 않고 여러 사람이 함께 공유해야 하는 물건으로 인식하고 서점을 연 것이야말로 어진 마음씨를 소유한 이가 아니고서는 할 수 없는 일이었음을 강조했다.

이중연은 백두용의 서점 경영 철학을 엿볼 수 있는 자료라며 동산잠수(東山潛叟)가 썼다는 「심재기(心齋記)」를 소개한 적이 있다. 1914년 『해동불보(海東佛報)』에 실린 동산잠수의 글 「심재기(心齋記)」를 소개하면서 수록 잡지의 성격을 고려해 작가를 승려로 추정한 것이다.[19] 그런데 관심을 끄는 것은 『도서첩』에도 이중연이 소개한 것과 동일한 글이 「한남심재기(翰南心齋記)」란 제목으로 실려 있다는 사실이다.[20] 그리고 「한남심재기」에는 '癸丑年(=1913)'에 썼다는 기록도 남아 있다. 그렇다면 원래 「심재기」는 한남서림의 개업을 축하하기 위해 1913년에 동산잠수가 써준 글이었는데, 이것이 어떤 연유인지 몰라도 그 다음 해에 『해동불교』에 「심재기」란 제목으로 다시 실린 것임을 알 수 있다. 그런데 『도서첩』에는 「심재기」의 작가가 '동산잠수'가 아닌, '동산(東山)'이라는 호를 가진 최동식(崔東植)임

---

18) 이공택(李公擇)은 송나라 때 장서가로, 이상(李常)이 본명이며 공택(公擇)은 그의 자(字)이다. 이상(李常)이 젊었을 때 여산(廬山)에 있는 백석암(白石菴)에서 공부했는데, 그가 과거에 급제한 후 장서(藏書) 1만 권을 추려 공부하던 집에다 기증하고 그곳을 '이씨산방(李氏山房)'이라 명명했다고 한다. 이에 관한 이야기가 「李君山房記」라는 제목 하에 『고문진보(古文眞寶)』에 실려 전한다. 지은이는 소식(蘇軾)이다.

19) 이중연, 『고서점의 문화사』, 혜안, 2007, 140쪽. "승려로 보이는 동산잠수(東山潛叟)는 「심재기」를 써서 그의 고서 보급 사실을 기리고 그것이 경세의 일환임을 밝혔다."

20) 최동식, 「翰南心齋記」, 『가장도서첩』 제5책.

을 분명히 밝혀 놓았다. 최동식은 자(字)가 성초(聖初)이고, 이중연이 추정한 승려가 아니라 '주사(主事)'를 지낸 인물이었다. 이처럼 『도서첩』에는 참여자의 신상정보가 적잖이 담겨 있어 20세기 초 미지의 인물을 밝히는 데 있어 유용한 단서를 제공해 주기도 한다.

『도서첩』에는 시(詩)와 문(文) 외에도 '白斗鏞' 세 글자를 이용해 만든 문장(紋章)과 예를 설명해 놓은 해설문, 부채에 쓴 글, 시구 몇 자를 적어 완성한 그림 등 다양한 작품이 실려 있다. 글씨체도 초서, 행서, 해서, 전서는 물론이고, 그림글자처럼 글자를 실험적으로 고안해 써 내려간 것도 있다. 또한 특별한 의미를 담은 여러 종류의 낙관(落款), 또는 인장(印章)도 곳곳에 찍혀 있어 한 편의 인장첩(印藏帖)을 방불케 한다.

각 책마다 아라비아 숫자로 쪽수를 표시해 놓았으며, 오른편에는 참여자의 주요 신상 정보를 체계적으로 소개해 놓았다. 시문의 내용 뿐 아니라 형식과 기교도 세심히 고려하고 있었다고 할 것이다. 시문을 써 준 이들의 개성과 당대 축하 시문 작성 형식까지 엿볼 수 있으며, 『도서첩』 제작을 위해 많은 공을 기울였음을 여실히 알 수 있다.

3. 『가장도서첩』 참여자

『도서첩』에 축하의 시 또는 문을 써 준 이들은 총 325명이다. 이들 중에는 당대 내노라 하던 유명 인사들이 대거 포함되어 있다. 친일파 인사들은 물론이고, 독립운동에 적극 참여했던 이들과 지역의 유지, 언론인, 화가, 서예가, 문인, 종교지도자 등 다양한 인물들이 망라되어 있다. 운양(雲養) 김윤식(金允植), 백당(白堂) 현채(玄采), 구당(矩堂) 유길준(兪吉濬), 무정(茂亭) 정만조(鄭萬朝), 대쾌재(大快齋) 박건회(朴建會), 월남(月南) 이상재(李商

在), 위암(韋菴) 장지연(張志淵), 우당(于堂) 윤희구(尹喜求), 송촌(松村) 지석영(池錫永) 등은 오늘날 널리 알려진 인물들이다.

물론 참여자 중에는 신분과 정체를 알 수 없는 이들도 일부 있다. 그러나 『가장도서첩』에 기재된 신상기록만 놓고 볼 때, 상당수가 관료 또는 사회적 인사였음이 확인된다. 백인해가 정리해 놓은 참여자들의 신상 정보를 조사해 본 결과, 관직명이 적혀 있는 이는 총 249명으로 전체의 76.8%를 차지한다. 가장 많은 수의 관직은 승지(承旨) 30명, 주사(主事) 30명, 군수(郡守) 24명, 판서(判書) 20명, 각부 대신(大臣) 내지 각료가 13명, 참봉(參奉) 12명 순이다.[21] 그리고 백두용과 가까운 친척들도 여럿 참여했음을 알 수 있다.[22]

아래 표는 백인해가 인물에 관해 기재해 놓은 자료를 토대로 필자가 참여자의 신상을 별도로 정리해 본 것이다. 각 책별로 참여자들의 면면을 간략하게나마 소개함으로써 백두용과 집안의 대인관계 및 한남서림과의 연관성을 살피는 기초 자료로 삼을 수 있을 것이다. 그리고 아래 표에서 '비고' 항목은 백인해가 그 인물의 특이사항이라 여겨 따로 부기(附記)해 놓은 것을 반영한 것이다. 기본적으로 자호와 본관, 그리고 당시 관직명과 가족 관계 등 개인별 주요 신상을 맨 오른쪽에 세로로 소개해 놓고, 그 좌편에는 축하시문 내용을, 맨 왼쪽에는 글을 작성한 시기를 적어 놓았다. 이들 자료는 1910년대 인물 정보를 구축하는 자료로 대단히 중요한 의미를 갖는다.

---

21) 그 밖에도 참판(參判) 7명, 의관(議官) 7명, 협변(協辨) 6명, 진사(進士) 6명, 교원(敎員) 6명, 박사(博士) 5명, 관찰사(觀察使) 4명 등이 있다. 흥선대원군의 손자인 영선군(永宣君) 이준용(李埈鎔)도 포함되어 있다.

22) 백낙용(白樂鏞)(제4책), 백필용(白弼鏞)(제7책), 백시용(白時鏞)(제11책), 백우용(白禹鏞)(제9책), 백철용(白喆鏞)(제10책) 등은 백두용과 모두 종형지간이다. 이들 중 백필용은 백두용의 숙부인 백성배(白性培)의 아들로 이들 중 가장 가까운 사촌지간이다. 그리고 백철용과 백남용은 6촌 사이의 형제들이다.

이하에서 『도서첩』에 배열된 순서대로 책별 순서대로 참여자의 주요 행적과 축하시문의 내용을 살펴보기로 한다.

〈제1책〉

이름	字	号	本	생년	관직	비고
이준용(李埈鎔)		석정(石庭)	전주(全州)	1870(庚午)	문과(文科)	영선군(永宣君)
방한풍(方漢豊)	대유(大有)	석천(石泉)	온양(溫陽)	1824(甲申)	도정(都正)	
송규회(宋奎會)	성방(聖邦)	죽촌(竹村)	여산(礪山)	1825(乙酉)	참판(參判)	각면(覺勉)의 아들
이덕현(李悳鉉)	성삼(聖三)	정산(鼎山)	완산(完山)	1830(庚寅)	호군(護軍)	
김석준(金奭準)	희보(姬輔)	소당(小棠)	선산(善山)	1831(辛卯)	의관(議官)	
원세순(元世洵)	구장(久章)	춘정(春汀)	원주(原州)	1832(壬辰)	음 군수(陰 郡守)	
김성근(金聲根)	앙원(仰遠)	해사(海士)	안동(安東)	1835(乙未)	보국입기사(輔國入耆社)	온순(蘊淳)의 아들
김윤식(金允植)	순경(洵卿)	운양(雲養)	청풍(淸風)	1835(乙未)	보국(輔國)	익태(益泰)의 아들
민종묵(閔種默)	현경(玄卿)	한산(翰山)	기흥(驪興)	1835(乙未)	판서입기사(判書入耆社)	첨세(僉世)의 아들
정한조(鄭漢朝)	유량(幼良)	호은(皓隱)	동래(東萊)	1835(乙未)	판서(判書)	의관(議觀)의 손자
윤영기(尹永基)		옥경(玉磬)		1835(乙未)	군수(郡守)	
심의평(沈宜平)	정여(鼎如)	운봉(雲鳳)	청송(靑松)	1836(丙申)	승지(承旨)	
김희명(金羲明)	악중(樂中)	우관(雨觀)		1838(戊戌)	시종원봉시(侍從院奉侍)	
박성연(朴性淵)	성지(成之)	우당(藕堂)	밀양(密陽)	1838(戊戌)	군수(郡守)	
이돈수(李敦修)	성우(聖友)	석은(石隱)	남양(南陽)	1838(戊戌)	관상소장(觀象所長)	
이정노(李正魯)	대재(大栽)	탄운(灘雲)	전의(全義)	1838(戊戌)	판서(判書)	판서(判書) 호민(好敏) 손자
김학진(金鶴鎭)	성천(聖天)	후몽(後夢)	안동(安東)	1838(戊戌)	판서(判書)	판서(判書) 병교(炳喬) 손자
고영주(高永周)	사윤(士允)	혜방(惠舫)	제천(濟川)	1839(己亥)	관찰사(觀察使)	우정(雨亭) 영희(永喜) 형

남정철(南廷哲)	치상(稚祥)	하산(霞山)	의령(宜寧)	1840(庚子)	판서(判書)	현감(縣監) 홍중(弘重)의 아들
이근명(李根命)	순구(舜九)	동미(東眉)	전의(全義)	1840(庚子)	의정(議正)	판서(判書) 익회(翊會)의 손자
윤조영(尹祖榮)	중덕(仲德)	파산(坡山)	파평(坡平)	1840(辛丑)	판서(判書)	병리숙(兵利塾) 사손(祀孫)
이승우(李勝宇)	치경(稚卿)	벽서(碧棲)	전주(全州)	1840(辛丑)	판서(判書)	현감(縣監) 종청(鐘淸)의 아들
김영철(金永哲)	문경(文卿)	화산옹 (華山翁)	광산(光山)	1841(辛丑)	판서(判書)	판서(判書) 보현(輔鉉)의 아들
서도순(徐道淳)		석경산인 (石鏡山人)	달성(達城)	1841(辛丑)	도사(都事)	
최성학(崔性學)	공선(公選)	연농(硏農)	경주(慶州)	1842(壬寅)	낭청(郎廳)	
이근교(李根敎)	순오(舜五)	염인(恬人)	전의(全義)	1842(壬寅)	판서(判書)	동미(東眉)의 동생
정인석(鄭寅奭)	사윤(士允)	유재(游齋)	동래(東萊)	1843(癸卯)	참판(參判)	
육용정(陸用鼎)		의전(宜田)	청산(靑山)	1844(甲辰)	참봉(參奉)	
이용관(李容觀)	계광(季光)	좌치(左癡)	광주(廣州)	1844(甲辰)	참판(參判)	
김가진(金嘉鎭)	춘경(春卿)	동농(東農)	안동(安東)	1846(丙午)	판서(判書)	
이재정(李在正)	성여(誠汝)	운초(雲樵)	우계(雨溪)	1846(丙午)	협변(協辨)	

31명

석정(石庭) 이준용(李埈鎔, 1870~1917)은 흥선대원군의 맏손자이자 고종의 조카이다. 1884년 갑신정변 때 정9품 잡직인 세마(洗馬)를 시작으로 16세~24세까지 중요 문한직을 두루 거쳤다. 고종의 대안자로 고려될 정도로 격동의 세월에 외국과 국내 정치인들의 관심의 대상이 되었다. 1894년에는 법부협판(法部協辦)이었던 김학우(金鶴羽, 1862~1894) 피살사건에 연루되어 강화 교동도(喬桐島)로 유배되었다가 2개월 만에 특전으로 석방되기도 했다. 약 13년간의 해외 망명생활을 마치고 돌아온 후, 1910년에 영선군(永宣君)에 봉해지고 육군참장(陸軍參將)이 되었다. 일본 측의 압력으로 내부협판에서 물러났을 때는 극렬한 배일주의자였으나 뒤에

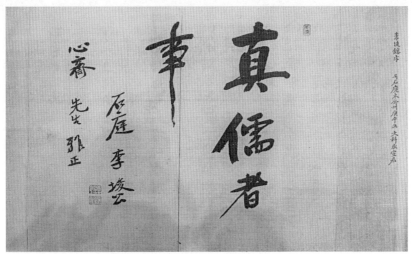

I『가장도서첩』〈제1책〉수록 이준용(李埈鎔)의 축하문

는 친일파로 변절하였다. 그럼에도 그는 정부 고관이 다수 참여한 대동
학회와 기호흥학회에 가담해 학회활동과 계몽운동을 전개하며 사범교
육의 중요성을 거듭 강조하기도 했다. 평소 독서를 좋아해 서적을 쌓아
놓고 밤낮으로 책을 읽으며 자신이 종실의 표준이 되고자 할 정도로 독
서에 가장 많은 관심을 보인 인물로 알려져 있다.23) 나이가 많지 않음에
도 불구하고 『도서첩』의 맨 앞에 위치한 것은 아마도 325명의 참여자
중 신분이 가장 높은 왕족이었기 때문으로 보인다. 『도서첩』에 '眞儒者
事'라는 짧은 글귀를 적어 놓았다. 참된 유자는 섬길 줄 아는 자라는 의
미로 서점업이 사회에 봉사하는 직종임을 드러내고, 그런 의미에서 백
두용이야말로 참 유생임을 강조코자 한 것이라 하겠다.

　　석천(石泉) **방한풍**(方漢豊, 1824~?)은 1885년에 증광시(增廣試)에 합격한

───────

23) 오영섭, 「고종의 잠재적 대안자로서 일생을 살아간 이준용」, 『한국 근현대사를 수놓
　　은 인물들(1)』, 경인문화사, 2007, 309~342쪽.

후 인의(引儀), 찰방(察訪), 도정(都正) 등의 벼슬을 지냈다. 『도서첩』 참여자 중 가장 나이가 많은 91세(1913)에 축하문을 썼다. 본인 또한 자신의 나이가 91세라는 점을 두 번에 걸쳐 언급하면서, 말미에는 '先君少小親'이라 하여 백두용의 부친인 '향석공(香石公)' 백희배와 젊은 시절 막역한 사이였음을 강조했다. 백두용이 부친을 극초(克肖)한 것이 축하할 만하다고 했다. 또한 자신이 과거에 백두용에게 강론하며 가르침을 준 스승이었음을 언급했다. 자주 집을 드나들며 만났지만 90년 만에야 책장에 쌓여 있던 책들을 처음으로 보게 되었다며, 삼천리 방방곡곡에 책을 통해 도덕과 사랑이 가득 넘쳐나길 바라는 마음에서 눈물을 흘리며 글을 준다는 감회를 솔직히 드러내었다.[24]

죽촌(竹村) 송규회(宋奎會, 1825~?)는 송각면(宋覺勉)의 아들로 58세의 나이로 과거에 합격했으며 1902년에 정3품에 임명되고[25] 참판(參判) 벼슬을 지냈다. 『도서첩』 수록 글은 그의 나이 89세였던 계축(癸丑)년(1913) 중양일(重陽日=음력 9월 9일)에 쓴 것이다.[26] 송규회는 『도서첩』에서 백두용에 대해 다음과 같이 평했다.

> 근래에 한남서림의 주인 백두용은 휴암(休庵) 선생의 후손으로 장차 크게 될 인물이다. 시장에 드러내지 않고 지내다가 이번에 서점을 크게 열었는데 쌓아 놓은 책이 얼마만큼 되는지 알 수 없다. (중략) 각종 경서·제자백가·의약·점술서·패관잡기 등이 집에 가득 정리되어 있다. 구하는 책이 있으면 반드시 구비해 놓아 일찍이 부족한 적이 없었다. (중략) 내가 이것을 들으니

---

24) 방한풍, 『가장도서첩』 제1책, 3쪽. "涪下相逢春復春別來, 其奈夢煩頻, 終知市隱如將光明, 及書廚晩更新九十年間, 初見古三千里內可超倫愈憐, 今日山陽淚贈與."
25) 『고종실록』, 고종 39년 5월 5일조.
26) 『도서첩』 수록 축하시문 전체를 놓고 집필 시기를 살펴보면, 송규회가 축하문을 썼다고 밝힌 계축년(1913) 중양일(음력 9월 9일)을 전후한, 음력 8월 중추(中秋)일부터 음력 10월 무렵에 다수의 글이 작성되었음을 알 수 있다.

백군의 마음이 고상함을 알겠다. (중략) 지금 백군의 마음은 도(道)에서 얻을 수 있는 것이다.[27]

위 글에서 백두용의 조상이라고 한 휴암(休庵)은 백인걸(白仁傑, 1497~1579)을 가리킨다. 백인걸은 조광조(趙光祖)의 제자이자 이이(李珥)와 성혼(成渾)의 스승으로 조선 전기 유가의 학통을 대표하는 유학자 중 일인이다.[28] 동서분당(東西分黨)의 폐단을 논하고 청백리(淸白吏)로 이름이 높았다. 선대의 정신과 장서를 이어받아 '心'을 중시한 위인이 백두용임을 강조하기 위해 백인걸을 언급한 것이다.

정산(鼎山) **이덕현**(李悳鉉, 1830~?)은 5위(五衛)에 속하는 정4품의 무관(武官)인 호군(護軍)직을 역임했다. 자신의 나이가 84세임을 밝히고, 위의 송규회와 마찬가지로 휴암(休庵) 선생을 언급하며, 휴암의 시를 인용하면서 백두용 집안에 예를 표하는 글을 남겼다.

소당(小棠) **김석준**(金奭準, 1831~1915)은 의관(議官)을 지냈다. 문신이자 서도가(書道家)로 유명했는데, 특히 북조풍(北朝風)의 예서(隸書)에 능했으며 지두서(指頭書)에 뛰어났다. 당대에 유명한 서예가이자 역관이었던 오세창과도 잘 알고 지냈다. 백두용 역시 오세창과 친분이 두터웠으며[29] 평

---

27) 송규회, 『가장도서첩』 제1책, 4쪽. "近有翰南書林之主白君斗鏞以休庵先生肖孫,亦將大. 隱於市, 乃大開書鋪, 儲書不知幾千萬卷 …諸子百家以至醫藥卜筮秤官雜記爲之庋閣而充棟 焉. 有求必應未嘗有闕. …余聞是而知君心之雅也. …今此白君之心其有得於道者."
28) 윤사순, 「休庵 白仁傑의 道學思想」, 『퇴계학논집』 92집, 퇴계학연구원, 1996, 90~108쪽.
29) 오세창과 백두용이 서로 잘 알고 지내게 된 것은 1910년대 전반기 이후가 아닌가 싶다. 1913년에 모은 『도서첩』에 오세창의 글이 보이지 않는 것에서 그러한 추단이 가능하다. 서로 친분이 있었다면 오세창 같은 인물이 축하시문을 써 주는 일을 마다했을 리 없어 보이기 때문이다. 1926년에 한남서림에서 출간한 『해동역대명가필보』에는 오세창의 글씨가 보이고, 후에 한남서림 인수와 관련해 오세창이 백두용에게 전형필을 소개해 준 것 등을 고려하더라도 오세창과 백두용은 서로 잘 알고 지냈던 사이임에 틀림없다. 백두용의 장남인 백윤복이 어린 시절에 오세창이 자기 집을 드나들던

소 이런 서예가들과 자주 교유했다. 김석준의 시집으로『회인시록(懷人詩錄)』(연백당 간행, 1869)이 있는데, 권두에는『도서첩』<제1책>에 소개되어 있는 최성학(崔性學)의 서문이 실려 있다.

▌『회인시록』(한국학중앙연구원)　　　▌『회인시록』본문(한국학중앙연구원)

김석준의 축하글이『도서첩』에 두 편 실려 있다. 계축년에 절기로는 한로(寒露)일(=양력 10월 8일경)에 글을 썼다고 적고 있는데, 이는 세시명절인 중양절과 비슷한 시기이다. 앞의 송규회와 비슷한 시기에 글을 지었음을 알 수 있다. 당시 그의 나이는 80세였다. 백두용의 먼 당숙(堂叔)인 소향(小香) 백춘배를 각별히 기억하고 있었던 자신의 입장에서 볼 때, 백두용이 집안 어른의 뜻을 제대로 잇고 있다며 칭찬해 마지않았다.

일을 기억한다고 증언한 것만 보아도 알 수 있다.(방효순,「한남서림의 소설류 방각본 발행」,『근대서지』제5집, 한국근대서지학회, 2012, 142쪽 각주 21번) 그렇다면 둘 사이의 관계를 고려할 때,『도서첩』에 오세창의 글이 없다는 것은 두 사람의 교유가 『도서첩』제작 이후에 본격화되었다고 볼 수 있기 때문이다. 물론 다른 이유에서『도서첩』제작에 동참하지 못했을 가능성도 배제하기 어렵다.

춘정(春汀) 원세순(元世洵, 1832~?)은 음직으로 군수를 역임했다. 『삼가악부(三家樂府)』를 비롯해 「속악부(續樂府)」를 편찬하고 『병세집(幷世集)』(1910)을 간행하는 등 시가문학에 조예가 깊었다.[30] 전통문화를 지키고자 시조 전승이라는 뚜렷한 목적의식 아래 소악부를 창작하고 『삼가악부』 등을 편찬했다. 『도서첩』에서 백두용에 관해 이르기를, 예부터 많은 책을 보아 왔고 그것을 지금 잇고 있기에 "고인(古人)의 마음을 지녔다(心齋得古人心)"고 했다.

해사(海士) 김성근(金聲根, 1835~1918)은 보국입기사(輔國入耆社)를 지냈다. 이조판서 등 여러 관직을 두루 거친 정통 관료이자 유명한 서예가였다. 서재필의 외숙부이기도 한 그는 통도사 등 유명 사찰의 현판을 썼다. 『도서첩』에서 본인을 '七十九翁'이라 칭하고 백두용에 대해서는 "心齋藝林香初"라 하여 백두용이 예술 세계에 발을 내디딘 신입이라고 했다. 여기서 '藝林香'은 서예와 회화, 도서 등 골동 고서화를 지칭하는 것으로, 백두용이 서점 경영을 시작한 것을 의미한다. 1920년에 한남서림에서 간행한 『대방초간독(大方草簡牘)』에 서문을 쓰기도 했다.

운양(雲養) 김윤식(金允植, 1835~1922)은 한말의 유명한 한학자이자 정치가이다. 1881년에 영선사(領選使)로 청(淸)나라 톈진[天津]에 파견되었다가 이듬해 임오군란이 일어나자 청군을 데리고 돌아왔다. 갑신정변(甲申政變)이 일어나자 김옥균(金玉均, 1851~1894) 일파를 제거하고 병조판서가 되었다. 1896년에는 아관파천(俄館播遷)으로 친러파 내각이 들어서자 명성황후 시해의 음모를 미리 알고도 방관했다는 이유로 탄핵을 받아 이듬해에 제주도에 유배되기도 했다. 그는 흥사단(興士團)·대동학회(大東學會)·기호학회(畿湖學會)를 조직하고 대종교(大倧敎) 창시자 나철(羅喆)을 원조하

---

30) 김진희, 「원세순 편 <三家樂府>의 특성과 의미」, 『고전문학연구』 제41집, 한국고전문학회, 2012, 145~186쪽.

고 그의 교도가 되어 민족운동에 참여했는가 하면, 3·1운동 당시 이용직(李容植)과 함께 한국 독립의 청원서를 일본정부와 조선총독에 제출했다가 작위를 삭탈당하고 3년 집행유예를 선고받기도 했다. 파란만장한 정치역정을 경험한 김윤식은 한말의 석학(碩學)이자 문장가로도 이름이 높다. 문집에 『운양집(雲養集)』, 저서에 『천진담초(天津談草)』, 『음청사(陰晴史)』 등이 대표적이다. 『도서첩』에는 자신을 강구회(講舊會) 회장으로 소개해 놓았다.[講舊會會長 雲養 金允植] 강구회(講舊會)는 갑신정변과 을미사변에 관련된 인사들을 중심으로 조직된 단체로, 애국사사추도회를 여는 등의 정치 활동을 전개하였다. 『도서첩』에는 2편의 글을 남겼는데, 그 중 하나는 소향(小香) 백춘배를 추모하는 내용이 담겨 있다.

한산(翰山) 민종묵(閔種默, 1835~1916)은 보국입기사(輔國入耆社)를 지냈다. 1881년에는 신사유람단(紳士遊覽團)의 일원으로 일본 각계를 시찰하고 돌아와 혁신정책을 수립했으며, 1883년에는 동지사(冬至使)로, 1885년에는 진주사(陳奏使)로 청나라를 다녀왔다. 1896년에는 아관파천을 결행하여 학부대신에 올랐다. 이후 한아회사(韓俄會社)를 설립하고 절영도(絶影島)를 러시아 태평양함대에 조차(租借)시키려다가 독립협회의 반대로 실패한 일도 있다. 『도서첩』에서 민종묵은 백두용의 부친인 백희배[=白香石]와 함께 병자년(1876) 여름에 중국 산해관(山海關)과 옥하(玉河)의 풍속을 두루 살피려 돌아다닌 적이 있었노라 했다.[31] 그 후 30년이 지나 주변 사람들로부터 한남서림에 관한 이야기를 듣고 주인을 만났더니 그가 '향석(香石)' 백희배의 아들인 심재 백두용이었다는 일화를 소개하며 백두용 일가와 인연이 깊었음을 강조하고자 했다.[32] 시문서화(詩文書畵)야말로 천

---

31) 민종묵, 『가장도서첩』 제1책, 12쪽. "丙子夏余與白君香石, 觀風於山海玉河之間."
32) 민종묵, 『가장도서첩』 제1책 12쪽. "余因書林…對曰白君香石之子, 名斗鏞自號心齋. 余傾耳欣告."

하의 보물이자 조화의 근원이어서 명사들과 홍유(鴻儒)가 들르기 좋은 곳이라 칭송하면서 한남서림의 가치와 역할에 대한 무한 긍정과 신뢰를 나타냈다.

호은(皓隱) 정한조(鄭漢朝, 1835~1917)는 1861년에 과거에 급제한 후 홍문관과 승정원을 거쳐 평안도 관찰사, 궁내부 특진관, 판서 등을 역임한 뒤 현직에서 물러나 퇴임 관리를 위한 기로소에 들어갔다. 「심재찬(心齋贊)」이라는 제목의 글을 『도서첩』에 남겼다. 만 권의 장서에 힘입어 백대에 이르도록 이유산방(二酉山房)[33]처럼 그 덕이 오래 가고 책 향기가 세상에 편만(遍滿)하기를 바란다는 마음을 담았다.[34]

옥경(玉磬) 윤영기(尹永基, 1835~?)는 군수(郡守)를 지냈다. 문인화가로 1911년에 서울 중학동에 전통 서화를 계승하고 후진 양성을 위해 고금서화(古今書畵)를 모집·진열하는 한편, 서화교육을 목표로 한 경성서화미술원을 설립해 운영했다. 화가답게 『도서첩』에는 난초 그림을 그려놓아 그것으로 서점 개업을 축하하는 메시지를 대신했다.

운봉(雲鳳) 심의평(沈宜平, 1836~1919)은 승지 벼슬을 지냈다. 장서가로도 유명하다.[35] 자신을 78세의 노인으로 밝힌 심의평은 『도서첩』이 어떤 이유로 만들어졌는지 그 과정을 서술해 놓았다.

---

33) 이유산(二酉山)은 중국 호남성에 있는 대유산(大酉山)과 소유산(小酉山)을 가리키는데, 진시황의 분서를 피해 이들 산의 굴에 천여 권의 책을 숨겨놨었다고 전해진다. 이곳에 많은 책이 간직되어 있었으므로 '이유'는 대개 장서가 많은 곳이라는 의미로 사용된다. 따라서 '二酉山房'은 장서가 많은 장소, 또는 그러한 서점을 의미한다.

34) 정한조, 『가장도서첩』 제1책, 13쪽. "藏書萬卷賴, 及百代二酉山房其德遠矣. 今日心齋于古有光書香滿, 架郁郁文哉"

35) 김종복, 「수정본 <渤海考>의 내용과 집필 시기」, 『태동고전연구』 제26집, 한림대학교 태동고전연구소, 2010, 55~86쪽.

▌『가장도서첩』〈제1책〉 수록 윤영기(尹永基)의 축하 그림

심재가 나에게 간하여 말하기를, "저는 단지 평범하게 태어나 다른 사람보다 더 나을 것이 없지만, 벗들과의 약속을 목숨처럼 여기고 책의 향기를 항상 있는 차와 밥처럼 여기며 살고 있을 뿐입니다. 비록 뜸해졌지만 여러 군자들이 기증한 글이 열 책 상자에 차고 넘칠 정도여서 장차 이들을 표제[帖]하여 후일에 영원한 보물로 이용할 수 있도록 하고자 합니다. 그러니 선생님께서도 한 마디 말씀을 주시지 않겠습니까?" 하였다. 나는 진오(陳吳)처럼 남들보다 앞서 진심갈력하려는 그의 현명함에 감동했다. 백군의 고상한 의의를 기억하고자 부족한 글을 지었다.36)

한남서림 개업 후 많은 문사와 명사들이 축하의 시문과 편지글을 보내오고, 직접 방문해 쓴 글이 열 상자가 넘을 정도였노라고 했다. 비록 뜸해졌지만 모인 글들을 한 데 모아 후대까지 보물처럼 전할 수 있도록

---

36) 심의평, 『가장도서첩』 제1책, 15쪽. "心齋諗余曰, 惟吾生平無所長於人, 徒如朋契爲性命, 書香爲茶飯矣. 衰然諸君子損贈之什盈篋笥, 將欲擩收於帖爲後日永寶用. 子豈可無一言乎. 余繼乏陳吳之賢而感. 君之高誼念拙副墨焉."

하기 위해 『도서첩』을 제작했다고 한 것으로 보아 심의평이 글을 쓴 1914년[=書時年七十八]에 이미 『도서첩』 수록 예정 글들이 상당수 모였음을 알 수 있다. 이로 보더라도 『도서첩』 수록 개업 축하시문은 1913년(계축) 음력 8월경부터 1914년경에 대개 작성되었다고 할 것이다. 애초에 『도서첩』 제작을 목적으로 개업축하시문을 받았음을 알 수 있다.

우관(雨觀) 김희명(金羲明, 1838~?)은 시종원(侍從院) 봉시(奉侍)를 지냈다. 그는 『도서첩』에서 자신이 명사를 많이 알지만 오랫동안 잊지 않고 관계를 유지해 온 사람 중에 향석공(香石公), 곧 백희배가 있다고 했다.[37] 또한 향석공이 재주가 뛰어나고 뜻이 깊은데 이런 부친의 뜻과 재주를 이어받은 아들 백두용 역시 능력 있고 흠 잡을 데 없는 인물이라고 평가했다. 백두용이 서울 한복판에 하나의 누각(=서점)을 세우고 그곳에 장서 1만 권을 두었다는 말을 듣고[38] 그 뜻을 기리기 위해 글을 썼다고 했다. 이로 보아 1913년 당시 한남서림은 1층짜리 건물에 만 권이나 되는 많은 책을 소장했던 특별한 서점이었다고 할 수 있다. 고서 장서량이 타 서점과 비교할 수 없을 정도로 많았으며, 백희배 집안에서 고서를 취급하는 서점을 연 것 또한 이례적이라는 의식이 깔려 있었다.

우당(藕堂) 박성연(朴性淵, 1838~?)은 혜민서(惠民署) 주부(主簿)와 군수(郡守) 등을 지냈다. 『도서첩』에서 박성연은 도시에서 이름을 드러내지 않은 채 숨어 지내는 은사(隱士) 백두용의 마음이 담박(澹泊)하다[39]고 했다.

석은(石隱) 이돈수(李敦修, 1838~?)는 1895년에 국내에 처음으로 관상소(觀象所) 관제(官制)가 시작되었을 때, 초대 관상소장직을 맡았다. 관상소는

---

37) 김희명, 『가장도서첩』 제1책, 16쪽. "余亦當無無名士多矣, 而久而不忘者善而人而, 香石白公其一."
38) 김희명, 『가장도서첩』 제1책. 16쪽. "近聞君起一樓於國中藏萬卷."
39) 박성연, 『가장도서첩』 제1책, 17쪽. "有是超羣隱市街捿心澹泊, 號心齋."

조선 개국 후 500년 간 유지되어 온 관상감(觀象監)의 후신이다. 이돈수는 1905년에 여러 관상관들과 함께 일반 보급용으로 만든 시헌력서(時憲曆書)40)를 발행하기도 했다.

탄운(灘雲) 이정로(李正魯, 1838~1923)는 판서(判書) 이호민(李好敏) 손자로, 이정노 역시 판서를 지냈다. 자신을 76세의 노인으로 밝히고 "전날에 술을 마시며 더불어 이야기 나눈 것을 다시 글로 논한다."41)라고 했다. 평소 백두용과 교유가 있었음을 이에서 알 수 있다.

후몽(後夢) 김학진(金鶴鎭, 1838~1917)은 판서를 지냈다. 이조판서였던 김병교(金炳喬)의 손자이다. 1894년에 동학 농민군이 봉기했을 때 전라도관찰사로 임명되었으며, 병조판서를 비롯해 여러 관직을 두루 거쳤다. 1907년에 기로소에 들어갔다. 『도서첩』에는 "내가 들으니 백군이 속세에 만 권의 책을 숨겨둔 지 오래라. 이때에 많은 책 수레에 가득 찰 정도라. 하나의 참 마음(一心) 물처럼 맑다."42)라고 노래했다. 백두용이 시은(市隱)의 선비다운 면모를 지니고 있음을 예찬했다.

혜방(惠舫) 고영주(高永周, 1839~?)는 1859년에 증광시(增廣試) 역과에 합격해 한학을 전공했다. 차상통사(次上通事)를 거쳐 직장(直長)과 관참사 등의 벼슬을 했다. 주로 중국 사절단 방문 시 참여했다. 백두용 역시 역과에 합격해 한학을 전공했다. "내 친구 소향(小香) 백군(白君)은 능력이 뛰어나며 기개와 절조가 있는 선비다."43)라는 예찬을 마다하지 않은 것은 당숙 백춘배를 통해 한남서림의 개업 정신을 읽어내고자 했기 때문이다.

---

40) 觀象所 편, 『大韓光武九年明時三曆』, 光武 9年(1905), 목판본(가람 古 529.3-G994d) ; 觀象所 편, 『歲在乙巳明時曆』, 1905년(광무 9), 1책(14장), 목활자본 (一簑 古 529.3-G994d-1905)
41) 이정로, 『가장도서첩』 제1책, 19쪽. "前日酒擬與更論文"
42) 김학진, 『가장도서첩』 제1책, 20쪽. "余聞白君久萬卷隱於市. 時多長者車一心淸如水."
43) 고영주, 『가장도서첩』 제1책, 21쪽. "友白君小香卓犖氣節之士也."

하산(霞山) **남정철**(南廷哲, 1840~1916)은 판서를 지냈다. 갑신정변 때 김윤식(金允植)과 함께 청나라 병영(兵營)에 가서 김옥균(金玉均) 등 개화당(開化黨) 축출을 위해 출병을 요청했으며, 1885년에는 고종을 계칙(戒飭)하는 리홍장(李鴻章)의 글을 가지고 돌아오기도 했다. 1893년 통리교섭통상사무독판(督辦)이 되어 일본과 방곡령(防穀令) 문제로 배상문제를 협의했는가 하면, 오스트리아 전권위원(全權委員) A. R. 베커와 조오수호통상조약(朝墺修好通商條約)을 체결하는 등 외교 분야에서 다방면으로 활동했다. 글씨도 잘 써 덕수궁 대한문 중수 현판과 태백산 선사양각(璿史兩閣) 중수의 상량문(上樑文) 등을 쓰기도 했다. 『도서첩』에는 다음과 같은 글을 남겼다.

> 자신이 책을 소장하는 것은 자신에게 이로울 뿐 타인에게까지 이로운 건 아니다. (중략) 근자에 한남서림 주인은 이미 장서가 많고, 또 다른 사람이 요구하는 것을 빌려주거나 팔기도 한다 하니 이는 진실로 자신에게 유익할 뿐 아니라 타인에게도 이로운 일이다. 또한 장차 천하 후세에도 이로운 일이다. 내가 이런 즐거운 소문을 듣고 기쁜 마음에 이를 말해 둔다.[44]

장서 그 자체는 공익(共益)보다 사리(私利)를 위한 것이라고 전제한 뒤, 백두용 집안은 세상을 이롭게 하기 위해 서점을 시작했다며 그 뜻을 높이 사는 의미로 서점 개업을 축하했다.

동미(東眉) **이근명**(李根命, 1840~1916)은 의정(議正)을 지냈다. 1871년에 정시문과(庭試文科)에 병과로 급제한 후, 1901년(광무 5)에는 태의원경(太醫院卿), 이듬해에는 경기도관찰사를 역임한 후, 1903년에 대광보국숭록대부(大匡輔國崇錄大夫)로 특진했다. 여러 요직을 두루 거친 전형적인 정치 관

---

44) 남정철, 『가장도서첩』 제1책 22쪽. "自藏其書, 利於己而已非歟以利於人在.…近翰南書社主人, 旣藏書之富而又借人之求, 無已也. 是誠利於己在也. 誠利於人在也. 又將以利天下後世在也. 余好樂聞而喜道之"

료였다. 『도서첩』수록 축하문에서 그는 한남서림의 개업이 천하 사람들 모두에게 이로운 일이며, 그것이 인(仁)을 실천하는 일임을 칭송해 마지않았다. 앞선 이들과 마찬가지로, 서점 경영이 세상 사람들에게 큰 이로움을 줄 수 있다고 보고, 그런 활동 자체가 인(仁)의 실천이라고 보았다.

> 心齋 白君이 나라 안의 서적·법서·명화 등을 수집해 필요로 하는 이들에게 제공해 주었다. (중략) 천하의 물건을 세상 사람들로 하여금 구해 보도록 하는 것이니, 가히 다른 사람들과 더불어 잘 사는 법이요 또한 仁에 가까운 일이라 할 것이다. 내가 이런 뜻이 뛰어나다 여겨 몇 마디 말을 적어 보내는 바라.[45]

파산(坡山) 윤조영(尹祖榮, 1840~?)은 판서(判書)를 역임했다. 『도서첩』에서 백인해는 그를 병리숙(兵利塾)의 사손(祀孫)이라고 소개해 놓았다. "군은 명예심을 아껴 그것으로 호를 삼았고, 몸소 먼저 세상에 숨어 지금까지 편안히 지냈으니 그 계획이 진실하다."[46]라고 칭송했다. 백두용이 호를 '심재(心齋)'로 삼은 이유가 '명예심'을 중시했기 때문이라는 사실을 이 글을 통해 확인할 수 있다.

벽서(碧棲) 이승우(李勝宇, 1840~?)는 판서를 비롯해 함경도·충청북도·전라북도 관찰사 등을 두루 역임했다.[47] 『도서첩』수록 축하문은 '癸丑小春上澣', 곧 1913년 음력 10월 상순경에 썼으며, 본인을 '완산골에 사는 시골 노인[完山碧棲老傖]'으로 소개했다. 그는 한남서림이 서울의 번화

---

45) 이근명, 『가장도서첩』제1책, 23쪽. "心齋白君蒐羅國中書籍及法書名畵以待人之出之 … 天下之物使人人得以見之, 此 可謂善與人同亦近乎仁矣. 余嘉其意爲題詩語以贈之"
46) 윤조영, 『가장도서첩』제1책, 24쪽. "君是惜名譽心而爲號, 身先隱康濟于今, 計不踈."
47) 홍주 지방의 수령으로 있을 때, 여러 중요한 역사적 사건을 처리했다. 1894년에 홍주목사로서 동학교도 진압에 앞장섰으며, 1895년에 홍주부 관찰사가 되어 김복헌(金福漢, 1860~1924)·이설(李偰, 1850~1906) 등의 의병대의 기병을 사전에 막기도 했다.

한 거리에 크게 세워진 사실을 언급하는 한편, 옛날 중국에서 세상에 숨어 지내던 선비들의 사례를 들면서 백두용이 오늘날 그러한 시은자(市隱者)에 해당한다고 했다.

　　지나가던 손님이 나에게 물어 말하기를, "예로부터 세상에 숨어 사는 선비 중에는 혹 강호(江湖)에 거하여 낚시하며 자적(自適)을 취하고, 혹 산천(山川)에 의지하여 산수의 경치를 즐기는 버릇이 있는데, 깊이 숨어 지내려 기약했으나 도시에서는 그것을 영원히 잊지 않으리라 맹세할 수 없습니다. 그것은 모두 진실로 속세를 대하여 은둔하거나 속세를 벗어나고픈 생각입니다."라고 했다. 그러면서 또 말하기를, "'크게 깨달아 번뇌와 의혹이 다 없어진 은자는 성시(城市)에 있다'는데 이 말은 무엇을 말함입니까?" 했다. 내가 이에 응답하여 말하기를, "그대는 무릇 소평후(卲平侯)의 종설(種芹), 한강백(韓康伯)⁴⁸⁾의 약 판매, 감성문(監城門)을 부순 설공(薛公)⁴⁹⁾이 시골집에서 장을 판 일, 성도(成都)의 엄군평(嚴君平)⁵⁰⁾이 점 치던 일, 낙양(洛陽)의 사마계주(司馬季主)⁵¹⁾ 또한 그러했던 일을 기억하는가? 이들이 오늘에 나타난다면 한남서림의 주인 백두용이 바로 그런 사람이다."고 했다. 백군은 경성부(京城府) 도회지 내 왕래가 잦은 큰 거리에다 크게 점포를 열고 널리 천하의 서적을 모으니, 시중에 이름 있는 책들을 모두 모을 수 있었다.⁵²⁾

---

48) 중국 동진(東晉) 사람으로 위(魏)나라의 왕필(王弼, 226~249)과 더불어 주역학을 완성시킨 인물이다.

49) 맹상군(孟嘗君)의 별칭이다.

50) 성도의 유명한 점쟁이이다. 점을 쳐 백 냥을 벌면 족하다 하여 가게 문을 닫고, 돈이 떨어지면 다시 문을 열어 점을 쳤다고 한다. 예언을 하면 세상 사람들이 믿지 않아 세상을 버리고 점을 치면서 90세가 넘도록 살았다고 전한다.

51) 전한(前漢) 시절 초(楚)나라 사람으로 역(易)에 통달하고 점술이 뛰어났다고 한다. 점을 치면서 생계를 꾸렸는데, 당시 중대부(中大夫) 송충(宋忠)과 박사(博士) 가의(賈誼)가 복의(卜醫)하던 사람 가운데 성인(聖人)을 찾으려고 장안 거리를 다니다가 그를 만나 가르침을 청할 만큼, 점치는 능력이 뛰어났다.

52) 이승우, 『가장도서첩』제1책, 25쪽. "客有過余而問曰, 自古高蹈之士或作江湖之散, 取適於漁釣, 或爲山澤之癖, 成癖 於煙霞, 期欲深藏而不市永矢而不諼者, 固皆是遯世出塵之想. 而又有曰, 大隱於城市, 此言抑何謂也. 余迺應之曰, 子不聞. 夫卲平侯之種芹, 韓康伯之賣藥, 佚監城門之折薛公, 村舍之醬賣, 卜成都之嚴君平推占, 洛陽之司馬季主, 現于今則有若

백두용이 중국의 유명한 시은(市隱)으로 칭송받는 소평후, 한강백, 설공, 엄군평, 사마계주와 견주어도 결코 뒤지지 않는다고 했다. 약이나 장을 팔거나 점을 치면서 도시에서 살았지만 그 정신만큼은 고상했다고 칭송받는 중국의 위인들마냥, 서울 시내 한복판에다 서점을 열고 책을 모으고 파는 일을 하는 백두용이야말로 곧 도시에 사는 일사(逸士)이자 은자(隱者)라 했다.

화산옹(華山翁) **김영철**(金永哲, 1841~1923)은 이조판서 김보현(金輔鉉)의 아들로, 공조판서 · 형조판서 · 사직제조(社稷提調) · 예조판서 · 궁내부특진관 등을 두루 지냈다. '한남서림에 바친다[呈翰南書林]'라는 제목의 글을 『도서첩』에 남겼다. '用考亭詩集'이라는 부제가 붙어 있는 것으로 보아 기존의 시집에 수록된 글을 『도서첩』 축하글로 대신한 것임을 알 수 있다.

석경산인(石鏡山人) **서도순**(徐道淳, 1841~?)은 도사(都事)를 지냈으며, 인천의 명의(名醫)로 유명했다. 서도순 외에 서긍순(徐肯淳)(<제2책>), 서학순(徐學淳)(<제5책>), 서만순(徐晚淳)(<제8책>) 등 서도순과 친인척 형제지간으로 보이는 이들이 『도서첩』에 글을 남긴 것이 흥미롭다. 백두용과 서도순 집안 간에 평소 교류가 있었음을 짐작케 한다.

연농(研農) **최성학**(崔性學, 1842~?)은 낭청(郎廳) 벼슬을 지냈다. 문집 『연농유고(研農遺稿)』과 모범서간문 서식집인 『척독완편(尺牘完編)』(1908) 등을 남겼다. 그는 1864년(고종 1)에 역과에 합격했으며, 그의 제자인 고응원(제6책), 김우균(제7책), 그리고 그의 아들인 최규원(제7책) 등도 『도서첩』에 시문을 남겼다. 최성학은 이상적(李尙迪, 1804~1865)과 함께 『수계도권(修禊圖卷)』의 제작에도 참여한 바 있다.[53]

翰南書林之主白君斗鏞亦其人也. 君於京府通衢都會之地, 大開舖舍, 廣募天下之以書籍, 爲名者無不畢集於市鄽佚之軸."
53) 송희경, 『조선후기 아회도』, 다할미디어, 2008, 255쪽. 그밖에 이상적의 아들인 우창

염인(恬人) 이근교(李根敎, 1842~?)는 1900년 중추원의관·한성재판소판사를 거쳐 1901년 비서원승·궁내부특진관·봉상사제조(奉常司提調) 등을 역임했다. 1902년에는 영선사장(營繕司長)을, 1903년부터는 여러 도의 관찰사직을 맡았으며, 판서 벼슬도 하는 등 요직을 두루 거쳤다.『도서첩』에는 특이사항으로 이근교가 이동미(李東眉)의 동생이라고 밝혀 놓았다.

유제(游齋) 정인석(鄭寅奭, 1843~?)은 1880년 정시(庭試)에 1등으로 합격했으며, 참판(參判)을 지냈다. 그 외의 행적은 알려진 게 없다. 유학자로서 학문 수양에만 정진한 인물로 보인다.『가장도서첩』에서는 「심재찬(心齋贊)」이라는 제목 하에 백두용을 예찬하면서 책을 사랑하는 사람의 마음에 대해 짧게 서술해 놓았다.

의전(宜田) 육용정(陸用鼎, 1843~1917)은 조선 말기의 유학자로 기호성리학(畿湖性理學)의 거두였던 고산(鼓山) 임헌회(任憲晦, 1811~1876)의 문하에서 수학한 인물이다. 1894년에 아들 육종윤(陸鍾允)이 제중원주사(濟衆院主事)의 직위에 오르면서 육용정 역시 서오릉(西五陵)의 참봉(參奉)에 제수(除授)되었다. 그 후 은거하면서 당대 지식인이었던 김택영(金澤榮, 1850~1927), 김윤식(金允植, 1835~1922) 등과 교유하였다. 그의 대표적인 유고인 『의전기술(宜田記述)』은 사론(士論)·군신론(君臣論)·경세론(經世論)·심성론(心性論)·서양지식 등 다양한 분야에 걸쳐 매우 짜임새 있게 쓴 저서로 평가된다. 1912년에는 이전 저술들을 모아『의전합고(宜田合稿)』를 출간하기도 했다.[54]

좌치(左癡) 이용관(李容觀, 1843~?)은 의병장으로 활동한 전력이 있으며,

(雨蒼) 이용림(李用霖, 1839~?)이 죽었을 때, 우창제문(雨蒼祭文)을 짓고 "특히 그림에 능하여 산 하나, 물 하나도 함부로 그리지 않고 반드시 오묘한 경지에 도달하고야 말며, 따라서 천기(天氣)가 스스로 일어난다."고 평한 바 있다.

54) 민회수(閔會修), 「1880년대 陸用鼎(1843~1917)의 현실인식과 동도서기론(東道西器論)」, 『한국사론(韓國史論)』 제48집, 서울대학교 인문대학 국사학과, 2002, 109~168쪽.

참판(參判) 벼슬을 했다. 『도서첩』에서는 책의 효용을 언급하면서 많은 사람들이 이용할 수 있을 때 그 진가가 발휘된다고 보고, 수천, 수만 권의 책을 보유한 백두용이 서점을 연 것을 축하한다고 했다.

옥돌에 옥이 있으나 다듬지 않으면 보석이 될 수 없고, 천리마가 구유에 있을 뿐 달리지 않으면 훌륭한 말임을 알지 못하듯이 세상의 본래 물건을 단련하지 않고 어찌 사용할 수 있겠는가? 책 또한 그러하다. 창고나 상자에 숨겨둘 뿐 꺼내 읽지 않는다면 아직 보석의 아름다움과 말의 뛰어남을 알지 못하는 것과 같다. 무릇 문(文)이란 재도지기(載道之器)요 천하를 교화시키고 인재를 단련시키는 도구인데, 어찌 보석과 비교할 수 있으리오. 내가 보건대 근래 경서가 사라지고 교육이 해이해져 일절 고서를 구할 수 없어 유식자가 없음을 한탄한 지 오래되었다. 그런데 심재 백군은 진실로 옛날의 군자를 좋아하여 인사동(仁寺洞) 번화가에 서점을 열어 유서(遺書)를 모았으니 구류백가(九流百家)·명화(名畵)·법률서(法律書) 등 천만 권을 헤아린다.[55]

한남서림 개업의 의미를 "근래 경서가 사라지고 교육이 해이해져 일절 고서를 구할 수 없어 유식자가 없음을 한탄한 지 오래되었다"라는 말로 대신 나타냈다. 책은 숨겨 놓는 것보다 널리 이용할 수 있을 때 진정한 가치가 있음을 역설하며 서점 영업을 긍정했다. 한남서림이 제대로 된 서점의 모습을 갖춘 것이 인사동 시절부터였음을 위 글을 통해 확인할 수 있다.

동농(東農) 김가진(金嘉鎭, 1846~1922)은 대한제국 때의 문신이자 독립 운동가이다. 주일본 판사대신(判事大臣)으로 수년간 동경에 머물렀으며, 귀

---

55) 이용관, 『가장도서첩』 제1책, 32쪽. "有玉於斯璞而不琢無以成寶, 有驥於斯櫪而不馳無以知良, 世間凡物豈有不鍛鍊而有用者乎. 書亦爲然, 藏之庫匣而不閱, 則未免爲玉之璞驥之櫪而已. 夫文者, 載道之器, 而化成天下陶人才之具也. 豈玉與驥之比哉. 挽近經殘敎弛, 一切古書莫可收拾, 有識之窃歎久矣. 心齋白君, 誠好古君子也. 爲是之懼, 開肆於寺洞通衢, 收聚遺書, 累千萬卷, 九流百家名畵法筆."

국 후 농상공부 대신을 지냈다. 대동단(大同團) 고문을 거쳐 1920년 상하이로 망명하여 임시 정부 요인으로 활약하였다. 판서를 지냈다. 백운산인(白雲山人)이라는 필명을 썼다.

운초(雲樵) 이재정(李在正, 1846~1919)은 협변(協辨)을 지냈다. 친러파 인사로 고종의 아관파천 이후 요직을 맡았다.

〈제1책〉에 소개된 인물들은 대개 1910년대에 사망하거나 정치 활동을 그만두고 기로소에 들어간 원로 정치인들이다. 1820년대~1840년대에 출생한 이들, 즉 대개 70대~90대의 최고령 연장자들의 축하시문을 모아 놓았다. 다만 제일 먼저 언급된 이준용은, 나이는 많지 않음에도 불구하고, 고종의 조카라는 황실가의 일원임을 중요히 여겨 예의상 맨 앞에 배치한 것으로 보인다. 〈제1책〉의 인물들은 조선후기 관료들로서 갑신정변과 갑오개혁, 동학혁명 등 크고 작은 정치적 사건과 연관되어 있는 경우가 많다. 신문물을 접하고 초기 대한제국 관료로서 활동한 이력을 가진 이들이 다수를 차지한다. 이들이 개인적으로 백두용과 어떻게 교유했으며, 어떤 사이였는지 알아내기란 쉬운 일이 아니다. 〈제1책〉에 실린 축하시문은 대개 한남서림 개업의 가치와 의미를 언급하면서 백희배와 백춘배를 추모하는 내용과 백두용이 장서를 내놓고 서점업을 시작한 것이 칭송받을 만하다는 내용이 주를 이루고 있다.

〈제2책〉

이름	字	号	本	생년	관직	비고
민병석(閔丙奭)	경소(景召)	시남(詩南)	기흥(驥興)	1858(戊午)	판서(判書)	판서 영위(泳緯)의 손자
이재곤(李載崑)	사옥(士玉)	동원(東園)	전주(全州)	1859(己未)	문학부대신(文學部大臣)	
홍승영(洪承永)	경구(景九)	만연(晩然)	풍산(豊山)	1858(戊午)	군수(郡守)	

정교(鄭喬)	우항(友向)	추인(秋人)	하동(河東)	1858(戊午)	군수(郡守)	
이희원(李熙元)	화중(華中)	위서(韋西)	전주(全州)	1857(丁巳)	군수(郡守)	
남규희(南奎熙)	성여(星汝)	초서(蕉西)	의령(宜寧)	1859(己未)	판서(判書)	판서 정익(廷益)의 아들
안택중(安宅重)	중거(仲擧)	왕거(往居)	광주(廣州)	1858(戊午)	교관(敎官)	
유세남(劉世南)	자훈(子薰)	도옹(陶翁)	한양(漢陽)	1859(己未)	협변(協辨)	
윤기원(尹起元)	익존(益存)	여해(如海)	파평(坡平)	1859(己未)	참판(參判)	현감 성훈(成勳)의 아들
임경호(任駉鎬)	위삼(衛三)	동범(東凡)	풍천(豊川)	1859(己未)	참봉(參奉)	상국(相國) 백경(百經)의 손자
고영일(高永鎰)	희만(希萬)	소산(韶山)	제주(濟州)	1859(己未)	의관(議官)	교리 영석(永錫)의 동생
차경춘야 (此經春也)		악양루주인(岳陽樓主人)	동경 (東京)인			각신문통신원 (各新聞通信員)
한세진(韓世鎭)	자평(子平)	동성(東星)	청주(淸州)	1859(己未)	사용(司勇)	
노완수(盧完洙)		설파(雪坡)	풍천(豊川)	1859(己未)	위원(委員)	
변종헌(卞鍾獻)	문경(文卿)	유운(幼雲)	밀양(密陽)	1859(己未)	승지(承旨)	판윤 길운(吉雲)의 아들
성낙순(成樂洵)		서농(書農)	창녕(昌寧)	1859(己未)	주사(主事)	
민찬호(閔贊鎬)	성우(聖佑)	몽유(夢遊)	기흥(驪興)	1859(己未)	판서(判書)	판서 치상(致庠)의 아들
장석주(張錫周)		치암(癡菴)	인동(仁同)	1859(己未)	법부대신 (法部大臣)	
이종진(李鍾振)	옥여(玉汝)	소오(篠梧)	경주(慶州)	1859(己未)	군수(郡守)	
박제환(朴齊瓛)		금재(錦齋)	반남(潘南)	1859(己未)	찬의(贊議)	
유흥열(劉興烈)	권일(權一)	만오(晩悟)	강릉(江陵)	1859(己未)	군수(郡守)	
백병중임 (白井重任)		화당(和堂)				
정인승(鄭寅昇)	보여(保如)	동곡(東谷)	동래(東萊)	1859(己未)	문참판 (文參判)	상국(相國) 범조(範朝)의 아들
현은(玄檼)	원직(元直)	운초(雲艸)	정주(廷州)	1860(庚申)	국장(局長)	교정일(皎亭日)의 손자
윤교영(尹喬榮)	태목(泰木)	청운(晴雲)	해평(海平)	1860(庚申)	참판(參判)	현감 제익(濟翼)의 아들
민달식(閔達植)	경배(景培)	회와(晦窩)	기흥(驪興)	1860(庚申)	시종(侍從)	
정주영(鄭周永)	치신(致新)	우포(又圃)	영일(迎日)	1860(庚申)	관찰사 (觀察使)	판서 낙용(洛鏞)의 아들
임창재(任昌宰)	성언(聖言)	성사(星史)	풍천(豊川)	1860(庚申)	군수(郡守)	승지 택호(澤鎬)의 아들

| 이장훈(李章薰) | 숙장(叔章) | 지산(芝山) | 전주(全州) | 1860(庚申) | 주사(主事) | |
| 서긍순(徐肯淳) | | 회당(晦堂) | 달성(達城) | 1861(辛酉) | 참판(參判) | 승지 익보(翼輔)의 아들 |

30명

시남(詩南) 민병석(閔丙奭, 1858~1940)은 판서 민영위(閔泳緯)의 손자이다. 수구당(守舊黨)의 일원인 민병석은 갑신정변(甲申政變)에 실패한 김옥균(金玉均)이 일본으로 망명하자 장은규(張殷奎)를 자객으로 보내 암살을 지시했으나 뜻을 이루지 못하였다. 대사성(大司成)·강화부유수(江華府留守)·헌병대사령관 등을 지냈고, 1905년과 1909년 두 차례에 걸쳐 일본을 시찰하였다. 1910년 국권 피탈 후, 조선총독부의 자문기관인 중추원(中樞院) 부의장을 지내는 등 친일 활동을 노골적으로 행했다. 그러나 개인적으로 서화에 뛰어났고, 특히 행서(行書)에 능하여 서울 광화문의 <고종황제 보령육순 어극 사십년 칭경기념비(高宗皇帝寶齡六旬御極四十年稱慶紀念碑)>를 쓰기도 했다. 그가 편찬한 『덕행교범(德行敎範)』이 전하는데, 책 제목과 그의 생애가 불일치하는 것이 안타까울 따름이다.

동원(東園) 이재곤(李載崑, 1859~1943)은 1907년에 학부대신(學部大臣)으로서 훈(勳) 1등과 팔괘장(八卦章), 그리고 태극장(太極章)을 받았으며 종1품에 올랐다. 이듬해 황태자의 수학(修學) 모습을 보려고 일본 동경에 다녀왔으며, 1917년에는 순종 황제를 모시고 동경을 갈 때도 호종(扈從)하였다. 고종이 붕어하자 장례의 고문으로서 시책문제술원(諡册文製述員)의 일을 맡았다. 그리고 1926년에 순종이 붕어하자 다시 시책문제술원으로서 묘호(廟號)를 순종(純宗)으로 이름 짓는 등 요직을 두루 맡았던 인물이다. 그의 아들 이원용(李源鎔) 역시 『도서첩』<제7책>에 축하시문을 남겼다.

만연(晚然) 홍승영(洪承永, 1858~?)은 자(字)가 경구(景九)이며 본관은 풍산(豊山)이다. 문두에 '訪隱士不遇'라 적어 놓은 것으로 보아, 한남서림 개업 후 일부러 백두용을 찾아갔으나 서로 만나지 못해 글만 남겨놓고 간 것으로 보인다. 백두용을 '은사'라고 불렀다.

추인(秋人) 정교(鄭喬, 1858~1925)는 군수를 지냈으며, 국학 관련 저서를 많이 남겼다. 특별히 편년체로 기록한 『대한계년사(大韓季年史)』는 한말의 사실(史實)을 밝히는 귀중한 자료가 된다. 그 외의 저서로 『대동역사(大東歷史)』, 『홍경래전(洪景來傳)』, 『가곡선(歌曲選)』 등이 있다. 그는 1895년에 수원판관(水原判官)과 장연군수(長淵郡守)를 역임하고 1896년에는 독립협회에 가입해 서기(書記)·제의(提議) 등의 간부로 활약하였다. 1898년 12월에 독립협회가 해산되자 미국 선교사인 아펜젤러 목사의 보호로 배재학당(培材學堂)에 피신하였다가 1904년 러일전쟁이 일어난 뒤에야 귀가하였다. 국권을 상실한 후에는 익산(益山)으로 내려가 은거하다가 생을 마쳤다. 『도서첩』에는 '翰南書林 白心齋 斗鏞 先生 閣下'라는 편지 겉봉 글씨와 함께 비유적 표현의 편지 내용이 소개되어 있다. "책 숲[書林] 만 그루 나무[萬樹]를 안배하기 좋아하니 / 소향가(小香家=백춘배 집안)에는 어진 마음이 가득하네."[56]라고 하여 한남서림에 만 권의 장서를 두고 타인이 볼 수 있도록 서점을 연 것이야말로 칭송받을 만하며, 백춘배 집안이 어진 사람이었음을 그로 미루어 알 수 있다고 했다.

위서(韋西) 이희원(李熙元, 1857~?)은 1885년 증광시(增廣試)에 합격하고 왜학(倭學)을 전공했으며, 군수로 재직한 바 있다. 『도서첩』에다 "담 동쪽에 일찍이 고상(高尙)한 선비 있단 말 듣고는 만사 제켜 놓고 한남서림에 갔더니 마음이 다시 새로워짐이라. 서가에 가득한 책이 맑은 해와 달 같아 문 밖이 시끄러운 속세인지 알지 못하겠노라."[57]라며 책이 가득한 서

---

56) 정교, 『가장도서첩』 제2책, 5쪽. "書林萬樹好安排, 小香家裏賢咸在"
57) 이희원, 『가장도서첩』 제2책, 6쪽. "墻東曾聞有高人, 却到漢南, 心更新. 滿架圖書淸日月, 不知門外鬧紅塵"

점이야말로 속세를 벗어난 신선 세계와 같음을 들어 한껏 한남서림의 개업을 예찬했다.

초서(蕉西) 남규희(南奎熙, 1856~1937)는 대사헌을 지낸 남헌교의 손자로 명문가에서 태어났다. 1877년 과거에 합격하여 승정원과 홍문관에서 관직을 시작했다. 1886년 동부승지에 올랐고, 1901년에는 궁내부 특진관, 비서원승에 임명되어 국정수행 일기인 『일성록』 보충작업을 감독했다. 이후에 규장각과 궁내부 등에서 근무했으며 『고종실록』과 『순종실록』의 편찬 위원으로도 활동했다.

왕거(往居) 안택중(安宅重, 1858~1929)은 1908년에 궁내부 산하 수학원(修學院)에서 교관(敎官)으로 근무한 경력이 있다. 『도서첩』에서 "白友心齋"라고 밝힘으로써 자신이 백두용과 잘 알고 지낸 사이임을 은근히 드러냈다. 안택중은 한남서림에서 1916년에 이덕무의 『사소절』을 간행할 때, '안왕거(安往居)'란 이름으로 서문을 써 준 바 있다.

도옹(陶翁) 유세남(劉世南, 1859~?)은 협변(協辨)을 지냈다. 개화파 관료로서 김옥균, 유길준, 박영효, 그리고 구한말 묵란의 대가였던 김응원(金應元) 등과 친했다. 이들이 함께 쓴 시화를 모은 시화첩이 남아 있어 그러한 사정을 엿볼 수 있다. 앞서 소개한 정교(鄭喬)와 함께 개화당에 참여해 정부 전복을 도모한다는 죄목으로 고발당했으나, 무죄 선고를 받기도 했다.

여해(如海) 윤기원(尹起元, 1859~?)은 주서(注書), 옥당(玉堂) 등의 관직을 지냈다.58)

동범(東凡) 임경호(任駉鎬, 1859~?)는 참봉(參奉) 직을 지낸 것으로 기록되어 있으나 자세한 행적은 알 수 없다. 다만 1899년~1900년에 걸쳐 행해

---

58) <尹起元>, 『국조방목(國朝榜目)』, 서울대 규장각한국학연구원 소장.

진 태조어진(太祖御眞)의 모사(模寫) 과정을 수록해 놓은 의궤(『影幀模寫都監儀軌』)59)에 임경호가 화원(畵員)을 감독하는 감조관(監造官)으로 참여한 사실이 확인된다. 이때 모사에 참여한 화원 중에는 백두용의 부친인 백희배(白禧培)와 먼 당숙인 백은배(白殷培)도 있었다. 임경호가 『가장도서첩』에 글을 남긴 것도 화원으로서 백희배 등과 친분이 있었기 때문으로 보인다.

소산(韶山) 고영일(高永鎰, 1859~?)은 의관(議官)을 지냈다. 『도서첩』에는 교리(校理) 고영석(高永錫)의 동생임을 강조해 놓았다. 신학문을 익혀 측량기인 양지기(量地機)를 처음으로 만든 인물이라는 사실 정도만 알려져 있다.60)

차경춘야(此經春也)는 『도서첩』에서 호가 '악양루주인(岳陽樓主人)'이며 동경(東京)인이라고 밝혀 놓았다. '악양루'는 상호명, 또는 당호일 것으로 보인다. 차경춘야(此經春也)와 관련해서는 현재 국립중앙박물관에 소장되어 있는 <화조도(花鳥圖)> 족자를 1912년에 그가 40원을 받고 팔았다는 기록이 남아 있어61) 우리 고서화에 관심 갖고 이를 취급하던 일본인이었을 것임을 추정해 볼 따름이다. 이런 관심사로 인해 백두용과 알고 지냈을 가능성이 높다. 『도서첩』에서는 그를 신문 통신원, 곧 신문 기자로 소개해 놓았다.

동성(東星) 한세진(韓世鎭, 1859~?)은 조선 말기의 개화파 인물로 알려져 있다. 1870년대에 유홍기(劉鴻基)·김옥균(金玉均)·박영효(朴泳孝) 등과 개화에 뜻을 같이했던 인물로, 특히 불교의 교리에 밝았던 유홍기의 인품과 식견에 영향을 많이 받았다.62)

---

59) 宗親府 編, 『影幀模寫都監儀軌』, 1900, 서울대 규장각한국학연구원 소장.
60) 황현, 허경진 역, 『매천야록』, 서해문집, 2006, 273쪽.
61) 이원복, 「우리 옛 그림들의 해후」, http://blog.naver.com/ohyh45?Redirect=Log&dogNo=20126950429 참조(2019년 11월 3일자 검색)
62) 이광린, 『개화당연구』, 일조각, 1973 ; 이능화, 『조선불교통사 (하)』, 신문관, 1918 참조.

설파(雪坡) 노완수(盧完洙, 1859~?)는 위원(委員)을 지냈다.

유운(幼雲) 변종헌(卞鍾獻, 1859~?)은 판윤 길운(吉雲)의 아들로, 1892년에 과거에 합격했으며 승지(承旨)를 지냈다.

서농(書農) 성낙순(成樂洵, 1859~?)은 주사(主事)로 일했으며, 『도서첩』에는 「백군두용만서사하병서(白君斗鏞萬書肆賀并序)」라는 제목 하에 길게 백두용과 한남서림을 예찬하는 내용의 글을 남겼다.

몽유(夢遊) 민찬호(閔贊鎬, 1859~?)는 판서를 지냈으며, 부친 역시 판서를 지낸 민치상(閔致庠)이다. 독립운동가이자 하와이 한인교회 초대 목사였던 민찬호와는 동명이인이다. "백옥 같은 그 사람의 우아한 소리 남아 성시(城市)에 숨겨져 있고, 또한 그윽한 곳에 거하여 마음을 다잡아 삼가고 또 삼가니 근본을 잃어버리지 않았네."[63] 라며 백두용이 은자(隱者)로서의 삶을 살던 이였음을 강조했다.

치암(癡菴) 장석주(張錫周, 1849~1921)는 함북 경성(鏡城) 출생으로 1882년에 상경하여 이듬해 박문국(博文局)에 들어가『한성순보(漢城旬報)』주필을, 1884년에는 박문국 사사(司事)와 교섭아문(交涉衙門) 주사를 역임하였다. 그 후 김홍집(金弘集) 내각의 법부대신(法部大臣)으로 입각했다.『도서첩』에서는 다른 문헌에 1849년생으로 소개되어 있는 것과 달리, 1859(己未)년생으로 적고 있다. 축하문을 쓴 시기는 '大正二年九月上澣', 즉 1913년 음력 9월 초순이었다.

소오(篠梧) 이종진(李鍾振, 1859~?)은 자(字)가 옥여(玉汝)이며, 군수(郡守)를 지냈다.

금재(錦齋) 박제환(朴齊瓛, 1859~1938)은 1906년에 대한제국의 중추원 참사로 임명된 후, 일제 강탈 후에도 조선총독부 중추원에서 1927년까지

---

63) 민찬호,『가장도서첩』제2책, 18쪽. "白玉其人雅韻餘隱於城市, 亦幽居持心謹愼元無失."

찬의(贊議)로 지냈다. 일본 관련 사업에 여러 차례 기부금을 납부했으며, 1916년 조선총독부가 반도사 편찬사업을 벌일 때에는 조사주임으로 참가하기도 했다.

만오(晩悟) 유흥열(劉興烈, 1863~1945)은 자(字)가 권일(權一)이다. 군수를 지냈다.

화당(和堂) 백병중임(白井重任, ?~?)은 일본인 교육자이다. 1908년 『대한제국 직원록』 명부와 1911년 『조선총독부관보』 5월 29일자 기사에 의거할 때, 그가 관립한성외국어학교(官立漢城外國語學校) 일어부 교수로 재직한 사실을 확인할 수 있다. 후에는 사립 진명여자고등보통학교(進明女子高等普通學校) 교장으로도 근무했다.64) 『도서첩』 수록 축하문에 '心齋 先生 棐几下'라고 썼다. '비궤(棐几)'는 원래 비자나무로 만든 책상을 가리키나, 여기서는 상당한 학식과 덕을 지닌 선비를 뜻하는 말로 사용되었다.

동곡(東谷) 정인승(鄭寅昇, 1859~1938)은 1882년에 급제한 후, 여러 관직을 두루 거쳤다. 『도서첩』에는 그가 상국(相國) 정범조(鄭範朝)의 아들이라고 했다. 『일성록(日省錄)』의 편찬을 감독하는 윤발일성록보충감독(綸綍日省錄補充監督)이란 벼슬과 봉상사제조(奉常司提調) 등을 역임했다.

운초(雲艸) 현은(玄檃, 1860~1934)은 국장(局長)을 지냈다. 17세기부터 대대로 역관을 지낸 가문 출신으로 그 또한 1880년에 역과에 합격하여 사헌부, 통리교섭통상사무아문, 내부 등지에서 관리로 근무하였다. 애국계몽운동의 일환으로 학교 교육에 관심을 갖고 장훈학교를 직접 설립하였으며 지방 소재 학교 설립을 위한 기부금을 내기도 했다. 한국의 역사, 지리, 어문 등에 박식했다.

청운(晴雲) 윤교영(尹喬榮, 1860~?)은 자(字)가 태목(泰木)이다. 『도서첩』에

---

64) 한기형, 『한국 근대소설사의 시각』, 소명출판, 1999, 343쪽.

는 현감 제익(濟翼)의 아들로 소개해 놓았다. 1892년에 문과에 급제한 후 홍문관수찬(弘文館修撰)을 제수 받았고, 1910년에는 규장각부제학(奎章閣副提學)과 칙임관(勅任官)에 임용되었다. 『도서첩』에서는, 비록 백두용이 책을 사고파는 일을 하지만 영리(營利)의 즐거움에 뜻을 두지 않고 서림을 거룩하고 지혜에 밝히는 장소로 만드는데 정성을 쏟을 줄 아는 이라며 그를 칭송했다.[65]

회와(晦窩) 민달식(閔達植, 1860~?)은 시종(侍從)직을 맡았던 인물이다. 『도서첩』 축하문에서 백두용이 한남서림을 저잣거리[闤闠] 한 모퉁이[一隅]에 개설해 놓고 제자백가의 책들을 갖추어 놓았다고 했다.

> 백두용은 우리들 중 인(仁)의 소유자다. 문원(文苑)이 망지(亡地)가 된 것을 분개하여, 일찍이 한남서림을 저잣거리[闤闠] 한 모퉁이[一隅]에 개설하고, 제자백가의 책들을 갖추어 놓았다. (중략) 이런 것이 사람의 어진 마음이다. (중략) 누가 낫고 누가 못하다고 하겠는가? 백군과 이공택(李公擇)은 서로 막상막하다. 소장공(蘇長公=蘇軾, 역자 주)이 이공택 산방(山房)에 관해 기록하기를 "이는 어진 자의 마음이다"고 했는데, 나는 백군이야말로 우리 중에 어진 마음을 소유한 이라고 말할 것이다.[66]

문원(文苑)이 무너진 현 상태에서 서점을 열어 세상 사람들로 하여금 많은 책을 볼 수 있도록 한 것이야말로 어진 마음의 결과라고 보았다. 그러면서 백두용을 송나라의 소식(蘇軾)이 극찬한 '이공택(李公擇)'과 견줄 만하다고 했다. 이공택은 책을 많이 소장했던 중국의 유명한 장서가 중한 사람이다. 축하문을 '昭陽赤奮若仲秋上澣'에 썼다고 밝혀 놓았는데,

---

65) 윤교영, 『가장도서첩』 제2책, 26쪽. "君於販鬻非營利樂在書林詩聖明."

66) 민달식, 『가장도서첩』 제2책 27쪽. "白君心齋吾人中仁心之人也. 慨文苑之泯堧, 曾設翰南書林於闤闠一隅, 藏�俻諸子百家之書,⋯此人之仁心也.⋯孰季孰孟? 白君與李公擇相上下也. 是以蘇長公記公擇之山房, 曰: '此仁者之心也'. 余所謂白君吾人中仁心之人也.

'昭陽'과 '赤奮若'은 각각 고갑자(古甲子)에서 천간(天干)의 '癸'와 십이지(十二支)의 '丑'에 해당한다. 그러므로 위 축하문은 '계축년(1913) 음력 8월 상순'에 쓰인 것임을 알 수 있다.

우포(又圃) 정주영(鄭周永, 1860~?)은 자(字)가 치신(致新)이며, 관찰사(觀察使)를 지냈다. 『도서첩』에서는 그가 낙용(洛鏞)의 아들이라고 했다.

성사(星史) 임창재(任昌宰, 1860~?)는 자(字)가 성언(聖言)이며, 군수(郡守)를 지냈다. 『도서첩』에는 그가 승지 택호(澤鎬)의 아들로 소개해 놓았다. 1880년에 과거에 합격했다.

지산(芝山) 이장훈(李章薰, 1860~?)은 주사(主事)를 지냈다. 영국인 배설(裵說, Bethell)이 1909년에 죽은 뒤 1910년 6월 1일자부터 조선총독부의 기관지로 전락한 『대한매일신보』의 발행인이었다. 그는 김규진, 이용민 등과 더불어 백두용의 친구로 가깝게 지낸 사이였다.[67] 『도서첩』 수록 글에서는 세상을 위한 포부를 가진 이가 없음을 한탄하면서 선비라면 서림에 뜻을 두고 이름은 감추어야 한다고 했다.[68] 백두용이 바로 그런 인물임을 높게 평가하고자 한 것이다.

회당(晦堂) 서긍순(徐肯淳, 1860~?)은 참판(參判)을 지냈다. 『도서첩』에서는 그가 승지 익보(翼輔)의 아들이라고 했다. 조선 말기의 문신으로 1906년에 상소를 올려 교육의 필요성을 역설한 바 있다. 1907년 궁내부특진관에 임용되고 칙임관 3등에 서임되었으며, 봉상사제조를 거쳐 장례원부경에 임명되었다. 순종 즉위(1907) 후에는 장례원전사를 지냈다.

<제2책>에 등장하는 인물들 역시 대체로 정치 관료들이 주를 이루고 있다. 1857~1860년에 태어난 인물들을 한 곳에 모았다. 대부분 대한제

---

67) 방효순, 「한남서림의 소설류 방각본 발행」, 『근대서지』 제5호, 소명출판, 2012, 142쪽.
68) 이장훈, 『가장도서첩』 제2책 30쪽. "今誰識經綸, 士托意書林己韜名."

국의 관료로 있었거나, 애국 계몽운동을 전개했지만 국권 피탈 후에는 방향을 바꿔 일본을 위해 활동한 이들이 적지 않다. 이에 반해 『대한계년사』를 쓴 정교와 같은 인물은 일본 정부에서 주는 벼슬을 마다하고 지방으로 낙향해 은거하며 지냈다. 서점이 공익을 위해 필요하다는 사실을 거듭 강조하는 한편, 그런 서점을 개업했더라도 고서만을 취급하며 도시에 거하는 은자다운 이로는 백두용뿐임을 칭송한 내용이 주를 이룬다. <제1책>과 마찬가지로 백두용에 앞서 부친 백희배와 당숙 백춘배를 기억하고 그의 행적과 뜻을 높이 평가하며 그를 추모하고자 쓴 글들도 여럿 보인다.

〈제3책〉

이름	字	호	本	생년	관직	비고
이응식(李膺植)	공준(公俊)	풍석(豊石)	한산(韓山)	1853(癸丑)	찬의(贊議)	
이용직(李容稙)	치만(稚萬)	강암(剛庵)	한산(韓山)	1853(癸丑)	판서(判書)	리(吏) 판의(判義) 갑증(甲曾)의 손자
강필주(姜弼周)	여뢰(汝賚)	위사(渭史)	진주(晉州)	1853(癸丑)	주사(主事)	
서병규(徐丙奎)	윤여(潤如)	약산(藥山)	달성(達城)	1853(癸丑)	주사(主事)	
한석진(韓錫振)	의경(義卿)	석천(石泉)	청주(淸州)	1853(癸丑)		
유장한(劉章漢)	운철(雲哲)	소당(韶堂)	임영(臨瀛)	1853(癸丑)		
임정모(任正謨)		청계(淸溪)		1849(己酉)		평양 거주
윤용구(尹用求)	주빈(周賓)	석촌(石邨)	해평(海平)	1853(癸丑)	판서(判書)	윤의선(尹宜善)의 아들
이두연(李斗淵)	중심(仲心)	용파(蓉坡)	전주(全州)	1854(甲寅)	군수(郡守)	
박태영(朴台榮)	계경(桂卿)	서향(書薌)	영해(寧海)	1854(甲寅)	군수(郡守)	
한창교(韓昌敎)	기백(岐伯)	백산(白山)	청주(淸州)	1854(甲寅)	군수(郡守)	
정봉시(鄭鳳時)	성소(聖韶)	송리(松里)	초계(草溪)	1855(乙卯)	관찰사(觀察使)	
지석영(池錫永)	공윤(公胤)	송촌(松村)	충주(忠州)	1855(乙卯)	승지(承旨)	
송세현(宋世顯)	주숙(周叔)	죽하(竹下)	여산(礪山)	1855(乙卯)	주사(主事)	

이유삼(李裕三)	태경(台卿)	우석(愚石)	경주(慶州)	1855(乙卯)		귤산(橘山) 상국(相國)의 재종(再從)
한경택(韓敬澤)	중거(仲居)	만송(晩松)	청주(淸州)	1855(乙卯)	전사(典祀)	
남계석(南啓錫)	원팔(元八)	귀당(龜堂)	의령(宜寧)	1855(乙卯)	군수(郡守)	
조희연(趙羲淵)	심원(深源)	기원(杞園)		1856(丙辰)	군부대신(軍部大臣)	
현채(玄采)	백수(白受)	백당(白堂)	천령(川寧)	1856(丙辰)	군수(郡守)	
송찬회(宋贊會)	성희(聖喜)	풍사(楓史)	여산(礪山)	1849(己酉)	도사(都事)	
유길준(兪吉濬)	성무(聖武)	구당(矩堂)	기계(杞溪)	1856(丙辰)	내부대신(內部大臣)	
조동희(趙同熙)	유선(有先)	동석(東石)	양주(楊州)	1856(丙辰)	판서(判書)	영상(領相) 두순(斗淳)의 손자
유한춘(劉漢春)	원거(元擧)	우관(又觀)	한양(漢陽)	1856(丙辰)	지추(知樞)	
신경희(申耕熙)	덕일(德一)	우당(芋堂)	평산(平山)	1856(丙辰)	부사(府使)	
이정환(李鼎煥)		혜전(惠筌)	경주(慶州)	1848(戊申)	협변(協辦)	
이민부(李民溥)	경선(景宣)	혜양(蕙養)	한산(韓山)	1856(丙辰)	군수(郡守)	
이기(李琦)	기옥(奇玉)	난타(蘭陀)	금산(錦山)	1856(丙辰)	감리(監理)	
민철훈(閔哲勳)	성약(聖若)	만향(晩香)	기흥(驥興)	1856(丙辰)	판서(判書)	
이병교(李秉喬)	윤세(允世)	화산(華山)	연안(延安)	1856(丙辰)	승지(承旨)	

29명

풍석(豊石) 이응식(李膺植, 1853~?)은 찬의(贊議) 벼슬을 했다. 『도서첩』 수록 다른 시문은 주로 행서(行書)체와 초서(草書)체로 쓰였는데, 이응식은 전서(篆書)체를 이용해 정교하게 썼다.

▌ 『가장도서첩』〈제3책〉 수록 이응식(李膺植)의 축하문

강암(剛庵) **이용직**(李容植, 1852~1932)은 판서(判書)를 지냈고, 1910년 국권 피탈 당시에 학부대신이었다. 조약안이 상정되었을 때, "이 같은 망국안(案)에는 목이 달아나도 찬성할 수 없다"고 하면서 강하게 반대하고 마지막 어전회의에도 불참했다. 1919년 3월 1일 운동 때에는 대제학 김윤식과 함께 조선독립청원서 사건에 참여했다가 작위를 박탈당하기도 했다. 『도서첩』에서는 백두용의 당숙인 소향공(小香公) 백춘배(白春培)가 지사(志士)로서 시를 잘 지어 세상에 이름이 났다고 했다. 그러면서 백두용이 그러한 집안 어른의 뜻을 잘 이어 받아 서점을 경영했다고 했다.[69]

위사(渭史) **강필주**(姜弼周, 1853~1923)는 주사(主事)를 지냈으며, 서화미술회 교수이자 서화협회의 발기인으로 활동했다.[70] 1899년~1900년에는 백두용의 부친인 백희배와 백부인 백은배와 함께 태조어진을 모사하는

---

69) 이용직, 『가장도서첩』 제3책, 3쪽. "白小香有志之士也. 早歲以善詩鳴於世.…其將斗鏞君 能經小香之志多."

70) 홍선표, 『한국 근대미술사』, 시공아트, 2009, 116쪽.

▌『가장도서첩』〈제3책〉 수록 강필주(姜弼周)의 축하문

방외화원(方外畵員)으로 참여하기도 했다. 화원으로서의 장기를 살려 『도서첩』에는 시문이 아닌 산수화로 한남서림의 개업을 축하하는 마음을 표현했다. 서화전람회(書畵展覽會)에 출품했던 그림이라는 설명이 간략히 부기되어 있고, 화제시(畵題詩)는 보이지 않는다.

약산(藥山) 서병규(徐丙奎, 1853~?)는 주사(主事)를 지냈다. 자세한 행적은 알 수 없다.

석천(石泉) 한석진(韓錫振, 1853~?)은 1900년에 해서철광회사를 설립하고, 1906년에는 일진회(一進會)의 기관지로 발행된 친일신문인 『국민신보』의 3대 사장을 역임했던 인물이다. 『도서첩』에는 "기다릴 여유가 있으면서도 후에 독서하겠노라 하면 독서할 때가 되어도 항상 행하지 못하고, 기다릴 여유가 있으면서도 후에 남을 구제하겠노라 하면 남을 구제할 날이 와도 항상 하지 못한다."[71]라는 의미심장한 말을 남겼다. 때에 구애됨 없이 부단히 독서하는 자세가 필요함을 언급한 것이라 하겠다.

---

71) 한석진, 『가장도서첩』 제3책 6쪽. "待有暇而後讀書必無讀書之時, 待有餘而後濟人必無濟人之日."

소당(韶堂) 유장한(劉章漢, 1853~?)에 관한 자료가 별로 없다. 『도서첩』에는 자(字)가 운철(雲哲)이며, 본관이 임영(臨瀛)이라는 정도만 소개되어 있다. 축하문에서 "내 친구 백두용은 평생 좋아하는 것이 없으나, 한 가지 좋아하는 것이 있으니 바로 서화(書畵)다."[72]라며 진실하면서 아름다운 그의 마음을 기리고자 글을 남긴다고 했다.

청계(淸溪) 임정모(任正謨, 1849~?)에 관해 『도서첩』에서는 평양에 거주한 사실을 적고 있을 뿐, 자(字)와 관직 등 다른 기본 인적사항들은 기재되어 있지 않다. "자연에서 늙어가노니 달을 낚시질하고 구름을 경작한다."[73]라는 8자로 된 짧은 시구를 남겼다. 달과 구름을 벗 삼아 자연 속에서 살아가려는 마음을 담은 것으로 깊이 숨어 살고자 한 백두용의 삶을 은자의 생활에 빗대어 나타낸 것이라 하겠다.

석촌(石邨) 윤용구(尹用求, 1853~1938)는 예조·이조 판서 등을 지냈다. 윤의선(尹宜善)의 아들이다. 법부·탁지부·내무대신에도 10여 차례 임명되지만 매번 사절하고 서울 근교에 있는 장위산(獐位山) 밑에 은거하여 자호를 '장위산인(獐位山人)'으로 삼았다. 축하문 마지막에 자신을 '석촌처사(石邨處士)'라고 칭한 것도 이와 무관하지 않을 것이다. 해서·행서·금석문(金石文)을 잘 쓰고, 죽란(竹蘭)을 잘 그렸다. 국권피탈 뒤에 일본정부가 남작 지위를 주려 했으나 이를 끝내 거절한 것으로 유명하다. 윤희구(제11책)와 윤영구(제6책)와는 종형지간이다.

용파(蓉坡) 이두연(李斗淵, 1854~?)은 횡성(橫城) 사람으로 군수를 지냈다. 1919년 횡성군 서원면(書院面) 분일리(分一里)에 위치한 송병창(宋秉昌) 집에 모여 독립만세 시위운동을 벌이다가 일본 경찰에게 붙잡혀 보안법 위반으로 징역 6월형을 언도받고 옥고를 치렀다. 『도서첩』 수록 축하문은

---

72) 유장한, 『가장도서첩』 제3책 7쪽. "已吾友白心齋平生無所好, 好之者惟書畵"
73) 임정모, 『가장도서첩』 제3책 8쪽. "老於山水 釣月耕雲"

'癸丑梧林下浣'(1913년 오동나무 숲에서 하순경)에 쓴 것이다. 서점으로 크게 이름을 날릴 것을 기원하는 내용의 글을 남겼다.

서향(書薌) 박태영(朴台榮, 1854~?)은 남원 군수(郡守)를 지냈다. 예식원 참리관(禮式院參理官)과 통역관으로도 활동했다. 아관파천의 상황에서 고종의 명을 받아 통역관으로서 중국 외교관 당소의(唐紹儀)를 만나 중국과의 조약 체결에 관해 논의하기도 했다.

백산(白汕) 한창교(韓昌敎, 1854~?)는 군수(郡守)를 지냈다. 『무보(武譜)』에 한창교와 그의 선조의 이름이 다수 보이는 것으로 보아 무관 출신으로 보인다. 『도서첩』에서는 동대문의 거마(車馬) 소리와 봄바람 소리가 경쟁하듯 들려오는 동리에서 달밤에 생황(笙簧) 소리를 즐기는데, 유독 백두용[白居士]의 일서루(一書樓)에선 만 가지 떠드는 소리가 들려온다고 했다.[74] 한남서림에 많은 사람이 찾아와 북적대는 풍경을 책 읽는 소리에 비유해 노래했다.

송리(松里) 정봉시(鄭鳳時, 1855~1937)는 관찰사(觀察使)를 지냈다. 유교 계열의 단체로 친일 성향이 강한 대동학회에서 활동했으며, 『국조보감』 찬집에도 참여하는 등 유교 학식이 높았다. 1910년에는 규장각 부제학을 맡았다. 그런데 조선총독부가 세운 경학원에서 오랫동안 근무하면서 유교계 대표적 친일 인물로 활동했다. 『도서첩』 축하문에서는 백두용이야말로 '대은(大隱)'에 해당하는 은자임을 강조했다.[75] '대은(大隱)'은 노자가 『도덕경』에서 '어시은(於市隱)'이라고 말한 것을 뜻한다. 진정한 은둔은 시장 통 한복판에서 생활하는 것이라는 의미로 사용한 것이다.[76] 즉,

---

74) 한창교, 『가장도서첩』 제3책, 12쪽. "東門車馬春風競, 此里笙秋夜月遊, 獨有城南白居士, 萬喧叢裏一書樓"

75) 정봉시, 『가장도서첩』 제3책 13쪽. "大隱於市隱乎. 隱者飮於市, 屠於市, 卜於市, 藥可市. 其事殊, 其隱則一. 白君心齋高士也. 藏書數萬卷于大都市之翰南書林."

76) 소동파는 <망호루에서 술에 취해>라는 시 제5수에서 대은(大隱)은 조정과 시가지에

'대은'은 참으로 크게 깨달아 환경에 구애됨이 없이 절대적인 자유를 누리는 은자를 말한다. 따라서 여기서 정봉시가 백두용을 '대은(大隱)'과 '시은(市隱)'에 비긴 것은 백두용이 서울 한복판에 한남서림을 차리고 속세의 이재(利財)에 관심을 두지 않고 공부하는 삶을 사는 것이야말로 은자다운 삶을 실천하는 것이라는 의미로 말한 것이다.

송촌(松村) 지석영(池錫永, 1855~1935)은 승지(承旨)를 지냈다. 종두법을 처음 개발한 인물로 유명하다. 1899년에 경성의학교(京城醫學校) 교장에 취임하여 의학 교육 사업에 종사했으며, 한글 보급에 힘써 『신정국문(新訂國文)』(1905) 6개조를 상소하기도 했다. 이 제안은 그대로 받아들여져 공포되었다. 1908년에는 지속적인 연구를 위해 국문연구소 위원이 되어 연구에 전념하기도 했다. 또한 1909년 옥편의 효시인 『자전석요(字典釋要)』를 간행하는 등 국문연구에도 적지 않은 공적을 남겼다. 『도서첩』 수록 글에서 지석영은 서점 개업 축하의 메시지를 직접 남기는 대신 '왕증(王曾)의 父'와 '왕증'에 관한 일화를 길게 소개해 놓았다.

왕증의 부친이 처음에 아들이 없었다. 우연히 길에 글자가 적혀 있는 종이를 발견했다. 반드시 주워 향수(香水)로 씻은 후 그것을 불태웠다. 매양 옷을 전당 잡히고 글자가 적혀 있는 종이를 샀다. 음력 초하룻날과 보름날에 태운 재는 흐르는 강물에 뿌렸다. 어느 날 저녁에 꿈을 꿨는데, 공자가 등을 어루만지며 말하기를, "너는 어찌 내 아들의 부지런함을 아까워하고, 너의 늙음을 아까워하느냐? 가히 성취할 수 없는데 마땅히 지금 일찍이 와서 참여하

사는 것이고, 중은(中隱)은 한직에 있으면서 마음의 여유를 갖고 정신적으로 은거하는 것이고, 소은(小隱)은 벼슬을 버리고 산림에 묻혀 은거하는 것이라고 구분지어 노래한 바 있다. "대은은 조정과 저잣거리에 숨고 / 소은은 산속에 들어가는 것이라네 /조정과 저잣거리는 너무 시끄럽다네. / 차라리 대은과 소은의 중간에 은거하여 / 관직에 은거하는 것이 적당하다.(大隱住朝市, 小隱入丘樊, 朝市太囂暄, 不如作中隱, 隱在留司官)"

였으므로 네 생가는 큰 집안이 될 것이다." 하였다. 그 후 늘그막이 아들 하나를 얻어 이로 인해 이름을 '증(曾)'이라 지었다. 그가 송나라의 유명한 재상이 되었으며 기국공(沂國公)에 봉해졌다.[77]

　중국의 연지대사(蓮池大師, 1535~1615)가 지은『자지록(自知錄)』에 실려 있는 "글자가 써진 종이를 길에서 주워 불태우며, 백 글자가 한 가지 선행이다. 글자가 써진 종이가 버려져 있는데, 이를 돌보지 않는 자는 열 글자가 하나의 과실이 된다."[78]라는 내용을 소개해 놓았다. 이는 중국에서 중요하게 여기던 '경석자지(敬惜字紙)'의 자세, 즉, '글자가 쓰여 있는 종이를 소중히 한다.'라는 의식을 잘 보여주는 것으로, 위 글은 글자가 써진 종이를 아끼고 받들고 버리지 않아야 하며, 만약 그렇지 않으면 자손에게 화가 미친다는 믿음을 반영한 것이다. 그래서 선비가 과거에 합격하고 싶으면 책에 적힌 선행을 행해 덕을 쌓고, 글자가 쓰인 종이를 아끼고 받들어야 한다고 여겼다. 이는 글자가 쓰인 종이를 모은 것이 책이라고 할 때, 결국 책을 소중히 해야 함을 강조한 것이라 하겠다. 백두용이 한남서림을 연 것이 곧, 책을 아끼고 선행을 하고자 한 마음에서였음을 말하고자 한 것이다. 이것을 위해 왕증의 일화와 전고를 가져와 우회적으로 서점 개업을 축하한 것의 다름 아니다.

　죽하(竹下) 송세현(宋世顯, 1855~?)은 주사(主事)를 지냈다. 그 밖의 행적은 자세히 알려져 있지 않다.『도서첩』에는 다음과 같은 글을 남겼다.

---

77) 지석영,『가장도서첩』제3책, 14쪽. "王曾之父, 初無子. 遇字紙路遺, 必爲掇拾, 滌以香水而焚之. 每典衣收買字紙. 朔望聚焚灰流河中. 一夕夢, 宜聖拊其背曰, 汝何敬惜吾子之勤也. 惜汝老矣. 無可成就, 當今曾參來, 汝生家顯大門戶. 晚年得一子因名曰曾. 爲宋名相, 封沂國公."

78) 연지대사,『자지록(自知錄)』, "拾路遺字紙火化, 百字爲一善, 遺棄字紙不顧者, 十字爲一過."

세상에 초연하면서 대중과 같지 않아 그 자취를 숨기고 후대에 이름이 난 이가 바로 한남서림의 주인 심재(心齋)이다. 주인은 향사(香社)를 유풍(遺風)으로 삼았으며, 휴암(休庵) 선생의 뛰어난 후손[英裔]이다. 서적 완상(玩賞)에 심취한 데다 능히 선현들의 유훈(遺訓)을 흠모하는 마음이 있어 시문을 모으고 편집해 후일에 길이 전하고자 하였으니 그 취한 의(義)가 크고 담을 만한 뜻이 있다.79)

여기서 향사(香社)는 중국의 백거이(白居易)가 조직한 시사(詩社)를 가리킨다. 백두용이 백거이의 마음을 따르고자 한 것을 유풍으로 삼았다고 했다. 무엇보다 독서에 심취한 데다 선현의 유지를 받들고자 하는 마음에서 『도서첩』을 만들어 후대에 길이 남기고자 한다고 했다. 즉, 선현의 뜻을 받들어 서점을 열었고, 이를 기념하기 위해 일부러 축하시문을 모아 후대에 전하고자 『도서첩』을 제작했음을 알 수 있다.

우석(愚石) 이유삼(李裕三, 1855~?)은 『임하필기(林下筆記)』를 지은 귤산(橘山) 이유원(李裕元)의 재종(再從)이다. 『도서첩』에 이렇게 밝혀 놓고, 그 밖의 다른 정보는 적어 놓은 것이 없다.

무릇 다른 사람과 사귀려는 자는 마음과 취미[氣味], 그리고 능력이 서로 부합해야 사귈 수 있다. 한남서림의 백형은 문자를 마치 잘 차린 음식처럼 여기고 붕우를 마치 천명처럼 여겨 널리 뜻을 같이하는 사람[同人]에게 시문을 구해 그것을 소장하는 일을 거듭하게 되었는데 그것이 나에게까지 미쳤다.80)

---

79) 송세현, 『가장도서첩』 제3책, 15쪽. "世有超然不羣隱其跡, 而名於後者, 卽翰南書林心齋主人是也. 主人以香社遺風休庵英裔, 耽玩書籍能慕先聖之遺訓, 蒐輯詩文以爲後日之壽傳, 其取義也大矣, 其有志也盛矣."

80) 이격삼, 『가장도서첩』 제3책, 16쪽. "凡與人交者, 氣味技能染有相合而交也. 翰南白兄, 文字爲芻豢, 朋友爲性命, 廣求同人詩文, 藏之仍及於余."

사람 사이의 사귐의 원리를 언급하면서 자신을 포함한 백두용은 문자(책)를 음식처럼 여기는 동인(同人)이기에 뜻을 모을 수 있노라 했다. 즉, 고서를 사랑하고 책 읽기를 좋아하는 이들로부터 시문을 얻어 『도서첩』을 만들게 되었다고 하고, 그런 이유에서 자신도 동참하게 되었노라 했다. 앞선 송세현의 글과 마찬가지로, 『도서첩』이 만들어지게 된 경위를 적어놓았다.

만송(晩松) 한경택(韓敬澤, 1955~?)은 장례원(掌隷院)에서 전사(典祀) 직을 맡았다. 후에 행림서원(杏林書院)에서 의서 『치진지남(治疹指南)』을 출판했다. 『도서첩』에는 장서가로 유명한 중국의 이공택(李公擇)과 백두용을 비교하면서 "과거에 이공택이 있었다면 지금은 백두용이 있다"며 백두용의 장서량이 대단하다고 평가하는 글을 남겼다. 그러면서 그의 고명함을 익히 들어 잘 알고 있노라고 했다.[81]

귀당(龜堂) 남계석(南啓錫, 1855~?)은 충남 목천 군수(郡守)를 지냈다. 『도서첩』에는 한 편의 짧은 시를 남겼는데, 시적 표현이 압권이다.

저 밝은 서점에 사람이 있는데, 서울 동쪽 새벽하늘에 무지개가 달을 가로질러 떠 있는 걸 보니 여기가 백군의 거처임을 알겠네.[82]

아직 새벽인데 서점에는 이미 불이 켜져 있고, 그 안에 사람이 있다고 했다. 이른 새벽부터 일을 하거나 책을 보고 있었으리라. 그곳이 서울 동쪽에 위치한 곳이고 그 새벽하늘에 무지개가 떠 있는 것을 보니 그곳이 특별한 공간, 곧 백두용의 서점임을 알 수 있다고 했다. 한남서림이 특별한 곳임을 노래한 것이다. 의미가 함축적이어서 새길수록 깊이가

---

81) 한경택, 『가장도서첩』 제3책, 17쪽. "昔有李君, 今白君藏.…香翁著傾無, 高名已慣聞."
82) 남계석, 『가장도서첩』 제3책, 18쪽. "煥彼圖書府有人, 洛東處曉天虹貫月, 知是白君居."

있다.

기원(杞園) **조희연**(趙羲淵, 1856~1915)은 군부대신(軍部大臣)을 역임했으며 김홍집 내각의 일원으로 활동했다. 아관파천 사건이 일어나 고종이 김홍집, 유길준, 조희연 등 5명을 역적으로 규정하자 유길준과 함께 일본으로 망명했다.

백당(白堂) **현채**(玄采, 1856~1925)는 조선 말기의 대표적 역관 가문 출신으로 평강 군수(郡守)를 지냈다. 18세에 역과 한학(漢學)에 급제한 후 학부(學部)와 한성사범학교의 부교관을 지냈다. 1906년에 이준(李儁) 등이 조직한 국민교육회(國民敎育會)에 가입해 계몽운동을 벌였고, 학부 편집국 위원이 되어 번역도 하고 다양한 교과서를 편찬했다. 그 뒤 보성사(普成社)에서 출판 일을 하면서 『유년필독(幼年必讀)』, 『월남망국사(越南亡國史)』 등의 교재와 독본류 교재들을 번역, 발간했다.[83] 1910년에는 최남선(崔南善)・장지연(張志淵) 등과 함께 광문회(光文會) 편집원으로서 고전(古典)을 간행하는 등 문화 보급에 힘썼다. 부를 축적한 역관 집안으로 아들 현공렴(玄公廉, 1872~1930)은 출판 사업에 종사했다.

풍사(楓史) **송찬회**(宋贊會, 1849~?)는 관찰사의 보조관에 해당하는 도사(都事) 벼슬을 했다. 『무보(武譜)』에 이름이 올라 있어 무관으로 활동했음을 알 수 있다. 『도서첩』에서 백두용을 '책에 밝은 사람'이라는 의미로 '서황(書幌)'이라 불렀다.

구당(矩堂) **유길준**(兪吉濬, 1856~1914)은 내부대신(內部大臣)을 지냈다. 1883년에 주미 전권대사 민영익(閔泳翊)을 수행하여 도미(渡美)한 후, 보스턴 대학에서 공부했다. 1885년 유럽 여러 나라를 시찰하고 돌아온 뒤 개화당으로 몰려 구금되었을 때, 그의 대표작이라 할 『서유견문(西遊見聞)』

---

83) 현채 발행 겸 편집, 이정찬 편역, 『유년필독』, 도서출판 경진, 2012, 8~10쪽.

을 집필했다. 그 밖의 저서로 『노동야학독본(勞動夜學讀本)』, 『대한문전(大韓文典)』, 『구당시초(矩堂詩鈔)』, 『이태리 독립전사(伊太利獨立戰史)』, 『파란쇠망전사(波蘭衰亡戰史)』 등이 있다. 『도서첩』에서는 백두용의 당숙 백춘배를 국사(國士), 곧 나라에서 둘도 없는 뛰어난 인물이라고 칭했다. 심재가 고인들과 서로 잘 알아 가깝게 지내는 이들의 말을 널리 모아 이를 기념하려 한다고 해[84] 자신도 글을 써서 그 일에 동참하게 되었노라고 했다.

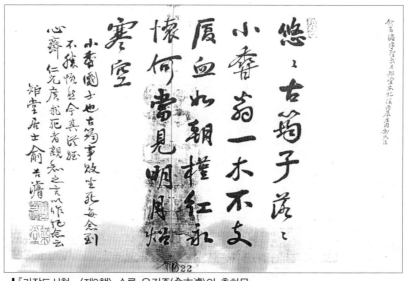

▎『가장도서첩』〈제3책〉 수록 유길준(兪吉濬)의 축하문

동석(東石) 조동희(趙同熙, 1856~1934)는 판서를 지냈다. 영의정 조두순(趙斗淳)의 손자이다. 1910년 국권 피탈 조약을 체결할 때 협력했으며, 조선총독부 중추원 참의를 지낸 형 조영희를 통해 이완용과는 사돈 관계를

---

84) 유길준, 『가장도서첩』 제3책, 22쪽. "小香國士也.⋯心齋仁兄廣求死者, 親知之言以作記念云."

맺었다.

우관(又觀) 유한춘(劉漢春, 1848~?)은 지추(知樞) 벼슬을 지냈고, <제1책>에 등장하는 이돈수와 마찬가지로 관상감에서 활동했다. 관상감에서 1884~1885년에 간행한, 3종의 활자본 시헌력서(時憲曆書)인 『내용삼서(內用三書)』 2책 중 2번째 책인 『을미일록(乙未日錄)』을 쓴 편술관(編述官) 중 한 명이기도 하다. 『도서첩』에 두 편의 글이 실려 있는데, 전서체로 썼다.

우당(芋堂) 신경희(申耕熙, 1856~?)는 부사(府使)를 지냈다. 그 외의 행적은 알 수 없다.

혜전(惠筌) 이정환(李鼎煥, 1848~?)은 협변(協辨)을 지냈다. 김옥균, 박영효 등과 함께 수학한 개화파로서 오경석, 유홍기 등 중인 역관 지식인의 영향을 많이 받았다. 『도서첩』에서 백두용을 '세강(世講)'이라 불렀다. 이는 친구의 자식을 뜻하는 것으로, 대대로 학문의 배움을 같이한 인정과 의가 있다는 의미가 있다. 축하문 뒤에 부기(附記)가 있는데, 거기서 백두용의 부친과의 만남이 약관(弱冠)으로부터 중년에 이르기까지 계속 이어지고 있다고 했다. 이로 보아 이정환과 백두용의 부친은 역과 출신의 중인 집안으로 오랫동안 가깝게 지냈음을 짐작할 수 있다. '국추(菊秋)', 곧 국화꽃 피는 음력 9월에 축하문을 쓴다고 했다.

혜양(蕙養) 이민부(李民溥, 1856~?)는 군수(郡守)와 의주부윤(義州府尹) 등을 역임했다. 『도서첩』에서 자신을 '한산후인(韓山后人)'으로 소개했다.

구한 시가 상자에 가득 차고 낭간(琅玕)에 닿을 정도라, 작품이 얼마나 집에 전하는지 알겠노라. 후일에 다시 보니 서투른 시구(詩句) 많도다. 부끄러워 남몰래 땀 흘리며 먹물 방울만 동글동글.[85]

---

85) 이민부, 『가장도서첩』 제3책, 28쪽. "素詩盈簀盡琅玕, 知作傳家. 後日看拙句還多, 竊芋愧汗隨, 墨滴一團團."

한남서림에 책과 시문이 많음을 언급한 후, 자신이 축하문을 썼는데 서투른 글이라 부끄럽기 짝이 없다는 겸사를 표했다. 자신을 낮춰 한남서림 개업의 의미가 대단함을 역설적으로 강조했다.

난타(蘭陀) 이기(李琦, 1856~1935)는 역과에 합격해 한학(漢學)을 전공했으며, 감리(監理) 등의 일을 했다. 민영환이 1897년에 특명전권대사가 되어 유럽 6개국을 다닐 때 3등 서기관으로 참여하기도 했다. 『도서첩』에는 「향산 선생에게 보내는 글(白香山先生送稿)」이라고 명시하고, 말미에 자신을 '후학(後學)'이라 밝혔다.

만향(晩香) 민철훈(閔哲勳, 1856~1925)은 판서(判書)를 지냈다. 명성황후의 친족이자 친일 고위 관료였던 민종묵(閔種默)의 아들이다. 1887년 동지사(冬至使) 서장관으로 청나라에 다녀오고, 1901년에는 독일과 오스트리아 주재 전권공사를, 1904년에는 주미 정무공사를 맡았다. 1920년에 해동은행(海東銀行)이 설립될 때 설립위원장을 맡기도 했다.

> 심재는 뜻이 있는 사람이다. 옛날과 지금의 서적이 아무렇게나 가지고 있다가 흩어지거나 떨어져 나가기도 하고 손상되거나 다른 용도로 쓰이게 되면 장차 이에 훼손되고 없어지게 된다. 이런 까닭으로 서점을 크게 열어 마침내 고문(古文)과 유사(遺史)를 모은 비밀스런 창고처럼 소장하게 되니, 박사관(博士官)과 유식자들이 서울의 자본가에게 요구할 필요가 없고, 또한 백성을 구제하는 일을 잊지 않았다.[86]

서점 개업에 따른 이로운 점을 언급하며, 개업이 가치 있는 일이었음을 간접적으로 칭송했다. 뜻을 품고 서점을 열어 백성을 구제하는 일에 앞장섰음을 높게 평가하면서 백두용의 서점 개업을 축하해 주었다. 위

---

86) 민철훈, 『가장도서첩』 제3책, 30쪽. "心齋有志人也. 憫古今書籍散脫殘趺, 將遂泯沒, 因大開書鋪畢集古文遺史維秘府遺藏, 博士官譽識, 莫之共京資人之求而亦不失濟."

인용문 다음 부분에서는 민철훈이 자기 집안과 백희배 집안이 서로 자주 만났으며, 북경에 같이 다녀온 적도 있었음을 밝혀 두었다.

  <제3책>에는 1853년~1856년에 출생한 이들을 중심으로 총 29명의 축하시문이 묶여 있다. 특별히 정치인 일변도에서 벗어나 개화기에 신문물을 익히고 문화 활동을 활발히 전개한 예술가, 문인들의 이름이 보이기 시작한다. 화가인 강필주를 비롯해 서예가이자 학자인 현채와 글씨를 잘 썼던 윤용구, 그리고 최초의 미국 유학자이자 개화사상을 전파한 유길준 등이 그러하다. 전통적 관료들이 주를 차지한 앞의 책들보다 다양한 직종의 인물들로 구성되어 있으며 새로운 사상과 교양을 갖추고 자기 영역을 개척해 나간 인물들이 다수 보인다. 나이로 보더라도, 글의 내용을 보더라도 백두용보다 백두용의 부친과의 친분과 교유, 그리고 백춘배를 추모하고 그의 뜻을 계승하고자 하는 마음에서 축하문을 써준 이들이 많았음을 알 수 있다. 또한 뜻을 같이하는 지인들로부터 축하시문을 받아 『도서첩』을 일부러 만들고자 했다는 사실을 송세현, 이유삼, 이민부 등의 글을 통해 확인 가능하다.

〈제4책〉

이름	字	号	本	생년	관직	비고
성하국(成夏國)		나운(蘿雲)	창녕(昌寧)	1846(丙午)	찬의(贊議)	
박영한(朴永漢)	경운(景雲)	포운(匏雲)	밀양(密陽)	1845(乙巳)	우후(虞候)	
김동훈(金東勳)	미경(美卿)	양남(陽南)	경주(慶州)	1846(丙午)	주사(主事)	
이항의(李恒儀)	경덕(敬德)	만취(晚翠)	전주(全州)	1846(丙午)	관찰사(觀察使)	
정응(鄭凝)	대종(大鐘)	공동산인(崆峒山人)	함풍(咸豊)	1846(丙午)	무과(武科)	
성기운(成岐運)	봉서(鳳瑞)	자은(紫隱)	창녕(昌寧)	1847(丁未)	판서(判書)	전직

						육국공사(六國公使)
윤규섭(尹奎燮)	경오(景五)	취애(翠崖)	파평(坡平)	1847(丁未)	군수(郡守)	
김규보(金奎輔)	희래(希來)	희산(希山)	청풍(淸風)	1847(丁未)		이천(利川)거주
한만용(韓晩容)	중선(仲善)	기당(幾堂)	청주(淸州)	1848(戊申)	참서(參書)	
여규형(呂圭亨)	사원(士元)	하정(荷亭)	함양(咸陽)	1848(戊申)	승지(承旨)	이참(吏參) 동식(東植)의 손자
고영희(高永喜)	자중(子中)	우정(雨亭)	제주(濟州)	1849(己酉)	탁지대신(度支大臣)	
박용대(朴容大)	성기(聖器)	미고(眉皐)	밀양(密陽)	1849(己酉)	판서(判書)	이판(吏判) 승휘(承輝)의 손자
이근배(李根培)	군명(君命)	죽촌(竹村)	수원(水原)	1849(己酉)	내장원경(內藏院卿)	현감 익순(益淳)의 아들
홍긍섭(洪肯燮)	경구(敬搆)	경당(敬堂)	남양(南陽)	1850(庚戌)	의관(議官)	
윤하병(尹夏炳)	겸여(謙汝)	송운(松雲)	파평(坡平)	1850(庚戌)	현감(縣監)	
강진희(姜晉熙)		청운(菁雲)	진주(晉州)	1851(辛亥)		
송영대(宋榮大)	계창(季昌)	추당(秋堂)	여산(礪山)	1851(辛亥)	승지(承旨)	규호(圭浩) 아들
김언제(金彦濟)	화경(和卿)	농산(農汕)	경주(慶州)	1853(癸丑)	주사(主事)	
남계용(南啓容)	사규(士圭)	설초(雪楚)	의령(宜寧)	1851(辛亥)	주사(主事)	
오경희(吳慶喜)	원기(元起)	희재(熙齋)	해주(海州)	1851(辛亥)	도정(都正)	
노봉수(盧鳳洙)	의경(儀卿)	옥서(玉棲)	교하(交河)	1851(辛亥)	주사(主事)	천안(天安) 거주
김정순(金廷淳)	원여(元汝)	성석(醒石)	광산(廣山)	1851(辛亥)	의관(議官)	
백낙용(白樂鏞)	명천(命天)		가림(嘉林)	1851(辛亥)	첨정(僉正)	
이용구(李容九)	중엽(仲曄)	계당(溪堂)	정안(廷安)	1852(壬子)	승지(承旨)	
정대유(丁大有)	사유(士有)	우향(又香)	나주(羅州)	1852(壬子)	국장(局長)	몽인(夢人) 아들
이승재(李承載)	구명(久明)	우당(又堂)	광주(廣州)	1852(壬子)	참판(參判)	동고(東皐) 사손(祀孫)
원영의(元泳義)	성구(聖求)	장은(漳隱)	원주(原州)	1852(壬子)	교관(敎官)	
손붕구(孫鵬九)	운익(雲翼)	북해(北海)	밀양(密陽)	1852(壬子)	국장(局長)	
조병건(趙秉健)	성건(聖乾)	견산(見山)	양주(楊州)	1853(癸丑)	승지(承旨)	석영(奭永) 아들
조학원(趙學元)	사강(士崗)	석남(石南)	양주(楊州)	1853(癸丑)	진사(進士)	

30명

나운(蘿雲) 성하국(成夏國, 1846~1915)은 찬의(贊議)를 지냈다. 1897년부터 탁지부 주사를 비롯해 기호흥학회(畿湖興學會) 찬무원(贊務員)으로 활동했다. 백두용 역시 기호흥학회 찬무원으로 활동한 사실을 고려할 때, 사회활동을 하며 서로 가깝게 지내던 사이였다고 할 것이다.

포운(匏雲) 박영한(朴永漢, 1845~?)은 절도사 다음 가는 벼슬인 우후(虞候)를 지냈다. 그 밖의 행적은 자세하지 않다.

양남(陽南) 김동훈(金東勳, 1846~?)은 잡과에 합격했으며 주사(主事)를 지냈다. 후에 만주간도협조회 지도관을 지냈다.

> 내가 기억하기론 향석(香石) 백공(=백희배)과는 약관의 젊은 나이로부터 알고 지냈으며, 백발노인이 될 때까지 계속해서 서로 친하게 지내는 무리 중 최고로 친숙한 사이이다. 사련서도 한 가지 일에 열중하고 글씨 쓰는 연습을 하면서도 서로 경쟁하여 장단점을 평가하면서 지낸 지 수십 년이 되었다.[87]

축하문에서 김동훈은 자신과 백두용의 부친이 수십 년간 지기지우로 지내온 사이였다고 했다. 그래서 글 말미에는 비록 벗은 고인이 되었지만, 그의 아들이 서점을 연 것을 축하하는 말 한마디 남기지 않을 수 없노라고 했다.

만취(晚翠) 이항의(李恒儀, 1846~?)는 경상우도 병마절도사와 진주부 관찰사, 경상남도 관찰사를 지낸 무신이다. 1922년 효령대군파 세보(임술보) 편찬에 관여하기도 했다. 『도서첩』에서는 자신을 '從二品 嘉義大夫 觀察使'로 소개해 놓았다.

공동산인(崆峒山人) 정응(鄭凝, 1846~?)은 무관으로 활동했다. 『도서첩』에 「한

---

87) 김동훈, 『가장도서첩』 제4책, 4쪽. "憶余與香石白公, 自弱冠至老白首, 源源過從, 親儕輩中最爲親熟, 龍眠三昧蠶頭馬蹄, 相與競, 長評短而居然幾十年."

남서림제발(翰南書林題跋)」이라는 제목 하에 다음과 같은 글을 남겼다.

심재 선생과 나는 세상 친구 사이의 우정 이상을 지닌 사이다. 벗·서
화·거문고·술·산수·물고기·새도 이 한 친구의 마음과 같지 않다. 전분
(典墳),[88] 곧 삼황오제(三皇五帝)의 경전을 읽는 것으로부터 덕(德)과 인(仁),
경(敬)과 성(誠)하려는 마음이 아름답고, 예악(禮樂)·교화(敎化)·전장(典章)·
문물(文物)을 밝히려는 마음이 뚜렷하며, 구봉(九峰) 채침(蔡沈)[89] 선생의 말
씀을 자세히 하고자 했다. (중략) 한남서림이 두보의 서재나 조씨의 창고에
못지않아 밤마다 무지개달이 떠올라 모두 높이 걸려 있으니 아름다운 마음이
유행함이라. 육(陸) 선생이 이르기를, "깊은 어둠이 서쪽으로 가라앉고 태양
이 동쪽에서 떠오르니 곧 천지 바로 한 가운데가 태극이지 마음의 태극은 아
니니 어찌 논하리오" 했다. 서적에 황색과 녹색 표제 명찰이 많음에 감동을
받았고, 심재 선생이 헤이하거나 나태하지 않음에 편안함을 얻었다.[90]

중국의 전고를 들어가며 책과 함께 살며 선현의 마음과 뜻을 받들고
자 한 백두용을 높이 평가했다. 세상 친구의 우정을 뛰어넘는 마음을 지
니고 있다고 한 것은 존경할 만하다는 의미를 담고 있다. 그리고 『도서
첩』 수록 글은 1913(癸丑)년이 아닌, 1914(甲寅)년 1월 상순에 쓴 것이라

---

88) '삼분오전(三墳五典)'의 준말. 분(墳)은 복희(伏羲)·신농(神農)·황제(黃帝)의 『3분(三墳)
』을 말하고, 전(典)은 소호(少昊)·전욱(顓頊)·제곡(帝嚳)·제요(帝堯)·제순(帝舜)의 『
5전(五典)』을 의미한다.
89) 채침(蔡沈, 1167~1230)은 남송 시대의 유학자로서 호가 구봉(九峰)이다. 주희(朱熹)를
스승으로 모셨다. 구봉산(九峰山)에 은거해 오로지 『상서(尙書)』를 학습했으며, 십 수
년 간 학문하여 심오하고 자세함을 밝혀 부친과 스승의 말씀에 부끄럽지 않았으며,
선유(先儒)들이 미처 밝히지 못한 것을 자세히 드러냈다고 한다.
90) 정응, 『가장도서첩』 제4책, 6쪽. "心齋先生余不世之友誼也. 友書畵琴酒山水魚鳥, 不如一
友其心. 自典墳以後德仁敬誠之爲心妙, 禮樂敎化典章文物心之著, 九峰蔡先生言之詳矣.…
翰南書林之不讓乎杜庫曺倉, 夜夜虹月之騰皆縣, 心妙之流行. 陸先生謂, 幽陰西沈, 太陽東
昇, 卽一天地之中正太極而非心太極何論哉. 富有書籍標籤黃綠所以感, 心齋先生之不跊弛
一息也."

했다.

자은(紫隱) 성기운(成岐運, 1847~?)은 판서(判書)벼슬을 했으며 전직 육국공사(六國公使)를 역임했다. 박제순 친일내각의 관료를 지내기도 했다.『도서첩』에는 '白友心齊'라는 네 글자를 첫 글자로 내세운 4언 4줄의 시를 남겼다. "백군이 교훈을 전하는 것이 아름답도다. 친구의 덕 있음을 서림을 보아 알겠노라. 마음이 진실하고 넉넉한 것으로는 귀인 같고, 가지런하고 엄숙한 것으로는 백군을 따라올 자 없다."[91]고 하여 당시 고서를 내놓고 서점을 연 것이 주인의 덕과 진실함을 보여주는 증거가 될 만하다고 했다.

취애(翠崖) 윤규섭(尹奎燮, 1847~?)은 역과 출신으로 봉사(奉事), 교회(敎誨), 군수(郡守) 등의 관직을 지냈다. 주 전공은 한학(漢學)이었다.

옛날에 양진(楊震)[92]이 경서를 자세히 밝히고 행실이 돈독하여 사방에서 그를 찾아와 배우려는 자들이 심히 많았다. 그래서 사람들은 그를 관서부자(關西夫子)라 불렀다. 그가 살던 곳이 괴시(槐市)[93]였는데, 서적과 예악에 사용되는 악기 등을 펼쳐놓고 제생(諸生)들로 하여금 서로 구매케 했다. 그런 까닭에 많은 유생들이 그 괴목 아래 앉아 책을 펼쳐 놓고 공부하고 토론했다. 이로 보건대, 물건을 사고팔고 하면서 덩달아 학문까지 한 것이 어찌 이익을 탐하고자 해서였겠는가? 아아! 오늘날 생업을 하는 이들은 비록 법서와 명화, 그리고 문방 등 여러 물건을 진설해 놓고 다만 눈을 현혹케 할 뿐 그 내력을 끝내 알지 못하니, 격치(格致)로 돌아가는 바가 된다면 괴시가 멀리 보이게

---

91) 성기운,『가장도서첩』제4책, 7쪽. "白傳訓嘉, 友德書林, 心誠裕后, 齊肅其人."
92) 양진(楊震)은 후한(後漢) 시대에 '관서(關西)의 공자'로 불릴 만큼 경전에 밝고 박람할 뿐만 아니라 청렴해서 당대에 높이 존경받던 인물이었다.『후한서』에 그에 관한 일화가 전한다.
93) 주(周) 나라 때 성동(城東) 7리에 괴목(槐木) 몇 백 줄을 심어 터널처럼 만들고 제생(諸生)들이 초하루, 보름에 모여 물산(物産), 경전(經典), 악기(樂器) 등을 사고팔고 하며 괴목 아래에서 글을 토론한 곳으로, 대학의 별칭으로도 사용된다.

될 것이다. 내가 백군에게 기쁜 마음으로 글을 써 이를 권면하는 바이다.[94]

중국에 괴시(槐市)가 생긴 내력을 소개하면서 물건을 팔며 토론과 공부를 병행했던 중국의 양진(楊震) 이야기를 끌어와 도시에서 책을 팔면서 학문을 추구하던 백두용이 바로 양진과 같은 은자라 할 만하다고 했다. 도시에서 은자로 산다는 것은 상리(商利)에만 집착하지 않고 격치(格致)의 자세, 곧 사물에 대한 연구를 통해 앎에 이르는 자세를 갖출 때 가능하다고 했다. 책을 다룬다는 점에서 학문 탐구의 자세가 요구되거니와 단순히 학문과 관련한 물건을 단순히 팔고 이익을 추구하는 데 그치지 말기를 바라는 마음을 담았다.

희산(希山) 김규보(金奎輔, 1847~?)는 자(字)가 희래(希來)이며, 권직명이 기재되어 있지 않다. 『도서첩』에는 "심재(心齋) 선생은 시(詩)에 능하고, 술을 잘하며 만 권의 책을 쌓아 놓고 날마다 고명한 벗들과 즐기는 취미가 있다."[95]며 백두용의 성격과 취미를 밝혀 놓았다.

기당(幾堂) 한만용(韓晩容, 1848~?)은 독립협회 서기로 활동했으며, 무관으로 지내다가 군대 해산 후에는 군인들을 중심으로 계몽을 위해 보인(輔仁)학교를 세웠다. 『도서첩』에서는 참서(參書) 직을 지냈다고 했다. "서간과 글로 맺은 인연은 족히 일평생에 걸쳐 지속된다"[96]며 백두용과 자신이 편지와 문(文)으로 평소 긴밀한 관계를 유지해 왔음을 간접적으로 밝혀 놓았다.

---

94) 윤규섭, 『가장도서첩』 제4책, 8쪽. "昔楊震 經明行篤四方來學者甚衆, 人稱關西夫子也. 其所居有槐市, 陳書籍及禮樂等器使諸生相購, 故多有樹下坐開卷講論. 由此觀之, 其賣買之際, 從以學問, 豈爲其牟利者哉. 嗟今之業是者, 雖設濬書名畵與文房諸玩祇眩, 其來歷終不知, 格致之攸歸, 則其視槐市遠矣. 余於白君有所欣感焉, 書以勉之."

95) 김규보, 『가장도서첩』 제4책, 9쪽. "心齋先生, 能於詩, 又善於酒, 積萬卷, 日與古朋娛樂,"

96) 한만용, 『가장도서첩』 제4책, 10쪽. "翰墨因緣足一生"

하정(荷亭) **여규형**(呂圭亨, 1848~1921)은 정조~순조 대에 대사간과 암행어사 등을 지낸 여동식(呂東植, 1774~1829)의 손자이다. 한학(漢學)을 위주로 수학하여 문과(文科)에 급제한 뒤 승지(承旨)를 지냈다. 국권피탈 뒤에는 제1고등보통학교 한문교사를 지냈는데, 시(詩)·서화(書畵)·불경(佛經)에 모두 능통하여 살아 있는 『사문유취(事文類聚)』로 칭송받았다. 1916년에 오세창(吳世昌)·장지연(張志淵) 등과 함께 『대동시선(大東詩選)』을 편집하기도 하고, 중국의 『서상기(西廂記)』 문체를 모방하여 희작(戱作)한 『춘향전(春香傳)』을 짓기도 했다. 『도서첩』에서 백희배와 함께 시를 고환(古懽) 강위(姜瑋) 선생에게 배웠고 막역지우로 수십 년을 지낸 사이임을 강조하고97) 선인들이 독서하던 태도와 마음을 이을 수 있도록 한남서림이 그 역할을 감당해야 한다고 했다.

우정(雨亭) **고영희**(高永喜, 1849~1916)는 무관으로 벼슬길에 오른 뒤 개항 후에 수신사(修信使)와 신사유람단(紳士遊覽團)의 수행원으로 일본에 가 신문화를 견학하고 돌아왔다. 탁지대신(度支大臣)으로 있으면서 이토 히로부미[伊藤博文]가 헤이그 밀사사건(密使事件)을 빌미 삼아 고종의 양위를 강요할 때 이를 강력히 반대했다. 그러나 1910년 일본에 의한 국권피탈 때에는 찬성 쪽으로 변신하여 친일 활동을 전개하였다. <제1책>에 기재된 고영주가 바로 고영희의 형이다.

『도서첩』에서 '대은(大隱)'은 원래 속세[俗塵]와 단절해 사는 은자가 아니라고 하면서([大隱原非絶俗塵]), 백두용이 서적을 가지고 속세에서 살아가는 대은임을 간접적으로 노래했다. "국화꽃이 비바람에 흔들리는 중양절에 홀로 무료하게 초당에 누워 있네. 서화(書畵)는 백군에게 일생의 낙이리니 창가절(蒼葭節)과 백로일(白露日)98)을 나는 오래도록 회고한다."99)

---

97) 여규형, 『가장도서첩』 제4책, 11쪽. "余友小香居士白之珩君與余同學詩于姜古懽先生, 文傳倡和數十年, 相親莫逆値無多好."

고 하여 백두용에게 축하의 글을 써 준 시기가 중양절 무렵이었음을 간접적으로 밝혀 놓았다.

미고(眉皐) **박용대**(朴容大, 1849~1927)는 판서 벼슬을 했다. 갑오개혁에 참여해 의정부교정당상(議政府校正堂上)에 중용되어 제도개혁에 힘썼다. 여러 요직을 두루 거쳤으며 규장각 제학으로 있을 때 『문헌비고』를 편찬해 고종에게 진상한 바 있다. 『도서첩』에서는 백두용을 서적 수집에 미친 사람이라며 은근히 그의 박식과 취향을 높게 평가했다.

> 사람은 누구나 좋아하는 것이 있는데 좋아함이 치우치면 혹 병에 이르기도 하니 이 경우를 '미쳤다'고 할 만하다. 그런 까닭에 혹자는 산에 미치기도 히고, 물에 미치기도 한다. 그러니 술 마시기를 좋아하면 책망할 일이 뒤를 따르는 법이다. 재물을 아끼려고 남에게 시키지 않고 손수 상아로 만든 주판을 만드는 것도 미쳤다고 할 만하다. '미쳤다(癖)'고 할 때 심재만한 이도 없으니, 곧 서적 수집에 미쳐 육경(六經)과 제자백가(諸子百家), 고금의 시문, 의약서, 점술서, 그밖에 패관잡기에 이르기까지 집에 가득 찰 정도로 풍부했다.[100]

박용대는 『도서첩』에 2편의 축하문을 남겼는데, 또 다른 글에서는 백두용의 당숙[小香]에 관해 언급하면서 백춘배의 뜻을 이어 장서한 것을 나눔으로써 시문을 원하는 이들의 욕구를 충족시켰다고 하고, 세간에

---

98) 절기상 창가와 백로는 음력 8월, 그리고 중양은 음력 9월에 해당한다. 중양절 무렵에 이미 지나간 달의 절기를 오랫동안 마음에 품고 있다는 것은 음력 8월에 한남서림과 관련한 어떤 특별한 행사가 있었거나 개인적으로 창가절과 백로일을 기억할 만한 날이 있었다고 하겠는데, 구체적 사정은 알 수 없다.

99) 고영희, 『가장도서첩』 제4책, 12쪽. "黃花風雨變重陽, 獨自無聊臥草堂, 書畵於君一生樂, 蒼葭白露我懷長"

100) 박용대, 『가장도서첩』 제4책, 13쪽. "人皆有所好, 好之偏者或至於病曰癖也. 故有癖於山者, 有癖於水者, 飮酒而荷鍤隨後各於財而親執牙籌, 此亦曰癖乎. 惟心齋則癖於書蒐集六經百家古今詩文醫藥卜筮之書以及稗官雜記充棟堆樓富矣哉."

많은 이들이 이를 높게 평가하나 직접 말하지 못한 것을 본인이 대신 전해 칭찬해 마지않는다고 했다.

죽촌(竹村) 이근배(李根培, 1849~?)는 역관 출신으로 봉사(奉事), 내장원경(內藏院卿) 등의 관직을 역임했다. 한학(漢學)이 주 전공이다. 『도서첩』에서 현감을 한 이익순(李益淳)의 아들이라고 밝혀 놓았다. 동양척식주식회사 창립과 한성전기회사 설립에 관여하기도 했다.

경당(敬堂) 홍긍섭(洪肯燮, 1850~1923)은 의관(議官)을 지냈다. 법관양성소를 졸업하고 대한제국 말기에 일진회 평의원장과 부회장을 역임했다. 국권피탈 후에도 친일활동에 적극적이었다. 심지어 공개적으로 조선독립에 반대한다는 발언을 한 것으로 알려져 있다.101) 『도서첩』에는 '白斗鏞' 세 글자를 축하시 중간에 삽입하고 '兮'를 반복 사용하는 방식으로 글을 썼다.

송운(松雲) 윤하병(尹夏炳, 1850~?)은 현감(縣監)을 지냈다. 『도서첩』에 「제한남서림(題翰南書林)」이라는 제목 하에 다음과 같은 글을 남겼다.

내가 뜻하지 않게 인사동 거리를 지나다가 언뜻 문미(門楣)에 '한남서시(翰南書市)'라고 크게 쓴 글자가 보였다. 넓게 열린 문 안으로 곧바로 들어가보니 책상 위에 첩(帖) 하나가 놓여 있었는데, '시서화명첩'이라는 제목의 첩이었다. 거기엔 모두 당시 이름 꽤나 있는 이들과 대학자[碩儒]들의 글이 적혀 있었다. 공경하는 마음에 옷섶을 여미며 채 보지 못하고 일어나 나오려하는데, 주인이 나에게 첩에 이름을 남길 것을 부탁하므로 이에 깊은 친분을 맺게 되었다.102)

---

101) 친일반민족행위진상규명위원회 편, <홍긍섭>, 『2006년도 조사보고서 II-친일반민족행위결정이유서』, 2006, 828~835쪽.

102) 윤하병, 『가장도서첩』제4책, 17쪽. "余偶過寺街, 瞥見門楣大書翰南書市. 抛廣直入, 案上有一帖, 題曰詩書畵名帖. 闖之皆當時名人碩儒之墨也. 不覽欽衽起放, 主人家余托名於其間, 遂恩托契."

위 기록대로라면, 1914년경에 한남서림이 상호명을 '한남서림'이 아닌 '한남서시(翰南書市)'로 썼다고 할 것이다. 그러나 『도서첩』 다른 글에서는 이와 달리 모두 '한남서림'이란 간판을 걸었다고 했다. 그러니 위 글에서 언급한 '한남서시'는 필자의 착각, 내지 실수에 의한 것으로 보인다. 더욱이 윤하병 스스로도 '題翰南書林'이란 제목을 달았던 만큼, '한남서시'는 간판에 기재된 상호명으로 보기 더욱 어렵다.

또 한 가지 흥미로운 사실은 『도서첩』 수록 글 중에는 윤하병의 경우처럼 지나가던 지식인이 우연히 서점에 들러 글을 남긴 경우도 있었다는 점이다. 서점에 방명록처럼 '첩(帖)'을 마련해 놓고 오랫동안 축하의 글을 받았음을 알 수 있다. 그것은 처음부터 『도서첩』을 만들 요량으로 시작한 것임을 뜻한다. 축하문 말미에는 자신이 64세라고 밝혔다. 그가 1850년생이므로 이 글을 쓴 시기는 1914년임을 알 수 있다. 『도서첩』 수록 축하문이 1913(癸丑)년 여름[初夏]에서 가을[小春]에 작성된 것이 대부분이며, 1914년에 쓴 글이 일부 있고, 1916년 중양일과 1917년 2월에 쓴 글까지 있다. 그렇다면 한남서림 축하시문은 약 3년 반에 걸쳐 모은 것이며, 편지로 보내 온 경우도 적지 않지만, 직접 서점을 찾아 쓴 경우도 있었던 것이다. 그리고 윤하병이 글을 쓴 1914년만 해도 당시 유명 인사들이 써 준 축하시문이 이미 상당수 모여 있었음을 알 수 있다.

청운(菁雲) 강진희(姜璡熙, 1851~1919)는 역과 출신으로 서화가로 유명하다. 『도서첩』에는 인적사항이 자세히 기재되어 있지 않다. 일본공사접응관차(日本公使接應官差)를 거쳐 주미공사수원(駐美公使隨員)이 되어 미국에 다녀온 뒤 법부주사(法部主事)를 지냈다. 1911년에 설립된 서화미술회(書畵美術會)의 교수진에 조석진(趙錫晉)·안중식(安中植) 등과 참여하여 글씨와 전통화법을 가르쳤다. 1918년 민족서화가들의 단체로 서화협회(書畵協會)가 창립될 때에 발기인의 한 사람으로 참가하기도 했다.

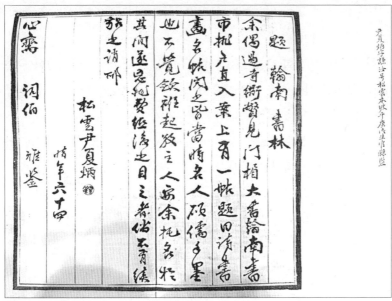

『가장도서첩』〈제4책〉 수록 윤하병(尹夏炳)의 축하문

추당(秋堂) 송영대(宋榮大, 1851~?)는 『도서첩』에서 송규호(圭浩)의 아들로
소개되어 있다. 승지(承旨)를 지냈다. 『도서첩』 수록 글은 자신이 백두용
의 부친과 함께 30년 전에 연산(燕山)[103]에 올라 구름 속에 머문 적이 있
었음[104]을 회상하는 내용으로 시작해 백두용 집안과 친분이 두터웠으
며, 사라져가는 경서를 수집해 서점을 경영하고자 한 뜻을 높이 산다는
내용으로 끝맺고 있다.

농산(農汕) 김언제(金彦濟, 1853~?)는 자(字)가 화경(和卿)이며 주사(主事)를
지냈다. 행적이 자세하지 않다.

설초(雪楚) 남계용(南啓容, 1851~?)은 주사(主事)를 지냈다. 『도서첩』에서

---

103) 하북성 계현(河北省薊縣) 서남에 있는 산.
104) 송영대, 『가장도서첩』 제4책, 19쪽. "昔與君家君共躋燕山雲居然三十歲."

백두용을 말과 뜻이 일치하는 선비라 하고, 서울 시가에 서점을 크게 열었노라고 했다.105)

희재(熙齋) 오경희(吳慶喜, 1851~?)는 1870년에 치러진 역과 시험에서 장원을 했다. 한학(漢學)을 전공했으며, 봉사(奉事), 참봉(參奉), 도정(道正) 등을 지냈다.

옥서(玉棲) 노봉수(盧鳳洙, 1851~?)는 자(字)가 의경(儀卿)이며, 주사(主事)를 지냈다. 『도서첩』에서 특이사항으로 천안(天安)에 거주한다는 사실을 명시했다. 『도서첩』 수록 글에서는 속세에 숨어 지내는 대은(大隱)의 두 가지 사례를 소개한 후 백두용 역시 그런 대은의 한 본보기가 됨을 언급했다.

> 대은(大隱)은 시정에 숨어 사는 은자다. 옛 사람 중에 엄군평(嚴君平)은 점술집에 숨어 지내면서 음양오행의 이치를 설파했으니 그는 세상의 명리를 피해 산 선비로 궁핍하고 난관이 있어도 벗어날 수 있었던 자였다. 사마장경(司馬長卿)은 술집에 숨어 지내면서 책을 가까이 했으나 빛남을 보이지 않게 함이 사기(絲器)와 같았다. 그는 옛날에 문장을 짓던 선비로서 빈천하면서도 부끄러워하지 않는 자였다. 오늘날 심재(心齋) 백두용은 매우 어진 사람으로 서림에 숨어 지내면서 가까운 저잣거리의 이익을 덮고 모든 겸손을 취해 오른쪽에는 경서를, 왼쪽에는 사서를 쌓아 집안에 가득 차고 넘침에도 이를 팔려 하지 않으니 방해가 되는 것을 끊고자 한 자라 할 것이다.106)

엄군평(嚴君平)107)은 점쟁이였고, 사마장경(司馬長卿)108)은 술을 파는 사람

---

105) 남계용, 『가장도서첩』 제4책, 21쪽. "云有心言合士白斗鏞, 大開圖書舖於京城街."
106) 노봉수, 『가장도서첩』 제4책, 23쪽. "大隱隱於市. 昔者嚴君平隱於卜肆, 說陰陽五行之理, 此遯遁之士, 阨窮而小濶者也. 司馬長卿隱於酒肆, 着牘擧煇而絲器, 此久章之人貧賤而不恥者也. 今也心齋白大仁隱於書林, 近市利蓋取諸巽, 右經左史充棟溢架, 非爲賣而擊折者也."
107) 촉(蜀)의 수도였던 성도(成都)의 점쟁이인 엄준(嚴遵)을 일컫는다. 충효와 신의로 사

이었다. 그러나 그들이 속세에 휘둘리지 않고 자기 직업에 소신을 갖고 도도하게 살았던 인물들이다. 이들처럼 속세를 벗어나 자연 속에서 지내는 은자가 아니라 저잣거리 한복판에서 생계를 유지하기 위해 서점을 경영하는 사람으로서 재리(財利)에는 관심을 두지 않고 오직 책과 더불어 살아가고 있는 백두용이야말로 진정한 은자와 같다며 예찬한 것이다.

성석(醒石) 김정순(金廷淳, 1851~?)은 의관(議官) 벼슬을 했다. 1915년에 경복궁에서 열린 조선물산공진회(朝鮮物産共進會)를 관람하고 지은 시 31편을 묶은 시집 『공진회축하시(共進會祝賀詩)』(刊地未詳, 1915)를 낸 바 있다.

백낙용(白樂鏞, 1851~?)은 역과에 합격한 뒤, 참봉·별체아(別遞兒)·첨정(僉正) 등의 벼슬을 했다. 그는 몽골어인 몽학(蒙學)을 전공했다. 백두용의 재종형(再從兄)이다. 『도서첩』 수록 축하문에 이어 첨언한 부분에서 "종숙(從叔) 소향(小香=백춘배)의 죽음은 예로부터 이미 예정된 것이지만, 느끼는 바가 있어 글로 써서 증정한다. 사촌 동생 심재가 종형제(從兄弟)의 대표가 되는 것이 마땅하다."[109]라고 적었다. 집안의 지사라 할 백춘배의 죽음을 기리고자 한 사실과 백두용이 친척 형제들 사이에서 신임을 얻고 있었음을 단적으로 알 수 있다.

계당(溪堂) 이용구(李容九, 1868~1912)[110]는 승지(承旨)를 지냈다. 국권 강

람들을 가르쳤고 날마다 백전(百錢)을 얻으면, 곧 가게 문을 닫고 『노자(老子)』를 읽으며 지냈다고 한다.

108) 사마상여(司馬相如, BC. 179~117)의 자(字). 아름답고 뛰어난 부(賦)를 잘 지은 문인으로 이름이 높다. 또한 탁문군(卓文君)과의 사랑 이야기가 널리 알려져 있다. 두 사람이 서로 보자마자 한눈에 반해 밤에 도망쳐 청두에서 살게 된 두 사람은 생활이 매우 궁핍하여 수레와 말을 팔아 선술집을 차린 후 문군은 술을 팔고, 상여는 접시 닦이 일을 하며 지냈다. 훗날 사마상여는 탁문군의 부친으로부터 재산도 물려받고, 황제의 총애도 받게 되었으며, 궁정문인으로 많은 명작을 남겼다.

109) 백낙용, 『가장도서첩』 제4책, 26쪽. "小香從叔事千古已矣. 有感而書贈. 心齋從君以表同堂之誼."

110) 『가장도서첩』에는 1868년이 아닌 1852년 임자(壬子)생으로 소개해 놓았다. 다른 문

탈 당시 일진회(一進會)의 회장으로서 합방을 주장했다. 1890년에는 동학 (東學)에 입교(入敎)하였고 러일 전쟁이 일어나자 일본군을 도왔다. 친일 활동을 했다는 이유로 동학에서 출교 처분을 내리자 이에 맞서 따로 시 천교(侍天敎)를 만들기도 했다.

정대유, 〈보천여흔〉
(한국민족문화대백과사전)

우향(又香) 정대유(丁大有, 1852~1927) 는 농상공부 상무국장(局長)을 지냈 다. 서화협회(書畵協會) 회장을 역임 하는 등 서화가로도 활발히 활동 했다. 『도서첩』에서는 그가 몽인(夢 人)의 아들임을 밝혀 놓았다.

우당(又堂) 이승재(李承載, 1852~?) 는 참판(參判)을 지냈으며, 동고(東皐) 의 사손(祀孫)이다. 러일전쟁 당시 일본에게 군자금을 댔으며, 1905년 평양군수로 재직했을 때에도 10원 의 군자금을 헌금한 바 있다.

장은(漳隱) 원영의(元泳義, 1852~?)는 당시 명망 있던 한학자로 휘문의숙 (徽文義塾)에서 한문교사로 장지연 등과 함께 교편을 잡았다.111) 유근(柳瑾, 1861~1921) 등과 함께 『신정동국역사(新訂東國歷史)』(1906)를 저술하기도 했다.

북해(北海) 손붕구(孫鵬九, 1852~?)는 농상공부(農商工部)의 광산국장(鑛山局 長)을 역임했다. 1894년에 미국인인 제임스 모스가 경인철도특허를 얻어 내고 운산금광(雲山金鑛)의 특허권을 따낼 때, 손붕구가 정부 책임 관료로 있었다. 『도서첩』에는 '追悼 小香先生'이라는 제목 하에 백춘배의 죽음을

헌 자료에서 밝히고 있는 생년과 『도서첩』의 생년과는 16년의 차이가 난다.
111) 이민희, 『마지막 서적중개상 송신용 연구』, 보고사, 2010, 22쪽.

추도하는 글을 남겼다. 지인들은 한남서림 개업을 축하하는 자리를 빌려 백춘배의 정신과 그의 인품을 거듭 기리고자 했다.

견산(見山) 조병건(趙秉健, 1853~1924)은 통훈대부(通訓大夫)였던 조석영(趙奭永)의 아들이며, 승지(承旨) 벼슬을 했다. 국권 피탈 전부터 친일 성향의 대동학회에서 활동했으며, 국권 피탈 후에는 조선총독부의 중추원 참의를 지냈다. 백두용에게 '봉증(奉贈)'한다는 제목 하에 쓴 3편의 짧은 글이 『도서첩』에 실려 있다.

석남(石南) 조학원(趙學元, 1853~?)은 1879년에 진사(進士)시에 합격했으나, 내부주사로 잠깐 벼슬을 한 것 외에는 벼슬을 하지 않고, 주로 상인으로서 남대문 밖 연지동에서 객주노릇을 하며 지냈다.[112]

<제4책>에는 1845~1853년생의 인물들이 순서대로 정리되어 있다. 여러 책을 저술하고 학문적 성과도 많았던 여규형, 박용대, 원영의 등이 눈에 띄는 인물들이다. 그리고 윤규섭, 이근배, 강진희, 오경희, 백낙용 등 역관이 다수 있는 것도 특징적이다. 국권 피탈 후 일본에 찬양하는 쪽으로 급선회한 인물도 있지만, 그 전부터 일본에 군자금을 대며 일본을 위해 활동했던 이들도 있었다. 윤하병처럼 지나가다가 우연히 서점에 들러 축하문을 남겼다는 기록으로 보아 방명록 같은 것을 서점에 비치해 두었다가 서점을 찾은 유명인사와 관료들로부터 개업 축하시문을 받았음을 알 수 있다. 여기에다 편지로 써서 보낸 축하문까지 한 데 모아 『도서첩』을 편찬해 세상에 내놓았음을 짐작할 수 있다. 마지막으로, 불확실하지만, 윤하병 글대로라면 1914년 당시 서점 간판에는 '翰南書林'이 아닌 '翰南書市'로 적혀 있었다고 하겠으나 다른 글에서는 모두 '한남

---

112) 이승렬, 『제국과 상인』, 역사비평사, 2007, 101쪽.

서림'으로 적혀 있었다고 한 것으로 보아 그가 착각했거나 잘못 쓴 것으로 보인다.

〈제5책〉

이름	字	号	本	생년	관직	비고
박준승(朴準承)		속연(俗緣)	밀양(密陽)	1850(庚戌)	군수(郡守)	
이승현(李升鉉)	길재(吉哉)	원계(圓溪)	용인(龍仁)	1851(辛亥)	참봉(參奉)	
최동식(崔東植)	성초(聖初)	동산(東山)	전주(全州)	1851(辛亥)	주사(主事)	
조한응(趙翰鷹)	원서(元瑞)	성재(成齋)	평양(平壤)	1854(甲寅)	의관(議官)	
신태동(申泰東)	천오(天吾)	회당(晦堂)	평산(平山)	1844(甲辰)	정언(正言)	
이병욱(李炳勖)	공려(公勵)	우연(友蓮)	연안(延安)	1854(甲寅)	참봉(參奉)	
이상영(李商永)	중경(仲敬)	창상(滄上)	덕수(德水)	1854(甲寅)	성균교환 (成均敎換)	
정치덕(鄭致德)		퇴산(退山)		1856(丙辰)	시종부경 (侍從副卿)	
도쿠토미 이치로 (德富猪一郞)		소봉(蘇峰)				귀족원(貴族院) 의원 겸 신문사 감독(監督)
서학순(徐學淳)	공습(公習)	약운(藥雲)	달성(達城)	1857(丁巳)	군수(郡守)	
송인회(宋仁會)	여교(汝敎)	학주(鶴洲)	여산(礪山)	1857(丁巳)	주사(主事)	
이순하(李舜夏)	현중(玄重)	삼연(三然)	전주(全州)	1857(丁巳)	참판(參判)	판서(判書) 인철(寅轍)의 아들
윤상연(尹相衍)	공세(公世)	소호(小湖)	파평(坡平)	1857(丁巳)	승지(承旨)	판서(判書) 자진(滋㥽)의 아들
윤면오(尹冕五)	경희(敬熙)	파산(坡山)	파평(坡平)	1857(丁巳)		파주(坡州) 거주
심승필(沈承弼)	순구(順求)	우당(愚塘)	청송(青松)	1857(丁巳)	주사(主事)	
이수용(李秀龍)	백령(伯靈)	만하(晩荷)	전주(全州)	1857(丁巳)	승지(承旨)	판서(判書) 규영(珪永)의 아들
김규형(金奎馨)	재숙(在叔)	동석(東石)	청풍(清風)	1857(丁巳)	승지(承旨)	
홍필주(洪弼周)	사량(士亮)	자인(紫人)	풍산(豊山)	1857(丁巳)	군수(郡守)	
정만조(鄭萬朝)	대경(大卿)	무정(茂亭)	동래(東萊)	1858(戊午)	승지(承旨)	기우(基雨) 아들
윤주찬(尹柱瓚)	사규(士圭)	일사(一史)	해남(海南)	1858(戊午)	주사(主事)	

김준학(金準學)	공우(公友)	소매(小梅)	청양(靑陽)	1858(戊午)	통정(通正)	송도(松都) 거주
윤효정(尹孝定)		운정(雲汀)	파평(坡平)	1858(戊午)	주사(主事)	
한진창(韓鎭昌)	문유(文愈)	우려(又黎)	청주(淸州)	1858(戊午)	협변(協辨)	동랑(冬郞) 치요(致堯)의 아들
윤석영(尹奭榮)	주백(周伯)	우석(友石)	파평(坡平)	1858(戊午)	의관(議官)	
이규환(李圭桓)	공집(公執)	만당(晩堂)	경주(慶州)	1858(戊午)	협변(協辨)	백사(白沙) 사손(祀孫)

25명

속연(俗緣) 박준승(朴準承, 1865~1927)[113])은 군수를 지냈다. 1891년에 천도교에 입교한 이후로 천도교 간부로 줄곧 활동했으며, 민족대표 33인 중 천도교 대표로 참여하기도 했다. 1919년 3·1운동 당시 인쇄된 독립선언서 5천 장을 나누어 주어 전라도 각지에서 궐기하게 하고, 본인은 서울로 올라와 독립선언서에 서명하고 체포되었다. 징역 2년을 선고받고 복역 도중 옥사했다. 『도서첩』에는 다음과 같은 글을 남겼다.

> 돌은 보석을 간직한 채 산에서 광채를 발하고, 물은 진주를 품은 채 시내에서 아름답게 빛난다. 지금 장서를 간직한 채 상서로운 빛을 발하는 곳이 바로 심재의 한남서림이다. 심재는 총명하고 세상에 달관하여 서적 모으는 일에 뜻을 두고, 글과 책을 모으는 일에 마음을 써서 경사자집(經史子集)류 책과 기문벽서(奇文僻書), 그리고 저명하나 서화에 이르기까지 거의 만 권을 수집하였다.[114]

책을 취급하는 서점업이야말로 지혜를 밝히고 세상을 인도하는 역할을 감당한다고 보았다. 책을 모으고 서점을 연 것이 상서로운 빛을 발하는 것과 같다고 했다.

---

113) 『가장도서첩』에서는 박준승이 1850년 경술(庚戌)생인 것으로 소개하고 있다.

114) 박준승, 『가장도서첩』제5책, 2쪽. "石蘊玉而山輝, 水懷珠而川媚. 今有瑞光藹藹可藏書之樓者, 心齋之翰南書肆是也. 心齋明聰以達觀有意於哀集書籍, 勞心於吸取文華藏之者, 幾萬卷秩自經史子集至于奇文僻書著名書畵."

원계(圓溪) 이승현(李升鉉, 1878~1943)[115]은 참봉(參奉)을 지낸, 공주 출신의 독립운동가이다. 1919년 3월에 공주에서 천도교인(天道敎人) 황병주(黃秉周) 등이 주동하여 일으킨 독립 만세 운동에 참여했다가 일본 경찰에 체포되어 3년간 옥고를 치렀다. 『도서첩』에는 「축한남서림(祝翰南書林)」이라는 제목 하에 개업을 축하하는 글을 남겼다. "백두용의 집에는 백가서(百家書)뿐 아니라 금백(錦帛), 아채(牙釵), 수권(手卷)이 가득하니 천하를 통일한 것과 같다"[116]고 적어 놓았다.

동산(東山) 최동식(崔東植, 1851~?)은 주사(主事)를 지냈고, 1904년에 대한제국 감찰을 지내면서 10여 명과 함께 일제의 황무지 개척권 요구 반대 운동을 벌였다. 이듬해 이지용(李址鎔)·이근택(李根澤)·박제순(朴齊純)·이완용(李完用)·권중현(權重顯) 등이 을사조약 체결에 앞장서자, 이에 격분하여 을사오적(乙巳五賊)들을 처형하라는 상소를 올렸다가 체포되어 옥고를 치렀다. 이후 나인영(羅寅永, 1863~1916)·오기호(吳基鎬, 1863~?) 등과 함께 을사오적 암살을 계획하고 저격을 시도했으나 뜻을 이루지 못하고 10년 간 유배당하기까지 했다.

『도서첩』에 「한남심재기(翰南心齋記)」라는 제목의 글을 남겼는데, 이 글은 1914년 불교계 잡지인 『해동불보(海東佛報)』에 동산(東山) 잠수(潛叟)의 「심재기(心齋記)」란 제목으로 바꿔 다시 수록된 바 있다.[117] 말미에 '檀君建

---

115) 『가장도서첩』에는 1851년 신해(辛亥)생으로 소개해 놓았다.

116) 이두현, 『가장도서첩』 제5책. "君家充棟百家書錦伯牙釵手卷舒同軌同文"

117) 이중연, 『고서점의 문화사』, 혜안, 2007, 140쪽. "승려로 보이는 동산잠수(東山潛叟)는 「심재기」를 써서 그의 고서 보급 사실을 기리고 그것이 경세의 일환임을 밝혔다." 이중연이 승려로 보았던 동산잠수(東山潛叟)와 그의 글 「심재기」가 동산(東山) 최동식의 「한남심재기」와 동일한 글이라는 사실을 이민희, 「한남서림(翰南書林)의 백두용(白斗鏞) 연구—새 발굴 자료 <가장도서첩(家藏圖書帖)>을 중심으로」, 『고전문학연구』 제37집, 한국고전문학회, 2010, 195쪽에서 밝혀 놓았다. 「심재기」는 『해동불보』(제4권, 해동불보사, 1941), 58~59쪽에 실려 있다.

極 4250년'인 계축년(=1913) '中秋旣望'(=음력 8월 16일)에 지었다고 했다.118) 『도서첩』에 최동식이 쓴 「한남심재기(翰南心齋記)」의 전문은 다음과 같다.

해와 달과 별은 하늘의 문(文)이요, 산천(山川)과 초목(草木)은 땅의 문(文)이며, 시서(詩書)와 예악(禮樂)은 인간의 문(文)이다. 하늘에 이 문(文)이 없으면 얼마나 어둡고 어려울 것이며, 땅에 이 문(文)이 없다면 얼마나 황량한 들판과 무덤과 같을 것이며, 인간에게 이 문(文)이 없다면 얼마나 어둡고 어리석을 것인가? 문(文)이 얼마나 쉽게 위태로울 수 있는지 알 수 있다. 한남서림 주인이 고금의 문(文) 만여 권을 취하여 저잣거리 서점에 소장하고 있다고 널리 알려졌는데, 영화(英華)를 갈망하는 자들의 수요에 부합한 이가 바로 심재이다. 대개 마음을 비우고 신령은 고요하게 하되 그런 느낌을 다수가 갖게 하는 이치를 만사에도 적용하는 것이 가능하니, 어찌 다만 밝게 살펴 평형을 유지하는 일 뿐이겠는가?

이처럼 자기를 수양하고 다른 사람을 다스리며 만물의 뜻을 깨달아 모든 일을 이루는 기술이 바로 집안 가득 채워져 있는 책 속에 있거늘 어찌 문(文)이 인간보다 못하단 말인가? 아아, 오늘날 도를 말하는 기술이라는 것이 나날이 화려해질 뿐 그 마음을 돌아보려는 것은 드무니, 이는 비유컨대 집의 기초가 귤나무의 낙엽인 양 얕뿐 근원을 잊어버려 흐르는 물을 붙잡으려 하는 것과 같다. 이에 더욱 심재가 세상을 깨닫고 사유하여 이르려는 것에 감동하여 이를 글로 써서 남긴다.119)

---

118) 『해동불보』에 '癸丑中秋之旣望書于琵琶館'이라 밝혀 놓았는데, 이는 『도서첩』에 실린 것과 동일하다. 이로 보더라도 『해동불보』에 실린 「심재기」는 원래 『도서첩』에 「한남심재기」라는 제목 하에 실린 글이었음을 확인할 수 있다. 다만 『해동불보』에는 이 글을 비파관(琵琶館)에서 썼다는 사실이 추가 기재되어 있다. 비파관(琵琶館)이 어디인지는 알 수 없다.

119) 최동식, 『가장도서첩』 제5책, 4쪽. "日月星辰天之文也, 山川草木地之文也, 詩書禮樂人之文也. 天乎無文何, 窘玄而已, 地乎無文何, 壙埌而已, 人乎無文何, 冥駭而已. 文豈可易攔哉. 翰南主人聚古今文萬有卷, 藏于市樓普應摷英咀華者之所需合其室曰心齋. 盖心者虛而靈寂而感具衆理應萬事, 奚啻鑑空衡平而已. 以是修己治人開物成務之術布在方冊汗其牛充其棟, 何莫非文乎人者乎. 噫, 今言道術者, 日以宴繁省其心則鮮, 是喩舍根而橘葉忘源而挹流也. 於是乎尤感心齋之醒世牖俗者至矣, 是以書之"

■『가장도서첩』〈제5책〉 수록 최동식(崔東植)의 축하문

천하 삼라만상이 모두 문(文)인데, 그 중 시서예악(詩書禮樂)이 인간이
만든 문(文)이라 했다. 그런데 얄팍한 기술을 '도(道)'라 여겨 이를 쫓고자
하는 풍조를 경계하며 책을 통해 마음을 수련하고 도(道) 수련을 위해 서
점 경영을 시작한 백두용의 뜻이 높다고 했다.

성재(成齋) 조한응(趙翰膺, 1854~?)은 자(字)가 원서(元瑞)이며 의관(議官) 벼
슬을 지냈다.

회당(晦堂) 신태동(申泰東, 1844~?)은 자(字)가 천오(天吾)이며 정언(正言) 벼슬
을 지냈다. 1873년에 문과에 합격한 사실 외에 알려진 것이 거의 없다.

우연(友蓮) 이병욱(李炳勖, 1854~?)은 자(字)가 공려(公勵)이며 참봉(參奉) 벼
슬을 지냈다. 『도서첩』에 '瑞木連馳陶朱量牛'라는 여덟 글자로 된 짧은
글을 남겼다.

창상(滄上) 이상영(李商永, 1854~?)은 성균교환(成均敎換)을 지냈다. 국권 피탈 후 일본에 의해 만들어진 조선사편수회(朝鮮史編修會)에 참여한 전력 이 있다. 『도서첩』에 자신을 '창상거사(滄上居士)'로 소개해 놓았다.

> 백석(白石) 산방의 책은 사람들이 필히 친히 찾아와야 읽을 수 있다. 지금 한남서림이 소장하고 있는 이 책들을 사람들은 각자 그 뜻을 따라 사러 왔다 가 가히 그 서점에 있는 책을 읽고 그 기쁨과 은혜를 널리 알리니, 고인(古人) 보다 그 어짊이 멀리 퍼져 있다.120)

서점의 효과가 손님이 직접 책을 찾아 읽는 희열에 있을 뿐 아니라, 다양한 책을 두루 읽는 데도 있다고 했다. 백두용의 서점이 장서량이 많 기 때문에 그 기쁨을 더욱 맛볼 수 있다고 했다. 이미 항간에 한남서림 이 고서 위주의 장서가 많다는 사실이 널리 알려진 까닭에 선친 대보다 그 영향력이 더 컸다고 할 것이다.

퇴산(退山) 정치덕(鄭致德, 1856~?)은 자(字)와 본(本) 모두 『도서첩』에 빠 져 있으며, 시종부경(侍從副卿)의 관직을 지낸 사실만 기록되어 있다.

소봉(蘇峰) 도쿠토미 이치로[德富猪一郎, 1863~1957]는 일본인으로, 『도서 첩』에는 '귀족원(貴族院) 의원 겸 신문사 감독'으로 소개해 놓았다. 도쿠 토미는 교토 소재 도시샤 영어학교[同志社英語學校]에서 공부하다가 1880 년에 중퇴한 뒤, 잡지 편집과 강의 등을 하며 저술활동을 했다. 1887년 에 출판사 민유샤[民友社]를 설립했으며, 같은 해에 일본 최초의 종합지 인 『고쿠민노토모[國民之友]』를 발행했다. 1890년에는 『고쿠민[國民]신문』 을, 1891년에는 『고쿠민[國民]총서』를, 그리고 1892년에는 『가정잡지(家庭

---

120) 이상영, 『가장도서첩』 제5책, 8쪽. "白石山房之書, 人必親來然後可以讀之. 今此翰南書 林之藏, 人各隨意買去可以在家讀之其嘉惠之廣, 賢於古人遠矣夫."

雜誌)』 등을 연이어 발행하며 언론계를 주도하였다. 1910년에 데라우치 조선총독의 요청으로『경성일보(京城日報)』의 감독직을 맡았다. 1918년부터 1952년에 걸쳐 집필한『근세일본국민사(近世日本國民史)』100권이 대표작이다.

『도서첩』에는 '論交歲月深', 이렇게 5글자만 적어 놓았다. '서로 만나 논한 세월이 깊다'는 것은 그만큼 서로 오랫동안 지기(知己)로서 많은 대화를 나누며 좋은 관계를 유지해 왔음을 함축적으로 표현해 놓은 것이라 하겠다.

약운(藥雲) 서학순(徐學淳, 1857~?)의 본명은 서석화(徐石華)이다. 군수를 지냈다. 의병장이었던 김백선(金伯先, ?~1896)의 부하로 활동한 전력이 보이나[121] 상세하지 않다.

> 옛적에 배차산(裵此山)[122]이 시(詩)에 공교(工巧)하였는데, 늘그막에 가인(佳人) 하나를 얻었다. 그 시우(詩友) 소향(小香) 백춘배가 절구시를 지어 그를 희롱하였는데, 그의 문채(文采)와 풍류(風流)를 가히 상상할 만하다. 이에 글을 써서 증정한다.[123]

---

121) 이영학 외,『63인의 역사학자가 쓴 한국사 인물 열전』, 돌베개, 2003.

122) 배전(裵文典 1845~?)의 호명이 '배차산'이다. 배전의 자(字)는 중집(中集)이며 김해에서 살았다. 산수와 절기(折技)를 잘 그렸다고 한다.(김영윤,『한국서화인명사서』, 한양문화사, 1959, 453쪽) 개화파의 일원으로 개화운동에 참가했다가 갑신정변 후 희생당한 박제경(朴齊絅)의 제자이자 진보적 사상을 가진 개화파 인물로 알려져 있다. 박제경이 1886년 도쿄(東京)의 중앙당(中央黨)에서 야사『근세조선정감(近世朝鮮政鑑)』을 냈는데, 이 책의 1/3은 배전의 평(評)으로 이루어져 있다. 이 책은 상하 2권으로 되어 있고, 현재 상권만 남아 있다. 1880년대 개화파의 사상과 천주교에 대한 인식을 엿볼 수 있는 자료로 소중하다. (『朝鮮政鑑(上)』(韓國敎會史硏究資料 弟二輯), 韓國敎會史硏究所, 1968 ; 李翼成 譯,『近世朝鮮政鑑(上)』, 探究堂, 1976.)

123) 서학순,『가장도서첩』제5책, 11쪽. "昔裵此山工於詩老來卜得一佳人. 其詩朋白小香, 作一絶以戲之, 其文采風流亦可想也. 書贈."

위 글은『도서첩』에서 본문 글 다음에 작은 글씨로 첨기(添記)해 놓은 것이다. 여기서 '가인'은 기생 강담운(姜澹雲)을 가리킨다. 배차산(裵此山)이라는 가명을 사용했던 '배전(裵婰)'이 시를 잘 지었는데, 그의 친구인 백춘배가 강담운에게 절구시를 한 수 지어 그녀를 희롱했다고 했다. 이처럼 두 사람의 특별한 인연을 소개하면서 백춘배의 죽음을 안타까워하는 마음을 담았다.

학주(鶴洲) 송인회(宋仁會, 1857~?)는 자(字)가 여교(汝敎)이고, 주사(主事)를 지냈다.『도서첩』에서는 한남서림이 백성을 교화하고 전국의 공공(公共)에 이로움을 준다며 한남서림의 존재를 높게 평가했다.

삼연(三然) 이순하(李舜夏, 1857~?)는 판서(判書) 인철(寅轍)의 아들로 참판(參判)을 지냈다.『도서첩』에서는 옛 것을 좋아하는 심재 백두용이 선친 대의 장서 만 권을 쌓고 큰 서점을 열었노라고 했다.[124]

소호(小湖) 윤상연(尹相衍, 1857~?)은 민비 정권에서 주요 측근으로 활동한 판서(判書) 윤자덕(尹滋悳)의 아들이며, 승지(承旨)·평안남도관찰사 등을 역임했다.

파산(坡山) 윤면오(尹冕五, 1857~1921)는 자(字)가 경희(敬熙)이며, 파주(坡州)에서 거주했다. 어려서부터 효행이 극진했던 효자이자 문예가 뛰어났던 학자이다.[125]『도서첩』에서 중국의 향산(香山) 백거이(白居易)이 비견될 만한 국내의 인물로 백두용을 꼽을 수 있다고 했다.

우당(愚塘) 심승필(沈承弼, 1857~?)은 자(字)가 순구(順求)이며, 주사(主事)를 지냈다. 자세한 행적은 알 수 없으나, 1920년대『동아일보』기사에 학교와 관련한 일로 여러 차례 이름이 등장하는 것으로 보아 교육계에 종사했던 것으로 보인다.『도서첩』수록 글에서 옛날과 지금이 서로 도모하

---

124) 이순하,『가장도서첩』제5책, 13쪽. "翰南高闢大書林娟, 識心齋好古, 心樓起先塋藏萬卷."
125) 파주군 편, 「역사와 인물(효열전)」,『파주군지(上)』, 1995, 891쪽.

지 않게 된 지 오래되었다고 탄식하면서[126] 공자(孔子)와 맹자(孟子)의 가
르침대로 시대를 아울러 학문하는 자세가 필요하다고 했다. 독서의 중
요성과 서점의 활용 가치를 간접적으로 강조했다.

만하(晩荷) 이수용(李秀龍, 1857~?)은 판서(判書) 규영(珪永)의 아들로 승지
(承旨)를 지냈다. 『도서첩』에는 부채 모양의 종이에 쓴 시가 소개되어 있
다. 한남서림이 두루 책을 수집해 팔고 있으며 이렇듯 서점을 열어 책을
읽을 수 있도록 한 주인(백두용)을 기억할 필요가 있음을 노래했다.

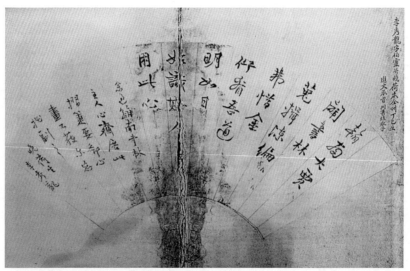

▎『가장도서첩』〈제5책〉 수록 이수용(李秀龍)의 축하시

동석(東石) 김규형(金奎馨, 1857~?)은 1880년에 과거에 합격한 뒤 교리(校
理) 비서승(秘書丞)을 거쳐 숙천 군수(肅川郡守)를 지냈다. 『도서첩』에는 한
남서림에 친구가 거하고 있으며, 책 향기가 가득하다는 내용의 글을 남

126) 심승필, 『가장도서첩』 제5책, 16쪽. "嗟, 夫古與今不相謀也久矣."

졌다.

　자인(紫人) 홍필주(洪弼周, 1857~1917)는 군수를 지냈다. 대한자강회 평의
원과 대한협회 발기인으로 사회 활동을 활발히 전개했다. 자(字)는 사량
(士亮)이며 풍산(豊山) 출신이다. 1904년에 일본의 황무지 개척권 요구에
반대하는 운동을 전개했으며, 1907년에는 애국계몽운동단체인 대한협
회127)의 발기인으로 참여했다. 그런데 이들 간부들 중 상당수가 『도서
첩』에 참여하고 있는 것이 흥미롭다.128) 백두용이 대한협회와 직간접적
으로 관련을 맺고 있었으며, 5천 명이 넘는 대한협회 회원들 중에 백두
용과 친분과 인맥을 지닌 인사들 역시 적지 않았을 것으로 보인다.

　무정(茂亭) 정만조(鄭萬朝, 1858~1936)는 구한말과 일제강점기의 학자로
유명하다. 강위(姜瑋)의 제자로, 예조참의・승지를 거쳐 내부참의(內部參議)
와 궁내부(宮內部) 참의관 등을 지냈다. 1895년의 팔월역변(八月逆變)・시월
무옥(十月誣獄)에 연루되어 1896년 4월 진도(珍島)에 유배되었다가 12년 만
인 1907년 12월의 사면 때 풀려나 복관되었다. 규장각 부제학을 거쳐 헌
종・철종 당시 『국조보감(國朝寶鑑)』 편찬위원 등으로 활동했다. 국권피탈
후에는 조선사편수회(朝鮮史編修會) 위원 등을 역임하고 1926년에는 경성
제국대학 강사로 활동했다. 1929년에는 일제가 식민정책의 일환으로 기

---

127) 대한협회는 일제 정책에 항거하던 대한자강회(大韓自强會)가 일제통감부에 의해 강
　　제 해산된 후, 윤효정(尹孝定)・장지연(張志淵) 등 이전 대한자강회 간부들과 천도교
　　대표 자격의 권동진(權東鎭)・오세창(吳世昌) 등이 합류해 10명이 조직한 단체다. 한
　　때 회원이 5천 명에 이를 정도로 성황을 이루었다. 총재는 민영휘(閔泳徽, 1852~
　　1935)가 맡고, 회장에 남궁억(南宮檍), 부회장에 오세창, 그리고 총무에 윤효정이 있
　　었다. 평의원으로 장지연・권동진・유근(柳瑾)・정교(鄭喬)・이종일(李鍾一)등 23명이,
　　찬의원(贊議員)으로 지석영(池錫永), 김중환(金重煥), 정봉시(鄭鳳時) 등이 활동했다.
128) 대한협회 간부 중 『가장도서첩』에 이름이 등장하는 인물로는 유근(제10책), 윤효정
　　(제5책), 장지연(제10책), 정교(제2책), 정봉시(제3책), 지석영(제3책), 홍필주(제5책)
　　등이 있다.

존의 성균관(成均館)을 개편해 신설한 경학원(經學院)의 대제학이 되어 명륜학원(明倫學院) 총재를 겸임하는 등 친일 활동을 하였고, 『이왕가실록(李王家實錄)』 편찬위원을 맡아 『고종실록』과 『순종실록』 편찬을 주재하였다. 시문에 능하고 특히 변려문(騈儷文)에 뛰어났으며 글씨도 잘 썼다. 『도서첩』에는 소향(小香)이 재주가 많고 뜻이 깊으며, 인륜이 없는 세상을 구제하고 싶었노라며 백춘배를 기리는 내용의 글을 남겼다.129)

일사(一史) 윤주찬(尹柱瓚, 1858~?)은 고종 때 각 부의 주사관을 거쳐 중추원 의관을 역임하고 을사조약이 체결되자 매국 오적을 죽이라고 상소하다가 제주로 유배되었다. 을사조약의 체결에 반대하여 1907년 전라도 유생 나인영(羅寅永), 오기호(吳基鎬)(제11책), 이기(李沂)(제3책), 홍필주(洪弼周)(제5책) 등과 손잡고 자신회(自新會)를 조직하여 항일운동을 벌였다. 이광수(李光洙, 1892~1950)와 함께 정부와 일본 통감부·군사령부 및 각국 공사관에 보내는 공함과 내외국민에게 포고하는 글을 짓기도 했다. 을사오적을 암살하기 위한 결사대를 편성했을 때, 거사자금으로 2천 냥을 냈다.

소매(小梅) 김준학(金準學, 1859~?)은 18세에 식년시(式年試)에서 장원을 했다. 역관 이상적(李尙迪, 1804~1865)의 제자였던 매은(梅隱) 김병선(金秉善, ?~1921)의 아들이다. 추사 김정희(金正喜, 1786~1856)가 이상적에게 그려 보낸 <세한도(歲寒圖)>가 이상적 사후에 김병선에게 넘어갔는데, 김준학이 이 <세한도>를 읽으며 공부한 내용을 두루마리 끝에 적어 놓았다.130) 『도서첩』에는 김준학이 통정(通政) 벼슬을 하고, 송도에 거주했다고 적고 있다. 비 그친 산에서 우연히 감흥을 얻어 지은 시 한 수를 적어 놓았다

---

129) 정만조, 『가장도서첩』 제5책, 20쪽. "小香才志世無倫欲救."
130) <세한도>는 후일에 휘문의숙 설립자이자 수장가로 유명한 민영휘(閔永徽)의 소유가 되었으나 그의 아들 민규식(閔奎植, 1888~?)이 추사 연구가였던 일본인 후지즈카 치카시[藤塚鄰, 1879~1948]에게 팔아 넘겨 오랫동안 그의 소유로 있었다.

는 부기(附記)도 보인다.[131]

운정(雲汀) 윤효정(尹孝定, 1858~1939)은 주사를 지냈다. 한말의 정치가이
자 독립운동가로 유명하다. 1898년 제위 양위음모사건이 발각되자 일본
으로 넘어갔다가 그 곳에 피신해 있는 명성황후 시해 사건 관련자인 우
범선(禹範宣, 1857~1903)을 고영근(高永根, 1853~1923)을 시켜 죽이게 하고 귀
국했다. 1906년 서울에서 장지연(張志淵) 등과 함께 이준(李儁)이 세운 헌
정연구회(憲政研究會)를 토대로 대한자강회(大韓自强會)를 조직하였다. 1907

년 11월, 유근(柳瑾)·장지연 등의 발의로
대한자강회를 해산시키고 발전적으로 대
한협회(大韓協會)를 조직한 뒤 그 총무가 되
어 항일조직 확대에 힘썼다. 후에 대한협
회장을 역임했으며 칠십 평생 정치가이자
웅변가로 살면서 여러 명사와 교유하며 보
고 들은 사건을 저술한『풍운한말비사(風雲
韓末秘史)』가 전한다.[132]

❙윤효정

우려(又黎) 한진창(韓鎭昌, 1858~1935)의 자
(字)는 문유(文愈)이며, 협변(協辨)을 지냈다. 동랑(冬郞) 한치요(韓致堯)의 아들
이다.『도서첩』에

먼지 하나 없이 깨끗한 한남서림에 숲처럼 많은 책들을 좌우에 벌려놓고
앉아 장사를 하니, 이는 일반 백성을 구제하고 가난한 이들을 고려하고자 함
이다. 장차 옛 책을 오늘날 사람들에게 베풀어 주려는 데 목적이 있다.[133]

---

131) 김준학,『가장도서첩』제5책, 22쪽. "雨歇山窓頗有臨池之興偶, 錄蜜啞子一絶句."
132) 윤효정, 박광희 역,『대한제국아 망해라』, 다산초당, 2010.
133) 한진창,『가장도서첩』제5책, 24쪽. "翰南鋪舍淨無塵, 書帙如林左右陳坐賈, 豈徒救貧
計爲將古卷惠今人".

라고 적었다. "많은 책을 좌우에 진열해 놓고 앉아 팔았다[書帙如林左右陳坐賈]"는 기록이 눈에 띈다. 즉, 한남서림이 초기에 좌판을 만들고 그 위에 책을 펼쳐놓고 앉아 손님이 오기를 기다리는 방식으로 책을 팔았음을 보여주는 자료라는 점에서 의미가 있다.

우석(友石) 윤석영(尹奭榮, 1858~?)의 자(字)는 주백(周伯)이며, 의관(議官)을 지냈다. 『도서첩』에서 "책은 진(晉)나라에서 나와 상인들이 책을 거래하게 되면서 세상에 많아지게 되었고, 그림도 오(吳)나라에서 세상에 전해진 이후에 그것을 보물처럼 사랑하게 되었다"[134]고 하면서 만권화(萬卷畵) 천축(千軸)을 가진 백두용이 서점을 열었기에 많은 책을 세상 사람들이 쉽게 볼 수 있게 되었다며 이를 높이 평가했다.

만당(晩堂) 이규환(李圭桓, 1858~1931)의 자(字)는 공십(公執)이며, 협변(協辨)을 지냈다. 『도서첩』에서는 백사(白沙) 이항복의 사손(祀孫)이라고 소개해 놓았다.

<제5책>에는 주로 1850~1858년에 출생한 이들이 나이 순서대로 정리되어 있다. 여기에 수록된 이들 중에는 백두용이 참여했던 대한협회 회원들이 다수 보인다. <세한도>를 전한 김준학과 독립운동을 전개했던 윤주찬, 윤효정 등이 바로 그들이다. 제2차 세계대전 후 A급 전범자로 지목된 일본인 도쿠토미 이치로[德富猪一郞]의 참여도 눈에 띈다. 여기서도 백춘배의 정신을 높이 평가하는 한편, 그 뜻을 이어받아 서점 경영을 하고 있는 백두용을 거듭 예찬한 내용이 주를 이루고 있다.

---

134) 윤석영, 『가장도서첩』 제5책, 25쪽. "書出晉肆人易其富, 畵傳吳乎世艶其寶兮."

〈제6책〉

이름	字	号	本	생년	관직	비고
윤영구(尹甯求)	공집(公集)	수정(須亭)	해평(海平)	1868(戊辰)	군수(郡守)	우당(于堂) 희구(喜求)의 동생
박기화(朴蘷和)	계장(季章)	우석(虞石)	밀양(密陽)	1869(己巳)	참봉(參奉)	
內藤虎次郎					문학박사 (文學博士)	일본인
김익남(金益南)		심오(心吾)	청풍(淸風)	1869(己巳)	육군부령 (陸軍副領)	
김유탁(金有鐸)	대숙(大叔)	수암(守巖)		1869(己巳)		평양(平壤) 거주
박노학(朴魯學)	공희(孔希)	금운(琴雲)	순천(順天)	1869(己巳)	군수(郡守)	
한기준(韓基準)	국형(國衡)	우교(雨橋)	청주(淸州)	1869(己巳)	참서(參書)	
민병성(閔丙星)	군칠(君七)	우봉(又峰)	기흥(驪興)	1870(庚午)	승지(承旨)	정식(廷植)의 아들
조중익(趙重翊)	보여(輔汝)	화교(華喬)	양주(楊州)	1871(辛未)	시종관(侍從官)	
홍종길(洪鍾佶)	사철(士喆)	귤원(橘園)	남양(南陽)	1871(辛未)	주사(主事)	
백용성(白龍城)	상규(相奎)		수원(水原)	1869(己巳)		
김돈희(金敦熙)	공서(公叙)	성당(惺堂)	경주(慶州)	1871(辛未)		동능(東能) 조카
한영원(韓永源)	명원(命遠)	성석(惺石)	청주(淸州)	1871(辛未)	부윤(府尹)	
이봉노(李鳳魯)	성소(聖韶)	석치(石癡)	전의(全義)	1871(辛未)	협판(協辦)	의정(議政) 동미(東眉) 아들
현백운(玄百運)	경문(景問)	죽헌(竹軒)	정주(廷州)	1872(壬申)	예무관 (禮武官)	부경(副卿) 학수(學壽)의 아들
이완용(李完鎔)	경구(敬九)	소암(小菴)	전주(全州)	1872(壬申)	종정경(宗正卿)	
방한종(方漢宗)	성조(聖朝)	혜정(蕙庭)	온양(溫陽)	1871(辛未)	주사(主事)	
김춘수(金春洙)	영사(詠士)	기정(沂亭)	광산(光山)	1872(壬申)	참판(參判)	대제학(大提學) 상현(尙鉉) 손자
예종석(芮宗錫)	문환(文煥)	운계(雲溪)	의흥(義興)	1872(壬申)	종이품(從二品)	
정태석(鄭泰奭)			영일(迎日)	1874(甲戌)		참장(參將) 기택(騏澤)의 아들
박건회(朴健會)		대쾌재(大快齋)	밀양(密陽)	1872(壬申)	참봉(參奉)	
고응원(高應源)	진연(憑淵)	송천(松泉)	개성(開城)	1872(壬申)	참서(參書)	준필(俊弼) 아들
이근홍(李根洪)	문옥(文玉)	송고(松皐)	전주(全州)	1873(癸酉)	관찰사(觀察使)	

이병호(李秉昊)	윤소(允詔)	유재(維齋)	연안(延安)	1873(癸酉)	승지(承旨)	화산(華山) 병교(秉喬)의 동생
권영우(權寧瑀)	경간(景幹)	낙재(樂齋)	안동(安東)	1873(癸酉)	교관(敎官)	
허만필(許萬弼)	사유(士柔)	송계(松溪)	김해(金海)	1873(癸酉)	승지(承旨)	
한현석(韓玄錫)	문구(文九)	백남(白南)	청주(淸州)	1873(癸酉)		개성(開城) 거주
정인형(鄭寅炯)	문중(文仲)	하당(荷塘)	동래(東萊)	1873(癸酉)	참봉(參奉)	
원정현(元定鉉)	사정(士正)	정재(靜齋)	원주(原州)	1873(癸酉)	박사(博士)	
주원영(朱源榮)		자운(紫雲)	신안(新安)	1874(甲戌)	수문장(守門將)	
권직상(權直相)	자순(子順)	당은(唐隱)	안동(安東)	1874(甲戌)	군수(郡守)	

31명

수정(須亭) **윤영구**(尹甯求, 1868~?)는 군수(郡守)를 지냈다. 1905년 을사조약 체결 이후로는 관직을 그만두고 역사학자가 되어 고문서 수집과 민속 등을 연구했다. 조선사편수회 위원을 역임했다. 우당(于堂) 윤희구(尹喜求)(제11책)의 동생이다.

우석(虞石) **박기화**(朴夔和, 1869~?)의 자(字)는 계장(季章)이며, 참봉(參奉)을 지냈다. 자세한 행적을 알 수 없으나, 1908년 『기호흥학회월보』(제1호, 제3호)에 기호흥학회의 회원으로 입회금을 낸 사실이 기록되어 있다. 『도서첩』에서 그는 심재 백두용과 자신이 세월을 잊은 친구 사이라 하면서 심재가 새벽별[晨星]처럼 나타나 가까이 지낸 지 수 년이 되었다고 했다.[135]

나이토 코지로[內藤虎次郎]는 『도서첩』에서 일본인 문학박사(文學博士)로 소개해 놓았다. 일본의 대표적인 간도 문제 연구가로 이름이 났다. 조선인이 간도지역을 중국인보다 먼저 개척하였다고 주장한 『한국동북강계고략(韓國東北疆界攷略)』(1906)을 쓰기도 했다.

---

135) 박기화, 『가장도서첩』 제6책, 3쪽. "余與心齋白兄忘年交也. 邇來落落如晨星者爲數年矣."

심오(心吾) 김익남(金益南, 1869~1937)은 육군부령(陸軍副領)을 지냈다. 대한제국 시절에는 군인이자 군의관으로 활동했고, 일제 강점기에는 의사가 되었다. 한국 초기 양의사 중 한 명이었다. 독립운동가이자 정치인였던 김규식(金奎植)의 당숙(堂叔)이자, 이태준(李泰俊)의 처당숙(妻堂叔)이기도 하다. 『도서첩』에서 자신을 백두용의 동학우인(同學友人)이라고 했다.

수암(守巖) 김유탁(金有鐸, 1869~?)의 자(字)는 대숙(大叔)이며, 평양에서 살았다. 동양화가이자 서화협회 회원으로, 특히 묵죽(墨竹)을 잘 그렸다.136)

금운(琴雲) 박노학(朴魯學, 1869~?)의 자(字)는 공희(孔希)이며, 군수(郡守)를 지냈다. 『도서첩』에는 다음과 같은 시를 남겼다.

> 창밖에 무수히 늘어진 가을 꽃 자태가 고운데
> 향로의 향과 옻칠 그릇 대하니 두루 새로워라.
> 어지러이 떨어지는 구슬에 두 눈이 현혹되고
> 맑은 계곡물은 금빛 향초를 적시네.137)

위 시처럼 한남서림, 또는 백두용과 직접적으로 관련된 진술이 아닌 글들도 더러 존재한다. 기존의 명문, 또는 시구를 그대로 옮겨 적은 글들도 일부 보인다.

우교(雨橋) 한기준(韓基準, 1869~?)의 자(字)는 국형(國衡)이며, 참서(參書)를 지냈다. 3·1 운동 이후에 민심 수습과 조선 민족의 번영 도모를 목적으로 출범한 국민협회의 평의원으로 활동하면서 참정권 청원운동에 앞장

---

136) 이성혜, 「20세기 초, 한국 서화가의 존재 방식과 양상－수암(守巖) 김유탁(金有鐸)을 중심으로」, 『한문학보』 제21집, 우리한문학회, 2009, 535~562쪽 ; 최열, 「친일 미술의 시대적 변천」, 『민족예술』 10월호, 2004.

137) 박노학, 『가장도서첩』 제6책, 7쪽. "窓映秋花數朶妍 / 爐香槃几對新編 / 錯落珠璣眩雙眼 / 玉溪餘潤侵金荃"

서기도 했다.

우봉(又峰) **민병성**(閔丙星, 1871~?)은 민정식(閔廷植)의 아들로 자(字)는 군칠(君七)이며, 승지(承旨)를 지냈다. 일제강점기에 법조인으로 활동했으며, 독립운동가인 민충기(閔忠基)가 그의 아들이다.

화교(華喬) **조중익**(趙重翊, 1871~?)의 자(字)는 보여(輔汝)이며, 시종관(侍從官)을 지냈다. 춘천에서 거주했다. 『도서첩』에서는 옛 사람들이 말하던 '대은(大隱)'이 바로 백두용이라고 했다.[138]

귤원(橘園) **홍종길**(洪鍾佶, 1871~?)의 자(字)는 사철(士喆)이며, 주사(主事)를 지냈다. 서예가로 유명한 일중(一中) 김충현(金忠顯)이 홍종길의 문하에서 한학을 배운 제자이다.[139] 『도서첩』에는 한남서림에 책이 많고 자신이 백두용과 친구지간으로서 우의가 깊고 교유가 성함을 세 가지 항목으로 나눠 소개해 놓았다.

온갖 서적이 집에 가득 넘치니 사람들이 마음대로 책을 읽는다. 우리나라 한 곳에 하늘의 정기 모두 모였으니 심재 백씨 집안이다. ─이것은 서적이 많음을 말한 것이다.

심재를 알고 지낸 지 십 수 년이다. 종자기의 친구 백아(伯牙)의 지음(知音)처럼 내가 빈곤해 책을 사서 볼 수 없음을 알고, 모든 제자백가의 책을 모아 나의 우둔함을 깨닫게 해준다. ─이것은 우의(友誼)가 깊음을 말한 것이다.

서림(書林)에 더해 유림(儒林)으로서 청금(靑衿)을 감추고 날마다 찾아가니 열 길 속세에서도 안에서 일어나 경을 논하고 사서를 보고 또 노래를 읊을 수 있다. ─이것은 친구 사이의 사귐이 왕성한 것을 말한다.[140]

---

138) 조중익, 『가장도서첩』 제6책, 10쪽. "古人云大隱隱城市, 又曰城市與山林, 吾於心齋詞伯"

139) 「回甲 맞는 書藝家 一中 金忠顯」, 『동아일보』, 1981년 5월 8일자 9쪽.

140) 홍종길, 『가장도서첩』 제6책, 11쪽. "經史衆流車五過, 縱人玩讀任橫斜, 海東一域奎精氣, 盡聚心齋白氏家(右言書籍之廣) / 結識心齋十數年, 鍾期之友伯牙絃, 知我貧無購書覽, 俾閱諸家破瞶眼(右言友誼之深) / 書林兼得作儒林, 濟亡靑衿日匚尋, 十丈紅塵綺起裏, 論

위 글에서 확인할 수 있듯이, 한남서림과 백두용을 세 가지 측면으로 나눠 높게 평가했다. 첫째, 한남서림에 책이 많고, 둘째, 자신이 백두용과 친구지간으로 우의가 깊으며, 셋째, 교유가 잦다는 것이다. 자신을 한남서림과 백두용이라는 삼자 관계에 놓고 그 관계성을 자평한 것이라 하겠다.

백용성(白龍城, 1869~1940)은 속명이 상규(相奎)이고, 용성은 그의 법호(法號)이다. 해인사(海印寺)에 들어가 수도생활을 한 후 서울에서 대각사(大覺寺)를 창건하였고 1919년 3·1운동 때는 민족대표 33인 중의 한 사람으로 독립선언서에 서명하였다. 이 일로 1년 6개월간 옥고를 치렀다. 불교의 대중화를 위해 한문을 한글로 번역하는 일에 진력하였다. 저서로『수심론(修心論)』,『귀원정종(歸源正宗)』,『용성선사어록(龍城禪師語錄)』 등이 있다.『도서첩』수록 글 말미에는 그가 1867(己巳)년생인 것과 '조선선종중앙포교당개교사장(朝鮮禪宗中央布敎堂開敎師長)' 직을 맡았던 사실이 소개되어 있다. 백용성은 만해 한용운과 함께 조선선종 중앙포교당 포교사로 수 년 동안 포교활동을 펼쳤다.

성당(惺堂) **김돈희**(金敦熙, 1871~1937)는 관료 겸 서예가이다.『도서첩』에서는 그가 김동능(金東能)의 조카임을 밝혀 놓았다. 김돈희는 안진경, 황정견의 글씨를 배워 예서(隸書)에서 일가를 이루었다. 상서회(尙書會)를 조직하여 서법 연구 및 후진 양성에 힘을 쏟았으며, 서화협회 4대 회장을 지내기도 했다.

성석(惺石) **한영원**(韓永源, 1871~1934)의 자(字)는 명원(命遠)이며, 개성(開城) 부윤(府尹)을 지냈다. 일제 강점기에 친일 단체에서 활동하고 조선총독부 중추원 참의를 지냈다. 한남서림이 많은 책을 가지고 있는 것은 소향(小

經看史又高晋(右言交遊之盛)"

香=백춘배)의 마음을 따르려 하는 고매한 이들이 많음을 의미하는 것이라 했다.[141]

석치(石癡) **이봉노**(李鳳魯, 1871~1922)의 자(字)는 성소(聖韶)이며, 내부(內部) 협판(協辦)을 지냈다. 일제 강점기에는 독립운동을 하다 옥고를 치르기도 했다. 의정(議政) 이동미(李東眉)의 아들이다.

죽헌(竹軒) **현백운**(玄百運, 1872~?)의 자(字)는 경문(景問)이며, 한성사범학교 부교관 및 예식원 예무관(禮武官)을 지냈다. 부경(副卿) 현학수(玄學壽)의 아들이다.

소암(小菴) **이완용**(李完鎔, 1872~1937)은 종정경(宗正卿)을 지냈다. 일본에게 국권을 강탈당할 때 종친(宗親)으로서 일제의 자작 작위를 받았다. 을사오적이자 경술국적으로 비판받는 이완용(李完用, 1858~1926)과는 동명이인이다. 『도서첩』에는 다음과 같은 시를 적어 놓았다.

> 수양(垂楊) 가지 아래 군(君)의 집 있어
> 좋아하는 벗이라도 찾아올 적엔 외상술이라도 거듭 기울이네.
> 만권의 책 향기 그윽 흠뻑 취하니
> 돌아갈 길 잊은 채 석양만 기우는구나.[142]

위 시 대로라면 백두용의 집 옆에 수양버들이 있었으며, 백두용과는 평소 자주 왕래하던 사이였음을 알 수 있다.

혜정(蕙庭) **방한종**(方漢宗, 1871~?)의 자(字)는 성조(聖朝)이며, 주사(主事)를 지냈다. 잡과에 합격한 후 한학(漢學) 전공 역관으로 활동했다.

---

141) 한영원,『가장도서첩』제6책, 15쪽. "翰南十載有書林, 萬軸牙籤信無尋, 才藝上傳終隱市, 高人滿從小香心"

142) 이완용,『가장도서첩』제6책, 18쪽. "垂楊枝下是君家, 好友來時酒更賖, 萬卷書香滋味足, 却忘前路夕陽斜."

기정(沂亭) 김춘수(金春洙, 1872~1921)는 조선 말기의 문신으로 대제학을 지낸 상현(尙鉉)의 손자이자 교관이었던 영식(永式)의 아들이다. 1893년에 문과에 급제하여 가선과 장례소경(掌禮少卿) 등을 지냈다.

운계(雲溪) 예종석(芮宗錫, 1872~1955)의 자(字)는 문환(文煥)이며, 종2품 벼슬을 지냈다. 『조선일보』가 처음 창간되었을 때 발행인이었고, 대정실업친목회 회장을 지낸 일제 강점기의 실업인으로 노골적으로 친일 활동을 했다.[143]

정태석(鄭泰奭, 1874~?)은 참장(參將) 정기택(鄭騏澤)의 아들이다. 신간회의 발기인으로도 참여했다.[144]

대쾌제(大快齋) 박건회(朴健會, 1872~?)는 참봉(參奉)을 지냈다. 고소설『팔장사전(八壯士傳)』, 『강시중전(姜侍中傳)』, 『박천남전(朴天男傳)』 등을 직접 짓거나 편술했으며, 대광서림(大廣書林) 등 서점을 경영하기도 했다. 『도서첩』에 쓴 글 중에 다음 내용은 음미할 만하다.

> 인사동 동쪽에 가게를 세운 지 몇 해가 지났다. 최근에 들으니 길 건너에
> 심재 백두용이라는 이가 있으니 나와는 다른 부류의 사람이다. 뜻이 나보다
> 뛰어난 것은 옛 학문을 함에 있었다. 내가 이를 보고 '바로 이것이다!' 라며
> 감탄해 마지않았다.[145]

한남서림이 인사동 동쪽에 위치해 있었음을 확인할 수 있다. 무엇보다 출판인 겸 서점 주인으로 백두용과 자신을 비교한 것이 흥미롭다. 즉, 백두용이 자신과는 다른 부류의 사람이라고 했다. 박건회 자신도 책

---

143) 송건호, 『송건호전집 10』, 한길사, 2002, 20쪽.
144) 송건호, 『송건호전집 2』, 한길사, 2002, 50쪽.
145) 박건회, 『가장도서첩』제6책, 24쪽. "設鋪于寺衙之東者年矣. 近聞越路有故人白心齋斗鏞者無如余. 意而昇乎余者皆舊學問也. 余見而歎曰有是哉."

을 출판하고 서점을 운영하는 지식인으로 옛 것과 새 것을 동시에 추구하는 데 반해, 백두용은 옛 것을 고집스럽게 지키려 한 인물이라는 점을 높게 평가하고 그 뜻이 범상치 않음을 강조하고자 했다.

송천(松泉) 고응원(高應源, 1872~?)의 자(字)는 진연(震淵)이며, 참서(參書)를 지냈다. <제7책>에 글을 쓴 김우균이 『척독완편(尺牘完編)』(1905)을 저술·간행했을 때, 고응원이 발문을 써 주었다. 고응원은 중인 역관이었던 최성학(제1책)의 제자 모임에 김우균과 함께 참여했다. 『도서첩』에는 다음과 같은 글을 남겼다.

> 심재는 나의 동창(同窓) 형님이시다. (중략) 심재는 탑 서쪽 거리에 서루(書樓)를 세우고 좌우에 쌓인 도서를 눈 크게 뜨고 두루 돌아보며 여유 있게 지내므로 내가 이를 부러워한 나머지 여기에 글을 남긴다.[146]

백두용과 고응원이 동문지간(同門之間)임을 알 수 있다. 고응원이 백두용, 김우균 등과 함께 최성학을 스승으로 모시고 중인들의 모임에 참여했던 것이다. 이들이 『도서첩』에 다수 참여한 것은 동료애를 과시하기 위함이 아니었던가 한다. 그밖에 한남서림이 탑 서쪽 거리에 위치한다고 언급한 것도 사료적 가치가 있다. 여기서 말한 탑이란 현재 탑골 공원 내에 있는 원각사지 10층 석탑(일명 백탑)을 의미한다. 한남서림이 백탑의 서쪽 거리, 즉 당시 인사동 170번지에 있었음을 알려준다.

송고(松皐) 이근홍(李根洪, 1873~?)의 자(字)는 문옥(文玉)이며, 김해군수와 경기도관찰사 등을 지냈다.

유재(維齋) 이병호(李秉昊, 1873~?)의 자(字)는 윤소(允詔)이며 승지(承旨)를

---

146) 고응원, 『가장도서첩』 제6책, 25쪽. "心齋我同窓兄也.…心齋設一書樓於塔西之衢, 左右圖書頤眷自適, 不勝艶羨於是乎記."

지냈다. 화산(華山) 이병교(李秉喬)의 동생이다. 『도서첩』 수록 글에, 심재가 당시 문필로 이름을 날리던 이들의 글을 모아 첩(帖)을 만들고자 한다는 말을 듣고 자신도 참여하게 되었다고 했다.[147] 백두용이 처음부터 『도서첩』을 만들 요량으로 당시 저명인사들에게 시문을 부탁했던 것임을 재차 확인할 수 있다. 즉, 저명인사들이 자발적으로 서점 개업을 축하하는 시문을 써 준 것이 아니라 『첩』을 만들 목적으로 축하의 글을 부탁한 것이며, 이에 각계각층의 인사들이 부응코자 직접 서점을 찾아와 써 주거나 편지로 써서 보내주는 방법으로 글을 모았던 것이다.

낙재(樂齋) 권영우(權寧瑀, 1873~?)의 자(字)는 경간(景幹)이며, 교관(敎官)을 지냈다. 1913년부터 4년간 발행한 『신문계(新文界)』에 한자·한문 교육에 관한 글이 다수 연재되었는데, 고등보통학교(高等普通學校) 교사였던 권영우는 창간호부터 제8호까지 총 6회에 걸쳐 한문의 허자(虛字)에 관해 소개한 바 있다.[148] 『도서첩』에서는 서점이 많은 책을 소장하고 있어 책 읽기를 좋아하고 학문에 뜻을 둔 이들에게는 긴요한 역할을 하고 있다는 점을 강조했다.

옛날에 한나라 왕이 배우기를 좋아해 깊이 탐구하려 하나 책이 없어 매번 서사에 가 책을 읽곤 했다는 이야기가 전하는데 그것이 사실이다. 내 친구 심재 백두용은 시예(詩禮)로써 그 집안을 한결같이 이끌었는데, 당시 많은 사람들이 신학문에 놀라고 두려워하는 것을 보고 그 문(文)의 조짐을 통탄해 했다. 그리하여 가지를 옮겨 심어 자라나게 하듯 집에서 볼 요량으로 옛 책 수만 권을 사들여 마침내 서점을 세우고 서적[縹緗]과 서첩(書籤)과 서축(書軸)을 쌓아놓으니, 집에서 입 벌리고 일어나 음식을 그 아래서 한꺼번에 먹듯이 문장이 높은 선비들도 그것을 따라 행함이 많아져 날이 갈수록 살이 찌고 널

147) 이병호, 『가장도서첩』 제6책, 27쪽. "心齋大兄集當時之文筆鳴者爲帖而於昊之與也."
148) 신상필, 「近代 言論媒體와 漢字·漢文敎育의 한 樣相-『新文界』를 중심으로」, 『한자한문교육』 제18집, 2007, 292쪽.

리 퍼지게 되었다. 그러나 이를 알지 못하는 이들은 혹 말하기를 상술이라하고, 혹자는 시은(市隱)이라 칭하기도 했다. 이 모든 것은 공자도 본래 그러리라 여겼던 것이었다.149)

서점 효용론을 폈다. 그러면서 서점을 바라보던 세간의 부정적 인식과 평가까지 아울러 소개하는 균형 감각을 잃지 않았다. 비록 권영우는 직접적으로 자신의 견해를 밝히진 않았지만, 기본적으로 서점주인 백두용을 시은자(市隱者)로 인식하고 소신껏 자기 길을 걸어가는 모습에 격려와 응원을 보내고 있음을 감지할 수 있다. 당시 신학문과 신서적에 관심을 갖던 항간의 풍조를 오히려 안타까워하며, 자신 소신대로 고서를 모아 많은 이들에게 책을 공급해주던 한남서림의 존재가 참으로 소중하다고 여겼음을 알 수 있다.

송계(松溪) 허만필(許萬弼, 1873~1928)의 자(字)는 사유(士柔)이다. 홍문관(弘文館) 시독(侍讀)과 시강원(侍講院) 시독관(試讀官)을 거쳐 통정대부(通政大夫) 비서원(秘書院) 승지(承旨)를 지냈다.

백남(白南) 한현석(韓玄錫, 1873~?)의 자(字)는 문구(文九)이다. 개성(開城)에서 거주했다. 그 밖의 자세한 행적은 알려진 바가 없다.

하당(荷塘) 정인형(鄭寅炯, 1873~?)의 자(字)는 문중(文仲)이다. 참봉(參奉)을 지냈다. 『도서첩』에 한남서림의 이름이 천만세(千萬世)가 지나도록 전해지고 계속 번화하기를 바란다는 내용의 글을 남겼다.150)

정재(靜齋) 원정현(元定鉉, 1873~?)의 자(字)는 사정(士正)이다. 박사(博士) 벼

---

149) 권영우, 『가장도서첩』 제6책, 28쪽. "昔漢王充好學貪甚無書每迒書肆必讀之傳爲實事. 余友心齋白斗鏞君以詩禮弍其家見時人, 人多驚新學而斯文幾震慨. 然以枝植爲之作出, 家覽購舊書數萬卷逐爲肆, 縹緗籖軸庫, 而閣之叭起飮食于其下一時, 文士高其行多從之逝日相消徧. 不知者或謂業商或稱以隱市而皆孔其素志也."

150) 정인형, 『가장도서첩』 제6책, 31쪽. "書林傳之千萬世而益華焉."

슬을 했다.

『도서첩』에서는 자신을 전에 성균사업(成均司業) 벼슬을 했다고 밝히고,
「제백심재가장군영첩후(題白心齋家藏羣英帖後)」라는 제목의 글을 남겼다.

> 선비가 우주(세상)의 사물을 구하여 쓰는데 어려움이 있지만 더욱 어려운
> 것이 무엇인가 하면 수명과 부(富)와 귀(貴)이다. 이 세 가지는 인간이라면 누
> 구나 바라는 바지만, 스스로 분수와 한계가 있고 세를 얻는 것도 쉽지 않다.
> 그런 까닭에 심호흡하며 마음을 가라앉히는 것은 기이하고, 이익을 독점하는
> 것은 천한 일이며, 동정을 엿보거나 탐하는 것은 비루한 일이나, 세상이 모두
> 이런 방법으로 서로 찌르려 한다. (중략) 얼핏 들으니 심재 백두용은 지사(志
> 士)이다. 성격이 고상하고 옛 것을 좋아해 서적을 두루 살피고 때때로 상층과
> 하층 모두 아우르려 하여 혹 같아지는 것 같다면 이를 기뻐했다.[151]

세상 사람들이 부귀와 수명을 원해 그것을 얻기 위해 온갖 방법을 사
용하지만, 백두용은 지사(志士)로서 옛 것을 좋아하며, 상하층이 모두 마
음을 같이 할 수 있는 데 관심을 두고자 한다고 했다. 백두용의 성품이
어떠했는지 알려주는 자료로 의미가 있다.

자운(紫雲) **주원영**(朱源榮, 1874~?)은 수문장(守門將)직을 맡았으며, 서울
삼성암의 칠성각 현판을 비롯해 전국 각지에 다수의 현판을 썼다.

당은(唐隱) **권직상**(權直相, 1874~?)은 1894년 진사시에 합격한 후, 전주
군수를 역임했다. 『도서첩』에서 가림(嘉林) 집안의 후예인 백두용이 서점
을 세운 것은 자신을 스스로 잘 알고 타인에 대한 동병상련의 마음이
깊었기 때문이라고 했다. 그러면서 백두용이 자신을 드러내지 않고 장

---

151) 원정현, 『가장도서첩』 제6책, 32쪽. "士之物於宇宙其需用有難而尤難者何則壽也富也貴
也. 三者人之所同欲煞, 自有分限勢難力致, 故導引者異之, 壟斷者賤之, 伺候者鄙之, 世皆
以是相刺. …仄聞白心齋斗鏞志士也. 性雅好古, 檢閱書籍, 不以時機相上下人, 或以所同,
欲于之則怡."

서에 힘쓴 것이야말로 오늘날 옛 것을 축하하고, 후대에 현재를 바랄 수 있기 때문이라고 했다.[152]

<제6책>에는 예술가, 종교가들이 눈에 띈다. 동양화가인 김유택, 대각교를 창시한 백용성, 서예가인 김돈희와 주원영, 출판인 겸 서점 주인이었던 박건회 등이 대표적이다. 이중에 박건회는 백두용처럼 서점 경영과 출판업에 종사했던 인물이다. 1910년에 일본 작위를 받고 나라를 일본에 넘긴 이완용과도 평소 왕래하며 친하게 지냈음을 『도서첩』수록 축하시문을 통해 확인할 수 있다. 대한협회 등 사회 활동을 하며 만났던 이들과의 관계는 물론, 최성학 제자들과의 교유 사실 등까지 확인할 수 있다. 당대 교유 인사만 해도 백두용의 대인관계가 얼마나 넓었으며, 사회 인사들로부터 후원과 상당한 관심을 받고 있었는지 단적으로 알 수 있다.

〈제7책〉

이름	字	号	本	생년	관직	비고
윤택영(尹澤榮)	계덕(季德)	송음(松陰)	해평(海平)	1876(丙子)	해풍완부원(海豊完府院)	의정(議正)용선(容善)의 손자
민형식(閔衡植)	공윤(公尹)	우하(又荷)	녹흥(轆興)	1874(甲戌)	참판(參判)	하정(荷庭)영휘(泳徽)의 아들
권익상(權益相)	우삼(友三)	수정(遂庭)	안동(安東)	1874(甲戌)	승지(承旨)	遂菴(수암) 祀孫(사손)
김균상(金均祥)	서경(瑞卿)	운방(雲舫)	김해(金海)	1874(甲戌)	참위(參尉)	
김규동(金奎東)	서오(瑞五)	창원(蒼圓)	안동(安東)	1874(甲戌)	시종부경(侍從副卿)	判書(판서)宗漢(종막)의 아들
신우균(申羽均)	사홍(士鴻)	소산(小山)	평산(平山)	1874(甲戌)	육군참령	

152) 권직상, 『가장도서첩』제6책, 34쪽. "嘉林後裔抑書林, 知己相憐意轉深, 但死君爲藏壁者, 今之祝昔後之今."

					(陸軍參領)	
현보운(玄普運)	경시(景始)	석남(石南)	연주(延州)	1875(乙亥)	참서(參書)	暎運(막운)의 종제(從弟)
유창희(柳昌熙)		호정(壺井)	전주(全州)			
이익수(李益洙)	군삼(君三)	수운(壽雲)	전주(全州)	1875(乙亥)	진사(進士)	
김성두(金星斗)	문삼(文三)	동연(東連)	전해(全海)	1875(乙亥)	진사(進士)	
조완구(趙琬九)	중강(仲珖)		풍랑(豊琅)		참봉(參奉)	
박기준(朴基駿)	경명(景明)	춘전(春筌)	밀양(密陽)	1876(丙子)	판사(判事)	
이병소(李秉韶)	봉정(鳳延)	화석(華石)	연안(延安)	1876(丙子)	승지(承旨)	秉喬(병교)의 동생
김우균(金雨均)	경전(敬傳)	춘포(春圃)	김해(金海)	1876(丙子)	판사(判事)	
윤방직개(允芳直介)		휘담(徽潭)			비서과장(秘書課長)	일본인
박준화(朴駿和)	서성(緖聲)	성재(聲齋)	밀양(密陽)	1878(戊寅)		
임병항(林炳恒)	성시(聖時)	동초(同初)	니주(羅州)	1878(戊寅)	승지(承旨)	
김용진(金容鎭)	성구(聖九)	영운(穎雲)	안동(安東)	1878(戊寅)	승지(承旨)	
백윤민(白潤民)	택경(澤卿)			1878(戊寅)	부위(副尉)	
공성학(孔聖學)	윤열(允悅)	의당(毅堂)	곡부(曲阜)	1879(己卯)	참봉(參奉)	송도(松都) 거주
김균정(金均禎)	홍경(興卿)	연향(研香)	김해(金海)	1879(己卯)	주사(主事)	
김녕한(金甯漢)	기오(箕五)	동강(東江)	안동(安東)	1879(己卯)	승지(承旨)	창녕위(昌寧尉) 병주(炳疇) 손자
권보상(權輔相)	도일(道一)	각헌(覺軒)	안동(安東)	1879(己卯)	참서(參書)	
백필용(白弼鏞)	보여(輔汝)	석운(石雲)		1879(己卯)	주사(主事)	
안만수(安晩洙)	성재(聖材)	미산(眉山)	광주(廣州)	1879(己卯)	박사(博士)	
이원용(李源鎔)	효백(孝百)	소연(少淵)	완산(完山)	1880(庚辰)	내각서기(內閣書記)	재곤(載崑)의 아들
홍림(洪琳)		휘산(輝山)	풍산(豊山)	1880(庚辰)	정위(正尉)	판서(判書) 철주(徹周)의 아들
한상용(韓相龍)	경전(景田)	창남(滄南)	청주(淸州)	1880(庚辰)	승지(承旨)	
안상원(安商元)		춘계(春溪)	순흥(順興)	1880(庚辰)	정언(正言)	도영(道榮)의 아들
최규수(崔奎綬)	차부(車伕)	경정(敬廷)	경주(慶州)	1881(辛巳)	주사(主事)	연농(研農)의 아들
이상익(李相益)	순좌(舜佐)	연재(淵齋)	경주(慶州)	1881(辛巳)	교관(敎官)	

31명

송음(松陰) 윤택영(尹澤榮, 1876~1935)은 순종의 장인, 즉 순정효황후 윤비의 친정아버지이다. 후에 해평부원군에 봉해졌다.

우하(又荷) 민형식(閔衡植, 1874~1947)은 참판(參判)을 지냈다. 민씨 척족 정권의 대표적 인물인 민영준(閔泳駿)의 양아들이다. 만민공동회(萬民共同會)가 열리자 이에 적극 참여했으며, 1906년에는 『조양보(朝陽報)』를 발행했다. 학부협판으로 있던 1907년에 나인영(羅寅永)·오기호(吳基鎬)·이기(李沂) 등이 주도한, 소위 '을사오적 암살단사건(乙巳五賊暗殺團事件)'이 일어나자 이에 찬동하여 1만 4,000냥을 희사하였다. 이 사실이 발각되어 황주(黃州) 철도(鐵島)에 유배되었으나 곧 특사로 풀려난 뒤 신민회(新民會) 회원으로서 국권회복운동에 참여했다. 『도서첩』에서는 백두용을 시문에 능하고 학식이 높은 사람이라는 의미의 '사백(詞伯)'으로 부르며 예를 갖추고자 했다.

수정(遂庭) 권익상(權益相, 1874~?)은 승지를 비롯해 관찰사·궁내부(宮內府) 특진관(特進官) 등을 두루 역임했다. <제6책>에서 소개한 권직상(權直相)과는 본관과 생년이 동일하며 이름까지 유사한 것으로 보아 같은 집안의 형제간일 가능성이 높다. 『도서첩』에는 권익상이 백두용에게 쓴 서간문과 시 2편이 실려 있다. 편지에는 책을 세상에 전하고 덕을 갖춘 사람이 되어야 이름을 전할 수 있을 것이라는 권면의 내용이 담겨 있다.

운방(雲舫) 김균상(金均祥, 1874~?)은 『승정원일기』와 『도서첩』에 공히 육군 보병 참위(參尉)로 활동한 인물로 소개되어 있다.

창원(蒼圓) 김규동(金奎東, 1874~?)은 1891년에 18세의 나이로 진사시에 합격한 후 시종부경(侍從副卿) 등의 벼슬을 했다. 판서를 역임한 김종한(金宗漢)의 아들이다.

소산(小山) 신우균(申羽均, 1874~1932)은 육군참령을 지낸 무관이다. 그는 일본으로 유학 가 일본육군사관학교를 졸업했다. 귀국 후 대한제국 무관으로 복무했으나 1907년에 대한제국의 군대가 해산되자 일본군 친위부에 배치되었다. 1910년 한일 병합 조약이 체결된 뒤 조선주차군사령부에서 계속 복무하였고, 경성부 용산에 위치한 조선군사령부에서 근무하여 보병 중좌까지 승진했다. 1920년에 일본 정부로부터 훈3등 서보장을 받기도 했다.

석남(石南) 현보운(玄普運, 1875~?)은 소설가인 현진건(玄鎭健)의 5촌 당숙(堂叔)이다. 참서(參書) 벼슬을 했다. 『도서첩』에는 그가 현진건의 작은 아버지인 현영운(玄暎運, 1868~?)의 종제(從弟)라는 사실을 밝혀 놓았다. 계축년(1913) 초여름(初夏)에 축하문을 썼다고 했다.

호정(壺井) 유창희(柳昌熙, ?~?)는 본관이 전주(全州)라는 사실 외에 알 수 있는 것이 별반 없다. 축하시문에시는 그는 "옛닐엔 백향산(白香山)의 이름을 들었더니 지금은 '소향산(小香山)'이 있네. 문장에는 선후가 없고 명성(名聲)만이 산처럼 중하네."153)라고 노래했다. 백향산은 당나라 시인인 백거이(白居易, 772~846)의 별호이고, 소향산은 백거이에 버금가는 인물이라는 의미로 백춘배를 높이 평가해 붙인 별칭이다. 오늘날의 백거이라 부를 수 있다고 할 만큼, 백춘배의 시재와 학문이 높았음을 칭송한 것이라 하겠다.

수운(壽雲) 이익수(李益洙, 1875~?)의 본명은 이호익(李虎益)이다. 서울에 거주했으며 진사로 지냈다. 『도서첩』 수록 축하문에는 백두용의 조상이 연산군 대에 과거에 합격했던 휴암 백인걸(白仁傑, 1497~1579)154)이라는 사실을 밝혀 놓았다.

---

153) 유창희, 『가장도서첩』 제7책 10쪽. "昔聞白香山, 今有小香山, 文章無後先, 聲名重如山."
154) 휴암 백인걸은 인종, 명종, 선조, 이렇게 3대에 걸쳐 기로소(耆老所)에 들어갔으며, 청백리로 유명하다. 앞서 <제1책>에서 송규회와 이덕현도 휴암에 관해 언급한 바 있다.

우천(藕泉) 조완구(趙琬九, 1881~?)는 참봉을 지냈다. 서울에서 출생해 1905년 을사조약이 체결되자 내무주사직을 사직하고, 10년 국권피탈 후 러시아의 블라디보스토크로 망명하여 동지사(同志社)를 결성하였다. 1919년 3·1운동이 일어나자 중국 상하이[上海]로 건너가 대한민국 임시정부 수립에 참여했으며 1936년 김구(金九)·이시영(李始榮)과 함께 한국 국민당 결성을 주도하기도 했다.

춘전(春筌) 박기준(朴基駿, 1876~?)은 판사(判事)를 지냈다. 백은배(白殷培)와 함께 어진 제작에 참여하고 군수(郡守) 벼슬을 했던, 화원 출신의 운초(雲樵) 박기준(朴基駿, ?~?)155)과는 다른 인물이다.『도서첩』에는 "마음을 기른 지 수십 년, 인(仁)은 사람의 편안한 집이요 도(道)는 하늘에서 나는 법, 풍류와 문으로 모이니, 그 즐거움 끝이 없네."156)라고 노래했다. 풍류도 즐기고 글로 모일 수 있는 곳이 바로 서점이라 할 수 있을 것이다. 어진 마음을 소유한 이가 서점을 여니 그 즐거움이 끝이 없다고 했다. 어진 사람 백두용이 서점을 열고 풍류와 문으로 사람을 모으고 삶을 즐길 줄 안다는 사실을 칭송한 글이라 하겠다.

화석(華石) 이병소(李秉韶, 1876~?)는 승지(承旨)를 지냈다. <제3책>에 글을 쓴 이병교(李秉喬)의 동생이다. 이병소는 만 14세의 나이로 과거에 합격했다. 일제 강점기에 조선총독부 산하 조선사편찬위원회 회원으로서 조선반도사 편찬사업에 참여했다. 이때 사서 편찬사업에 참여한 이들 중『도서첩』에도 참여한 이들로는 이병소 외에 내등호차랑(內藤虎次郎, 제6책), 정만조(제5책), 윤영구(제6책), 현채(제3책) 등이 있었다.

---

155) 박기준(朴基駿, ?~?)의 본관은 밀양(密陽), 자는 기숙(驥叔), 호는 운초(雲樵)이다. 순조·헌종·철종·고종 어진(御眞) 제작에 연거푸 참여했다. 여러 차례 어용화사(御容恰寫)로 발탁될 정도로 초상화를 잘 그린 화원이었다.

156) 박기준,『가장도서첩』제7책, 14쪽. "養心幾十年, 仁宅道由天, 風流文以會, 其樂正無疆"

춘포(春圃) 김우균(金雨均, 1876~?)은 평리원(平理院)에서 주사(主事)로 근무했다. 1908년에 기호흥학회 회원으로 참여하고, 1910년에는 '동문서림(同文書林)'이라는 서점 겸 출판사를 설립해 직접 경영에 나서기도 했다. 1899년경에 초기 출판사인 박문사에서 최성학(崔性學)(제1책)과 더불어『척독완편(尺牘完編)』을 저술·간행했으나 그 책은 현전하지 않는다. 다만 1905년에 대동서시(大東書市)에서 간행한『척독완편』(6권 2책)과 그 이후에 나온 판본만 전한다.『척독완편』은 1930년대까지 신문광고에서 가장 많이 발견되고 판본이 다양할 만큼 척독집의 대유행을 이끌었다.157) 1905년 간행『척독완편』의 서문은 김우균이, 발문은 고응원(高應源)(제6책)이 썼다.

이 자서(自序)에 의하면 그가 어려서부터 경전과 한학을 오래 공부했다고 했다. 그리고 고응원의 발문에 의하면 이들은 연농(研農) 최성학을 스승으로 모시고 공부하던 그룹의 일원이었다. 사제지간인 이들의 모임에 백두용이 참여했거나 기호흥학회와 같은 사회단체에서 함께 활동했기에 그 친분을 두텁게 쌓을 수 있었던 것으로 보인다. 짧은 한문편지 교본인 척독집 간행이 20세기 초에 활발히 이루어졌는데, 무엇보다도 척독의 작가 또는 편저자가 주로 서점 주인들이었다는 점이 흥미롭다. 김우균 역시 동문서림을 운영하던 이였으며, 중인(中人) 집안 출신의 지식인인 대창서원의 현채(玄采)를 비롯해 신구서림의 지송욱, 영창서관의 강의영, 덕흥서림의 김동진 등도 척독집을 편집, 또는 저술했기 때문이다. 한편,『도서첩』축하문에서 그는 백두용을 벗이라고 부르고 있다. "내 친구 심재는 장서를 좋아해 수만 권의 신구서적을 집에 소장해 두었다."158)

---

157) 홍인숙,「근대 척독집 연구-김우균의 <척독완편(尺牘完編)>을 중심으로」,『한국문화연구』제19집, 이화여대 한국문화연구원, 2010, 61~84쪽.
158) 김우균,『가장도서첩』제7책, 16쪽. "余友白心齋好藏書, 新舊數萬卷常庤於家."

고 했다. 백두용과는 나이도 같고 동일하게 서점업을 했던 만큼 친분이 매우 두터웠던 것으로 보인다. 책을 서점에 가득 펼쳐 놓으니 책을 탐독하는 자가 나날이 늘어간다며 한남서림의 개업을 축하해 주었다.

휘담(徽淡) 윤방직개(允芳直介, ?~?)는 『도서첩』에서 비서과장(秘書課長)을 지낸 일본인으로 소개해 놓았다. 서울대 규장각 소장 『기안(起案)』[청구기호 奎 17746] 제20책에는 1909년 8월에 그가 탁지부 대신관방 회계과장(度支部大臣官房會計課長)이었다는 사실이 적혀 있다. 그 밖의 행적에 관해서는 알려진 것이 없다. 『도서첩』에는 "맑고 깊은 물에서 막 피어난 부용(芙蓉) 같은 사령운(謝靈運), 갈아놓은 먹으로 안개비 마냥 대상을 흐릿하게 그리던 미불(米芾) 미남궁(米南宮)"[159]이라 하여 중국 남북조 시대의 산수시인으로 유명했던 사령운과 북송 때의 화가이자 화론가였던 미불(米芾)을 노래하고 있다. 백두용이 사령운과 미불에 비견될 만한 은일지사라는 의미로 쓴 것으로 보인다.

성재(聲齋) 박준화(朴駿和, 1878~?)는 밀양(密陽) 사람으로 인적사항이 자세하지 않다. 다만 1920~30년대에 경성제대도서관에 고서를 가장 많이 납입한 인물 중 한 사람인 것만은 분명하다.[160] 당시 경성제대도서관에 고서를 납입한 이들 중에는 서적중개상인 송신용(宋申用), 화산서림 주인 이성의(李聖儀), 회동서관 주인 고유상(高裕相), 그리고 백두용 등이 있었다. 박준화는 백두용과 일찍부터 친분이 있었으며 동일 업종에 종사한 인물이다.

동초(同初) 임병항(林炳恒, 1878~?)은 대한자강회가 창립되었을 때 임시 간사로 활동했으며, 승지(承旨)를 지냈다.

---

159) 윤방직개(允芳直介), 『가장도서첩』 제7책, 17쪽. "碧水芙蓉謝靈運, 墨池烟雨米南宮"
160) 정병설, 「'圖書原簿'를 통해 본 경성제국대학 부속도서관의 한국 고서 수집」, 미발표 원고.

영운(穎雲) 김용진(金容鎭, 1878~1968)은 서울 출생으로 승지를 지냈다. 한말에 수원군수 및 내부(內部)의 지방 국장 등을 역임했으나, 관직에서 물러난 이후 주로 초야에 묻혀 서화에만 전념했다. 8·15광복 이후 1949년부터 대한민국미술전람회(국전)에 참여했으며, 서예부 심사위원 및 고문으로도 활약했다. 서화에 두루 능했는데, 글씨는 안진경체(顏眞卿體) 해서(楷書)와 한예(漢隸)를 주로 썼고, 그림은 사군자와 문인화를 즐겨 그렸다. 만년의 작품은 격조 높은 필치와 풍부한 색채 구사를 보여주어 그만의 독자적인 작품세계를 구축했다는 평가를 받았다. 『도서첩』에는 '한남서림' 네 글자를 이용해 개업을 축하하는 시를 남겼다.

고인(古人)의 훌륭한 문장과 글
세상의 나침반이러니
장서를 널리 알리니
보물 가득한 숲과 바다 같네.[161]

택경(澤卿) 백윤민(白潤民, 1878~?)은 『도서첩』에서 부위(副尉)를 지냈다고 밝혀 놓았으나, 그 밖의 행적은 알려진 바가 없다. 축하글 말미에 자신을 '사질(舍姪)'로 부르고 있어 백두용이 그의 삼촌임을 짐작할 수 있다. 글에는 집안에 일만 권 장서가 있어 이를 널리 알리고 독서를 권하려는 뜻에 공감함은 물론, 학식이 없거나 예의를 모르는 사람[馬牛襟裾]이라는 책망을 듣지 않기 위해 노력해야겠다는 다짐까지 적어 놓았다.

의당(毅堂) 공성학(孔聖學, 1879~1957)은 『도서첩』에서 송도(松都)에 거주하던 인물이라고 별도로 언급해 놓을 만큼, 개성에서 자수성가한 인물이다. 공성학은 개성에서 인삼을 재배해 큰 재산을 모은 곡부 공씨 가문

---

161) 김용진, 『가장도서첩』 제7책, 20쪽. "古人華翰, 爲世指南, 藏之特書, 珠海瓊林"

에 태어나 가업을 물려받은 뒤, 1910년대 이래 개성에 각종 기업을 창설하고 실업가로서 활발히 활동했다. 일제 강점기에 '개성상인'을 대표하는 인물로 인삼 경작에 세운 공로를 인정받아 많은 표창을 받았다. 조선총독부가 1935년 편찬한 『조선공로자명감』에도 조선인 공로자 353명 중한 명으로 수록되어 있다. 『도서첩』에서 그는 백두용을 '태형(台兄)'이라고 불렀다.

연향(研香) 김균정(金均禎, 1879~?)은 법제국에서 주사(主事)로 일했다. 『도서첩』에 실린 글에는 백두용과 그 집안에 관한 직접적 언급은 없지만, 간접적으로 축하의 마음을 담고자 한 것을 엿볼 수 있다. 옛날에는 훌륭한 일을 한 이들이 모두 어진 재상이었다면, 오늘날에는 풍류를 즐기려 강에 갔다가 초하루의 기운을 머금고 돌아와 노소를 사랑하는 마음으로 가슴에 품은 회포를 함께 하는 이가 어진 사람이라는 논리를 내세워 백두용의 서점 개업이 그런 어진 마음의 발로였다고 칭송했다.162)

동강(東江) 김영한(金寗漢, 1879~1950)은 청음(淸陰) 김상헌(金尙憲)의 13세손으로 『도서첩』에는 그가 창녕위(昌寧尉) 김병주(金炳疇, 1819~1853)의 손자라는 사실을 밝혀 놓았다. 김병주는 순조의 딸인 복온공주(福溫公主, 1818~1832)의 남편이다. 김영한은 승지(承旨)를 역임했으며, 1905년에 을사늑약 체결 후로는 벼슬길에 나가지 않았다. 『도서첩』에서는 자신을 '번천농민(樊川農民)'으로 소개했다. 백두용과는 하루도 같이 있지 않았지만 마치 10년을 함께 지낸 친구처럼 느껴진다면서 28자 부(賦)를 지어 바친다고 했다. 또한 백두용이, 비록 옛사람의 외모[古貌]이지만, 도량이 넓고 서울 저자에 이름을 드러내지 않고 옛 책을 취급하되 아는 것이 많아 지금 사람[今人]이지만 옛 사람[古人]이라 할 만하다며 백두용을 높이

---

162) 김균정, 『가장도서첩』 제7책, 23쪽. "當時勝事皆賢相, 今日風流亦我師, 避暑聊爲河朔飮, 還憐老少共襟期."

평가했다.163)

각헌(覺軒) **권보상**(權輔相, 1879~?)은 참서(參書) 관직을 지냈다. 주시경과 함께 국문연구소에서 국어 연구에 힘을 쏟았다.164)『도서첩』에서 "독서할 수 있는 자는 많으나 이는 자기를 위함이요, 장서할 수 있는 자는 많으나 이는 타인을 위함이라. 사람들은 자기를 위하는 것이 낫다 하나, 나는 타인을 위할 수 없는 자는 자신도 위할 수 없다는 것을 안다."165)라고 하여 집안의 장서를 기반으로 한남서림을 열어 세상 사람들에게 책을 나누고자 한 사실을 기릴 만하다고 했다.

석운(石雲) **백필용**(白弼鏞, 1879~?)은 14세의 나이로 의과에 합격했다. 주사(主事)로 지냈다. 백필용은 개업 축하문에서 백두용을 '종형(從兄)'으로 불렀다.『임천백씨족보』에 의하면, 백필용은 백두용 큰할아버지의 손자로 백두용과는 6촌 형제간이다. 축하문에서 백필용은 자기 집안이 선세(先世)부터 책과 그림을 좋아하고 가까이 했는데, 그것을 잇지 못할까 염려한 나머지 백두용이 서점을 냈다고 했다.166) 그리고 당대 공경대부(公卿大夫)와 운사(韻士) 등 명류들이 끊임없이 서점에 찾아왔으며, 그들이 시문을 지어 서점 설립의 뜻을 기리고자 했다고 했다.167)

미산(眉山) **안만수**(安晩洙, 1879~?)는 서예가로 이름이 났으며, 박사(博士)

---

163) 김영한,『가장도서첩』제7책, 24쪽. "白君斗鏞古貌也淳心也. 隱於長安市以翰墨爲生, 吃吃不置○知, 君之今人而古人."

164) 권재선,「權輔相의 音韻理論과 音聲見解」,『우리말글』제3집, 우리말글학회, 1985, 1~19쪽.

165) 권보상,『가장도서첩』제7책, 25쪽. "能讀書者多爲己, 能藏書者多爲人. 人謂爲己勝, 余知爲, 不能爲人者, 亦不能爲己."

166) 백필용,『가장도서첩』제7책, 26쪽. "我嘉林之族, 自先世善書與畵, 近無紹述述者, 我從兄, 惟是之懼, 洒築一書樓, 名之曰翰南."

167) 백필용,『가장도서첩』제7책, 26쪽. "凡書畵之古奇者, 罔不畢致日, 與騷人韻士嘯咏, 其中於是公卿大夫曁諸名流, 各爲詩文以義之,弼鏞茂學也. 敢以古賦, 禮敬呈一語."

벼슬을 했다.

소연(少淵) 이원용(李源鎔, 1880~?)은 <제2책>에 언급된 이재곤(李載崑)의 아들로 내각서기(內閣書記)를 지냈다.

휘산(輝山) 홍림(洪琳, 1880~?)은 정위(正尉) 벼슬을 했다. 특이사항으로 판서 홍철주(洪徹周)의 아들임을 밝혀 놓았다. <잉어도>를 잘 그린 화가로 알려져 있는데, 『도서첩』에는 꽃 그림을 그리고, 그 우측 상단에 짧은 화제시(畵題詩)를 작은 글씨로 적어 놓았다.

창남(滄南) 한상용(韓相龍, 1880~1947)은 승지를 지냈으며, 일제 강점기에는 일본제국의회 귀족원의원으로 활동했다.

안상원(安商元, 1880~?)은 정언(正言) 벼슬을 했다. 역과 출신의 한학관(漢學官)을 역임한 안도영(安道榮)의 아들이다.

> 심재 백두용 친구는 대인(大人)이다. 국가와 지방 공공 단체[官公], 그리고 우리 집안이 공자·백거이 등 모든 성인들을 존숭해 이들에 대해 의론하고, 관포지교(管鮑之交)를 배우고, 녹봉을 받는 동료[僚案]로서 좋아했다. 그러나 수십 년 간 서울과 시골에 떨어져 살았으므로 너무 오랫동안 헤어져 만나지 못했다.[168]

백두용 집안과 안상원 집안이 선친 대부터 수십 년 간 교유가 있었음을 알 수 있다. 특별히 두 집안이 역과 출신의 중인 집안이라 일찍부터 서로 잘 알고 지냈던 것으로 짐작된다. 어려서 함께 좋아하는 성인들의 사상을 함께 공부하며 지우처럼 지냈는데, 각자 서울과 지방에 떨어져 산 지 수십 년이 지났다고 했다. 옛 추억을 떠올리며 편지로나마 서점 개업을 축하하는 편지를 보냈던 것이다.

---

168) 안상원, 『가장도서첩』 제7책, 31쪽. "心齋白友之大人, 議官公與我家尊曁仲伯諸公, 講管鮑之交兼僚案之好而居, 然數十稔之間, 京鄉落落便成濶別."

경정(敬廷) **최규수**(崔奎綬, 1881~?)는 <제1책>에서 소개한 연농(研農) 최성학(崔性學)의 아들이며, 주사(主事)를 지냈다.

연재(淵齋) **이상익**(李相益, 1881~?)은 교관(敎官)으로 지냈으나, 그 밖의 자세한 행적은 알려진 바가 없다.

<제7책> 수록 인물들은 직업이 다채롭다. 그 중 척독집을 저술한 김우균과 개성에서 기업인으로 크게 출세한 공성학, 그리고 국권회복운동을 전개했던 민형식 정도가 사회 활동을 활발히 전개하고 이름이 난 인물들이라 하겠다. 1876년~1881년생들을 생년 순으로 배열해 놓았다. 앞서 여러 차례 최성학(제1책)에 관해 언급한 바 있거니와 그의 아들 최규수의 글도 <제7책>에 수록되어 있는 것으로 보아, 최성학 집안과 상당히 친교가 두터웠음을 짐작해 볼 수 있다. <제7책> 참여자들은 백두용과 연배가 비슷한 인물들로, 백희배의 지인으로 축하문을 썼다기보다 백두용과 사회활동을 하며 만났던 인연으로 『도서첩』제작에 참여한 이들이 많았음을 알 수 있다.

〈제8책〉

이름	字	号	本	생년	관직	비고
강우형(姜友馨)	익보(益輔)	소명(小溟)		1853(癸丑)	판서(判書)	
이해승(李海昇)	평중(平仲)	송석(松石)	완산(完山)	1890(庚寅)		청풍군(淸豐君)
중서천길(中西千吉)		고죽(古竹)				일본인
민홍기(閔弘基)		시정(詩庭)	기흥(驥興)	1883(癸未)	비서승(秘書丞)	
서만순(徐晩淳)		취간(翠磵)	달성(達城)			
권중현(權重顯)	간경(稈卿)	경농(經農)	안동(安東)	1854(甲寅)	군부대신 (軍部大臣)	
권순구(權純九)	봉경(鳳卿)	해사(海槎)	안동(安東)	1866(丙寅)	군수(郡守)	

김규흥(金奎興)	공빈(公賓)	취석(醉石)	청풍(淸風)	1879(己卯)		
안영수(安瑛洙)	성문(聖文)	성석(醒石)	광주(廣州)	1885(乙酉)	정위(正尉)	
이응균(李應均)	원삼(元三)	성석(醒石)	전주(全州)	1883(癸未)	진사(進士)	
이용린(李容麟)	성위(聖爲)	난곡(蘭谷)	광주(廣州)	1885(乙酉)		
Frederick Starr						
김상목(金商穆)	성보(聲甫)	추당(秋堂)		1874(甲戌)		
윤순학(尹淳學)	광여(光汝)	심원(尋源)	날원(茶原)	1864(甲子)	참봉(參奉)	
천엽창윤(千葉昌胤)		녹봉(鹿峯)				일본인
조국원(趙國元)	사정(士禎)	심재(心齋)	한양(漢陽)	1905(乙巳)	진사(進士)	인식(寅植) 손자, 용주후(龍洲后) 손자
백시용(白時鏞)		사종(四從)				'백두용' 삼자(三字) 문장(紋章)

17명

소명(小溟) 강우형(姜友馨, 1853~?)은 판서(判書)를 지냈다. 1874년 증광문과에 병과로 급제한 뒤 광무 연간에 들어와서는 중추원의관(中樞院議官)과 장례원소경을 지냈으며, 1901년에는 봉상시제조를 지냈다. 『도서첩』에는 다음과 같은 글을 남겼다.

> 뜻이 자연에 있되 도시에 숨어 지내는 것에 만족해 그것으로 세상을 피해 지내며 이름을 숨겼다. 서화(書畵)를 좋아하더니, 가게를 설립했다. 중요한 것은 문장의 뜻을 잘 생각하면서 차분히 읽고 깊이 음미하는 것이다.[169]

백두용의 됨됨이와 한남서림 설립의 의미를 간접적으로 칭송하고 있음을 알 수 있다. 이름을 감춘 채 저잣거리에서 은자답게 사는 백두용을 높이 평가했다. 개업 후 책 속에 담긴 뜻을 완상(玩賞)하며 그것을 유지해

---

169) 강우형, 『가장도서첩』 제8책, 2쪽. "志在山林而隱於市足以避世藏名. 嗜好書畵而設爲舖, 祇要耽讀玩味."

나가는 것이 중요하다고 했다.

송석(松石) **이해승**(李海昇, 1890~?)은 자헌대부(資憲大夫)를 지냈다. 청풍군 (淸豊君)에 봉해졌으며, 일본 정부로부터 후작 벼슬을 받기도 했다.

중서천길(中西千吉)은 일본인으로, 『일본제국직원록』에 조선총독부 직 속기관인 체신국 서기(書記)로 활동한 기록이 남아 있다.

평생의 즐거움이 뭐냐 물었더니 아침저녁으로 책과 친하게 지내는 것이 라 하네. 산 속 시냇물 경치 빼어나고 나무와 돌이 사람과 짝을 이루었네. 만 권 책 읽으니 마음에 옛 것을 머금었네. 사계절 중 봄이 가득하더니 견고한 틈새로 들어와 지나가니 이 내 몸 구름에 누운 것[流行]도 아니리.170)

평소 아침저녁으로 독서를 좋아하는 깃이야말로 옛 것을 마음에 담고 자연 속에서 봄날의 기분을 만끽하는 것과 같다고 했다. 책을 읽는 것이 평생의 즐거움이며, 자연과 하나 되는 삶을 살고 있기에 얽매일 것도 없 다고 했다. 백두용의 도도한 삶을 예찬한 시라 할 것이다.

시정(詩庭) **민홍기**(閔弘基, 1883~1951)는 비서승(秘書丞)을 지냈다. 대한제 국과 일제강점기에 관료로 활동했다. 시남(詩南) 민병석(閔丙奭)의 아들로 그 역시 <제2책>에 축하문을 남겼다.

근심이 있어도 노래하고, 즐거워도 노래한다지만, 평화롭지 못할 때 그대 는 과연 노래할 수 있을까? 술 한 통 술을 모두 비우니 백 년이 저무는 듯, 만사가 무심해져 노래하고 또 노래하네. 겨울밤 휘파람 소리 가득한 이때에 그대의 노래가 없을 수 없으니, 그대의 노래 소리 다시 돌아와 세상을 놀라 게 하네. 멈춰 서 그대의 노래를 물리치고 내 노래를 듣네.171)

---

170) 中西千吉, 『가장도서첩』 제8책, 4쪽. "欲問生平樂, 朝昏書與親, 溪山多勝槪, 木石伴幽 人, 萬卷心涵古, 四時胸有春, 閒來過別堅, 不是臥雲身."

171) 민홍기, 『가장도서첩』 제8책, 5쪽. "愁亦歌樂亦歌, 人無和者君何歌. 一樽酒盡百年暮,

어느 상황에 처해 있더라도 불평하지 않고 노래와 술로 세상을 경영하려는 자세를 보여주고 있다고 하겠다. 백두용의 생활과 그의 성격을 우회적으로 돌려 노래한 것이다.

취간(翠磵) 서만순(徐晩淳, 1870~?)은 자(字)가 중성(仲成)이다. 조선일보 창간에 관여했던 인물이다.『도서첩』에 7언 절구시를 지었는데, 각 행마다 첫 글자를 '翰南書林' 네 글자를 배치하는 방식으로 시를 지었다.[172]

경농(經農) 권중현(權重顯, 1854~1934)은 주일공사(駐日公使)를 거쳐 법부대신·군부대신·농상공부대신 등을 역임하였다. 1905년 을사조약(乙巳條約) 체결에 찬성하여 을사오적(乙巳五賊)의 한 사람으로 규탄을 받았다. 1910년 국권침탈 후 일본 자작(子爵)이 되고 조선총독부 중추원(中樞院)과 조선사편수회(朝鮮史編修會)의 고문 등을 지내기도 했다. 편저에『태사권공실기(太師權公實記)』,『국재선생실기(菊齋先生實記)』등이 있다. 다음은『도서첩』에 남긴 글의 전문이다.

> 기서를 애독하니 집안 가득 책이 쌓여 있고 또한 진서(珍書)를 모으니 태산 같이 도도하다. 명리를 지금 세상에서 추구하나 이 사람은 큰 수레를 얻었으니 군자라.[173]

수많은 책을 모으고 읽는 일에 관심을 기울일 뿐 명리(名利)를 추구하지 않는 백두용의 은자다운 모습을 칭송해 '군자'라 불렀다.

해사(海樝) 권순구(權純九, 1866~1944)의 자(字)는 봉경(鳳卿)이다. 고종 실

萬事無心歌又歌. 冬夜漫漫嘯也歌, 此時不可無君歌, 君歌聲苦還驚俗, 停却君歌聽我歌."
172) 서만순,『가장도서첩』제8책, 6쪽. "翰墨淸緣二十春, 南山捷迋接芳隣, 書床炑兩時相訪, 林下如今見一人"
173) 권중현,『가장도서첩』제8책, 7쪽. "愛讀奇書貯五車兼收珍筆泰山如滔滔, 名利今天下君子斯人大得輿."

234 백두용과 한남서림 연구

록 편찬위원과 군수(郡守)를 지냈다. 『도서첩』에서 그는 백두용에 대해 평생 만 권 책을 좋아하는 기벽이 있고, 다른 사람을 위해 책을 제공해 즐겨 읽게 할 뿐 자신을 위한 일은 하지 않는 위인이라고 증언했다.174)

취석(醉石) 김규흥(金奎興, 1879~?)의 자(字)는 공빈(公賓)이다. 그 밖의 행적은 자세히 알려져 있지 않다.

성석(醒石) 안영수(安暎洙, 1885~?)는 정위(正尉) 벼슬을 했다. 1903년에 의정부(議政府) 총무국(總務局)에서, 1908년에는 내각(內閣) 법제국(法制局)에서 근무했다. 『동인학보』에 「몽중(夢中)의 소문(所聞)」이란 글을 발표한 적이 있었다.175)

성석(醒石) 이응균(李應均, 1883~?)의 자(字)는 원삼(元三)이며, 진사(進士)를 지냈다.

난곡(蘭谷) 이용린(李容麟, 1885~?)은 신문 기자로 활동했다. 조선일보에서 근무하다 한국일보가 창간되면서 옮겨왔다. 『도서첩』에서 옛날에 시은(市隱)이라 부르던 은자가 바로 백두용임을 강조했다.176)

프레데릭 스타(Frederick Starr, 1858~1933)는 미국인으로 인류학자, 대중적 교육자이다. 미국 로체스터 대학에서 학사 학위와 지질학 박사 학위를 받은 뒤, 미국 자연사 박물관(AMNH)에서 지질의 큐레이터로 일하면서 인류학과 민족학에 관심을 갖게 되었다. 이것이 계기가 되어 한국과 일본을 찾아 왔다. 시카고 대학 인류학과 교수였던 그는 여러 차례 짧은 한국 방문 경험을 바탕으로 1918년에 『한국 불교(Korean Buddhism)』라는 영문판 단행본을 출간하기도 한 한국통이다. 스타 교수가 백두용에게 축하의 글을 써 준 것은 1916년 1월의 일로 『도서첩』에 실린 시문 중 비교

---

174) 권순구, 『가장도서첩』 제8책, 8쪽. "之子有奇癖平生好萬書, 爲人供玩讀不獨事."
175) 김영민, 『한국 근대소설의 형성과정』, 소명출판, 2005, 341쪽.
176) 이용린, 『가장도서첩』 제8책, 12쪽. "古有市隱者君果其人歟."

적 늦게 작성된 글 중 하나이다. 『도서첩』에 실린 스타 교수의 글은 다음과 같다.

한국에 관한 연구는 매우 많은 어려움이 있다. 외국인들 중에서도 소수만이 한국학 연구에 기여했을 뿐이다. 세 사람 - 모리스 쿠랑(Courant), 게일(Gale), 헐버트(Hulbert) - 정도가 그런 인물들이라 할 만하다. 모든 학생들은이들에게 감사의 빚을 졌다. 때때로 그들을 만날 수 있었던 것은 나로선 커다란 기쁨이었다. 내가 아는 대부분의 한국인 젊은이들은 WT 학생들의 영향을 받아 찾아 왔다. 나는 한국을 알고, 배우고자 하는 열정이 뜨거운 외국인들을 돕기를 열망했던 이를 발견했다. 그런 사람들 중에 백두용 씨가 있었다. 그래서 내가 이렇게 몇 줄로 글을 썼다. 내가 그를 '친구'로 부를 수 있어 기쁘다. 1916년 1월 27일 서울.[177]

스타 교수는 1911년에 한국에 처음 왔다가 다시 미국으로 돌아갔다. 그리고 1918년에는 미국에서 『한국 불교』를 출간했는데, 이 책은 외국인으로서 한국 불교를 본격적으로 다룬 최초의 학술 서적으로 외국에서 한국 불교학을 연구하는 기초 자료로 통한다. 그런데 위 글을 볼 때, 스타 교수의 축하문은 그가 한국에 머물렀던 시기에 백두용과 친분이 있어 글을 써 준 것이라 하겠다. 또한 스타 교수와 같은 외국인들 사이에서도 당시 한국학 연구자로 모리스 쿠랑과 게일, 헐버트가 정평이 나 있었음 또한 알 수 있다. 위 글에서 한국을 알고, 배우고자 하는 열정이 뜨

---

177) Frederic Starr, 『가장도서첩』 제8책, 13쪽. "The study of Korea presents many and great difficulties. Few men among foreigners have added any serious contribution to it. Included among these are three men-Courant, Gale and Hulbert. All students owe these a debt of gratitude. It has been a great pleasure for me to meet from time to time. Most Koreans who, an young men, knew and came under the influence of a WT student. I have found from adversary, anxious to aid the foreigner who seriously desires to study and know Korea. Among such men is Mr. Paik Du Yong, for whom I write these lines and whom I am glad to call my friend. Seoul, January 27, 1916."

거웠던 외국인들이란 위에서 언급
된 쿠랑과 게일, 헐버트 등을 가리
키는 것임을 쉽게 알 수 있다.

그런데 그런 외국인들이 한국학
연구를 하고자 할 때, 이를 도와주
고자 애썼던 '친구'가 백두용이었
다는 스타 교수의 발언은 여러 면
에서 중요한 의미를 갖는다. 쿠랑
과 게일, 헐버트 모두 한국 고서(서
지학, 예술, 역사, 문학 등)에 대한 관
심이 지대했던 이들이었고, 한국

▌프레데릭 스타 교수

고서를 토대로 한국학 연구를 할 수 있었던 만큼, 이들의 한국학 연구의
기초가 된 자료란 한남서림 소장 도서였을 가능성이 높기 때문이다. 더
욱이 한남서림 소장 고서를 백두용이 기꺼이 제공해 주고, 이들이 그런
자료를 활용해 한국을 이해하고자 했다면, 백두용의 역할 또한 무시할
수 없기 때문이다. 스타 교수가 한국 불교에 관해 자료를 모으고 책으로
쓸 수 있었던 데엔 백두용과 한남서림의 서적이 적지 않은 기여를 했
다.178) 그런 관계가 있었기 때문에 스타 교수가 일부러 백두용과 한남서
림을 위해 글을 써서 우의에 감사를 표했던 것이다. 그리고『가람일기』
1930년 6월 23일자에는 가람 이병기가 스타 교수의 강연을 들었다는 기
사179) 내용이 있는 것으로 보아, 스타 교수가 1930년에도 한국에 머물렀

178) 미국 버클리대(Berkeley University) 동아시아도서관 내 아사미 문고(Asami collection)
에 소장되어 있는『해동고승전(海東高僧傳)』에 '大正3年(=1914) 4월 25일에 백두용
으로부터 이 책을 샀다'고 아사미 린타로[淺見倫太郞, 1869~1943]가 적어 놓은 것도
외국인이 백두용을 통해 직접 고서를 구입했음을 단적으로 보여주는 한 예가 된다.
179) 1930년 6월 23일. "학교에서 오후에 스타 박사(미국인 인류학자)의 강연을 들었다.

으며, 이때 백두용도 생존해 있었으므로 두 사람이 계속 만났을 가능성
이 높다.

추당(秋堂) 김상목(金商穆, 1874~?)의 자(字)는 성보(聲甫)이며, 이조(吏曹)의
통사랑(通仕郎)을 지냈다.180) 『도서첩』에는 '琴書自娛', 곧 '거문고와 서책을
혼자 즐긴다'라는 네 글자를 적고, 별도로 또 한 편의 글을 남겼다.

심원(尋源) 윤순학(尹淳學, 1864~?)의 자(字)는 광여(光汝)이며, 참봉(參奉)을
지냈다.

녹봉(鹿峯) 천엽창윤(千葉昌胤, 일본명 지바 아키타네)은 일본인이다.
1908년부터 1911년에 걸쳐 경성에서 간행된 일본어 종합잡지 『조선(朝鮮)』
의 문예란에 「인생살이의 비결은 무언에 있다[人間妙訣在無言]」(1908년 9월
제7호)라는 글과 <남산잡영(南山雜詠) 절구 15수>(1908년 10월 제8호), 그리고
「경시 도가타군 순난비(警視土方君殉難碑)」(1908년 12월 제10호)라는 글을 남겼
다.181) 특히 <남산잡영>은 남산에 올라 한양의 풍경을 보며 자기 심회
를 노래한 한시이다.182) 그는 1912년에 조선총독부 산하에 참사관실을
신설했을 때 대한제국 도서를 정리하는 일을 맡았다.183) 이때 참사관실

「너희는 자신을 알아라」 하는 문제에 대하여 하는 것이다."(이병기, 정병욱·최승범
편, 『가람일기(Ⅰ)』, 신구문화사, 1976, 343쪽.)
180) 「金商穆差定帖」, 1881년 7월 12일자 ; http://db.history.go.kr/url.jsp?ID=fl_003_003_
007_0003(국사편찬위원회 한국사 데이터베이스)
181) 식민지 일본어문학, 문화연구회 저, 『(완역) 일본어잡지 ≪조선≫ 문예란 ; 1908년
3월~1909년 2월』, 문 출판사, 2010.
182) <남산잡영 절구 15수> 중 제1, 2수만 예로 들어 본다. "멀리 보면 더욱 높고 가까
이선 외려 낮은데 / 의젓한 목멱산(木覓山)은 도내의 으뜸이로다. / 동남으로 다시 한
강이 있어 / 조선(韓家)의 오백 년 왕업 지켜냈네."(제1수) "가파른 절벽 소나무 위태
롭되 기상은 그윽하고 / 창연한 저물녘 물색(物色) 온 산이 가을이라네, / 명산이라
시험 삼아 기이한 문장으로 견주어 보면 / 팔대가(八大家) 중에 유유주(柳柳州)로구
나,"(식민지 일본어문학, 문화연구회 저, 『(완역) 일본어잡지 ≪조선≫ 문예란 ; 1908
년 3월~1909년 2월』, 문 출판사, 2010, 238~239쪽에서 재인용)
183) 서민교, 『1910년대 일제의 무단통치』(한국독립운동의 역사 4), 독립기념관 한국독립

의 감독(책임자)이 <제10책>에 나오는 '국분상태랑(國分象太郎)'이고, 도서 정리 및 도서해제, 실록발췌 등의 일을 정만조(鄭萬朝)(제5책)가, 사시편찬 을 송영대(宋榮大)(제4책)와 김돈희(金敦熙)(제6책)가 맡았다.

심재(心齋) 조국원(趙國元, 1905~1988)은 조인식(趙寅植)의 손자이자 용주 후(龍洲后)의 손자다. 어려서 구한말에 마지막으로 문과에 급제한 곽(郭) 선생에게 한학을 배웠다. 후에 정인보, 오세창 등과 교유하였고, 1960년 대부터 민족문화추진위원회와 국사편찬위원회에서 고전 번역으로 일가 (一家)를 이루었다.[184] 13세에 혼인을 했는데, 『도서첩』에 시문을 남긴 시 기도 그 무렵이 아니었나 추측된다. 『도서첩』에는 '心齋' 두 글자를 적어 놓았다.

백시용(白時鏞)에 관해서는 『도서첩』에 전혀 언급되어 있지 않다. 『임 천백씨족보』에 의하면 백시용은 백두용의 8촌 형제지간으로 형배(亨培) 의 아들이다. 『도서첩』에는 세로 줄이 그어져 있는 괘지에다 '白斗鏞三 字紋章'이라는 제목을 달고 '白斗鏞' 세 글자를 이용해 디자인한 문양과 그 문양에 대한 설명을 적어 놓은 것이 독특하다. 문양에 대한 설명은 한문이 아닌 국한문 혼용체로 적어 놓았다. 국한문 혼용문은 『도서첩』 수록 글 중에서 유일하다. 문양에 대한 설명은 다음과 같다.

> 右章의 製호 義는 左와 如홈
> 一. 五線이 人字形으로 聯合ㅎ야 一心點으로 五面 白字롤 成ㅎ야 姓이 되 고 五線과 五圓點에 內欄圓點으로 五面 斗字形이 되고 中央 五線으로 聯合 圓點과 內欄圓點에 外欄內 五圓點으로 五面 鏞(鮮文에 용字소) 字가 됨으로 合ㅎ야 五面으로 斗鏞이라 爲名ㅎ니 此姓喞의 光榮이 同心 斷金의 利로 五方

운동사연구소, 2009, 126쪽.
184) http://www.cyberseodang.or.kr/Mboard.asp?Action=view&strBoardID=biography&intSeq
=105

에 顯揚홀 義롤 包홈. 漪矣此章이여 彬彬其光이로다. 大正六年二月七日 四從
白時鏞新製

　　1917년(大正6年) 2월 7일에 이 글을 썼다고 했다. 그렇다면 이는 스타
교수의 글보다 약 1년 뒤에 작성된 것으로『도서첩』수록 글 중에서 가
장 늦게 쓰인 것 중 하나다. 글 마지막 부분에는 '四從白時鏞新製'라 하
여 자신이 백두용과는 6촌 형제간임을 밝혀 놓았다.[185] 그런데 이렇듯
'白斗鏞' 세 글자를 이용해 문양을 디자인하고 그 의미를 설명한 것과 같
은 진술은 같은 해에 정선 전씨 종장(宗章)을 만들고 이에 대해 설명을
가한 것과 유사하다.[186] 둘 중에 하나를 먼저 쓴 후, 그 양식에 맞춰 나
미지 헌 편에서 문양을 설명하고자 했던 것으로 보인다.

　　<제8책>에는 생년 순 배열이 일정하지 않다. 여기에 실린 축하시문
들은 아마도 다른 것들보다 늦게 받은 것을 따로 모아 묶은 것으로 보
인다. <제8책>에 수록된 인물들 간에 어떤 공통점이나 특별한 규칙을
찾기 어려운 것이 그러한 추측을 뒷받침한다. 1917년 2월에 작성된 백시
용의 글이 가장 후대의 글인 점을 감안할 때, 1913년부터 쓰기 시작한
축하시문이 1917년 2월까지 이어졌으며,『도서첩』이 전체적으로 하나로

---

185) 백두용의 조부인 응환(應煥)의 형 증환(曾煥)의 차남(亨培)의 아들이 시용(時鏞)이다.
186) 정선 전씨(全氏) 종장(宗章)에 대한 설명은 다음과 같다. "중앙의 원은 종족간의 융화
　　단합을 뜻하고, 원 안의 사선은 사람 인자형으로서 종족 간 서로 연합함을 의미하
　　고, 사람 인자 안에 임금 왕자를 두어 사방에서 전(全) 자를 이루게 함으로서, 문중
　　의 영광이 사방으로 뻗어나감을 상징한다. 宗章의 製한 義는 다음과 如하다. 一. 四
　　面이 入字形으로 聯合하고 內로 四面王 字가 되니 合하여 四面全字를 成하니 此姓의
　　光榮 이 四方으로 顯揚할 義를 包含함. 一. 方形은 四面으로 入字形이 되고 中央은 四
　　面으로 王字形이 되고 四面으로 子字形이 되니 此는 四方 子孫이 王에게 入朝할 義를
　　應함. 漪矣此章이여 彬彬其光이로다. / 永世寶藏하니 赫葉孔昌이로다."(「정선전씨 종
　　장, 종기, 종가」, http://cafe.naver.com/jeon3/27에서 재인용)

묶인 것은 1917년 이후의 일임을 알 수 있다. <제8책>에는 널리 알려진 인물은 적지만, 일본인 2명과 미국인 1명이 함께 포함되어 있는 것이 주목할 만하다. 특히 스타 교수의 영문 글은 당시 저명한 외국인 한국학 연구자들이 한남서림 소장 자료를 백두용의 협조 하에 자주 이용했을 가능성이 높다는 점에서 백두용과 한남서림의 사회, 문화적 역할과 더불어 당시 외국인 주도의 한국학 연구의 기초를 놓는 데 일조한 측면까지 두루 고려해 재평가될 수 있는 자료로 의미 있다 하겠다.

〈제9책〉

이름	字	号	本	생년	관직	비고
김상화(金相華)		남고(南皐)	순천(順天)	1853(癸丑)	박사(博士)	
김종근(金宗根)	여해(汝海)	금은(錦隱)	안동(安東)	1843(癸卯)	판서(判書)	
허일(許鎰)	미중(美中)	자헌(紫軒)	양천(陽川)	1853(癸丑)	승지(承旨)	
길영순(吉英淳)	성노(聖老)	봉암(鳳菴)	해평(海平)	1871(辛未)		야은(冶隱)의 16대 손자, 금산(錦山) 거주
최봉우(崔奉禹)		학로(鶴蘆)	청주(淸州)			성진(城津) 거주
김원근(金瑗根)		지재(止齋)	안동(安東)		의관(議官)	
이재영(李載榮)	후경(厚卿)	경당(敬堂)	경주(慶州)	1858(戊午)	시독(侍讀)	
박난서(朴蘭緒)	자동(自動)	신동와(愼動窩)	반남(潘南)	1858(戊午)	양재문인(良齋門人)	성진(城津) 거주
조익원(趙翼元)			한양(漢陽)	1857(丁巳)	주사(主事)	용인(龍仁) 거주
박태희(朴台熙)	사정(士鼎)	육계(六谿)	고령(高靈)	1857(丁巳)	승지(承旨)	
이평(李平)		고옥(古玉)				
권주상(權周相)	문거(文擧)	운산(芸山)	안동(安東)	1871(辛未)	군수(郡守)	
김세익(金世益)	공삼(公三)	소파(筱坡)	우봉(牛峯)	1871(辛未)	좌장례(左掌禮)	
강필우(康弼祐)	경팔(景八)	송암(松菴)	승평(昇平)	1881(辛巳)	시종무관(侍從武官)	
김진숙(金鎭肅)	성무(聖武)	송관(松觀)	청풍(淸風)	1882(壬午)	세마(洗馬)	
김영훈(金永勳)		몽해(夢海)		1882(壬午)		

장좌근(張左根)	자경(子卿)		덕수(德水)	1882(壬午)	주사(主事)	은규(殷圭) 아들
백우용(白禹鏞)	범구(範九)			1883(癸未)	정위(正尉)	
이흥수(李興洙)	군명(君明)	수천(壽泉)	전주(全州)	1883(癸未)		
진학선(秦學善)		소운(少芸)	풍기(豊基)	1886(丙戌)	주사(主事)	감리(監理) 상언(尙彦)의 아들

20명

남고(南皐) 김상화(金相華, 1853~?)는 박사(博士)를 지냈다. 1910년에 작성된 조선총독부 직원록에는 그가 경성지방재판소 서기(書記)로 근무한 사실이 기재되어 있다. 『도서첩』에는 「심재서(心齋序)」라는 제목 하에 다음과 같은 글을 남겼다.

옛날에 집을 평안하게 한다[安宅]는 것이 있었으니 어진 자가 거하는 것을 말한다. 대개 어짊은 마음에서 나오니 택(宅)이라는 것은 바로 재(齋)를 뜻한다. 오늘날 백두용이 거하는 집의 이름을 '심재(心齋)'로 정하고 그것으로써 호를 삼았는데, 그것이 어찌 거하는 의미로 사용한 것이겠는가? 무릇 마음(心)은 몸의 주인이요, 재(齋)는 몸을 평안케 하는 것이다. 백군이 거하는 이 재(齋)는 마음을 도야하는 곳으로 반드시 옥난간에 귀한 비단으로 꾸밀 필요도 없고, 일찍이 선친의 계획을 따라[肯搆]187) 삼가 정성을 기울이고자 했을 뿐이다. 이는 황간(黃幹)188)의 호가 면재(勉齋)이고, 양만리(楊萬理)189)의 호가

187) 긍구(肯搆)는 원래 『서경(書經)』「주서(周書)」 <대고(大誥) 편>에 나오는 "만일 아버지가 집을 지으려고 그 기준까지 이미 정해 놓았는데, 그 자식이 이에 기꺼이 집 골격을 만들지 않는다면 어찌 기꺼이 집을 짓을 수 있겠는가?(若考作室, 旣底法, 厥子乃弗肯堂, 矧肯搆)"라는 말에서 유래한 것으로, 선대에 계획해 둔 것을 후대에 잘 이어받는다는 의미를 지닌다. 이는 백두용이 선친 백희배의 뜻을 받들어 계속 장서(藏書)하는 한편, 이를 세상에 제공해 널리 이롭게 하고자 서점을 연 것을 염두에 두고 말한 것이다.
188) 황간(黃幹)은 송나라 주자(朱子)의 문인이자 사위로 호가 면재(勉齋)이다.
189) 양만리(楊萬理, 1127~1206)는 송나라 시인으로 소동파(蘇東坡), 구양수(歐陽修), 범성대(范成大) 등과 더불어 남송 4대가의 일인으로 평가된다. 『誠齋集』, 『誠齋易傳』 등을 남겼다. 조길혜, 김동휘 역, 『중국유학사 2』, 신원문화사, 1997, 460쪽.

성재(誠齋)인 것과 같다. 그러나 사람의 마음이 살짝 나태하게 되면 권세와 이익을 쫓기에 바쁘고 가무를 즐기기에 급급하게 된다. 그러나 이에서 벗어나 화려함을 구하지 않고 단청 있는 집에 거하지 않고, 나쁜 소문이 심해질 때 이를 나무랄 줄 안다면, 장차 그것을 지향(至向)한다고 말할 수 있을 것이니, 소위 마음을 다스린다는 것이 과연 편안함이 있겠는가? 비록 그러나 백군은 박식하고 성품이 단아한 선비이다. 가문의 옛 가풍을 이어 깊이 위인들의 자취를 구했다. 꽃이 화사하고 달빛이 밝은 날 향을 태우며 조용히 앉아 있다면 이는 가히 하늘을 속이는 것이 아니다. 바람이 어지러이 불고 비 내리는 음침한 날에 책상을 대하고 앉아 혼자 생각에 골몰한다면 이는 가히 사람을 속이는 것이 아니다. 이처럼 하늘과 사람의 사이를 살펴 어짊을 행하며 이런 집에 거하게 된다면, 그것을 어찌 황건과 양만리의 아름다움에 비할 수 있으리오?[190]

위 글에 의하면, '심재'란 호가 백두용이 거처하던 집의 이름을 따서 만든 당호(堂號)임을 알 수 있다. 그런데 여기서 백두용의 호의 의미를 깊이 있게 해석해 놓은 것이 흥미롭다. 송나라의 황간(黃幹)과 양만리(楊萬理)와 같은 위인과 시인들의 호 역시 각각 면재(勉齋)와 성재(誠齋)로, '-齋'라는 공통점이 있지만, 박아(博雅)한 선비와 같은 백두용이 어진 마음을 갖고 아무런 물욕 없이 마음의 집[心齋]을 다스리므로 두 위인의 아름다움보다 못할 이유가 없다고 했다. 결국 어진 마음으로 서점을 열었고, 그곳에 거하며 옛 가풍을 이어 나가고 있는 백두용의 성품과 됨됨이를 가장 적절하게 보여주는 호(號)가 '심재(心齋)'임을 인정하고, 「심재서」에

---

190) 김상화, 『가장도서첩』 제9책, 2쪽. "古有安宅, 而仁者居之. 盖仁出於心而宅是其齋也. 今白君斗鏞名其所居之室曰心齋, 而曰以爲號其義何居. 夫心爲一身之主而齋是安身之所也. 白君之居是齋, 冶其心者, 不必齋珠欄綺疏而嘗惓惓於肯搆. 此乃黃氏之勉齋, 楊氏之誠齋也. 然而人心之發少懈操存, 則奔走於利勢之途, 恬嬉於歌舞之筵放, 而不求曠而不居丹臒, 增臭之譏行, 將日至向之所謂冶心者果安在哉. 雖然白君博雅士也. 紹古家之風而深得偉人之趣, 花明月朗焚香默坐, 則可爱者非天欺, 風橫雨怪對案自思, 則可畏者非人欺. 察此天人之際而行其仁, 居是宅則豈直匹美於黃氏楊氏而已."

서 그를 예찬해 마지않은 것이다. 호에 담긴 함의를 깊이 있게 해석해 나가고 이를 적절히 표현해 낸 글 솜씨가 돋보인다. 김상화가 축하문을 쓴 것은 '병진(丙辰)년 중양일(重陽日)', 곧 1916년 음력 9월 9일로, 『도서첩』 수록 글 중 가장 늦게 쓰인 글이다.

금은(錦隱) 김종근(金宗根, 1843~?)의 자(字)는 여해(汝海)이며, 판서(判書)를 지냈다. 1891년에 문과에 합격했다.

> 아아! 문장이 지어지지 않은지 오래되었다. 향산(香山=백거이) 이후로 상하 서적 수천 종을 백씨 집안이 이어 받았다. 그러나 글로 명성이 난 사람이 쓸쓸히 지내며 어떤 기미도 말하지 않는다면 참으로 개탄할 만하다. 근자에 심재 백군이 시와 예로써 가정을 이끌며 남몰래 이 문장(책)을 가지고 도와주려는 뜻이 있어 이에 크게 서점을 열고, 현판에 한남서림이라 썼다. 이에 책이 집 안 가득 쌓였으니 모으지 않은 것이 없었다.[191]

백두용이 옛 사람들의 책을 물려받고 남을 위해 서점을 열고 '翰南書林'이란 현판을 달았다고 했다. 그러면서 서점을 열게 된 이유를 "심재 백군이 시와 예로써 가정을 이끌며 남몰래 이 문장(책)을 가지고 도와주려는 뜻이 있어"서라고 보았다. 이는 백두용의 성품과 그의 의지를 염두에 둔 것으로, 곧 백두용의 은자다운 면을 높이 평가한 것의 다름 아니다. 한편, 책을 모으는 일에 집중해 집안 가득 책이 쌓여 있다고 한 것은 다른 글에서도 종종 발견되는 사실적 기록이자 장서량의 다대함을 강조하기 위한 관습적 표현이라 할 것이다.

자헌(紫軒) 허일(許鎰, 1853~1914)의 자(字)는 미중(美中)이다. 1891년 별시

---

191) 김종근, 『가장도서첩』 제9책, 3쪽. "嗚呼, 文章之不作久矣. 自白香山以後上下數千載以白氏. 而鳴于文者寥寥無幾人可道者, 則良可慨也. 近有白君心齋以詩禮家庭竊有意於扶植斯文, 乃廣開書鋪扁之曰翰南書林也. 於是宇充棟汗牛之文無不蒐採."

문과에 급제하여 수찬(修撰)이 된 후, 지평(持平), 병조좌랑 등을 역임하고 비서승(秘書丞), 중추원 의관 등을 지냈다.[192]

봉암(鳳菴) 길영순(吉英淳, 1871~?)의 자(字)는 성노(聖老)이며, 야은(治隱) 길재(吉再)의 16대 손자로 금산(錦山)에서 거주했다. 길영순은 『도서첩』에다 선조 길재가 쓴 글을 소개하며 충직한 기운을 느낄 수 있기를 바라는 마음에서 증서(贈書)한다고 밝혔다.

> 우측의 시는 곧 나의 16대 조상인 야은(治隱) 길재(吉再) 공께서 지은 것이다. 음풍영월(吟風詠月)하면서 늠름하고 충직한 기운을 구하는 마음으로 이로써 글로 써서 보낸다. 일전에 심재(心齋) 사형(詞兄)의 집에 머물렀을 때, 추모의 뜻과 권면의 말로 적었던 것이다.[193]

백두용 집에 들렀다가 부친의 사망을 추모하고 권면하는 말을 적어 놓았다고 했다. 백희배(白禧培)는 1911년에 사망했으므로 길영순이 백희배 사후에 백두용의 집에 찾아와 조문을 했거나 후일에 한남서림에 들렀다가 길재의 시를 써 주면서 위로와 권면의 말을 남긴 것이라 하겠다. 그 인연을 소중히 여겨 이를 다시 『도서첩』에다 남긴 것이다. 이처럼 『도서첩』 수록 시문 중에는 한남서림 개업뿐 아니라 백희배를 추모하고 애도하기 위한 이유에서 작성된 글이 적지 않다. 이는 한남서림이 개업한 후 1913년에 이르러서야 『도서첩』 수록 시문이 모이게 된 이유를 설명할 수 있는 단서가 된다는 점에서 의미가 있다. 즉, 백두용이 『도서첩』을 만들 요량으로 유명 인사들에게 시문을 부탁한 것은 단순히 한남서림 개업을 축하받기 위함이 아니라, 선친의 장서에 대한 유지를 기리고

---

192) 강응숙, 「허일」, 『安山市史』, 안산시사편찬위원회, 1999.
193) 길영순, 『가장도서첩』제9책, 5쪽. "右詩卽我十六代祖治隱公所作, 而凜凜忠直之氣求望 於吟風詠月以書贈. 心齋詞兄前寓, 追慕之意兼作勸勉之語云."

추모의 마음을 담아 한남서림의 의미를 되새기기 위한 목적에서였음을 다시 한 번 확인할 수 있다.

학로(鶴蘆) 최봉우(崔奉禹, ?~?)는 함경북도 성진(城津)에서 거주했다. 그 밖의 행적은 알려져 있지 않다.

지재(止齋) 김원근(金瑗根, 1868~?)은 의관(議官)을 지냈다. 배재학당 영어 과를 졸업한 후 8년 간 배재학당에서 교사로 근무하다가 여의사이자 선교사였던 엘러스(A. J. Ellers)가 세운 정신(貞信)여학교로 옮겨 교사로 25년 간 근무했다. 「조선고금시화(朝鮮古今詩話)」(『청년(青年)』 5~7월호, 1922)와 「조선시사(朝鮮詩史)」(『신생(新生)』 17~60호, 1930~34) 등을 연재하면서 시화(詩話)와 야사를 국한문혼용체로 풀이해 소개하는 일에 진력했다.[194] 『도서첩』에서 김원근은 선비의 세 친구, 곧 문우(文友), 환우(宦友), 그리고 도우(道友)에 관해 논한 이이의 「선비론」을 그대로 인용해 옮겨 적었다. 그 전문을 소개하면 다음과 같다.

선비에게 벗은 셋으로 구분되니, 한묵(翰墨)의 자리를 서로 즐겨하는 문우 (文友)가 있고, 벼슬하여 친하게 지내는 환우(宦友)가 있으며, 성리서(性理書)를 서로 강론(講論)하는 도우(道友)가 있다. 비록 벗이라는 이름은 같지만, 벗이 되는 까닭은 같지 않다. 문우(文友)와 환우(宦友)는 반드시 상에 둘러앉아 악수하고 술잔을 나누는 것으로 친하다고 여기는 이들이다. 반드시 허물과 부끄러움을 감추려 하며, 재능(才能)을 포창(褒彰)하여 주는 것을 미덕(美德)으로 삼으며, 반드시 계약(契約)을 수결(修結)하여 지천화지(指天畵地)하는 것으로 믿음을 삼는다. 그래서 만약 이 셋이 없으면 마음속으로 혐의가 있는가 하여 들떠서 서로 만나도 결국 길가는 사람처럼 서먹하게 될 뿐이다. 그러나 도우(道友)라면 그렇지 않다. 그 친함이 낯이나 눈을 마주하는 데 있지 않고, 그 미덕(美德)도 애써 추예(推譽)하는 데 있지 않으며, 그 믿음도 청하는 것을

---

194) 이종묵, 「일제강점기의 한문학 연구의 성과」, 『한국한시연구』 제13권, 한국한시학회, 2005, 431쪽.

들어주는데 있지 않다. 다만 동지(同志)로서 친하며 책선(責善)으로서 미덕(美德)을 삼고, 수도(守道)로서 믿음을 삼고자 할 뿐이다. 그러므로 뜻이 진실로 같다면 천 년 전 사람도 오히려 벗 삼을 수 있는데, 하물며 함께 한 때를 보내는 사람이라야 말할 필요조차 없다. 선행을 책하면 성현의 경지도 함께 돌아 갈 수 있는 것이므로 어찌 다른 은혜를 바라리오. 도를 지키면 혼탁한 세상의 파란도 능히 어지럽히지 못하므로 그 어찌 타고난 본성을 버릴 수 있겠는가. 이것을 보더라도 그 원원히 서로 보는 것이 친함이 될 수 없음을 알 수 있고, 수다스럽게 칭찬하는 것이 덕의가 될 수 없음을 알 수 있으며, 목숨을 건 맹약이 믿을 수 없음을 알 수 있다.[195]

이 글은 도우(道友)야말로 문우(文友)나 환우(宦友)와 비교할 바가 못 된다면서 선비에게 도가 얼마나 귀중한지를 설파한 것이라 하겠다.[196] 비록 서로 만날 기회는 많지 않지만, 만날 때에는 서로 속마음을 털어놓을 수 있고, 권면하는 말도 범상치 않아 종내 흐뭇한 마음으로 헤어질 수 있는 친구 사이를 도우(道友)라 할 것이다. 김원근은 백두용과 자신이 바로 그런 사이이거나 그런 친구로 지내고 싶다는 마음을 담아 이이의 글을 인용해 놓은 것이라 하겠다.

경당(敬堂) 이재영(李載榮, 1858~?)은 문관으로 시강원시독관(侍講院侍讀官)을 지냈다. 『도서첩』에서 '余友心齋'라 하고, 백두용이 일찍이 유학을 숭

---

195) 김원근, 『가장도서첩』 제9책, 7쪽. "士之所謂友者有三. 相宦友翰墨之場者, 是文友也. 相引于章綬之閒者, 是宦友也. 相講于性理之學者, 是道友也. 所以爲友者不同, 彼文友宦友者, 必連床接彼握手含杯以爲親, 必匿瑕藏垢, 襃才彰能以爲德, 必修契結約, 指天畵地以爲親, 無是三者, 則有歡於心. 泛泛相遇, 終爲路人而已. 若道友則不然, 其親不在面目之接, 其德不在推譽之勤, 其親不在然諾之重, 以同志爲親, 以責善爲德, 以守道爲信, 志苟同則, 千載之人, 猶可尙友, 況生一時乎. 善苟責則聖賢之城, 可與同歸, 豈望他惠乎. 道苟守則濁世之波, 不能洄亂, 豈負厥初乎. 以此知, 源源之見未定爲親吃吃之譽, 未定爲德呴頭之誓, 未定爲信也." 원문은 이이의 『율곡전서(栗谷全書)』에 보인다.(李珥,「送尹子固根壽朝天序」, 『栗谷全書』 拾遺 卷3序)
196) 이장희, 『조선시대 선비 연구』, 박영사, 1989, 14쪽.

상함이 지극했다고 했다.197)

신동와(愼動窩) **박난서**(朴蘭緒, 1858~?)의 자(字)는 자동(自動)이며, 양재문인(良薺門人)을 지냈다. <제9책>에서 이미 소개한 최봉우와 마찬가지로 함경남도 성진(城津)에서 살았다. 성진 지역과 백두용 또는 집안과 인연이 있었던 것은 아닌가 짐작되나 확실하지 않다.

조익원(趙翼元, 1857~?)은 주사(主事) 일을 했으며, 용인(龍仁)에서 살았다. 『도서첩』에 「심재기(心齋記)」란 제목의 글을 남겼는데, 그 전문은 다음과 같다.

> 무릇 세상에 태어나 만권 도서를 독파(讀破)하고 천하의 명산대천을 두루 다니며 감사하고 전하의 영웅·호걸과 교섭(交涉)한 연후에야 마음에 얻는 바가 있고 가히 할 만한 것이 있고 가히 더불어 말할 만한 것이 있다. 그러나 오늘날은 수레와 배, 기차가 육지와 바다를 서로 이어 합치니 그 영향이 심해져 급속도로 편리해졌다. 또한 세계열강이 장단과 우열, 승패를 오래도록 다투는 것은 단시간에 이기지 못함을 가리킨다. 양계초(梁啓超)가 말한 대로, 시세(時勢)가 영웅을 만들고 영웅이 시세를 만든다는 것은 내가 바라는 것이다. 이런 시대에 어찌할꼬 얼마나 답답하면 홀로 어두운 동네에 거한 채, 그 동네에서 즐겁게 우물과 화덕을 만들고 표범에게 풀을 먹이며 스스로 사람 축에 들지 않으려 했겠는가? 백암(白巖) 남쪽 원(院)과 탑 사이에 살며 세상에 의지하지 않는 인재 한 사람이 있으니, 곧 백두용이다. 그는 성품이 깊고 독서를 무척 좋아해 고금의 서적 수천만 권을 쌓아놓고, 문미에 '한남서림'이란 현판을 달고 스스로 호를 '심재(心齋)'라 하였으니, 심재는 마음과 정신을 고요히 기르는 곳이라는 뜻이다. 매양 화기(和氣)와 평심(平心)을 추구했다. 그리고 때때로 옛 시대의 역사를 되풀이해 공부해 황제(黃帝)와 신농씨(神農氏) 이후로 주(周)나라, 진한(秦漢) 시대, 당송(唐宋)과 명청(明淸) 시대에 오욕의 땅의 흥망을 마치 거울을 보듯이 밝히 알았다. 또한 현 세계를 고찰하고 역사를 이해코자 했으니, 유럽과 아시아에 속한 나라들, 곧 청나라와 영국, 미

---

197) 이재영, 『가장도서첩』 제9책, 8쪽. "心齋早崇儒學此則賢於香山也."

국, 프랑스, 독일, 오스트리아, 러시아, 이탈리아 등이 문명이 발달하고 부강한 나라임을 마치 손바닥에다 놓고 가리키듯 밝히 알았다. 대개 동양에 속한 내외국은 밝히 우공(禹貢)의 『주례직방(周禮職方)』편과 곽경순(郭景純)의 『산해경(山海經)』 등의 책에 기재해 놓았으니, 이미 잘 알고 있기 때문에 굳이 군더더기 말을 덧붙일 필요가 없을 것이다. 만약 서양의 여러 나라를 살핀다면 강대국은 6~7개국이 있고, 소국은 수십~수백 개 국이 있는지 알지 못한다. 추연(鄒衍)[198]은 중국이 천하의 81개국 중의 하나라고 말했고, 『회남자(淮南子)』에서도 이르기를, 중국[九州] 밖에 또 팔인(八寅)이 있고, 팔인 밖에 팔굉(八紘)이 있고, 팔굉 밖에는 팔극(八極)이 있다고 했다. 이들 나라의 수도 중 가장 큰 것으로는 베를린, 런던, 파리, 로마, 뉴욕, 페테르부르크가 있다. 그 밖에 그리스, 필리핀, 터키, 독일 등 소소한 나라들은 일일이 열거할 수 없다. 인물 중에는 알렉산더[亞歷], 콜럼버스[閣龍], 워싱턴[華盛敦], 넬슨[訥耳遜] 제독, 성인 피터스버그[聖彼得]가 세계에서 5대 위인으로 불리는 이들이다. 그밖에 위대한 철학가로는 메테르니히[梅特涅]의 수구(守舊), 그람[格蘭]의 유신(維新), 롤랑[羅蘭]의 혁명, 루터[路得]의 종교, 아담 스미스[斯密]의 생계학(生計學), 루소[盧梭]의 민약론(民約論), 몽테스키외[孟德斯鳩]의 『만법정리(萬法精理)』, 코페르니쿠스[歌白尼兒]의 신역학(新曆學), 이는 모두 서양 철학 중 으뜸이다. 이렇듯 나라 수도의 장려함과 인물들의 영특함, 정치 개혁, 기계의 정리(精利)는 진실로 더 이상 이를 수 없는 것이지만, 윤리성학(倫理性學)의 도는 아직 우리 조선에서 사라지지 않았다. 아아! 백군(白君)은 드넓은 세계에 보잘 것 없는 존재로 좁은 땅에서 태어나 아직 배우지 못한 것이 많지만, 수해(豎亥)의 걸음으로 이에 능히 천하의 훌륭한 형세를 조용히 살펴볼 줄 안다.[199] 또한 외국에 나가 주재(駐在)하지 못하면서 상대에게 맡기고 사귐이 없는데, 열국의 군신들을 환기하고 이미 죽은 위인들과 더불어 책을 통해 눈으로 말하므로, 화락하고 환히 알게 되어 마음에 얻는 바가 있고 장차 늙는 것조차 깨닫지 못하니, 이 또한 장부의 한 가지 쾌사(快事)라 할 것이다. 내가

---

198) 추연(鄒衍, B.C.305~B.C.240)은 중국 전국 시대 제(齊)나라 사람으로 맹자보다 약간 늦게 등장해 음양오행설(陰陽五行說)을 만든 사상가이다.

199) 하우(夏禹)의 신하였던 수해(豎亥)는 지리를 조사해 오라는 하우의 명을 받고, 오른손에 산가지[산(算)]를 들고 동쪽 끝에서 서쪽 끝까지 5억 10만 9,800보를 달렸다고 한다. 임종욱 편저, <감해(甘亥)>, 『중국역대인명사전』, 이회문화사, 2010.

그 이야기를 듣고, 그를 장려코자 순서대로 써 잇고자 했으니 그 각각은 이러하다. '백(白)'은 본바탕이 하얗기 때문에 마땅히 찾을 만하다는 것이며, '두(斗)'는 하느님이 운행하는 별들 중에 중앙에 만들어 놓았다는 의미요, '용(鏞)'은 악기 소리가 가히 바다에 차고 넘친다는 뜻이다.200)

세상이 열려 동서양의 역사, 영웅, 정치, 철학 등을 섭렵하고 열강 속에 작은 나라 조선의 위치를 자각하며 세상의 이치를 제대로 익힐 필요가 있는데, 책(배움)을 통해 그러한 지식과 식견을 충족시키는 것이 가능하다고 했다. 그러면서 그런 일을 제대로 수행하고 있는 인물이 바로 백두용임을 강조하고자 했다. 조익원은 세계 정치와 역사, 지리, 그리고 위인 등에 관해 상당한 식견을 갖고 있었던 인물로 보인다. 신식 교육을 받았거나 신문물 수용에 적극적이었던 인물이라 하겠다. 그리고 글 말

---

200) 조익원, 『가장도서첩』 제9책, 10쪽. "大夫生于世讀破萬卷書, 歷覽天下之名山大川, 交涉天下之英雄豪傑, 然後心有所得, 而方可有爲亦可與言也. 況今輪船汽車聯合水陸捷於影響極爲便利. 且世界列强爭長競短優勝劣敗者, 指不勝僂. 梁啓超所謂時勢造英雄, 英雄造時勢者也迨. 此時奈之, 何鬱鬱. 獨處黑洞, 洞中甘作井蛙菅豹, 自不齒於人類乎. 白巖之南院塔之間有一不世倚材者卽白君斗鏞也. 性沉嗜讀多貯古今書籍數千萬卷, 扁其楣曰漢南書林, 自號曰心齋. 心齋者靜養其心神之所也. 每於氣和心平. 時繙閱古時代史乘, 黃農以降至于周秦漢唐宋明淸之汚陸興凶炯然如鑑, 又考現世界圖史歐亞以內曰, 淸英美法德奧俄意之文明富强瞭如指掌. 盖東洋球內外國昭載於禹貢職方及郭景純山海經等書, 已所稔知不必贅設焉. 至若泰西諸邦强國六七, 小國不知幾十百. 鄒衍曰中國於天下八十一分之有其一, 淮南子亦曰九州外又有八寅, 八寅外有八紘, 八紘外有八極者是也. 其國都之最大者, 曰伯林倫敦巴利羅馬紐育彼得保也. 其外希臘菲律土耳其日耳曼等小小之閭閻不可枚擧也. 人物則曰亞歷日閣龍曰華盛敦曰訥耳遜曰聖彼得, 世所稱五偉人者也. 其餘哲學家大儒曰梅特涅之守舊, 格蘭之維新, 羅蘭之革命, 路得之宗敎, 斯密之生計學, 盧梭之民約論, 孟德斯鳩之萬法精理, 歌白尼兒之新歷學, 此皆西哲中指拇也. 然而國都之壯麗人物之英特政治之改革機械之精利, 固有所莫及若乃倫理性學之道未有虛於我鮮者也. 噫, 白君以滄粟渺身生在褊邦旣不學壺之銜竪亥之步, 乃能靜觀天下之形勝. 又不帶駐箚專對之任而暗與交際, 列國之君臣喚起九原之人與之眉語, 陶陶然欣欣然, 心有所得而不知老之將至, 亦可謂丈夫之一快事也. 余聞而壯之贈之以序繼之以銘銘, 曰白君之白質素宜采, 斗運中央作天主宰, 鏞之爲樂聲可溢海."

미에는 '백두용' 세 글자에 담긴 의미를 그럴 듯하게 해석하며, 백두용을 향한 존경의 마음을 대신하고자 했다.

육계(六谿) **박태희**(朴台熙, 1857~?)의 자(字)는 사정(士鼎)이며, 승지(承旨) 벼슬을 했다. 1898년에 수릉(綏陵) 등의 왕실 제사 때 대축(大祝)으로 참여했으며, 1910년에는 순조숙황제(純祖肅皇帝)의 묘에 거행한 작헌례(酌獻禮)에 참여하였다. 고목과 대나무, 돌을 잘 그린 화가로 이름이 났다.[201]

고옥(古玉) **이평**(李平, ?~?)에 관한 자료가 별반 없다. 『도서첩』에도 어떤 정보가 기록되어 있지 않다. 『도서첩』에는 「두보가 이태백을 회고하며 기록한 시(錄杜子美懷李白詩)」라는 제목의 5언 율시를 남겼다.

> 이백의 시는 필적할 사람이 없고
> 표연한 생각은 견줄 사람이 없네.
> 청신함은 유신(庾信)과 같고
> 준일함은 포조(鮑照)와 같네.
> 위북(渭北)에는 봄 나무들 싱그럽고
> 강동에는 저문 구름 깔려 있겠지.
> 어느 때에 술 한 동이 앞에 놓고,
> 다시 더불어 자세히 글을 논할 수 있을까나.[202]

두보는 33세에 낙양(洛陽)에서 이백을 처음 만나 교유(交遊)하기 시작했는데, 평생 그와의 우정을 소중히 여기고 그를 생각하며 지은 시 여러 편을 남겼다. 그 중 하나가 바로 위의 시 <봄날에 이백을 그리워하며[春日憶李白]이다. 봄의 나무들을 바라보며 멀리 떨어져 있는 이백을 그리워하는 마음을 잘 담아낸 시이다. 이평이 백두용을 그리워하고 존경하는

---

201) 이성미, 『한국회화사용어집』, 다할미디어, 2003, 255쪽.
202) 이평, 『가장도서첩』 제9책, 12쪽. "白也詩無敵, 飄然思不群. 清新庾開府, 俊逸鮑參軍. 渭北春天樹, 江東日暮雲. 何時一樽酒, 重與細論文"

마음을 두보가 이태백에게 보낸 시를 통해 간접적으로 전하기 위해 옮겨 적은 것으로 보인다. 참고로 제5~6행에 등장하는 '춘수모운(春樹暮雲)'은 멀리 있는 친구를 그리워하는 마음을 비유하는 고사성어로 자주 사용된다.

운산(芸山) 권주상(權周相, 1871~?)의 자(字)는 문거(文擧)이다. 전라북도 임실 군수와 만경 군수를 지냈다. 1919년에 태극기를 앞세워 조선독립만세를 외치며 돌을 던지고 경찰을 폭행해 징역 1년을 선고받고 옥고를 치른 기록이 보이나[203] 동일 인물인지 확실하지 않다.

소파(筱坡) 김세익(金世益, 1871~?)의 자(字)는 공삼(公三)이다. 좌장례(左掌禮)를 지냈다. 『도서첩』에는 누각의 동쪽과 원각사지 탑 서쪽의 옛 거리에 한남서림이 섰다고 하고 그곳에 죽마고우가 다섯 수레나 되는 서적을 쌓아놓고 지냈다고 했다.[204] 앞의 조익원의 글에서 한남서림이 "백암(白巖) 남쪽 원(院)과 탑 사이"에 위치해 있다고 증언한 것과 상통하는 설명이다.

송암(松菴) 강필우(康弼祐, 1881~?)의 자(字)는 경팔(景八)이다. 시종무관(侍從武官)과 일본군 보병 대좌 등을 지냈다. 『도서첩』에는 다음과 같은 7언 절구시를 남겼다.

친한 벗이 연기처럼 세상에 흩어졌고
많은 비와 많은 바람 몇 해인지 묻노라.
머리 돌려 창살문 보니 지금 꿈만 같으니
어느 밤에 마주해 잠을 잘 수 있을지 알지 못하겠노라.[205]

203) <權周相>, 「1919년 권주상 경성복심법원 판결문」, 국가기록원 소장, 1920.
204) 김세익, 『가장도서첩』 제9책, 14쪽. "樓閣之東, 塔西古衙, 五車書籍, 丹鳳之隈, 竹友居之, 翰南爲樓."
205) 강필우, 『가장도서첩』 제9책, 15쪽. "親朋四海散如烟, 雨雨風風問幾年. 回首棨門今似

무관으로서 친일 행위를 노골적으로 행한 강필우의 생애를 고려할 때, 작가의 의도와 상관없이 친한 벗이 모두 연기처럼 사라졌다는 첫 행의 시구는 오히려 서글픈 느낌마저 자아낸다.

송관(松觀) 김진숙(金鎭肅, 1882~?)은 세마(洗馬)를 역임한 관원으로 주로 과천에서 살았다. 1906년에 과천에 광명학교가 설립되었을 때, 김진숙의 집을 교사(校舍)로 사용하게 했다. 과천 남태령 아래쪽에 흐르는 내이자 마을 이름이기도 한 한계(寒溪)에서 시가를 읊는다는 뜻의 한시집『한계음영(寒溪吟詠)』을 만들 때 42명의 작가 중 한 사람으로 참여했다.206)

몽해(夢海) 김영훈(金永勳, 1882~1974)은 1882년 강화도 강화읍 관청리에서 태어났다. 어려서 한학(漢學)을 공부했으나 15세에 눈병을 앓은 후 당시 인천의 명의였던 서도순(徐道淳)의 제자가 되어 의학을 공부했다. 서도순은 <제5책>에 소개되어 있는 서학순과 친인척 형제간이다. 1904년 국내 최초의 근대식 한의과대학인 동제의학교가 설립되었을 때 도교수(都教授)가 되었다. 의사회 강사와 연구회 편집부장 등을 역임했으며 후에는 한의학계 원로들과 함께 팔가일지회(八家一志會)를 만들어 한의학의 부흥운동에 힘썼다. 시문과 서예에도 능했으며 저서로『낙원당집(樂園堂集)』이 있다. 궁중 어의(御醫)로 여러 해 봉직하기도 했으며, 학문적으로 '의학입문(醫學入門)'에 정통하여 오늘날까지 의학입문 연구자로 이름이 높다.207)『도서첩』에는 '동문(東門) 3장(章) 6구(句)'라는 제목의 시를 남겼다.

장좌근(張左根, 1882~?)의 자(字)는 자경(子卿)이며, 주사(主事)를 지냈다. 일본에 머물던 김옥균을 암살하기 위해 갔던 자객 중 한 사람인 장은규(張殷圭)의 아들이다.

夢, 不知何夜對將眠."
206) 신종묵 외, 이충구·김규선 역,『한계음영(寒溪吟詠)』, 과천문화원, 2003, 15~16쪽.
207) 이호경 편저,「김영훈」,『(증보) 강화인물사』, 강화문화원, 2000, 117~118쪽.

오호라. 대장부가 불행하게 태어나 불행한 시대에 불행한 일로 죽는다면 어찌 한스럽지 않으리오. 내가 보니 우리 무리 중에는 우리 선인들과 같은 이가 아직 없다. 선인 중에 정해(丁亥) 연간에 포승줄에 묶인 중인은 모두 죄가 없음을 알고 있었다. 하늘의 도가 무심하게도 이를 외면하지 않고 사실을 밝혀 억울함을 풀게 해 줄 것이다. 그러나 그런 후에도 어떻게 오늘날까지 기뻐하고 두려워하는 마음이 없었겠는가? 그때 같이 환난을 당한 이들 중에 우리 소향(小香) 백공(白公)만한 이도 없었다. 공은 그 때에 옥돌을 품고 있거나 흙덩이를 지니고 있더라도 팔지 않았다. 그러나 불행하게도 공이 돌아가신 후에는 세상에 공보다 더 뛰어나고 널리 이름난 사람이 있다는 소문을 들은 지 오래되었으니, 이 또한 얼마나 한스러운 일인가? 그러나 지금 소향공(小香公)의 어진 조카 백두용은 선인의 뜻과 명예를 받들어 지구간(知舊間)에 서점을 세우고 나라 안의 만권 서적을 보관하니 사방에서 선비들이 찾아와 시문을 지으며 요란법석을 떨었다. 나는 비록 공부가 거칠어 기념할 만한 것이 없지만, 차마 끝내 조용히 있을 수는 없을 것이다. 그러나 후일에 한 고사를 짓지 않고 막상 종이를 앞에 두니 암울한 기분을 느끼기는커녕 얼떨떨하기만 하다.[208]

위에서 자주 거명된 소향공(小香公)은 앞에서도 언급한 바 있는 백두용의 당숙 백춘배(白春培)를 가리킨다. 그리고 '정해(丁亥) 연간(1887)'에 일어난 환난이란 그 해에 백춘배가 옥중에서 사망한 것을 의미한다. 박규수의 영향을 받은 백춘배는 유홍기, 오경석 등의 지도를 받으며 김옥균, 박영효 등과 함께 갑신정변(1884)을 일으켰으며, 후에 붙잡혀 감옥 생활을 했다. 그런데 옥고를 이기지 못하고 1887년에 옥중에서 사망하고 말았다. 백춘배의 죽음을 의롭다고 여기는 이들이 많았으며, 이런 의식은

---

208) 장좌근, 『가장도서첩』 제9책, 18쪽. "嗚乎. 大丈夫不幸生不幸之時死於不幸之事, 何恨以. 余觀於吾黨未有如我先人者也. 先人奧在丁亥年間繫縲絏之中人, 皆知非其罪也. 天道不憖無心旋, 卽昭晰伸寃. 然爲其後者尤安得無怵惕于今日哉. 而其時同患難者無如我小香白公也. 公懷璞抱塊不售於時, 而又不幸而沒然爲世間人久愈彌彰於公, 又何恨. 況今小香公之賢姪斗鏞克肯先志名譽, 知舊間起一樓於國中藏萬卷書, 來四方之士咸爲詩文以侈之吾雖硏荒不得無紀念, 不忍終默, 豈非他日一故事而臨楮尤不覺黯然自失也."

백두용 집안을 긍정적으로 평가하는 한 요인으로 작동했다. 또한 위 글을 통해 장좌근 집안과 백두용 집안이 상당히 잘 알고 지냈던 사이였음을 알 수 있다. 백춘배를 기리는 추모시문이 여러 편 있었는데, 이를 『도서첩』을 제작할 때 함께 포함시켜 집어 놓은 것이라 하겠다.

그 밖에 위 글에서는 『도서첩』 제작과 관련해 "많은 선비들이 찾아와 시문을 지으며 요란법석을 떨었다"고 했다. 이 말의 속뜻을 정확히 헤아리긴 어려우나, 참여자들이 경쟁적으로 축하시문을 쓰고자 한 상황을 사실대로 말하거나 자신과 달리 축하의 말만 번지르르하게 내뱉는 이들이 많은 것을 염두에 두고 한 말일 수 있다. 장좌근 자신만큼은 백춘배와 백두용 집안의 어려움까지 잘 알고 있고, 그들의 신념과 인품까지 잘 알고 있기에 남들과 다른 입장에서 진실한 마음으로 축하문을 썼음을 드러내고자 한 것으로 보인다. 또 이를 통해 당시 한남서림의 설립과 그 존재 자체가 사회적으로 오늘날 우리가 생각하는 것보다 훨씬 더 커다란 반향을 불러일으켰으며, 그 의미 또한 커다랗게 다가왔음을 알 수 있다.

백우용(白禹鏞, 1883~1930)의 자(字)는 범구(範九)이며, 정위(正尉) 벼슬을 했다. 백두용과는 먼 종형지간(從兄之間)이다.[209] 그는 우리나라 최초의 서양음악 지휘자이자 작곡자로 유명하다. 한성독어학교에서 독일어를 배운 그는 구한말 우리나라 최초로 양악대를 창설한 군악대장 독일인 F. 에케르트 밑에서 음악을 공부했다. 그 후 한일군악대를 지휘하고 단성사(團成社)의 전속 관현악단 악장(樂長)을 지냈다. 1916년에 에케르트가 사망하자 이왕직 양악대를 인수받아 민간 경성악대로 발족시키고, 그곳에

---

209) 한남서림을 자주 찾았던 가람 이병기도 백우용의 사망 소식을 듣고 장례식에 참여한 것으로 보아 둘 사이에 친분이 있었음이 분명하다. 백두용 역시 상인으로서, 고객으로서, 문인으로서 가람을 평소 대했을 것으로 보인다.(1930년 4월 27일. "고 백우용(白禹鏞)군의 영결식을 가 보았다."(이병기, 정병욱·최승범 편, 『가람일기(Ⅰ)』, 신구문화사, 1976, 343쪽.)

서 경성악대가 1924년 해산될 때까지 지휘하였다.[210] 1919년 고종 인산일에 장례의식 음악을 연주한 경성악대 지휘자로도 활동했다.

수천(壽泉) 이흥수(李興洙, 1883~?)의 자(字)는 군명(君明)이다. 무과(武科) 출신으로 진장(晉將)을 지냈다.

소운(少芸) 진학선(秦學善, 1886~?)은 궁내부 대신관방 주마과(主馬課)에서 주사(主事)로 지냈으며, 의정부(議政府)와 내각법제국(內閣法制局) 관리로도 활동했다. 부친은 감리(監理)를 지낸 상언(尙彦)이다.

<제9책>에 실린 인물들은 이전 책 수록 인물들보다 훨씬 더 젊어졌다. 그러나 나이 차이가 심한 편이어서 특정한 기준을 갖고 글을 묶은 것으로 보이지는 않는다. 당시 두드러진 활동을 보인 인물은 많이 눈에 띄지 않지만, 그 중에 근대 한의학계의 선구자였던 김영훈과 군악대를 지휘하고 국내 서양음악 발전에 큰 기여를 한 백우용 등이 특별히 주목할 만한 인물들이라 할 것이다.

〈제10책〉

이름	字	号	本	생년	관직	비고
조중응(趙重應)	경협(景協)	낭전(琅田)	양주(楊州)	1859(己未)	농상대신(農商大臣)	
박한영(朴漢永)		영호(暎湖)	밀양(密陽)	1850(庚戌)		朝鮮佛敎月報社長
유원표(劉元杓)	선칠(善七)	밀아(蜜啞)	한양(漢陽)	1852(壬子)	정위(正尉)	
이상재(李商在)	계호(季灝)	월남(月南)	한산(韓山)	1850(庚戌)	참찬(參贊)	
류근(柳瑾)	경회(敬懷)	석농(石農)	전주(全州)	1861(辛酉)	주사(主事)	
이위래(李渭來)	희사(姫師)	형산(馨山)	광주(廣州)	1861(辛酉)	승지(承旨)	온양(溫陽) 거주
김교성(金敎聲)	공서(公西)	우청(又靑)	선산(善山)	1861(辛酉)	찬의(贊議)	재림(載霖)의 아들

---

210) 이상만, 「우리 가락의 맥(脈) 이은 여명기(黎明期) 작곡가들―두 선각자 정사인(鄭士仁)·백우용(白禹鏞)」, 『경향신문』, 1985년 11월 9일자.

박승혁(朴承赫( ))	구오(尤五)	용초(蓉初)	寧海(영해)	1861(辛酉)	참서(參書)	
김승규(金昇圭)	평여(平如)	국헌(菊軒)	안동(安東)	1861(辛酉)	판서(判書)	상국(相國) 병학(炳學)의 아들
손봉상(孫鳳祥)	의문(儀文)	성암(誠菴)		1861(辛酉)	主事(주사)	송경(松京) 거주
백철용(白喆鏞)	윤명(尤明)	서은(墅隱)		1861(辛酉)	電報司長 (전보사장)	백두용의 재종형(再從兄)
이용구(李龍九)	경천(景天)	해사(海士)	우봉(牛峰)	1861(辛酉)	전제관 (典製官)	일당(-堂)의 종질(從姪)
정일용(鄭鎰溶)	백원(伯元)	소호(素湖)	오천(烏川)	1862(壬戌)	군수(郡守)	
강하형(姜夏馨)	춘춘(春春)	추정(秋汀)	진주(晉州)	1861(辛酉)	주사(主事)	
이제선(李濟宣)	치성(稚成)	운초(雲樵)	성주(星州)	1862(壬戌)	주서(注書)	광주(廣州) 거주
송규진(宋奎鎭)	성범(聖範)	기산(綺山)	진천(鎭川)	1862(壬戌)	박사(博士)	
성덕기(成德基)	중온(重溫)	이소재 (履素齋)	창녕(昌寧)	1862(壬戌)		
국분상태랑 (國分象太郎)		오정(梧庭)			서기관장 (書記官長)	일본인
윤상현(尹商鉉)		옥정(玉汀)	파평(坡平)	1864(甲子)	직원(直員)	
장지연(張志淵)	경소(景韶)	위암(韋菴)	인동(仁同)	1864(甲子)		
신대균(申大均)	성유(聖有)	유당(有堂)	평산(平山)	1864(甲子)	승지(承旨)	태운(泰運) 아들
조중정(趙重鼎)	공려(公呂)	이당(彛堂)	양주(楊州)	1866(丙寅)	직각(直閣)	
손계천(孫季川)						중국인
이교영(李喬永)	공세(公世)	유곡(酉谷)	덕수(德水)	1860(庚申)	시종(侍從)	
이유형(李裕馨)	난약(蘭若)	백허(白虛)	전주(全州)	1862(壬戌)	시종(侍從)	
이섭(李燮)	준명(準明)	덕암(德巖)	이양(耳陽)	1862(壬戌)		공주(公州) 거주
윤종문(尹鍾聞)	성원(聲遠)	농성(弄星)	파평(坡平)	1862(壬戌)		동산(東山) 상국(相國)의 사손(祀孫)
김진규(金晉圭)	대수(大壽)	석당(石堂)	안동(安東)	1862(壬戌)	사승(祀丞)	
현동건(玄東健)	영숙(永淑)	죽재(竹齋)	정주(廷州)	1863(癸亥)	승지(承旨)	성운(星運)의 아들

문명욱(文明旭)	치중(致中)	남몽(南夢)	남평(南平)	1863(癸亥)	군수(郡守)	
박홍주(朴弘柱)	성도(聖道)	혜정(蕙汀)	삭녕(朔寧)	1864(甲子)	주사(主事)	
김일(金馹)		화산(華山)				

32명

낭전(琅田) 조중응(趙重應, 1860~1919)은 농상대신(農商大臣)을 지냈다. 1883년에 서북변계조사위원으로 중국 둥베이[東北]·외몽골·시베리아 등지를 돌아본 뒤 북방남개론(北防南開論)을 주장하다가 탄핵을 받아 귀양을 갔다. 사면된 후 김홍집(金弘集) 내각이 무너지자 일본으로 망명했다. 그 후 1907년에 이완용(李完用) 내각의 법부대신·농상공부대신을 지내면서 매국활동을 하고 국권피탈 때 조약 체결에 찬성하여 매국 7역신의 한 사람으로 규탄을 받았다. 『도서첩』 수록 축하문은 한문으로 적고, 작은 글씨로 부기(附記)한 부분에는 국한문을 섞어 다음과 같이 적어 놓았다.

嗟哉라, 吾同胞여. 他日他時에나 經句文明훈 人을 成亨리오. 勉哉훕시다.211)

"오호라, 우리 동포여. 훗날 다른 때에야 학문이 성하고 문화가 발달한 나라의 사람이 되겠습니까? 힘쓰십시다!" 라는 권면의 말로 지금은 부족한 것이 많아 힘써 분발해야 함을 강조한 것이라 하겠다. 힘쓰자는 것은 책을 많이 읽고 공부에 힘써 문화 발전을 이루고 부강한 나라를 만들자는 의미다. 『도서첩』에 글을 쓸 당시 이미 일본의 지배를 받던 때라 현실을 직시하고 우리 국민들이 열등함을 인정하고 분발할 것을 촉구한 것이라 하겠는데, 그 속엔 자조적 패배의식과 열등의식이 내재되어 있었다고 할 것이다.

---

211) 조중응, 『가장도서첩』 제10책, 2쪽.

■ 조중응(한국학중앙연구원)　　■ 석전 박한영(한국학중앙연구원)

영호(暎湖) 박한영(朴漢永, 1870~1948)의 호는 영호(映湖), 석전(石顚)이다. 20세기의 뛰어난 학승(學僧)이자 불교계의 혁신과 당대 지성계에 끼친 영향력이 지대한 인물로 평가받는다. 1908년 쇠퇴한 불교를 혁신하려는 뜻을 품고 교단(敎團)의 유신에 힘을 기울였으며, 1911년 해인사 주지 이회광(李晦光, 1862~1933)이 일본 조동종(曹洞宗)과 우리나라 불교의 연합을 꾀했을 때 한용운(韓龍雲)·성월(惺月)·진응(震應)·금봉(錦峯) 등과 함께 임제종(臨濟宗)의 전통론을 내세워 연합조약을 무효화시키는 데 앞장섰다. 1913년에는 『해동불교(海東佛敎)』를 창간하여 불교 유신을 주장하고 불교인의 자각을 촉구했으며, 1929년에는 조선불교 교정(敎正)에 취임하여 불교계를 지도하였고, 1931년에는 동국대학교의 전신인 불교전문학교 교장으로 선임되었다. 금봉·진응과 함께 근대 불교사의 3대 강백(講伯)으로 추앙받았으며, 경사자집(經史子集)과 노장학설을 두루 섭렵하고 서법(書法)까지도 겸비한 대고승으로 통한다. 저서로 『석전시초(石顚詩鈔)』·『석림수필(石林隨筆)』·『석림초(石林抄)』 등이 있다.

　『도서첩』에서는 그의 생년을, 다른 문헌에 기록된 것과 달리, 1870년이 아닌 1850년(庚戌) 생으로 소개해 놓았다. 『도서첩』에는 「금강산비로봉 (金剛山毘盧峰)」이라는 제목의 글이 실려 있는데, 한남서림과 백두용에 관한 직접적 언술은 없다. 다만 말미에 자신을 조선불교월보사장(朝鮮佛敎月報社長)이라는 사실만을 소개해 놓았다.

한편, 석전의 시첩인 『석전시초』[212]에는 산벽시사(珊碧詩社)에서 활동한 지성인 15인의 작품이 실려 있는데,[213] 이들 시사 동인 중에는 『도서첩』에 참여한 이들도 다수 포함되어 있다. 즉, 15인 중 이기(李琦)(제3책), 정대유(丁大有)(제4책), 김돈희(金敦熙)(제6책), 민형식(閔衡植)(제7책), 이응균(李應均)(제8책), 윤희구(尹喜求)(제11책) 등이 석전 박한영과 함께 『도서첩』에도 참여했음을 알 수 있다. 이로 보건대 백두용 역시 산벽시사, 또는 그 동인들과 직간접적 관계가 있었던 것으로 보인다.

밀아(蜜啞) 유원표(劉元杓, 1852~?)는 정위(正尉) 벼슬을 했다. 국한문혼용체 소설인 『몽견제갈량(夢見諸葛亮)』을 지었다. 『몽견제갈량』은 몽유록(夢遊錄) 성격을 지닌 소설로, 사회비판과 계몽주의를 기저로 이야기를 엮어 나가고 있다. 사건이 배제되어 소설성(小說性)이 결핍되었다는 비판도 있으나 당시의 역사적 상황을 고려할 때 이 소설의 사회적 기능을 무시할 수는 없다. 이 책은 1908년에 광학서포(廣學書鋪)에서 발행되었는데, 신채호(申采浩)가 서문을 쓰고 홍종은(洪鍾檼)이 교열했다. 유원표는 1900~1905

---

212) 『석전시초』에 실린 석전 박한영의 한시 420여 수 가운데 일부는 그의 제자였던 미당 서정주가 죽기 전에 번역해 책으로 낸 바 있다. 박한영, 서정주 역, 『석전 박한영 한시집』, 동국역경원, 2006.

213) 『불교신문』 2486호, 2009년 12월 20일자. 『석전시초』에 등장하는 인물로는 춘곡(春谷) 고희동(高羲東), 성당(惺堂) 김돈희(金敦熙), 창사(蒼史) 김진영(金鎭), 우하(又荷) 민형식(閔衡植), 자천(紫泉) 서상춘(徐相春), 석정(石汀) 안종원(安鍾元), 위창(葦滄) 오세창(吳世昌), 우당(于堂) 윤희구(尹喜求), 난타(蘭陀) 이기(李琦), 관재(貫齋) 이도영(李道榮), 무암(霧庵) 이보상(李輔相), 성석(醒石) 이응균(李應均), 우향(又香) 정대유(丁大有), 규산(奎山) 조중관(趙重觀), 육당(六堂) 최남선(崔南善) 등이 있었다.

년에 참위(參尉)와 부위(副尉) 계급으로 근무하다가 을사조약 체결 전후에 휴직을 했다.

▌『몽견제갈량』(한국학중앙연구원)　　　▌유근(한국학중앙연구원)

월남(月南) 이상재(李商在, 1850~1927)는 주미공사 서기(書記)를 거쳐 의정부 참찬(參贊) 벼슬을 했다. 서재필과 독립 협회를 조직하여 민중 계몽에 힘썼으며, 1920년에는 조선기독교청년회연합회와 조선교육협회 회장을, 1924년에는 조선일보 사장을, 1927년에는 신간회 초대 회장을 맡았다. 정치가, 종교지도자, 구한말 지식인을 대표하는 인물이다. 『도서첩』에서는 흔히 사람들이 영달하길 원한다고 전제한 후, 진정한 은자는 숨어 사는 것을 드러내지 않고 또 그런 은자는 비록 이름은 숨겨져 있을지 몰라도 그 마음은 세상에 드러나기 마련이라고 하며[214] 백두용이 진정한 은자임을 우회적으로 드러냈다.

---

214) 이상재, 『가장도서첩』 제10책, 5쪽. "人之欲顯不欲不顯常情也. 吾友是不樂人之的欲而樂其可不欲, 是世所稱隱士也. …然不顯其隱, 則名雖隱, 其心已不隱."

석농(石儂) 유근(柳瑾, 1861~1921)은 주사(主事)를 지냈다. 언론인이자 독립
운동가이다. 1889년에 남궁억(南宮檍)·나수연(羅壽淵) 등과 함께『황성신
문(皇城新聞)』을 창간하여 널리 독립정신을 알리는데 힘썼으며, 독립협회
에 가입해 계몽운동의 하나로 채택된 각종 토론회를 지도하였다. 장지
연(張志淵)이 1905년 11월 18일자『황성신문』에 유명한 논설「시일야방성
대곡(是日也放聲大哭)」을 썼을 때, 너무 격분하여 끝을 맺지 못하자 유근이
그 후반부를 끝내고 밤새도록 인쇄하여 배달했다는 일화는 유명하다.
1906년에는 대한자강회(大韓自强會)에 가입하였고, 대한자강회가 해산된
후에는 권동진(權東鎭)·남궁억·오세창(吳世昌) 등과 함께 대한협회(大韓協
會)를 발기하였다. 또한, 국권 회복을 위한 비밀 결사로 양기탁(梁起鐸)·
안창호(安昌浩) 등이 신민회(新民會)를 창립했을 때에도 이에 가입하여 언
론·출판·교육 부분에서 활동했다. 그런가 하면 박은식(朴殷植)·김교헌
(金敎獻) 등과 함께 최남선(崔南善)이 주도하는 조선광문회(朝鮮光文會)에 참
여해 국학 관계 고문헌의 출판 사업에도 힘을 쏟았다. 3·1운동이 일어났
을 때 13도 대표자 국민대회에 대종교계 대표로 참석했으며, '한성정부'
라는 임시정부의 정부체제 선택과 각료 선정에 참가해 활동하다가 붙잡
혔다. 저서에『신정동국역사(新訂東國歷史)』,『초등본국역사(初等本國歷史)』,
『신찬초등역사(新撰初等歷史)』등이 있다.『도서첩』에는 다음과 같은 글을
남겼다.

> 러시아와 아시아를 두루 돌아다니며 광명한 세상을 보고 거룩한 세계에
> 돌아오니 나라가 화려하지 않다. 필경 명성과 명예를 땅에 묻을 수밖에 없으
> 나, 후대 사람들은 앞 다퉈 소향(小香)의 이름을 부르리라.215)

---

215) 유근,『가장도서첩』제10책, 6쪽. "周遊露亞見光明, 聖世歸來苑無榮, 畢竟聲響埋不得,
後人爭唱小香名."

넓은 세계를 돌아본 후 조국을 보니 초라한 모습을 금할 수 없다. 예전에 가졌던 명성과 명예는 땅에 떨어졌다. 그러나 후대 사람들은 상황이 이런 만큼, 오히려 명성과 명예를 드높인 백두용의 당숙 소향(小香) 백춘배를 떠올리며 그를 더욱 칭송해 마지않을 것이라고 했다. 백두용과 한남서림 개업 그 자체보다 백춘배에 대한 존경과 추모의 마음을 담아 쓴 글이라 하겠다.

형산(馨山) **이위래**(李渭來, 1861~?)는 의정부(議政府) 총무국(總務局)에서 근무한 경력이 관보에 기록되어 있다. 승지(承旨) 벼슬을 했으며, 온양(溫陽)에서 살았다. 『도서첩』에 실린 글의 전문을 들어 본다.

사람이 능히 조용하고 정적인 속에서 자신을 지키고 사물에 마음을 빼앗기지 않는다면, 비록 편안하거나 엄숙하거나 시끄러운 저잣거리에 거한다 할지라도 그 행함에 해가 없으니, 이런 사람이야말로 고결한 선비이다. 이런 이들은 예로부터 혹 이른 새벽에 성문 밖 저잣거리에서 약을 파는 자가 즐거워하며 스스로 비루하지 여기지 않았다. 하필 깊은 산속에 계수나무를 심고 잘 자라나게 하고 이것저것 생각하느라 머뭇거리지도 않고, 깊은 계곡의 시냇가에 거하여 속세와 인연도 끊고 이름을 감춘 연후에야 가히 기특한 선비라 할 것이다. 오늘날 내가 아는 심재 백두용은 서울의 번화한 곳에서 태어났으나 타고난 성품이 조용하고 담백하고 순수하며 정성스럽고 우아하여 무릇 외물에 그 마음이 묶이는 일이 없었다. 다만 경서와 각종 서화를 좋아하여 가게가 죽 늘어서 있고 왕래가 빈번한 거리 한 가운데에 서점을 크게 열고 '한남서림(翰南書林)'이란 현판까지 걸었다. 고금(古今)의 경사자집(經史子集) 서적과 기문벽서(奇文僻書)를 많이 모아 놓고, 독서를 좋아하는 이들이 온갖 재화(財貨)를 가지고 찾아와 책을 구할 때를 기다렸다가 판매하는 것을 업으로 삼았다. 이렇게 본다면 흔히 장사하는 사람들과 다를 바 없지만, 그 맑고 고상한 뜻만큼은 진실로 다른 이들과 비교할 수 없는 것이다. 그런즉 시끌벅적한 저잣거리 한 가운데서도 초연하지 않음이 없으니 훌륭하고 고귀한 선비라 하지 않을 수 없다. 이에 내가 백군에 대해 여러 가지로 말한 것이다.216)

비록 백두용이 시정(市井)에 거하며 한남서림을 열고 책을 파는 일을 하지만, 일반 장사치와 달리 품은 뜻이 높고 고결해 소위 '대은(大隱), 시은(市隱)'이라 부를 만하다고 했다. 이 글을 통해『도서첩』에 시문을 남긴 이들이 당시 백두용과 한남서림의 설립을 어떻게 바라보고 있었는지를 미루어 짐작할 수 있다.

우청(又靑) 김교성(金敎聲, 1861~1943)은 김재림(金載霖)의 아들로 찬의(贊議)를 지냈다. 1897년 탁지부의 재무관을 지내는 등 국권 피탈 조약 체결 전까지 궁내부와 탁지부에서 관료로 근무했다. 1914년에 제1차 세계대전에 참전한 일본군 군인들을 위해 지역별로 군인후원회가 조직되었을 때, 경성 군인후원회에 참가하여 기부금 2원을 냈다. 동양화가 김은호를 발굴하고 그를 조선서화 미술회 강습소에 입학시킨 스승이기도 하다.

용초(蓉初) 박승혁(朴承赫, 1861~?)의 자(字)는 구오(九五)이며, 참서(參書)를 지냈다.『도서첩』에는 술인(戊寅)년 봄에 선생 枉(굽다)과 자신이 지었다는 시구(詩句)를 소개해 놓았다. 그리고 자신을 '蓉初弟朴承赫未定草'라고 소개했는데, 자신을 '동생(弟)'이라 한 것은 생년을 고려할 때 백두용이 아닌 백희배를 대상으로 쓴 표현으로 보인다. 이름 뒤에는 '미정초(未定草)'(=아직 완성되지 않은 원고)라 하여 자신을 낮추었다.

국헌(菊軒) 김승규(金昇圭, 1861~?)는 병유(炳孺)의 아들이자 좌의정 병학(炳學)의 양자로 판서(判書)를 지냈다. 1885년~1895년에는 선교관(宣敎官),

---

216) 이위래,『가장도서첩』제10책, 7쪽. "人能恬靜自守不爲物移, 則雖眞康莊雜乎市井不害其爲, 高潔之士也. 是以古或有擊折於晨門賣藥於市街者而怡然自得不以卑鄙, 何必於叢桂深山長遑, 而不返考槃幽澗絶俗而韜名然後乃可謂 奇士也耶. 今我心齋白君生於京國繁華之地而天姿恬澹素懷閒雅, 凡於外物無一累其心者, 只以經籍書畵有娛, 乃大開書鋪於列肆通衢之中而扁其額曰翰南書林. 多收古今經史子集與奇文僻書有善貪夫之籠百貨以待時人之來求而販賣爲業. 視之則與等閒商賈人無異, 然其恬靜高尙之志固自如矣. 然則康莊市井之中, 亦不無超然嘉遯之高士. 余於白君其庶幾云."

대사헌(大司憲)을, 1902년에는 일본·영국·벨기에 주차전권공사(駐箚全權公使)를, 1907년에는 육군연성학교장(陸軍研成學校長)을 지내기도 했다. 망국 후의 행적은 자세하지 않다. 『도서첩』에는 다음과 같은 짧은 시를 남겼다.

> 오늘날 한경(漢京)을, 옛날에는 설성(雪城)이라 불렀다. 옛날과 오늘날의 절에 살던 용이 효동(曉洞)으로 가 버렸다.[217]

수도 서울의 명칭은 '한양→한성→경성→서울'로 변해왔다. 그런데 한양 도성을 염두에 두고 특별히 '설성(雪城)'이라고 불렀다.[218] 그런데 고금의 절에서 용이 효동[새박골]으로 갔다는 것은 조선 시대에 불교가 배척당한 것을 비유적으로 나타낸 것이 아닌가 한다.[219] 그러나 위의 진술이 백두용, 또는 한남서림과 어떤 의미가 있는지 직접적으로 헤아리긴 어렵다.

성암(誠菴) 손봉상(孫鳳祥, 1861~?)은 개성(開城)에서 대대로 인삼을 재배

---

217) 김승규, 『가장도서첩』 제10책, 10쪽. "今之漢京, 古曰雪城, 古寺今寺, 龍去曉洞"
218) 태조 이성계가 눈 녹은 자리를 보고 성곽 자리를 정했기 때문에 한양 도성을 '설성(雪城)'이라고 부르게 되었다는 전설이 전한다.
219) 태조가 도성을 쌓을 때 왕사(王師)인 무학 대사와 문신인 정도전(鄭道傳)이 선바위(현 종로구 무악동에 위치)를 성내로 할 것인지 성외로 할 것인지로 크게 의견이 나뉘었다고 한다. 어느 날, 태조가 선바위에 올라 한양을 바라보니 안쪽에는 눈이 녹았으나 바위 밖으로는 여전히 눈이 쌓여 있었다. 이것을 본 태조가 그것을 하늘의 계시로 믿고 정도전의 주장대로 선바위를 성 밖으로 두게 되었다고 한다. 그러자 무학 대사가 이를 한탄하면서 "이제 중들은 책 보따리나 짊어지고 다니는 신세가 되었다."고 한탄하였다고 한다. 이것이 서울 성곽을 설성(雪城)으로 부르게 된 이유가 되기도 했거니와 설성으로 말미암아 불교에 대한 억압과 배척이 가시화된 만큼, 더 이상 용이 절에 머물 수 없게 되었고, 그것을 생각할 때 새벽이 상쾌하거나 활기찬 것이 아니라 공허하게 느껴질 뿐이라고 비유적으로 표현한 것이 아닌가 조심스럽게 해석해 볼 수 있다.

하여 부를 쌓은 집안에서 태어났다. 1896년에 궁내부 경리원(經理院) 주사를 거쳐 1909년에는 개성지방금융조합장을, 1910년에는 개성삼업조합장 및 개성 상업회의소 회장을 지냈다. 개성의 또 다른 실업가인 공성학(孔聖學)(제7책) 등과 함께 인삼재배뿐 아니라 인삼품종 개량, 경작방법 개선 등 삼포경영방법의 혁신을 주도하여 성공한 개성 지역 기업가로 유명하다. 『도서첩』에는 다음과 같은 짧은 글을 남겼다.

> 금강산을 보고 싶어 신발을 신고 서울을 떠나 서쪽으로 오백 리를 갔으나 금강산을 보지 못했다.[220]

금강산을 구경하기 위해 신발까지 챙겨 서울에서 서쪽 방향으로 5백 리나 갔는데, 금강산 구경을 못했다는 진술을 문자 그대로 받아들여야 할지, 아니면 비유적 표현으로 보아야 할지 알 수 없다. 서울에서 금강산을 가려면 동쪽으로 가야 하는데 반대쪽인 서쪽으로 갔기 때문에 볼 수 없었다는 것인지, 아니면 5백 리밖에 못 가서 볼 수 없었다는 것인지, 또는 다른 함의가 있는 것인지 분명하지 않다.

서은(墅隱) 백철용(白喆鏞, 1861~?)의 자(字)는 윤명(允明)이며, 전보사장(電報司長)을 지냈다. 백두용의 재종형(再從兄)이기도 하다. 『도서첩』에 실린 글의 전문은 다음과 같다.

> 오호라. 소향공(小香公)의 일은 차마 말할 만하다. 공은 나의 세상 아버지이시다. 재주와 뜻이 있으신 분이셨는데 미처 품은 뜻을 다 펼치시지도 못한 채 한을 품고 돌아가셨으니 이는 따르던 무리뿐 아니라 우리 가문의 불행으로, 모두 똑같이 슬퍼하는 것이다. 내가 지금 무던히 참고 허리를 굽혀 남에게 머리를 숙이는 것은 얼마 안 되는 봉급 때문이다. 그러나 내 세상 아버지

---

220) 손봉상, 『가장도서첩』 제10책, 11쪽. "欲見金剛山納履出長安西行五百里不見金剛山."

의 혼령이라도 계신다면, 아마 나보고 어리석다 하실 것이다. 그러나 우연히
라도 만나고 만나지 못하는 것은 운명이다. 굽히고 펴는 것은 때의 문제이다.
예로부터 나의 세상 아버지와 같은 분들이 얼마나 한스러우셨을 것이며, 내
세상 아버지 또한 얼마나 마음이 아프셨을까? 다행히 공께서 남긴 유언이 덧
없이 변하는 세태 속에서도 남아서 지금 재종제인 두용이 모으고 수집한 것
중 약간을 엮어 냈으니, 이 또한 족히 공의 평생에 썩지 않을 만 가지 일 중
하나가 아니겠는가?[221]

백철용은 백두용의 6촌 형제지간이다. 소향공(小香公) 백춘배(白春培)가
자신의 아버지와 같다며 지극한 친밀감과 존경심을 드러냈다. 집안의
어른이었던 백춘배의 죽음을 정중히 애도하는 데 초점을 맞춰 그를 기
리고자 했음을 알 수 있다. 그러면서 백두용이 백춘배의 생전 유지(遺志)
를 받든 사실을 높게 평가했다.

해사(海士) 이용구(李龍九, 1861~?)의 자(字)는 경천(景天)이며, 전제관(典製
官)을 지냈다. 『도서첩』에서 경술국적(庚戌國賊)인 일당(一堂) 이완용(李完用)
의 종질(從姪)로 소개해 놓았다. 축하문 말미에는 자신을 '三州人'이라고
밝혔다. 삼주(三州)는 황해도 금천 지역을 가리킨다. 이용구는 평소 백두
용과 교제가 빈번했던 것으로 보인다. 한 사람을 직접 보거나 글을 통해
그 사람이 어떤 사람인지 알 수 있지만, 그 사람의 됨됨이를 보고도 얼
마든지 평가할 수 있다며 자신이 백두용을 평가할 수 있는 것은 그의
됨됨이와 백두용에게 들려준 이야기를 통해서 충분히 가능하다고 했다.

---

221) 백철용, 『가장도서첩』 제10책, 12쪽. "嗚呼, 小香公之事尙忍言哉. 公我世父也. 有之才
之志而未克展抱抱恨而歿, 此非徒吾門之不幸, 抑同人之所公慨也. 余今頑忍折腰五斗米,
我世父若有靈其肯日吾有侄乎. 然遇不遇命也. 屈與伸時也. 自古如吾世父者, 何恨則吾世
父又何恨哉. 幸公遺文散侄於滄桑之餘, 而今再從弟斗鏞掇拾若干編藏之巾衍, 此又何足以
不朽公平生之萬一哉."

옛 사람이 말하기를 그 사람을 볼 수 없다면 그의 글을 보면 된다고 했는데, 나는 그 사람의 글을 볼 수 없다면 그 사람의 됨됨이를 보면 된다고 말한다. 내가 백형 심재에게 말하기를, 심재는 도시에 숨어 지내면서 만권 책을 소장하고 있는데 만약 그 뜻을 장차 늙도록 지킨다면 한 때의 공경대부도 산림 점필의 선비가 되어 도를 행함이 즐거운 일임을 가히 알 것이라고 했다. 나는 또한 색과 망령된 것을 일체 삼가고, 심재를 본받아 명성 얻기[附驥]를 원한다고 말했다.222)

소호(素湖) 정일용(鄭鎰溶, 1862~?)의 자(字)는 백원(伯元)이며, 군수(郡守)를 지냈다. 『도서첩』 수록 글에서 자신을 '烏川后人'이라고 소개했다. 경상북도 오천(烏川)에 오천 정씨(鄭氏)의 집성촌이 있다.

세상 사람은 이익을 추구할 뿐 그것을 없애려 하지 않으므로 다만 돈이 아직 쌓이지 않았음을 걱정한다. 그러나 한남서점에 거하는 백 거사는 그것을 버리고 한 평생 책을 모아 가장도서첩을 만든다.223)

세상 사람들이 물질과 이익을 좇는 것과 달리, 백두용은 서적을 모으고 이를 엮어내는 일에 관심이 많다고 했다. 물질을 중시하지 않고, 오히려 책을 모으는 데 골몰한다는 점에서 은자다운 모습을 지녔다고 할 만하다.

추정(秋汀) 강하형(姜夏馨, 1861~?)의 자(字)는 춘춘(春春)이며, 태화서관과 대성서림을 운영했다. 19세기 후반에 김성은(金性澐)이 지은 『동국문헌록(東國文獻錄)』224)을 태화서관에서 3권 3책의 활자본으로 간행했는데, 이것

---

222) 이용구, 『가장도서첩』 제10책, 13쪽. "古人云不見其人見其文, 余云不見其文見其人之爲又可也. 余於白兄心齋云, 心齋隱於市藏萬卷書, 若將終老其志可知已一時公卿大夫以至山林佔畢之士, 莫不樂爲之道. 余亦欽艶妄切附驥之願云."

223) 정일용, 『가장도서첩』 제10책, 14쪽. "世人營利莫抹除, 唯恐金錢未滿儲, 却是翰南白居士, 蒐羅一代帖藏書."

을 1918년에 백두용이 한남서림에서 다시 목판본으로 간행한 바 있다. 강하영은 영창서관(永昌書館) 주인 강의영(姜義永, 1894~1945)과 화광서림·삼광서림의 주인 강범형(姜範馨, ?~?)과 친인척 사이였다.[225)

내가 연말에 한성을 여행하다가 한 순간 불빛에 의지해 따라가 알게 된 곳이 한남서림이었는데, 그곳이 대은(大隱) 백군 심재가 사는 곳이었다. 백군은 오늘날에도 옛 것을 좋아하는 성품이라 자연스레 옛 것을 말하고 옛 사람의 풍모를 지니고 있었다. 더욱이 고서에 미쳐 널리 책을 찾아 그 책들을 모두 소장하고 있으니 장차 그것을 헤아리다 늙을 수 있을 정도로 많았다. 아아! 지금 사람들 중에 옛 것을 좋아하는 이로서 백군만한 사람도 드물다. 내가 이를 장려코자 글을 썼다.[226)

여기서 백두용이 옛 것에 대해 관심이 많았고, 특별히 고서에 미치다시피 했다고 했다. 그래서 당시 고서와 옛 것을 좋아하는 인물을 꼽으라면 백두용만한 이가 없을 정도라고까지 했다. 그만큼 백두용은 고서 취향의 독서가이자 장서가였으며, 그것이 당대에도 일반적인 현상이 아니었음을 짐작할 수 있다. 아울러 한남서림은 당시 다른 일반 서점, 또는 출판사와 달리 고서만을 취급하면서 서점업과 출판업을 추구했기 때문

---

224) 『동국문헌록』은 정승(政丞)의 황각록(黃閣錄), 대제학의 문형록(文衡錄), 유학자의 유림록(儒林錄), 문필가의 필원록(筆苑錄), 대장(大將)의 등단록(登壇錄)·도원수록(都元帥錄)·공신록(功臣錄), 문묘배향(文廟配享)·정묘배향(庭廟配享) 등 죽어서 공자의 묘당이나 국왕의 묘당에 배향된 사람들을 모아놓았다. 또한 대보단(大報壇)·동서관왕묘(東西關王廟)·계성사(啓聖祠)·선무사(宣武祠)·숭절사(崇節祠)·궐리사(闕里祠) 등의 사당과 각 서원(書院)이 편람식으로 편찬되어 있다.

225) 최호석, 「영창서관의 고전소설 출판에 대한 연구」, 『우리어문연구』 제37집, 우리어문학회, 2010, 369쪽.

226) 강하형, 『가장도서첩』 제10책, 15쪽. "余旅漢城有年晚, 附末光於一時, 知交課日過從于翰南書林. 則白君心齋大隱所也. 白君以今之人性好古, 自然言古貌古而尤癖於古書盡廣搜藏之, 若將爲終老計. 噫, 今之人好古者如白君有幾, 余壯而書."

에 강하형처럼 동종에 종사하던 이들조차 백두용의 영업 방식과 철학을 특별하게 여겼던 것임을 알 수 있다. 1920년에 소설을 간행할 때도 신소설, 또는 근대소설 작품이 아닌, 이미 오래 전부터 사양길에 접어든, 방각 목판(경판본)을 이용해 고소설 작품을 출간한 것도 평소 고서와 옛 것에 대한 남다른 관심과 소신 때문이었다.

운초(雲樵) 이제선(李濟宣, 1862~?)은 1891년에 문과(文科)에 합격했고, 주서(注書)로 활동했다. 광주(廣州)에서 살았다.

나의 벗 심재는 그림에 미쳤고 또 시와 술과 글을 논하는 일에 푹 빠져 있다. 그런즉 얼음 아래로 흐르는 개울물처럼 종일 문인과 운사의 뜻을 음미하여도 싫증이 나지 않고, 날짜를 헤아리며 기꺼이 만나곤 했다.[227]

그림과 시, 술과 글을 좋아했던 백두용. 이제선은 친구 백두용이 그림에 미쳤으며, 시와 술, 그리고 글을 논하는 일에 미쳤다고 했다. 그런 친구를 만나 늘 고준담론을 나눠도 질리지 않는다고 밝힌 것은 백두용만의 매력이 많았기 때문이라 할 것이다. 그 매력이란 물질과 권력보다 순수하게 책 읽기를 즐기던 그의 마음과 관련이 있다. 이에서 백두용의 성품과 세계관을 엿볼 수 있다.

기산(綺山) 송규진(宋奎鎭, 1862~?)의 자(字)는 성범(聖範)이며, 박사(博士)를 지냈다.

이소재(履素齋) 성덕기(成德基, 1862~?)의 자(字)는 중온(重溫)이다. 그 밖의 행적은 알지 못한다.

오정(梧庭) 고쿠부 쇼타로[國分象太郎, 1861~1921]는 대마도의 사족(士族)으

---

227) 이제선, 『가장도서첩』 제10책, 16쪽. "我友心齋兄癖於畵又酷愛詩酒論文, 則如氷下灘終日無厭意文人韻士, 課日逢迎."

로 태어나 1873년에 부산 초량의 왜관에 개설된 어학소에서 한국어를 배웠고, 1880년에 도쿄외국어학교 한국어학과에 입학했다. 1885년부터 경성영사관에서 통역관으로 일하다가 1900년부터 외교관이 되었다. 1904년에 이토 히로부미가 특파대사로 한국에 왔을 때 이토 히로부미의 통역을 맡았으며, 그 후 이토 히로부미와 일본인들의 조선 강제병합 당시 통역자로 임석하여 당시 상황에 대해 기록을 남기기도 했다. 총독부 총무부 인사국장 및 총독부 중추원 서기관장(書記官長)과 이왕직 차관까지 지냈다. 그의 묘비를 이완용이 썼다.

옥정(玉汀) 윤상현(尹商鉉, 1864~?)은 직원(直員)으로 활동했다. 기호흥학회228)에서 활동하며 학회지에 글을 발표한 바 있다. 학회지 『기호흥학회』는 1908년 8월 25일에 창간되어 다음해인 1909년 7월까지 통권 12호가 발행되었는데, 이때 발행인은 <제1책>에 등장하는 김규동(金奎東)이었고, 편집인은 이해조(李海朝)였다. 윤상현은 『기호흥학회』 제10호(1909.5.25) 제2~3면에 「학계제첨(學界諸僉)에 고함」이라는 글과 제11호(1909.6.25) 제5~6면에 「정신적 교육」이라는 글을 직접 발표했다. 기호흥학회에서 활동한 인물 중 『도서첩』에 글을 남긴 이들은 윤상현 외에도 박기화(제6책), 성하국(제4책), 지석영(제3책), 유근(제10책), 이상재(제10책), 김규동(제7책)이 있었다. 당시 사회활동을 전개하던 지식인들이 한남서림 개업에 비상한 관심을 가졌으며, 백두용 역시 기호흥학회를 비롯해 사회 각 분야의 인사들과 평소 친분이 두터웠던 사실을 알 수 있다.

228) 기호흥학회는 기호지방의 흥학을 목적으로 결성된 단체이다. 이용식(李容植)과 지석영(池錫永)이 각각 회장, 부회장을 맡고 유근(柳瑾)·유일선(柳一宣)·이상재(李商在)·안종화(安鍾和) 등이 평의원으로 참여했다.

시끌벅적한 저잣거리에서 벗어나 시와 술을 품고 시대에 맞춰 머리를 숙이고 문물을 밝아 옳음을 깨끗이 보인다면 능히 곧게 끼어 살며 스스로를 지킬 수 있다. 빼어나면서도 별 문제가 없는 이를 나는 심재라고 말할 것이다. 백군은 평생 움켜쥐고 지낼 버리가 많이 있어 무릇 속이고 달리고 다시 재보는 것으로 장사를 할 수도 있었지만, 선비의 뜻과 행동을 아우르면서 패역하지 않는 삶을 살았다. 이로 말미암아 스스로 즐기며 물건을 팔았으니, 이익을 추구하며 서적을 판매하는 것과 비교할 것이 못된다. 마침내 서울 대사동(大寺洞)에 한남서림을 열고 한 순간에 동업하는 자를 공경하여 옷깃을 여미지 않은 것이 없었다. 성품이 시를 좋아하고 술을 기뻐하므로 사방에서 온 명사들과 만났는데, 일찍이 그들과 더불어 빈 마음을 보이고 뜻을 펼치며 조화를 추구하며 즐거워하며 공경하는 일을 탐구하니, 이것이 필경 군자이다. 누가 세상에 이와 같은 이가 있다고 말하리오?229)

다른 글들과 마찬가지로 백두용이 시은(市隱)인 이유와 그의 성품에 관해 자세히 밝혀 놓았다. 개인적 이익을 쫓는 세상에 흔히 않은 군자라 했다. 성격이 시와 술을 좋아하고, 재주가 있지만 이를 드러내 자랑하지 않는다고 했다. 그런데 위 글에서는 한남서림이 대사동(大寺洞)에서 문을 열었다고 했다.

위암(韋菴) 장지연(張志淵, 1864~1921)은 대한제국과 일제강점기 초기의 언론인으로 1905년 을사조약이 체결되자 『황성신문』에 「시일야방성대곡」이라는 사설을 발표하여 일본의 흉계를 통박하고 그 사실을 널리 알렸다. 휘문의숙 설립 초기에 교편생활을 하기도 했다. 그러나 1914년부터 1918년까지 조선총독부의 기관지 구실을 한 『매일신보』에 고정 필진

---

229) 윤상현, 『가장도서첩』 제10책, 20쪽. "混跡市井放懷詩酒隨時頎昻與物推盪, 能貞介自守, 挺然不靡者 余謂白心齋其人是也. 君生平操屢可紀者多, 而自夫僞趣改觀以爲商業, 士志幷行不悖居積, 則是以自娛出售, 則足以利人宜莫如販書籍, 遂開翰南書林於京城之大寺洞一時同業者無不欽衹, 馬性嗜詩喜酒遇四方名士, 未嘗不與之虛懷暢露粹和愷悌之容究, 竟是君子人也. 孰謂斯世有斯人也."

으로 참여해 친일(親日) 경향의 시와 산문을 발표하여 일본 제국주의의 지배에 순응하고 협력했다는 비판을 받았다. 저서로는 『유교연원(儒敎淵源)』, 『동국유사(東國類史)』, 『대동시선(大東詩選)』, 『일사유사(逸士遺事)』, 『위암문고(韋庵文庫)』, 『대동문수(大東文粹)』 등이 있다.

> 험한 산 속에서 개탄하는 마음을 품고, 멀리 구라파와 러시아를 다니며 문명을 호흡했는데, 어찌 아직 평생의 뜻을 이루지 못했는가? 육신은 사라져도 이름만은 썩지 않고 남으리.230)

현실은 녹록치 않다는 시각이 깔려 있다. 신문물을 익히고 뜻을 세우며 살고자 했으나, 자신이 얼마나 제대로 살고 있는지 되돌아보며 이름을 지키는 것이 중요하다고 했다. 백두용의 삶의 자세를 보고 자신을 돌아보는 마음으로 속세에 물들지 않고 명예를 지키며 살 것을 다짐하고자 쓴 것이라 하겠다.

유당(有堂) 신대균(申大均, 1864~?)은 신태운(申泰運)의 아들로, 승지(承旨)를 지냈다. 여 홍문관 교리・응교를 거쳐 주차(駐箚) 프랑스 공사관의 서기관과 규장각부제학을 지냈다. 1897년 명성황후 장례일에 황태자(훗날의 순종)가 혼전(魂殿)에 올린 제문인 「명성황후제문」의 초고(草稿)를 그가 대작(代作)・대필(代筆)했다. 다음은 『도서첩』에 실린 글의 일부다.

> 법이 훼손되고 가르침이 무너진 세상을 한탄하고 슬퍼하던 백군이 뜻이 있어 서점을 크게 세웠다. 삼만 권의 서적이 집에 차고 넘쳤으며 오천 권의 책이 상자에 가득 찼다. 북학을 존숭하던 선현의 마음을 영원히 흠모하는 한편, 후진에게 물려 줄 것을 염려하고 우리나라를 일깨우고자 했다. 혹여 진시

---

230) 장지연, 『가장도서첩』 제10책, 21쪽. "嵬磊骨中懷慨悁, 遠遊歐露吸文明, 如何未遂平生志, 身沒唯存不朽名."

황이 분서(焚書)하던 일이 다시 일어날까 두려워 한편으로 책을 나누고자 하고, 다른 한편으로 책을 소장하고자 한 것이다.[231]

대단한 장서가 집안에서 서점을 설립하고 책을 팔게 된 이유를 당시 세간 사람들이 궁금해 했을 것임은 자명하다. 이에 대해 신대균은 백두용이 무너진 세교를 바로잡고 후학에게 선현의 뜻을 잇기 위해 책을 여러 사람들에게 나눠주는 서점업을 행했으며, 분서를 염려해 책을 모으는데 힘을 쏟았노라고 했다.

이당(彛堂) 조중정(趙重鼎, 1866~?)의 자(字)는 공려(公呂)이며, 직각(直閣)을 지냈다. 조중응(趙重應)(제10책)의 재종(再從, 6촌)이며, 조중익(趙重翊, 1871~?)(제6책) 역시 조중정의 일가진척이다.

손계천(孫季川, ?~?)은 중국인이라는 사실만 소개해 놓았을 뿐, 그 밖의 신상과 행적에 대해서는 아무런 기록이 없다. 『도서첩』 수록 글에서는 그가 '中華民國 2年'(=1913)에 쓴 것으로 적혀 있다.

유곡(酉谷) 이교영(李喬永, 1860~?)의 자(字)는 공세(公世)이며, 시종(侍從)을 지냈다. 이교영은 1918년에 이회영(李會榮)·오세창(吳世昌)·한용운(韓龍雲)·이상재(李商在) 등이 고종의 국외망명을 계획했을 때, 고종에게 그 뜻을 상주하는 역할을 맡았다. 국외망명계획은 고종의 허락을 받고 민영달(閔泳達)로부터 5만원을 받아 북경에 고종의 거처를 마련하였으나, 고종의 갑작스런 죽음으로 뜻을 이루지 못하였다.

백허(白虛) 이유형(李裕馨, 1862~?)도 이교영과 마찬가지로 시종(侍從)으로 근무했다. 감옥에 수감되었을 때 이승만(李承晩)과 함께 한시를 즐겨

---

231) 신대균, 『가장도서첩』 제10책, 22쪽. "經殘教弛世歎傷, 有意白君書鋪張, 三萬靑篇將溢宇, 五千黃卷已盈箱, 永慕先賢尊北學, 淡憂後進牖東邦, 或恐嬴秦收燒日, 一邊分播一邊藏."

지었다고 한다. 『도서첩』 수록 축하문은 '大正貳年七月中旬', 곧 1913년 음력 7월 중순경에 쓴 것이다.

> 단군성경(檀君聖經)에 이르기를, 마음이 홀로 우뚝 뚜렷이 선다면 밝은 햇빛이 구름과 안개를 사라지게 하고 넓은 바다 물결이 티끌을 쓸어내는 것과 같다고 했다.[232]

『단군성경』에서 언급한 것이라며 이유형이 인용한 구절은 대종교의 주요경전 중 하나인 『참전계경(參佺戒經)』「정심(正心)」편에 실려 있는 것이다.[233] 고구려의 재상인 을파소(乙巴素)가 산에서 기도하던 중 단군으로부터 얻은 천서(天書)로 알려져 있다. 하늘이 준 마음을 바르게 세우면 세속의 잡념과 칠정(七情)을 사라지게 할 수 있다고 했다. 이 글로 보아 이유형은 대종교, 또는 단군교와 밀접한 관련이 있었던 인물임을 알 수 있거니와 백두용이 단군교의 단군성전봉찬회원 및 유교회 찬의부 찬의사(贊議士)로 활동한 전력이 있는 만큼 서로 종교 활동을 하며 친분을 나누었던 것으로 보인다. 단군교(대종교)는 유학부흥 운동에 대해서도 관심이 많았기 때문에 유생들과 단군교 지식인들이 서로 유교 관련 기관 활동과 종교 활동을 겸하는 경우가 적지 않았다.

덕암(德巖) **이섭**(李燮, 1862~?)의 자(字)는 준명(準明)이며, 공주(公州)에서 거주했다.

> 즐거운 후에야 세상에서 살 만하다 하겠는데 무엇으로 즐거워할 수 있을까? 내 마음이 즐거워하는 바가 있다면 그 즐거움은 평범한 즐거움이 아니다.

---

232) 이유형, 『가장도서첩』 제10책, 26쪽. "檀君聖經曰, 一片靈臺巍然獨立, 太陽光明雲霧消滅之, 大海汪洋, 塵埃杜絶之."

233) 한문화 편집부, 『천지인』, 한문화, 2008, 52쪽.

대개 살면서 세상에 쓸모가 있는 것은 명성을 드러내고 이로움을 나누고 연 못가 나무로 깃대를 만들고 활과 화살을 만드는 것이니 어느 누가 이것을 즐 거워하지 않겠는가? 이것은 누구나 다 아는 바다. 도가 얕고 덕이 엷으며 재 주가 적고 능력이 없는 이는 구제불능이니, 어찌 사람들이 그를 따르고자 하 겠는가? 이러한 것을 멀리하는 것이 내가 원하는 것이다. 책을 가슴에 품고 일 년 내내 배고픔과 추위를 잊은 채 머리가 허옇게 새어 버리는 지경에 이 르더라도 이에 둔감한 채 깊이 돌아볼 수 있다면, 비록 불능이어도 얻는 것 이 있지 않겠는가? 세상에서 무언가 하고자 하는 마음이 있고 어렴풋하게나 마 문구를 조금 아는 것으로 스스로 즐거워한다면 그 또한 족히 즐거워할 만 한 것인가, 그렇지 않은 것인가? 나는 지금 기운이 쇠하고 머리카락이 하얗 게 샌 것을 인정한다. 내 친구 심재 백두용은 광달(曠達)한 선비이다. 만사를 버리고 오직 능히 즐거워할 만한 것에 힘쓰고자 한다. 그가 마음에서 즐거워 하는 것은 서점을 열고 만 권 책을 소장하는 것이다. 날마다 사람들에게 책 을 판 뒤에는 다른 일은 하지 않고 서울 사는 지체 있고 부유한 명사들과 강 호(江湖)에 숨어 지내는 호걸들과 술을 마시며 취하고 풍자하며 즐기곤 하니, 이 또한 족히 즐거운 일이 아닌가? 그렇지 않은가? 그것이 어찌 능히 외모가 뚱뚱하거나 그 신체가 어떠한 것이어서 가능한 것이겠는가? 내가 심재를 보 고 세상의 진짜 즐거움이 그에게 있음을 알고 기뻤다. 이에 마침내 외형은 잊어버리고 즐거움을 좇아 노닐게 되었으니, 마치 물고기가 강에서 헤엄치고 새가 구름 위를 나는 것과 같았다. 그가 즐거워하는 것과 내가 즐거워하는 것이 똑같다.[234)]

명성과 외모에서 즐거움을 찾으려 하지 말고 자기 마음에서 즐거움을

---

234) 이섭, 『가장도서첩』 제10책, 27쪽. "樂然後可以居于世也何以樂樂. 吾心之所樂, 則樂莫 樂焉. 盖生而用于世昭名聲施利, 澤樹旗旄羅弓矢, 人孰不樂也. 此不獨有命焉, 其淺于道 而薄于德弱於才而腐於力者不能也, 寧可徒慕乎. 彼之樂而捨, 吾之樂也. 燮也抱書史兀兀 忘饑寒以窮年至老白首顧鈍甚, 雖不能以有得乎. 心而有爲於世, 偎以文句微識聊以自娛, 則其亦足樂乎, 其無足樂也. 吾今應亦氣盖衰衰髮益白矣. 吾友心齋白斗鏞曠達士也. 捨百事 不之務獨能樂, 其心之所樂闢書鋪藏萬卷. 日售於人而斥其餘, 以爲酒樂與京師貴富之賢傑 湖海隱淪之豪俊醉且諷焉, 其亦足樂乎, 其無足樂也. 其何能豊其貌胖其體乃爾也. 余見而 悅之以爲世之眞樂在乎. 此遂忘形樂從之遊焉, 若魚川泳鳥雲飛而同其所樂於吾所樂."

찾을 때, 물고기가 물에서 헤엄치고 새가 구름 위를 나는 것과 같은 즐거움과 자유를 만끽할 수 있을 것이라 했다. 세상에 살면서 많은 사람들이 즐거움을 얻고자 노력하고, 그 즐거움을 찾고자 하는 방법도 다양한데, 심재 백두용처럼 자신이 하고 싶어 하는 것을 하는 것, 즉 서점을 열어 책을 팔고 명사들과 더불어 술을 마시며 노닐 줄 아는 이야말로 진정 즐길 줄 아는 사람이라고 했다. 마음에 맞는 친구들과 이야기 나누면서 책 속에서 학도락(學道樂)을 찾고자 한 백두용을 '광달한 선비'라고 칭송했다.

농성(弄星) 윤종문(尹鍾聞, 1862~?)의 자(字)는 성원(聲遠)이며, 동산(東山) 윤상국(尹相國)의 사손(祀孫)이다. 『도서첩』에 5언과 7언 절구시 한 수를 나란히 적고 그 왼편에 다음과 같은 글을 남겼다.

> 이 시는 곧 심재의 처지를 비유해 노래한 것이다. 비록 만약 부족한 것이 없더라도, 속세에 빠져 지내는 것이 청산에서 유유히 지내는 것만 못하다. 그런 까닭에 용기를 내어 부족한 글을 짓는다.[235]

산수(山水)에서 유유한 삶을 사는 것이 세속에 물들어 사는 것보다 훨씬 더 의미 있는 일이라고 보았다. 속세에 살면서 유유자적할 줄 아는 삶을 사는 이가 바로 심재 백두용이라고 했다.

석당(石堂) 김진규(金晉圭, 1862~?)의 자(字)는 대수(大壽)이며, 사승(祀丞)을 지냈다.

죽재(竹齋) 현동건(玄東健, 1863~?)의 자(字)는 영숙(永淑)이다. 문과에 장원 급제했으며 승지(承旨) 등을 지냈다. 『도서첩』에는 현성운(玄星運, 1850~

---

235) 윤종문, 『가장도서첩』 제10책, 28쪽. "此詩卽自況爲也心齋地, 雖若無闕然, 紅塵之汨汨, 不如靑山之悠悠, 故忘拙書之."

1885)의 아들임을 밝혀 놓았다. 그런데 현성운과 종형지간인 현백운(玄百運)(제6책), 현보운(玄普運)(제7책), 그리고 현영운(玄暎運)(제11책) 등도 『도서첩』에 참여한 것으로 보아 연주(延州) 현씨(玄氏) 집안이 백두용 집안과 평소 교분이 두터웠음을 짐작할 수 있다.236) 참고로 현경운(玄慶運)의 넷째 아들인 소설가 빙허(憑虛) 현진건(玄鎭健, 1900~1943)은 5촌 당숙인 현보운(제7책)의 양자로 들어갔다.237) 『도서첩』에는 「한남지가(翰南之歌)」라는 제목의 한시를 남겼다.

남몽(南夢) 문명욱(文明旭, 1863~?)의 자(字)는 치중(致中)이다. 군수(郡守)를 지냈다.

혜정(蕙汀) 박홍주(朴弘柱, 1864~?)의 자(字)는 성도(聖道)이다. 주사(主事)를 지냈다.

> 나는 심재와 사돈지간으로 그를 좋아한다. 심재를 아는 이 중에 나만큼 그를 잘 아는 이도 없을 것이다. 심재는 어린 시절 시문서화(詩文書畵)가 가득한 곳에서 그것을 배웠기에 서울 한복판에 서점을 늦게나마 설립할 수 있었다. 사방의 선비들이 그 소식을 듣고 즐거워하지 않는 이가 없었다.238)

박홍주는 자기보다 심재 백두용을 더 잘 아는 이가 없을 거라 단언했다. 사돈지간인 데다 개인적으로 백두용을 좋아하기 때문에 그렇다고 했다. 그런데 『임천백씨족보』에 의하면, 백두용의 모친은 전주 전씨(1846~1921)이며, 첫째 부인은 전주 전씨 전상묵의 딸이고, 둘째 부인은

---

236) 연주현씨대봉보편찬위원회, 『延州玄氏大同譜』, 도서출판 회상사, 2001. 권3, 176쪽 (현보운) ; 권7, 1481쪽(현진건).
237) 정복규, 「정복규의 성씨순례-연주현씨(延州玄氏)」, 『새전북신문』, 2012년 9월 27일자.
238) 박홍주, 『가장도서첩』 제10책, 32쪽. "余於心齋姻婭也㐫好也. 知心齋者宜莫如余也. 心齋游翰墨中童習, 白紛晚設書廚於城市之央. 四方之士莫不聞風而耽玩"

김해 김씨 김정식의 딸이었다. 이로 본다면, 박홍주는 백두용의 처가, 또는 외가 쪽으로 아주 가까운 사돈 집안은 아니었던 것 같다. 이미 백두용이 어렸을 때부터 선친 대에 모아 놓은 서책과 그림이 상당히 있었다는 사실과 그 장서를 기반으로 서점을 열게 된 사실은 물론이려니와 그것을 많은 이들이 환영하고 반가워한 사정을 알 수 있다. 한남서림 개업이 특별한 사건과 같은 일이었음을 단적으로 보여준다.

화산(華山) 김일(金馹, ?~?)의 생몰년과 관직명 등 인적사항을 알 수 없다. 다만 『도서첩』 수록 글 말미에는 '癸丑七月旣望華山筆'이라 하여 화산(華山)이 그의 호(또는 필명)이며, 1913년에 축하문을 써 주었음을 알 수 있다. 항일 비밀결사단체인 조선물산장려계(朝鮮物産獎勵契)[239]에서도 활동한 사실이 확인된다. 이 모임에서 김일은 유근(柳瑾)(제10책)·김두봉(金枓奉)·백남운(白南雲)·박중화(朴重華) 등과 더불어 협의원(協議員)으로 활동했으며, 계장에 중앙학교 교사인 최규익(崔奎翼), 총무에 윤창식(尹昶植), 회계에 최남선(崔南善)·민용호(閔容鎬) 등이 간부로 활동했다.

〈제10책〉에는 주로 1861년~1864년 사이에 출생한 인물들을 모아 놓았다. 그러나 생년을 고려한 정렬 순서를 생각한다면 〈제10책〉의 인물들은 〈제11책〉보다 뒤에 위치해야 적절할 것이다. 이 중 유원표, 유근, 강하형, 장지연 등은 문인 또는 출판인으로 이름이 높았다. 박한영은 불교계 지도자로서 명망이 높았고, 이상재는 민족 지도자로 존경 받던 인물이다. 친척 중에는 백두용의 재종(再從) 형제인 백철용, 그리고 백두용의 사돈지간인 박홍주가 포함되어 있다. 기호흥학회 회원인 윤상현의 글이 실려 있는데, 『도서첩』에는 기호흥학회 임원들의 글도 여러 편 실

---

239) 일본에 탈취당한 경제권을 되찾고 민족의 실력을 배양하기 위해 1917년에 본격적인 활동을 전개하려 했으나 일제에 의해 강제 해산되었다.

려 있어 백두용이 기호흥학회 멤버들과 잘 알고 지냈음을 알 수 있다.

⟨제11책⟩

이름	字	号	本	생년	관직	비고
이상천(李相天)	기서(岐瑞)	죽하(竹下)	단양(丹陽)	1863(癸亥)	판사(判事)	
백시용(白時鏞)	치운(致運)		가림(嘉林)	1864(甲子)	시종부경(侍從副卿)	
이찬래(李纘來)	은상(殷相)	미정(薇庭)	광주(廣州)	1864(甲子)	진사(進士)	승지 위래(渭來)의 동생
유인식(兪寅植)	명여(明汝)	부천(溥泉)	기계(杞溪)	1864(甲子)	참봉(參奉)	대충공(大忠公) 시남(市南)사손(祀孫)
김중연(金重演)	치화(致華)	수당(守堂)	영천(永川)	1861(辛酉)	찬의(贊議)	종건(鍾建)의 아들
송헌빈(宋憲斌)		동산(東山)			국장(局長)	
백윤승(白潤昇)	명초(明初)		가림(嘉林)	1864(甲子)	과장(課長)	
김세영(金世榮)	치만(致萬)	영천(泳川)	개성(開城)	1865(乙丑)	주사(主事)	
이윤종(李胤鍾)	영조(永祚)	석당(錫堂)	전주(全州)	1865(乙丑)	진문승지(進文承旨)	영상(領相) 혜정공(惠定公) 녹천(鹿川)의 사손(祀孫)
박경양(朴慶陽)	공회(公會)	하정(荷丁)	반남(潘南)	1864(甲子)	승지(承旨)	제응(齊膺)의 아들
윤근수(尹瑾秀)	경인(景仁)	우호(又湖)	파평(坡平)	1865(乙丑)	주사(主事)	
김연수(金讌洙)	군빈(君賓)	정석(正石)	광산(光山)	1865(乙丑)	봉상제조(奉常提調)	
하봉수(河鳳壽)		백촌(栢村)	진양(晉陽)	1865(乙丑)		진주(晉州) 거주
이해창(李海昌)	손언(孫言)	인헌(仁軒)	완산(完山)	1865(乙丑)	문창산군(文昌山君)	
오혁(吳赫)	경숙(敬叔)	손암(巽菴)	해주(海州)	1865(乙丑)	주사(主事)	
민창호(閔昌鎬)	성우(聖友)	학은(鶴隱)	기흥(驪興)	1866(丙寅)	군수(郡守)	
Yanus Gale	기일(奇一)					영국인 선교사
백만갑(白萬甲)	자영(子永)	해석(海石)	평산(平山)	1866(丙寅)	주사(主事)	
민영채(閔泳采)	응오(應五)	금석(錦石)	기흥(驪興)	1866(丙寅)	군수(郡守)	
복부건(服部鍵)		고표선사(古瓢仙史)				
윤희구(尹喜求)	주현(周賢)	우당(于堂)	해평(海平)	1867(丁卯)	참서(參書)	홍선(弘善)의 아들

남장희(南章熙)	순오(舜五)	농운(弄雲)	의령(宜寧)	1867(丁卯)	승지(承旨)	판서 정철(廷哲)의 아들
김영제(金寧濟)	성문(聖文)	지산(支山)	경주(慶州)	1867(丁卯)	훈도(訓導)	
윤하영(尹夏榮)	후경(厚卿)	후당(厚堂)	해평(海平)	1867(丁卯)	승지(承旨)	온양(溫陽) 거주
여병현(呂炳鉉)	구명(久明)	소암(素巖)	함양(咸陽)	1867(丁卯)	비서승(秘書丞)	
현영운(玄暎運)	태시(泰始)	설석(雪石)	정주(廷州)	1868(戊辰)	총장(摠長)	내장경(內藏卿) 학표(學杓)의 아들
정최섭(丁最燮)	경선(景善)	석당(石堂)	나주(羅州)	1867(丁卯)	참봉(參奉)	다산(茶山)의 손자
최재학(崔在學)						
김유홍(金裕弘)	의일(毅一)	동암(董庵)	청풍(靑風)	1868(戊辰)	승지(承旨)	

29명

죽하(竹下) **이상천**(李相天, 1863~?)의 자(字)는 기서(岐瑞)이며 판사(判事)를 지냈다. 1904년에 일어난 러일전쟁 직후 한일의정서를 강제로 조인하는 등 일제의 침략이 노골화되자 박규병(朴圭秉) 등과 함께 일본을 규탄하는 격문을 살포하고 전 국민이 의병으로 봉기할 것을 촉구했다.

백시용(白時鏞, 1864~?)은 1880년에 역과에 합격한 후 역관으로 활동했다. 일본어를 전공했으며 교회(敎誨), 총민(聰敏), 참봉(參奉), 시종부경(侍從副卿) 등을 역임했다. 위의 이상천처럼 한일의정서가 체결되자 상무사를 중심으로 반대 운동을 전개했다. 백두용과는 종형제(從兄弟) 사이이다. 오늘날 전하는『임천백씨족보』는 백시용이 사촌형제인 백남용(白南鏞)과 함께 1901(광무 5)년에 단행본으로 내놓은 결과물이다.

『도서첩』에는 「회삼종숙서증(懷三從叔書贈)」이라는 제목 하에 백희배를 회고하며 쓴 글이 있다.

> 예전[=往年]에 있었던 일은 가장 마음 아픈 일로 그 한스러운 마음은 여전히 지금까지 이르고 있다. 다행히 어진 종형이 있어 능히 선친의 뜻 약간 편(若干篇)을 계승하니 그 유언이 황홀하다.[240]

백두용이 선친의 뜻을 이어받아 서점을 연 것이 소중하다고 했다. 그리고 위에서 '예전[=往年]의 일'이란 백춘배가 1887년에 옥중에서 사망한 것을 의미한다.

미정(薇庭) **이찬래**(李纘來, 1864~?)의 자(字)는 은상(殷相)이며, 진사(進士)를 지냈다. 승지 이위래(李渭來)의 동생으로 소개해 놓았다.

경성 남부에 사는 한 선비가 있어 그 뜻이 높고 컸으니, 그는 옛날에 도시에 살던 은자[大隱] 같은 이로 서적을 즐겨 읽었다.241)

『임천백씨족보』 수록 백시용 사신

인사동이 당시 행정구역상 '남부'에 속해 있었다. 서점의 위치와 함께 백두용이 책을 사랑한 은자다움을 밝혀놓았다.

부천(溥泉) **유인식**(兪寅植, 1864~?)은 25세에 생원시에 합격해 참봉(參奉)과 행고산(行高山) 현감을 지냈다. 대충공(大忠公) 유시남(兪市南)의 사손(祀孫)이다.

수당(守堂) **김중연**(金重演, 1861~?)의 자(字)는 치화(致華)이며, 찬의(贊議)를 지냈다. 김종건(金鍾建)의 아들이라고 했다. 『도서첩』에는 청대의 진직(陳直)이 지은 『수친양노신서(壽親養老新書)』242)라는 책에 실려 있는 10가지

---

240) 백시용, 『가장도서첩』 제11책, 3쪽. "往年時事最傷心餘恨塡寃尙到今. 幸有賢從能繼志若干篇什怳遺音."
241) 이찬래, 『가장도서첩』 제11책, 4쪽. "部南一士高嘐嘐日古昔大隱於市中聊以娛書籍."
242) 원문은 陳直, 『壽親養老新書』, 『四庫全書』(子部-醫家類)에 실려 있다.

즐거움을 소개해 놓았다.

> 의리서(義理書)를 읽고, 명필 서첩[法帖]의 글자를 익히고, 맑은 마음으로 고
> 요히 앉고, 허심탄회하니 벗과 나누는 이야기 유익하다. 작은 술잔에 살짝 취
> 하고, 거문고를 들고 학을 완상하며, 꽃에 물주고 대나무를 심는다. 향을 사르
> 고 차도 달이고, 성에 올라 산을 바라보고, 바둑과 장기에 뜻을 붙여 보기도 한
> 다. 이 열 가지 외에 비록 다른 즐거움이 있다 한들 나는 바꾸지 않겠다.[243]

책을 읽고 명필을 익히며 유유자적한 삶을 즐기는 생활 자체가 '즐거
움[樂]'이라고 했다. 백두용의 삶이 바로 이와 같음을 간접적으로 노래한
것으로 보인다.

동산(東山) **송헌빈**(宋憲斌, 1841~1921)은 1883년부터 경제 분야 실무 관료
로 근무하였다. 1895년에는 농상공부 상공국장을 지냈고, 이듬해에는 통
신국의 우표인쇄기계 매입을 위해 일본에 다녀오기도 했다. 송헌빈이
신사유람단의 일원으로 일본을 방문하고 남긴 기록인 『동경일기(東京日
記)』는 개항기의 근대 문물 수용 과정을 보여주는 저서이다.[244] 일제강
점기에 서적중개상으로 유명했던 송신용(宋申用)의 백부이다. 『도서첩』에
서 "심재 백두용은 성격이 고상하고 지조가 있다. 저잣거리에 서점을 하
나 열었다."[245]고 했다.

백윤승(白潤昇, 1864~?)의 자(字)는 명초(明初)이며, 과장(課長)을 지냈다.
백두용과는 친척 사이이다. 『도서첩』에 자신을 사종손(四從孫)이라 밝히
고, 백춘배를 추모하고 백두용을 존숭하는 마음을 절절이 나타냈다.

---

243) 김중연, 『가장도서첩』 제11책, 6쪽. "讀義理書, 學法帖字, 澄心靜坐, 益友淸談, 小酌半
酣, 聽琴玩鶴, 澆花種竹, 焚香煮茶, 登城觀山, 寓意奕棋, 十者之外, 雖有他樂, 吾不易矣."
244) 송헌빈에 대해서는 이민희, 『마지막 서적중개상 송신용 연구』, 보고사, 2010, 78~80
쪽에서 자세히 다루었다.
245) 송헌빈, 『가장도서첩』 제11책, 7쪽. "白心齋高尙自潔, 開一書館於市街之上"

우리 친족의 대부(大父)이셨던 소향공(小香公=백춘배)은 세상에 대해 강개(慷慨)하는 마음이 있어 두루 돌아다니며 책 등을 두루 훑어보는데 진실하므로 시야가 열리고 시에 관해서도 박식했다. 다른 일들도 이와 같았다. 그리고 이따금 경계할 만한 말을 들으면, 즉시 그 말의 의미를 되새겨 전할 수 있도록 만들었으므로 벗들 중 그것을 기억하고 암송하는 자가 많았다. 아직 그 뛰어난 능력을 다 펼치지 못하셨는데 하늘의 부름을 받고 돌아가셨으니 사람들이 모두 슬퍼하고 애통해마지 않았다. 그러니 하물며 한 집안의 친척이 느끼는 한스런 마음이야 진실로 어떠하겠는가? 심재는 뜻이 커서 서점에 숨어 지내는데 매진했다. 그러나 역시 시간이 지남에 따라 매년 종숙(從叔)의 시편이 사라지고 전하지 않게 됨을 안타깝게 여겨 이에 집에 소장되어 있는 유편(遺篇)들을 찾아 모으고, 또 지인에게 널리 알려 옛 책들을 수습하니, 지금 세상에 금과 보석으로 수명을 오래 지속하기를 도모하는 자들 중 진실로 그 뜻이 돈독하다고 할 만한 이가 있겠는가? 내(=潤昇)가 비록 불민하나 소향공의 초심을 추모하는 마음이 깊고 또 공경하는 심재와 친밀하고 화목하게 자주 지내므로, 거친 말이나마 지면 한 구석에 적어 놓아 그것으로 사모하여 우러르고픈 내 정성을 나타내고자 했다.[246]

일차적으로 백춘배에 대한 공경심이 대단히 컸었음을 알 수 있거니와 백두용의 선친 대부터 장서가 이루어졌으며, 선친의 뜻을 계승해 백두용이 장서와 서점 개업을 하게 된 사정 또한 알 수 있다. 그런데 특별히 고서가 점차 사라져 가는 현실을 안타깝게 여겨 일부러 집 안에서, 또는 지인들로부터 책을 구하는 일에 힘썼다고 했다. 이는 후에 한남서림을 인수한 전형필이 우리 옛 것들이 사라지는 것을 안타깝게 여겨 수집과 보존에 심혈을 기울였던 것과 상통하는 것이었다. 한남서림이 백두용으

---

246) 백윤승, 『가장도서첩』 제11책, 8쪽. "維我族大父小香公慷慨有志於世, 周游閱覽以實見開之博詩, 則餘事然. 往往有聽警, 可傳之作膾炙於時, 爲朋儕之記誦者多矣. 未展驥召天奪年壽, 人咸傷盡. 況一門之親感恨之心固何如哉. 心齋丈志趣超邁隱於書市, 盖亦有年, 每歎從叔詩橐之泯沒無傳, 乃搜葺家藏遺篇, 又廣布于知舊收拾, 其零金瑣玉以圖壽久之計者, 誠意篤擊觀於今世有幾人也. 潤昇雖不敏深慕小香公之緖言, 且欽心齋丈之敦睦以數行, 蕪辭綴于紙尾, 以寓景仰之忱焉."

로부터 전형필로 넘어가게 된 것은 우연이 아닌 필연이었다고 말할 만한 이유가 바로 여기에 있다. 그리고 위 글에서 한남서림 개업이 집안 어른이었던 백춘배의 뜻을 이어받은 것이라 했다. 갑신정변 이후에 당한 백춘배의 옥사가 집안 내에서 커다란 사건으로 인식되었을 뿐 아니라, 그의 죽음이 의로운 것이었다고 여겨 왔던 까닭에, 백두용의 서점 개업이 의로움이란 측면에서 볼 때, 백춘배의 평소 뜻을 계승한 것으로 인식하고 있었다고 할 것이다.

　　영천(泳川) 김세영(金世榮, 1865~?)의 자(字)는 치만(致萬)이며, 주사(主事)를 지냈다. 자세한 행적은 알려진 바가 없다. 『도서첩』에는 자신이 시문에 능하지도 못하고 우아하지도 못하며 또 화법(畵法)도 잘 모르나, 감히 춘복(春福)으로 글자를 그렸노라고 했다.247) 『도서첩』에 일명 회화문자(繪畵文字)로 불리는 그림문자 16가지를 남겼다.

▌『가장도서첩』〈제11책〉 수록 김세영(金世榮)의 회화문자

　　석당(錫堂) 이윤종(李胤鍾, 1865~?)은 1887년에 과거에 급제한 후 진문승

---

247) 김세영, 『가장도서첩』 제11책, 9쪽. "不俊不嫻詩文又昧畵法敢以春福字爲"

지(進文承旨)와 헌정연구회 평의원 등을 지냈다.

열 길이나 되는 혼잡한 거리에 수많은 사람들이 왕래하는 중에 새벽닭이 어둠을 물리치고 종소리 요란한데, 다시 바빠진 사람의 마음은 각자 달라 흐르는 물이 동서를 구분하지 않고 흘러가는 것과 같다. 내가 심재의 집에 들어가 마음을 추스를 수 있었던 것은 한 가지 옛 것을 좋아함에 있었다. 심재는 세상에 은일한 채 무심한 마음으로 3만 권의 책을 서가에 쌓아놓았는데, 옛날에 있었지만 지금은 전하지 않는 것들이었다.248)

혼잡한 거리를 오가는 사람들로 이른 새벽부터 북적이는데, 심재의 집에 들어가면 딴 세상처럼 조용해 은일(隱逸)한 세계에 있는 것처럼 느껴진다고 했다. 그래서 자신도 마음을 다잡고 평안해질 수 있노라고 했다. 많은 이들이 서점에 거하는 백두용을 시은(市隱), 또는 대은(大隱)이라 부르는 이유를 간접적으로 드러낸 표현이라 하겠다. 그런데 많은 책을 쌓아놓고 옛 것에 대한 집착이 강하다며 심재의 고서 사랑하는 마음을 우회적으로 나타냈다.

하정(荷汀) **박경양**(朴慶陽, 1864~1916)의 자(字)는 공회(公會)이다. 홍문관을 거쳐 의정부 승지(承旨) 등을 지냈고, 일제강점기에는 조선총독부 중추원 찬의로 있었다. 박제응(朴齊膺)의 아들이자 심향(深香) 박승무(朴勝武) 화백의 부친이기도 하다.

우호(又湖) **윤근수**(尹瑾秀, 1865~?)는 주사(主事)를 지냈다. 담채 화훼화를 잘 그린 화가로 유명하다. 『화훼첩(花卉帖)』이 남아 있는데, 그의 회화 구성 방식이나 필력을 고려할 때 일반 유랑화가는 아니었던 것으로 보인다.249) 『도서첩』에는 「백군 심재의 서점을 지나며[過白君心齋書肆]」라는 제

---

248) 이윤종, 『가장도서첩』 제11책, 10쪽. "市塵十丈紅, 萬人來往中晨鷄抵暮鍾擾, 復念人心自不同水流無西東, 我入心齋室秉心在惟一好古, 心自逸隱世心無必鄰架三萬軸, 不專在古昔."

목의 7언 절구시를 남겼다.

> 아침 구름 몰려 와 비를 뿌려 세상 먼지 씻긴 무렵
> 장안의 서점 찾으니 세상을 피해 숨는 것이라.
> 높이 쌓인 만권 책 얼음처럼 깨끗하니,
> 물질은 다만 백군의 육신을 풍족케 하는 것에 불과할 뿐이라네.[250]

그리고 위 시 옆에다 작은 글씨로 백두용과 한남서림에 관해 다음과 같이 적어 놓았다.

> 내 친구 백두용은 옛 것을 좋아하고 적는 것을 잘해 서울 대사동에 서점을 열었다. 옛 사람들의 유명한 책들을 가득 쌓아놓고 날마다 위아래로 수천 년을 뛰어넘어 책을 읽으니 자연 세상을 잊고 거기에 한 눈 팔지 않는 것을 오히려 기뻐했다.[251]

한남서림이 '인사동'이 아닌 '대사동'에서 문을 열었다고 했다. '인사동(仁寺洞)'은 원래 '관인방(寬仁坊)'과 '대사동(大寺洞)'에서 한 글자씩 떼어 일제 강점기에 새로 붙인 이름이므로, 윤근수는 원래 불렀던 지명을 사용한 것이라 하겠다. <제10책> 윤상현(尹商鉉)의 글에서도 한남서림의 주소지를 '대사동'으로 적어 놓았다.

정석(正石) 김연수(金讌洙, 1865~?)의 자(字)는 군빈(君賓)이며, 봉상제조(奉常提調)를 지냈다.

---

249) 조보민, 『조선말기 담채 화훼화 연구』, 이화여대 석사학위논문, 2002, 69쪽.

250) 윤근수, 『가장도서첩』 제11책, 12쪽. "朝雲驅雨灑紛塵 / 書肆長安訪隱淪 / 萬卷堆中氷以潔 / 黃金只許饒君身"

251) 윤근수, 『가장도서첩』 제11책, 12쪽. "吾友白君斗鏞好古强記, 開書肆於漢城大寺洞, 滿儲古人之書籍名焉, 日探索上下數千年愈, 然忘世無見其欣欣."

소향(=백춘배)의 시집 중에 <남쪽 산기슭에서 돌아오는 길에 읊다[南麓歸路漫吟]>라는 시 한 수가 있는 까닭에, 내 부족한 글은 무시하고 이것으로 대신하려 한다.252)

이 글을 통해 백춘배의 시집이 존재했었던 사실을 확인할 수 있다. 김연수는 백두용의 부친 대부터 잘 알고 지낸 사이였던 것으로 보인다. 백춘배가 지은 뛰어난 시가 있어 그것을 적어 놓는 것으로 시문첩에 들어갈 자신의 글을 대신한다고 했다. 그만큼 백춘배와 그의 시문을 존숭하고 높게 평가했음을 알 수 있다. 김연수의 글대로라면 본문에 소개해 놓은 시(<南麓歸路漫吟>)는 소향 백춘배가 쓴 것이다. 시의 전문은 다음과 같다.

술에 취해 누운 암자 사이로 석양을 보내고 / 돌아오니 오히려 옷에 술 향기 가득 배어 있음 깨닫도다. / 가장 다정한 건 두 마리 나비라 / 한 길 서로 따라 가니 어느새 초당에 이르렀네.253)

이 시 말미에다 자신을 '從二品嘉善大夫奉常提調記念勳光山人正石'이라 소개해 놓았다. 즉, 호가 정석(正石)이며 자신은 광산(光山) 김씨이며 종2품 벼슬인 봉상제조 벼슬을 하고 공을 인정받아 가선대부에 봉해졌다. 이렇게 벼슬까지 언급하게 자세히 자신을 소개한 것은 『도서첩』 전체를 놓고 보더라도 드문 예다.

백촌(栢村) 하봉수(河鳳壽, 1865~?)는 진주(晉州)에 살았던 유림이다. 1919년 3월 파리강화회의에 한국독립을 호소하기 위하여 작성한 독립청원서에 유림의 한사람으로 서명한 전력이 있다.254)

---

252) 김연수, 『가장도서첩』 제11책, 13쪽. "小香詩集中有南麓歸路漫吟弍絶, 故忘拙書副."
253) 김연수, 『가장도서첩』 제11책, 13쪽. "醉臥庵間送夕陽 / 歸來猶覺滿衣香 / 多情最是雙蝴蝶 / 弍路相隨到草堂"
254) 일제가 자행한 명성황후・광무황제(光武皇帝)의 시해와 한국 주권의 찬탈과정을 폭

인헌(仁軒) **이해창**(李海昌, 1865~1945)의 자(字)는 손언(孫言)이며, 문창산군
(文昌山君)을 지냈다. 선조의 아버지인 덕흥대원군의 14대손으로 제사를
받드는 봉사손이 되었고 왕족으로 대우받았다. 1889년에 문과에 병과로
급제해 승지, 봉상사장을 역임했으며, 종1품 숭정대부 창산군(昌山君)에
봉해졌다. 국권 상실 후에는 후작(侯爵)의 작위와 함께 돈을 받았다.

손암(巽菴) **오혁**(吳赫, 1863~1916)은 나철(羅喆)과 함께 단군교(대종교)를 창
시한 '오기호(吳基鎬)'로서, 오혁은 가명이다. 일본으로 건너가 일왕 및 이
토 히로부미[伊藤博文] 등에게 한국의 독립을 요구하고 통감정치(統監政治)
의 학정을 비난하는 서한을 보냈는가 하면, 1907년에는 을사오적(五賊)을
처단하기 위한 자신회(自新會)를 조직하고 자신은 직접 박제순(朴齊純)을
죽이려 했으나 실패했다. 독립운동뿐 아니라 대종교를 통한 민족운동에
도 앞장섰다.

『도서첩』에서 그는 서기(西紀)가 아
닌 단기(檀紀)를 사용해 '檀祖降世四千
三百七十一年'에 축하문을 썼다고 밝
혀놓았다. 단군이 세상에 내려온 지
4371년 된 해란 1914년을 의미한다.
한남서점이 서적과 고화(古畵), 기문(奇
文) 등을 좋아해 그것들을 많이 소장했
다고 했다.255)

학은(鶴隱) **민창호**(閔昌鎬, 1866~?)는

▌오기호(한국학중앙연구원)

로하고 한국 독립의 정당성과 당위성을 주장하는 내용이 담겨 있는 파리장서(巴里長
書)를 김창숙(金昌淑) 등 유림(儒林) 대표들이 작성했다. 파리장서에는 김복한(金福漢,
1879~1962) 중심의 호서유림과 곽종석(郭鍾錫, 1846~1919) 중심의 영남유림 137명
이 참여했다.

255) 오혁, 『가장도서첩』 제11책, 16쪽. "翰南書肆好書籍古畵奇文是藏."

▌게일 선교사

군수(郡守)와 중추원 의관(議官) 등을 지냈다. 제2책 수록 민찬호(閔贊鎬)라는 친인척 형제간이었다. 동학농민운동이 일어났을 때 강진 현감이었는데, 강진성이 동학군에게 점령당해 군기(軍器)까지 잃어버린 책임을 민창호에게 물었다는 기록이 『일성록』(갑오 9월 조)에 보인다.

기일(奇一, 1863~1937)은 캐나다 선교사이자 한국어학자로 외국에 한국을 알리는 데 힘썼던 인물이다. 본명은 게일(James Scarth Gale)이며, 『도서첩』에서는 그를 영국인 선교사('英國人宣教師')로 소개해 놓았다. 1888년에 캐나다 토론토(Toronto)대학을 졸업한 뒤 선교사로 한국에 들어와 부산과 서울 등지에서 선교 사업에 종사하는 한편, 기독교서회(基督教書會) 편집위원으로서 아펜젤러(H.G. Appenzeller) 목사 등과 함께 성경을 한국어로 번역했다. 1893년에는 국어 문법서인 『사과지남(辭課指南)』을 저술했고, 1895년에는 『천로역정(天路歷程)』을 최초로 한역(韓譯)했으며 1897년에는 양시영(梁時英)·양기탁(梁起鐸) 부자의 도움으로 한국 최초의 『한-영 사전(Korean-English Dictionary)』을 편찬·발행하기도 했다.256) 한국인보다 한국말을 더 유창하게 구사했다고 전해지며, 『구운몽』과 『춘향전』 등을 영문으로 번역, 소개하기도 했다.

---

256) 그밖에 Korea in Transition, History of the Korean People, 『한국근대사(韓國近代史)』, 『한국풍속지(韓國風俗誌)』, 『한양지(漢陽誌)』, 『한국결혼고(韓國結婚考)』, 「파고다 공원고(公園考)」, 『금강산지(金剛山誌)』 등의 저서와 『유몽천자(牖蒙千字)』(4책, 1903~1909)와 같은 국어학 관계 논저가 다수 있다.

『도서첩』에는 영어로 글을 남겼는데, 자신의 글은 아니다. 전반부에는 영국 시인인 로버트 브라우닝(Robert Browning, 1812~1889)의 시 <The Flight of the Duchess>의 일부를, 후반부에는 셰익스피어의 『햄릿』 제3막 2장에 나오는 구절 일부를 인용해 놓았다. 그가 『도서첩』에 글을 남긴 것은 '1913년 2월(February 1913)'이었다. 다른 이들이 주로 1913년 여름~가을에 썼던 것을 고려할 때, 『도서첩』 수록 글 중 이른 시기에 작성된 것임을 알 수 있다. 원문을 번역하면 다음과 같다.

> 당신은 나의 친구,
> 우정이란 끝없는 세계!
> 어떻게 그것이 마음과 영혼을 휘저을 수 있을까.
> 마치 누군가 너에게 화려한 작은 통을 꺼내,
> 숨겼던 감정을 쏟아낸다면, 그 사랑스럽게 반짝이며 빛나는,
> 옛 예언자가 살던 시대만큼 오래 된,
> 우리의 초록 몰다비아(Moldavia)여, 시럽이여, 코트나르(Cotnar) 와인이여.
> 우정은 아마도 흐느적거리는 독재군주와 잘 어울릴지 모른다.
> 메마른 두뇌를 유연하게 만들고, 너의 안과 밖을 채워준다.
>
> 브라우닝의 시 <The Flight of the Duchess>의 제17장(ⅩⅦ) 중 일부[257]

> 사랑이 운명을 인도하는 것인지, 아니면 운명이 사랑을 인도하는 것인지는 아직도 풀어야 할 문제라오.
> 위인이 쓰러지면, 그와 친했던 이들이 도망쳐 버리고,
> 가난한 자가 높게 되면, 원수조차 친구가 된다오.
> 그렇다면 지금까지는 사랑이 운이 따랐다고 할 것이오.

---

257) 게일(奇一), 『가장도서첩』 제11책, 18쪽. "You're my friend. / What a thing friendship is, world without end! / How it gives the heart and soul a stir-up / As if somebody broached you a glorious runlet, / And poured out, all lovelily, sparklingly, sunlit, / Our green Moldavia, the streaky syrup, / Cotnar as old as the time of the Druids- / Friendship may match with that monarch of fluids ; / Each supples a dry brain, fills you its ins-and-outs."

왜냐하면 필요한 게 없는 자는 친구가 부족할 리 없고,
궁색한 자는 바보 같은 친구를 위기에 빠뜨려
곧바로 원수지간으로 만들어 버리기 때문이오.258)

『햄릿』 3막 2장 중 일부

첫 번째 시에서 브라우닝은 친구의 우정을 노래했다. 우정이야말로
경직된 사고를 유연하게 만들고, 속내까지 스스럼없이 들춰내게 만들며,
마음과 영혼까지 어루만져 주는 자극제이자 윤활유와 같다고 했다. 한
편, 두 번째로 소개한 『햄릿』 부분(제3막 2장)은 햄릿과 왕비가 관람하는
연극에 등장하는 '배우 왕'이 '배우 왕비'에게 말한 대화 내용 중 일부이
다. 여기서도 친구와의 관계를 중요하게 다루고 있다. 이로 보아 게일은
친구와의 관계와 우정을 노래한 서양의 유명한 시구를 가져와 이를 인
용함으로써 자신과 백두용과의 관계가 우의로 다져진 사이임을 은연 중
강하게 나타내고자 했다고 할 것이다.

해석(海石) 백만갑(白萬甲, 1866~?)은 의정부(議政府) 총무국(總務局)에서 주
사로 근무했다. 이왕직 직원으로 있을 때에는 경효전(景孝殿)에 명성태황
후(明成太皇后)의 휘호(徽號)를 추상(追上)하는 글씨를 쓰기도 했다.259) 『도서
첩』에 쓴 그의 글 일부를 들면 다음과 같다.

옛날에 원각사(圓覺寺)에서 동쪽으로 수십 보를 구불구불 가서 서쪽으로
꺾으면 누각의 날개가 있고, 그곳에서 시가를 향해 내리 누르는 것만 같은

---

258) 게일(奇一), 『가장도서첩』 제11책, 18쪽. "Whether love lead fortune, or else fortune
love. / The great man down, you mark his favorite flies. / The poor advanced makes
friends of enemies. / And hitherto doth love on fortune tend, / For who not needs shall
never lack a friend, / And who in want a hollow friend doth try, / Directly seasons him
his enemy."

259) 『동아일보』, 1921년 3월 10일자.

편액에는 '한남서림'이라고 큰 글씨로 적혀 있다. 누각에 기대면 북궐에 붉은 구름이 은밀히 움직임을 느낄 수 있고, 주렴을 말아 올리면 남산의 빼어난 경치를 볼 수 있다. 그러니 이곳을 소위 '도시 속 자연(산림)'이라 칭찬할 만하다. 이는 곧 심재의 가족이 대은(大隱)하는 곳이다. 주인은 좌우로 각종 도서(圖書)를 쓰러질 듯 쌓아놓고 우러러 보며 자적하는 한편, 매일 풍류객과 운치를 아는 이들과 함께 흰 꽃잎을 띄운 술잔을 부딪치고, 아침저녁으로 바둑의 품격과 시의 진실, 그리고 훌륭한 일에 대해 논하곤 한다.[260]

위 글에서 한남서림의 위치를 재확인할 수 있다. 즉, 원각사(지금의 탑골 공원)에서 동쪽으로 가서 서쪽으로 꺾으면 '한남서림'이라고 큰 글씨로 쓴 간판이 보인다고 했다. 그곳이 현재 인사동길 34번지이다.

한편, 그곳에서는 북쪽으로 궁궐을, 남쪽으로는 남산의 모습이 한 눈에 볼 수 있다고 했다. 한남서림이 서울의 도심 한 복판 좋은 자리에 터했음을 강조한 것이라 하겠다. 더욱이 주인은 도서로 둘려 쌓인 곳에서 마음이 맞는 손님과 더불어 풍류를 즐기며 산다고 했다. 이는 백두용이 진정한 대은(大隱)의 삶을 살고 있음을 간접적으로 언급한 것이라 하겠다. '도심 속 자연'을 떠올릴 만큼 서점 안의 세계와 밖의 속세가 구분된다는 점을 분명히 했다. '한남서림'이라는 현판이 큰 글씨로 높이 걸려 있는 모양이 눈에 띄는, 주위를 압도할 만한 기운이 느껴진다고 했다.

---

260) 백만갑, 『가장도서첩』 제11책, 19쪽. 古圓覺寺之東行數十武逶而西折有樓翼然壓臨市街 大書扁額曰翰南書林. 倚樓則北闕之彤雲密邇, 捲簾則南山之秀色, 可餐此所謂城市山林, 而卽心齋族從大隱之所也. 主人左圖右書偃仰自適, 日與騷人韻士 飛觴浮白花朝月夕論棊 品詩眞勝事也."

■한남서점이 있었던 인사동 18번지 자리의 현재 모습. 현 인사동길 34번지

금석(錦石) 민영채(閔泳采, 1866~?)의 자(字)는 응오(應五)이며, 바로 앞에 소개한 백만갑과 나이도 같고, 의정부(議政府) 총무국(總務局)에서 주사로 근무한 경력도 같다. 민영채는 군수(郡守)를 지냈다.

　내가 들으니 백군 집에는 고금의 서적이 수천만 권이나 쌓여 있고 또 서화와 보첩(寶帖)을 많이 구한다고 한다. 이는 많은 이들이 책을 구해 읽음으로써 진실한 세상의 뜻과 사업을 깨닫게 하려 함이니 어찌 존경하지 않을 수 있겠는가?261)

위 글대로라면 민영채는 한남서림을 직접 방문하지 않은 상태에서 이

---

261) 민영채, 『가장도서첩』 제11책, 20쪽. "聞君家有儲古今書籍數千萬卷, 又多求書畵寶帖. 盖衆人購覽以眞世界之有志事業也, 曷不欽通."

야기만 듣고 개업 축하문을 써 보낸 것으로 보인다.

고표선사(古瓢仙史) 복부건(服部鍵, ?~?)에 관한 행적을 알 수 없다. 『도서첩』에도 별다른 언급이 없는데, 일본인으로 짐작될 뿐이다.

우당(于堂) 윤희구(尹喜求, 1867~1926)의 자(字)는 주현(周賢)이며 참서(參書)를 지냈다. 참의(參議)를 지낸 윤홍선(尹宖善)의 아들이다. 윤영구(제6책), 윤용구(제3책)는 윤희구의 일가친척 종형제이다. 유학자로서 집에서 한학을 공부했으며, 장지연(張志淵)과 함께 『대한예전(大韓禮典)』을 편찬하였다. 『문헌비고』를 증수하고, 『양조보감(兩朝寶鑑)』을 편찬했으며, 1916년에는 장지연·오세창(吳世昌) 등과 함께 『대동시선(大東詩選)』을 교열했다. 문집에 『우당시문선(于堂詩文選)』이 전한다. 한남서림에서 간행한 『대방초간독』(1920)과 『해동역대명가필보』(1926)에 각각 서문을 써 줄만큼 친분과 학문적 교류가 두터웠다.

농운(弄雲) 남장희(南章熙, 1877~1953)는 <제1책>에 소개된 남정철(南廷哲)의 아들로 승지(承旨)를 지냈다. 과거 합격 후 1897년부터 비서원과 홍문관, 사헌부 등에서 벼슬을 했다. 1907년에 장지연이 쓴 지리교과서 『대한신지지(大韓新地誌)』를 휘문관(徽文館)에서 출간했는데, 이때 남장희가 발행자였으며 부친인 남정철이 서문을 썼다.[262] 『도서첩』에 남긴 축하문은 다음과 같다.

> 지금 세상에 부족한 것은 도서가 아니라, 석거각(石渠閣)과 천록각(天祿閣)[263]처럼 책을 보관하는 서고이다. 아래로는 세 가구가 사는 시골 마을에 토원(兎園)[264] 같은 정원과 책자가 있는 서루에 이르기까지 먹으로 쓴 것이

---

262) 장보웅, 「개화기(開化期)의 지리교육(地理教育)」, 『지리학』 제5집, 대한지리학회, 1970, 41~58쪽.

263) 중국 한(漢) 나라 천자의 서고(書庫) 이름. 천자의 비서각(秘書閣)인 석거각과 천록각(天祿閣)을 크게 짓고, 거기에 기밀 서적을 보관하였다고 한다.

넘쳐나는데, 그렇다고 그것도 모두 책은 아니다. 그런데 참된 지식을 좋아하는 사람은 겨우 열에 하나만 있더라도 그것을 좋아하고 능히 독서하는 사람은 백분의 일밖에 없어도 책을 읽으며, 그 중에서 능히 행동으로 옮기는 사람은 대개 천만 인 중에 열 명 정도에 불과하다. 사정이 보통 이와 같은데, 날마다 장서하는 사람을 나는 아직 이해할 수 없었다. 한남서림의 주인인 심재 백두용은 집안 서가에 천 권의 책을 쌓아놓고, 두루 당대 군자들의 말을 구해 그것으로 모든 후손에게 고하고자 했으니, 대개 그 뜻은 자손들로 하여금 책을 좋아해 읽고 또 읽게 한 후에 실천하게 하는 데 있었다.[265]

책은 상대적으로 많은 반면, 서점이 부족하다는 점을 들어 한남서림 설립의 당위성과 가치를 강조하고 있음을 알 수 있다. 또한 독서는 환경보다 마음가짐과 의지에 달린 것임을 갈파하고, 한남서림의 백두용이야 말로 독서와 그의 실천을 동시에 보여준 것이라고 보고, 이를 높게 평가했다.

지산(支山) **김영제**(金寧濟, 1867~?)의 자(字)는 성문(聖文)이며, 훈도(訓導) 벼슬을 했다.

『도서첩』에서 김영제는 백두용을 "옛 도시에 은일하며 지내는 거사로 옛 책[墳典]과 도서를 가지고 스스로 즐길 줄 아는 이"[266]라고 했다.

후당(厚堂) **윤하영**(尹夏榮, 1867~?)은 윤승구(尹升求)의 아들로 승지(承旨)를 지냈으며 온양(溫陽)에서 거주했다. 과거 급제 후 수찬·부교리가 되었다. 1898년 이후에는 윤치호 주도 하의 독립협회에서 총대위원(總代委員)이 되어 독립운동과 의회 설립 운동에 적극 참여했다. 1906년에는 보부상

---

264) 중국 양나라 효왕이 허난 성[河南省] 상추 시[商丘市]의 동쪽에 만든 정원.
265) 남장희, 『가장도서첩』 제11책, 23쪽. "今天下所不足者非書也, 石渠天祿所藏尙矣. 下至 鄕里三家村中兎園冊子塵棲而墨渝者皆非書也耶. 然其眞知其好者厪什一好矣. 而能讀焉 者百之一讀之而能行焉者盖一十於千萬耳. 若是而日藏書者吾未之曉也. 翰南書肆主人心齋 白君家藏書樓千卷, 遍求當世君子之言以詔諸後, 盖其志欲使子若孫好而讀讀而行焉者也."
266) 김영제, 『가장도서첩』 제11책, 24쪽. "心齋居士隱於舊市以墳典圖籍自吳."

단체인 공진회의 평의원으로도 활동했다.

> 내 아들 윤영섭은 백공과 본래 서로 잘 알고 지냈다. 백공은 서적을 소장
> 하는 일을 했다.[267]

위 『도서첩』 수록 글을 보면, 윤하영의 아들 윤영섭과 백두용이 이전
부터 서로 잘 아는 사이였음을 알 수 있다. 윤영섭 역시 『도서첩』 <제12
책>에 글을 남겼다. 윤하영의 부친인 윤승구와 윤용구(제3책), 윤영구(제6
책)는 역시 친인척지간이다. 백두용의 선친 대부터 해평 윤씨 집안과 서
로 잘 알고 지냈음을 짐작할 수 있다.

소암(素巖) 여병현(呂炳鉉, 1867~?)은 비서승(秘書丞)을 지냈으며, 유근·
오세창·남궁 억 등과 함께 대한협회를 조직하고 교육부장으로 활동했
다. 영국 클리프 대학(Cliffe college)에서 유학하고 돌아와 영어교사로도 지
냈으며, 선교사 스코필드(Schofield), 에비슨(avison) 등의 통역을 맡기도 했
다.[268] 여운형(呂運亨)과는 17촌 관계의 족숙(族叔)이기도 하다.

> 도시에 숨어 지내던 향산(香山=백희배) 선생은 성품이 낙천적이셨다. 향
> 산이 돌아가신 지 수 년이 지나간다. 옛날에 책 읽던 곳이 지금의 서점으로
> 그 취미가 서로 같고 훌륭한 일이라 전하는 것이다.[269]

시은(市隱)다운 삶을 살았던 백희배의 성격이 낙천적이었다는 기록이
눈에 띈다. 위 글을 언제 썼는지 직접 밝혀 놓은 것은 없다. 그러나 위

---

267) 윤하영, 『가장도서첩』 제11책, 25쪽. "吾兒尹英燮相與白公知本說. 白公事書籍爲藏之."
268) 김승태·유진·이향 엮음, 『강한 자에는 호랑이처럼 약한 자에는 비둘기처럼』(스코
　　필드 박사 자료집), 서울대학교출판문화원, 2012, 363쪽.
269) 여병현, 『가장도서첩』 제11책, 26쪽. "隱市先生性樂天, 香山去後幾經年, 古之讀社今書
　　社趣味相同勝事傳."

글의 내용만 보아도 백희배는 죽은 지 얼마 지나지 않았으며, 『도서첩』 축하시문을 받기 시작한 것은 백희배 사후로 몇 년이 지난 후였음을 알 수 있다. 아직 백희배의 죽음을 기억하는 이들이 많은 가운데 백희배를 기억하고 추모하려는 이들 또한 적지 않게 한남서림 개업 축하시문을 써 준 것을 알 수 있다. 선친 대부터 서점의 역할을 감당해 온 전통과 그 뜻[趣味]을 이어받아 백두용이 그것을 전하는 것 자체가 대단히 훌륭한 일[勝事]이라며 서점 개업과 경영의 의미를 높이 샀다.

설석(雪石) 현영운(玄暎運, 1868~?)은 총장(總長)을 지냈다. 내장경(內藏卿)과 왜학훈도(倭學訓導)를 지낸 현학표(玄學杓)의 아들로서, 일본에 건너가 게이오의숙[慶應義塾]에서 공부하며 일찍 개화 문명을 접했다. 귀국하여 박문국 주사에 임명된 이래, 일본과 가까운 개화파 관료로 활동하였다. 능통한 일본어 실력을 가지고 외아문 주사와 법부 법률기초위원, 궁내부 참여관, 시종원 시종, 궁내부 번역관과 지방의 군수 등을 차례로 거쳤다. 1904년에는 특명전권공사에 임명되어 일본에 파견되었으며, 군인으로 대한제국 육군 참장을 지내기도 했다. 현영운은 이토 히로부미의 수양딸로 알려진 여성 밀정 배정자(裵貞子, 1870~1952)의 두 번째 남편이기도 했다.

석당(石堂) 정최섭(丁最燮, 1867~?)은 참봉(參奉)을 지냈다. 『도서첩』에서는 그를 다산(茶山) 정약용(丁若鏞)의 손자라고 소개해 놓았다. 『승정원일기』(고종 43)에 그가 1906년에 경리원(經理院) 기사원(記事員)으로 근무한 사실이 기록되어 있다. 『도서첩』에 실린 글의 일부를 소개하면 다음과 같다.

> 성 안에 한남서림이 있어 가게의 간판을 머리에 달아놓았다. 주인 심재는 성격이 고상하고 도타우며 배움이 뛰어났다. 고금의 백가서를 모으고 사방에서 구해 가득 쌓아 놓으니 그 장서량이 매우 많았다.[270]

'한남서림' 간판이 높이 걸려 있었음을 알 수 있다. 또한 백두용이 고상하고 돈독한 성격의 소유자로서 학식이 높고 책을 많이 소장했다고 했다.

❙ 왼쪽 : 원래 서북학회가 낙원동에서 사용했던 건물. 1985년에 건국대 내 현 위치로 이전해 현재 '상허기념관'으로 사용하고 있다. 오른쪽 : 서북학회 건물이 있었던 낙원동 터 표지석

창오(滄吾) 최재학(崔在學, ?~?)에 관한 신상 정보는 『도서첩』에 아무 것도 기록되어 있지 않다. 다만 1908년에 서울에서 조직된 애국계몽단체인 서북학회(西北學會)[271]의 임원으로 활동한 기록이 보인다.[272] 『도서첩』에는 중국 청나라 때의 유명한 유학자였던 유염대(劉念臺)가 쓴 글([右明儒劉念臺語])을 소개해 놓았다.

동암(董庵) 김유홍(金裕弘, 1868~?)의 자(字)는 의일(毅一)이며, 승지(承旨)를 지냈다. 『도서첩』에서는 백두용을 나의 벗([吾友白斗鏞])이라고 부르면서 서점을 크게 열고 각종 서책을 모으는 일에 전념해 문기(文氣)가 충만하

---

270) 정척섭, 『가장도서첩』 제11책, 28쪽. "城中有書林翰南扁屋頭, 主人心齋君雅篤兼學優. 古今百家集蒐聚, 四方求盈貯至五車."
271) 서북학회 주요 임원으로는 이동휘(李東輝)·안창호(安昌浩)·박은식(朴殷植)·이갑(李甲)·유동열(柳東說) 등이 있었다.
272) 서북학회는 국권회복운동이 일본의 강압책으로 어려워지자 서우학회와 한북흥학회를 통합해 주로 평안도·함경도·황해도민으로 구성되었다.

다는 점을 칭찬해 마지않았다.

<제11책>에는 1863년~1868년에 태어난 인물들을 모았다. 다양한 분야 종사자들이 섞여 있는데, 자기 분야에서 이름을 날린 관료와 예술가, 독립운동가, 한학자, 교육자, 외국인 선교사 등이 다수 포함되어 있다. 백두용의 일가친척인 백시용과 백윤승의 글이 보인다. 이들은 특별히 백희배의 죽음을 안타까워하는 내용과 선친의 뜻을 받들어 백두용이 서점 경영을 하는 것이 고귀하다는 점을 높게 평가했다. 대종교를 창시한 오혁과 외국인으로서 한국학 연구의 선구자였다고 할 선교사 게일(Gale)의 글도 수록되어 있다. 한남서림이 인사동에 위치해 있으면서 간판을 커다랗게 내걸었음을 증언한 글들도 여러 편 눈에 띈다.

〈제12책〉

이름	字	号	本	생년	관직	비고
이노수(李魯洙)	군성(君聖)	수암(壽巖)	전주(全州)	1890(庚寅)		종호(鍾浩)의 아들
유길상(劉吉相)		송석(松石)				
홍우섭(洪愚燮)	성보(聖輔)	모청(帽靑)	남양(南陽)			
강태응(姜泰膺)		긍고(肯古)	진주(晉州)		주사(主事)	고환당(古懽堂)손자
류학수(柳學秀)	경렬(景烈)	우당(雨塘)	전주(全州)		전 교원(前 敎員)	
이승설(李承卨)		나운(懶雲)	전주(全州)			
윤영섭(尹英燮)		동봉(東峰)	해평(海平)			하영(夏榮)의 아들
이석규(李錫奎)		우산(又山)				
김기현(金基賢)		금사(錦菱)				
왕자천운 (王子天雲)		일육당 (一六堂)				일본인

김태호(金泰鎬)		경재(庚齋)			
철당(鐵堂)	도궁(都宮)				일본인
이용자(李蓉子)		창사(蒼姒)	완산(完山)	1896(丙申)	군수(郡守) 두연(斗淵)의 딸
이점흥(李占興)				경성여자보통학교 (京城女子普通學校)	군수(郡守) 흥우(興雨)의 딸
이소원(李少阮)			경주(慶州)	十五歲時書	주사(主事) 태영(泰榮)의 딸
박동초(朴東初)				十五歲時書	교관(敎官) 언진(彦鎭)의 딸
심능택(沈能澤)		각자(崔子)		十七歲時書	함남(咸南) 관찰사(觀察使) 응희(應熙)의 딸
하원옥(河媛玉)			진주(晉州)	十六歲時書	감리(監理) 상기(上驥)의 딸
난파여사 (蘭坡女史)		성렴(姓廉)		二十二歲時書	대구(大邱) 기생
윤차순(尹次順)				九歲時書	해평(海平) 부원군(府院君)의 둘째딸

20명

수암(壽巖) 이노수(李魯洙, 1890~?)의 자(字)는 군성(君聖)이며, 이종호(李鍾
浩)의 아들이다.

옛 사람들이 말하길, 유복자에게 황금 만 냥을 주는 것이 경전 한 구절을
가르치는 것만 못하다고 했다. 지금 심재 백두용은 경학(經學)을 연구하여 고
인에게서 깨달음을 얻은 것이 이미 많다. 이에 원각사지탑의 우편에 한남서
림이라는 가게를 세우고 옛 경서를 비롯해 제자백가의 책 수천 권을 모으고,
날마다 후진을 이끌고 그것으로 가학을 밝히니 경서 한 구절이 만 냥의 황금
보다 더 낫다. 하물며 수천 권의 책인 경우이랴. 이에 따라 아들과 손자가 번
성하게 됨이 가히 머지않음을 목도하니, 어찌 공경하여 우러러보지 않을 수

있겠는가.273)

원각사 탑 우측에, 곧 현재의 인사동 길에 한남서림이 위치해 있었노라고 했다. 경서 한 구절이 황금 만 냥보다 났다는 사실을 거듭 강조하면서 독서를 통한 정신과 사상의 고양이 가장 가치 있는 일임을 역설했다. 서점의 역할이 바로 그런 정신 고양에 있음을 간접적으로 드러낸 것이기도 하다.

송석(松石) 유길상(劉吉相, ?~?)에 관해서는 알려진 것이 없다. 『도서첩』에는 심재의 먼 조상인 창계공(蒼溪公)이 썼다는 글을 적어 놓았다. 창계공은 고려 시대에 17세에 문과에 급제해 찬성(贊成) 벼슬을 한 인물이다.

모청(帽靑) 홍우섭(洪愚燮, ?~?)은 남양(南陽) 사람으로 1899년에 의정부(議政府) 총무국(總務局)에서 근무한 기록이 남아 있다. 『도서첩』에서는 도시에 사는 은자로서 옛 선인들의 뜻과 기상을 이어받아 마음을 다스리며 책과 더불어 서점에서 살아가는 백두용의 모습을 낭만적이며 시적인 자연 풍경 묘사를 통해 우회적으로 드러냈다.

향산(香山)은 해동국에서 이름난 인재라. 옛 서점의 뜻과 기개 똑같이 품고 도시에 거하니 대은(大隱)임을 알겠도다. '心'자로 자호를 삼으니 진실한 공부를 헤아림직하다. 평생 친구의 도리 지켜 해됨이 없고, 옛 서림은 오히려 빈 곳이 없이 넘쳐 나는구나. 변함없이 묘경(妙境)의 집에 들어가 있노라면, 매화 주위에 뜬 밝은 달과 대나무 사이로 바람이 불어오는 도다.274)

---

273) 이노수, 『가장도서첩』 제12책, 2쪽. "古人云遺子黃金萬鎰不如敎子一經. 今白心齋先生研經究學得之於古人旣多矣. 乃築室於圓覺塔院之右扁以翰南書林多儲古經及諸子書累千卷, 日提撕後進以彰家學一經猶勝於萬鎰, 況累千弱乎. 從玆以往若子若孫之熾昌可指日而覩. 曷不欽仰哉."

274) 홍우섭, 『가장도서첩』 12책, 4쪽. "香山靑出海之東, 舊社猶存志氣同, 市有其居知大隱, 心爲自號見眞工, 平生友道孫無攻, 太古書林尙不空, 入室如尋佳境去, 梅邊明月竹間風."

긍고(肯古) 강태응(姜泰膺, ?~?)의 본(本)은 진주(晉州)이며, 한학자이자 개화 사상가였던 고환당(古懽堂) 강위(姜瑋, 1820~1884)의 손자로, 탁지부(度支部) 주사(主事)를 지냈다. 1895년에 일본에 건너가 경응의숙(慶應義塾)에서 공부한 바 있다.[275]

우당(雨塘) 유학수(柳學秀, ?~?)의 자(字)는 경렬(景烈)이다. 『도서첩』에는 전(前) 교원(敎員)이었다고 소개해 놓았다. 기호흥학회 임원을 역임했다.

> 동양의 대 자선가인 심재 백두용은 미욱하고 어리석은 속세를 인도하려는 단단한 마음을 가지고 널리 천하의 서적을 자주 모아 수천, 수만 권이 되자 한성 한복판에다 서점을 열었으니 청렴하고 진실한 일이다. 책을 사려 해도 거의 돈이 없는 이들이 있고 책을 사서 보려는 이들도 힘써 사색하고 마음껏 구경하는 등 서점에 날마다 사람이 많이 찾아왔다. 그의 넓은 견문과 옹골찬 재덕으로 그 시대에 문화생활을 하는 성 안 사람들은 물론, 의원과 예술인, 그리고 맹인 등의 배고픔과 갈급함까지 구제하니, 어찌 똑같은 날이라고 말할 수 있겠는가?[276]

백두용을 '동양의 대자선가'라고 평한 것이 흥미롭다. '자선가'라는 의미는 서점 개업을 통해 백두용이 책을 보기 원하는 가난한 이들에게 볼 기회를 제공해 주고 있다는 점에서, 또한 각종 종사자들의 정신적 갈급함을 해결해 줄 수 있다는 점에서 그렇게 평가한 것이라 하겠다. 당시 서점의 역할과 효용이 무엇인지를 대변해 놓은 글이라 하겠다.

나운(懶雲) 이승설(李承卨, ?~?)에 관해 자세한 행적을 알 수 없다.

동봉(東峰) 윤영섭(尹英燮, ?~?)은 윤하영(尹夏榮)의 아들이라고 『도서첩』

---

275) 김기주, 「갑오개혁기 조선정부의 대일유학정책」, 『역사학연구』 제27집, 호남사학회, 2006, 238쪽.

276) 유학수, 『가장도서첩』 제12책, 6쪽. "東洋大慈善家白心齋銳意於牖導蠢俗, 廣搜天下書籍屢千萬卷, 開肆於漢城之中央廉其眞. 而發售有幾無資而購覽者勸念恣觀門庭日成市, 其所博見聞飽才德, 濟一世于文化之城者與其醫藝盲救飢渴, 豈可同日言哉."

에서 소개해 놓았으나, 그 밖의 행적에 관해서는 자세히 알 수 없다. <제 11책>에 부친 윤하영의 글이 실려 있다. 『도서첩』 수록 글을 보자.

오늘날 옛 책에 푹 빠져 읽는 풍조가 사라지는 것을 심재 거사가 홀로 격정해 한남서림을 만들어 천 권, 만 권의 책을 소장했으니, 이는 사람들이 힘써 넉넉히 공부할 수 있기를 기대하기 때문이다.[277]

위에서 '옛 책'이란 『삼분(三墳)』과 『이전(二典)』으로 대표되는 고서를 의미한다. 그런데 이런 훌륭한 고서를 점차 가까이 하지 않으려는 경향이 있어 일부러 한남서림을 열어 누구든지 고서를 접하고, 공부할 수 있도록 하고자 했다고 했다. 이는 앞서 여러 사람의 글에서도 확인되는 바로서, 한남서림이 고서만을 고집하며 당시 서점업계(출판업계)와 차별화된 경영전략을 추구한 이유를 엿볼 수 있는 근거로 충분하다.

우산(又山) 이석규(李錫奎, ?~?)는 이석규(李碩圭)라는 다른 한자를 사용하기도 했다. 친일단체인 일진회(一進會)의 회장으로 매국에 앞장섰던 이용구(李容九)(제10책)의 둘째 아들이다. 1937년에 아버지가 창시한 시천교(侍天敎)를 친일 정치단체로 전환시킨 후, 이듬해에 태평양전쟁에 협력한다는 강령을 내세워 시천교를 대동일진회로 다시 발족시켜 이끌었다. 『도서첩』에는 다음과 같은 글을 남겼다.

김경창(金慶昌)이 나에게 심재 선생의 됨됨이와 기량(器量)에 대해 말해주었다. 대대로 쌓아 내려오는 아름다운 덕[世德]을 이어받아 도시에 숨어 시문을 짓거나 서화를 그리는 일을 하며 스스로 즐거워하며 지내니, 한남서림이 바로 그 서점으로 아들 대에 그 일을 이루었다. 내가 세상에 선비가 많다

---

277) 윤영섭, 『가장도서첩』 제12책, 8쪽. "今日沈沈墳典沒, 心齋居士獨爲憂翰南書市萬千卷, 期使其人學力優."

고 말했는데, 내 생각에 어진 사람은 적다. 만약 할 수 있는 재능을 가지고 있으면서 할 수 있는 것을 모두 행하고 잃고 얻음을 걱정하지 않는다면, 그런 이야말로 진실로 어진 선비라 할 것이다. 지금 선생은 세상일에 뜻을 두지 않아 시문 짓는 재주를 드러내지 않고 시가(市街)에 묻혀 지낸다. (이로 보아) 나는 소위 현자는 아니다. 김 군이 나에게 글을 부탁해 왔기에 선생에게 질정을 바라는 마음에서 사양하지 않고 몇 마디의 말을 적었다.278)

김경창(金慶昌)이란 인물이 누군지 알 수 없지만, 백두용의 성품까지 이석규에게 자세히 알려주고 『도서첩』을 만들기 위한 글을 부탁하기까지 한 것으로 보아 한남서림, 또는 백두용 집안과 매우 관계가 깊었던 사람이었을 것이다. 이석규도 백두용이 세덕(世德)을 지닌 시은(市隱)이라는 사실을 강조하며, 현자가 따로 없다고 했다. 또한 한남서림이 백희배 대에서 시작한 것을 백두용이 이어받았노라고 했다. 이로 볼 때, 초기에 조그맣게 시작한 서점을 선친의 뜻을 이어 받아 백두용이 간판까지 크게 내걸고 확장 개업했으며, 이를 기념하기 위해 『도서첩』을 만들고자 1913년부터 여러 인사들에게 글을 청탁하고 모았던 정황까지 짐작할 수 있다. 세상에 선비는 많지만 '어진 선비'는 드물다고 하면서 백두용이 바로 '어진 선비'임을 강조했다. 위 글은 '癸丑九月望翌朝', 곧 계축년(1913) 음력 9월 16일 아침에 쓴 것이다.

금사(錦蓑) 김기현(金基賢, ?~?)에 관해서는 『도서첩』에 언급된 것이 아무 것도 없다. 그러나 1912년 『조선총독부관보』(1912.3.15.)에는 판사였던 김기현을 조선총독부 검사에 임명한다는 내용의 기사가 간략히 적혀 있어 법조계에서 활동한 인물이었을 것으로 추정된다.279)

---

278) 이석규, 『가장도서첩』 제12책, 9쪽. "金君慶昌氏爲余言心齋先生之才也之器也. 克肯世德隱於市以文墨自娛翰南書林卽其鋪也, 子盖一就焉, 余謂天下士多矣, 惟賢者小, 若其以可爲之才有有爲之悉而能不患得失則固士之賢也. 今先生不屑於世, 乃掇其文藻晦韜於城市中, 余所謂賢者非耶. 金君要余書此數語以就正于先生, 余不辭."

일육당(一六堂) 왕자천운(王子天雲, ?~?)은 일본인으로 추정되나, 자세한 것을 알 수 없다. 『도서첩』에는 '亞中龜形'이라고 작게 쓴 글자 위에 그림(문양)을 그려놓고, 그 왼쪽에는 '作寶用'이라는 세 글자를 세로로 적어 놓았다. '亞中龜形'는 '아(亞)' 자(字) 안에 거북이(龜)가 들어 있는 형상이라는 의미인데, '아(亞)' 자(字)와 거북이 '귀(龜)' 자(字)는 모두 수복강령을 기원하는 글자로 각종 문양에 자주 사용되곤 했다.

경재(庚齋) 김태호(金泰鎬, ?~?)는 일제 강점기에 관료였던 사실 외에 알려진 것이 없다. 『도서첩』에는 다음과 같은 시를 남겼다.

> 한 서루에 만 권 책 높이 쌓여 있는 걸 보니
> 비로소 중국 가사산(架偌山)에 쌓인 것이 어떠한지 알겠네.
> 당·송·원·명대의 회화 보물을 소장하고 있음이여.
> 서로 만나 술잔을 기울이다가도 손님을 맞으러 일어나네.[280]

철당(鐵堂, ?~?)은 자(字)가 도궁(都宮)이며 일본인이라고 소개했다. 『도서첩』에는 7언 절구시를 적고 그 옆에다 가타카나(カタカナ)로 일본어 음을 달아 놓았다. 시 전문은 다음과 같다.

> 고고한 선비 세상 피해 숨어 휘파람 노래 부르며 지내다가
> 세상의 소식 어떠한지 물어보네.
> 집안 가득 쌓인 서적 전하는 것이 가업이라

---

279) 대동서시(大東書市)의 주인이었던 김기현(金基鉉)과 동일인이었을 가능성을 배제할 수 없다. 비록 이름의 마지막 한자 '鉉'이 『도서첩』에 기재된 '賢'과 다르지만, 출판인이자 서점 주인이었던 김기현의 호를 알 수 없는 상황에서, 이름 한자를 잘못 썼을 가능성까지 열어 둘 필요가 있다. 흔히 최초의 서점으로 언급되는 '大東書市'를 경영한 김기현은 1910년에 나라를 빼앗긴 이후에 서점업을 그만두었다.

280) 김태호, 『가장도서첩』 제12책, 12쪽. "見一樓高萬卷書 / 始知鄴架偌山儲 / 寶藏唐宋元明畵 / 盃酒相逢敍起居"

삼 만 개 책 꼬리표[牙籤] 그 누가 많다 적다 하겠는가.[281]

일본인 철당(鐵堂)도 백두용이 세상에 숨은 은자이자 고고한 선비로서 집안 가득 쌓여 있는 책을 타인에게 전하는 것이 가업이 되었다며 2대에 걸친 서점 운영을 암시해 놓았다. 삼 만 권의 책 사이마다 꼬리표(표식)가 잔뜩 붙어 있다는 것은 서적을 가지런히 정리해 놓았으며 그 양 또한 압도적으로 많았다는 사실을 강조해 놓았다.

창사(蒼姒) 이용자(李蓉子, 1896~?)는 <제3책>에 소개한 군수 이두연(李斗淵)의 딸이다. 1906년에 서울에서 설립된 여자교육기관인 양규의숙(養閨義塾)에서 수학했다. 『도서첩』에서 '以下女史'라고 하여 이용자 이후 시문을 지은 필자들이 모두 여성임을 밝혀 놓았다. 한남서림에서 1920년에 간행한 『대방초간독』에도 이용자가 쓴 글과 그림이 보인다. 그녀가 『도서첩』에 남긴 글은 다음과 같다.

> 한강 이북에 위치한 서점
> 선생은 옛 사람을 좋아하시네.
> 떠들썩한 명성 계속 이어지니
> 만 년 동안 봄날같이 빛나리라.[282]

백두용이 고서와 고인을 좋아했던 사실이 이미 세간에 널리 퍼져 있었음을 알 수 있다. 말미에 '癸丑流月漢南蒼姒李蓉子'라 적어 놓아 계축년(1913) 음력 6월[=流頭가 있는 달]에 썼으며, 그녀는 한강이남 지역에 살았음을 알 수 있다.

---

281) 철당, 『가장도서첩』 제12책, 13쪽. "高士隱淪嘯也歌 / 紅塵消息問如何 / 五車書籍傳家業 / 三萬牙籤孰少多"

282) 이용자, 『가장도서첩』 제12책, 14쪽. "漢北書林館 / 先生好古人 / 盛名絲以繩 / 可耀萬年春"

이점홍(李占興, ?~?)은 군수 이흥우(李興雨)의 딸로 평안남도 순천군에 있던 유년여학교(幼年女學校)를 나와 관립(官立)인 경성여자고등보통학교(京城女子高等普通學校, 현 경기여고의 전신)에서 교편을 잡았다. 이점홍이 『도서첩』에 남긴 글의 전문은 다음과 같다.

옛날에 중국의 평원군(平原君)283)이 선비(식객)를 좋아했다. 조나라 땅에 사는 선비들과 여인들이 혼탁한 세상에서 이 아름다운 공자에게 점수를 따기 위해 경쟁적으로 얼굴을 꾸미고 간드러지는 말을 했으니, 대개 그를 흠모하는 마음이 매우 깊었다. 가만히 들으니 심재 백 선생이 서적을 수집해 구류백가(九流百家)의 책에 수 만 개의 꼬리표를 붙일 정도로 많다고 한다. 또한 『예기』의 「내칙(內則)」 편과 『규범(閨範)』 등 여러 편(篇)으로부터 여류 시인 설교서(薛校書)284) 이야기, 소야란(蘇若蘭)285) 이야기, 열녀, 명문가 규수[名媛]

---

283) 평원군(?~BC. 251?)의 본명은 조승(趙勝)이며, 평원(山東省 平原縣 남쪽)에 봉해진 까닭에 평원군으로 불렸다. 전국시대 조(趙) 나라 무령왕(武靈王)의 아들로, 3차례 재상이 되었으며, 현명하고 붙임성이 있어 식객(食客) 3,000명을 먹였다고 한다. 어느 날 그의 애첩이 누각 위에서 한 절름발이를 보고 비웃자, 그 절름발이가 그 첩을 처단할 것을 요구했지만 평원군이 이를 시행하지 않아 식객이 점점 줄어들자 결국 애첩을 죽이니까 다시 식객이 많아졌다는 일화가 유명하다.

284) 당(唐)나라의 유명한 여류 시인으로, 본명은 설도(薛濤)이고, 자는 홍도(洪度)이다. 선천적으로 음률에 능통하여 시가를 잘 지었던 그녀는 당시 유명한 사대부들, 예를 들어, 위고(韋皐)·원진(元稹)·백거이(白居易)·두목(杜牧) 등과 창화(唱和)하였다. 특히 위고는 천서절도사(川西節度使)가 되어 그녀와 함께 술을 마시며 시를 지었으며, 그녀를 교서랑(校書郎)에 제수하려고 황제에게 주청하기까지 했다. 비록 호군(護軍)들의 반대로 그 뜻을 이루지는 못했지만, 그 뒤로 사람들이 그녀를 '설교서(薛校書)' 혹은 '여교서(女校書)'라고 불렀다고 한다.

285) 진(晉)나라의 『열녀전(烈女傳)』에 나오는 두도(竇滔)의 처 소혜(蘇蕙)를 말한다. 남편 두도가 먼 곳으로 좌천되어 갈 때 소혜를 놓고 첩만 데리고 가자, 시문(詩文)에 능했던 소혜가 비단을 짜고 그 속에다 840자의 회문시(廻文詩)를 넣어 보냈다고 한다. 이를 받아 본 남편 두도가 감동하여 소혜를 임지로 불러들여 함께 지냈다고 한다. 소약란이 비단에 수놓아 지었다는 회문시가 유명하여 이를 '직금회문(織錦廻文)'이라 하며, 이것이 흔히 아름답고 뛰어난 문학작품을 일컫는 말로도 사용된다. 『소약란직금도(蘇若蘭織錦圖)』도 유명하다.

이야기, 한악(韓偓)의 향렴(香奩)시[286], 이옥봉(李玉峯)의 한시 「규정(閨情)」[287] 등 없는 작품이 없다고 한다. 나이 들어 늙을수록 누워 즐길 만한 자원이 있다면 바로 이런 책들로 가득한 서점일 것이다. 만약 조나라의 선비와 여인들로 하여금 이것을 듣게 한다면, 그 공경하고 사모하는 정이 어찌 특별히 그 얼굴을 가꾸는 것에서 그치겠는가?[288]

백두용이 많은 책을 소장하고 서점에서 각종 책을 대하며 은자로서 선비다운 생활을 할 수 있음을 흠모한다고 한 것은 앞서 소개한 이들의 글들과 차이가 없다. 그러나 여러 고사를 인용하되, 특별히 중국과 국내의 유명한 여류 문인들과 그들의 작품들을 언급함으로써 관심사가 남성 작가들과 사뭇 달랐음을 확인할 수 있다. 특별히 여학교의 교사로서 활동했기 때문에 더더욱 여성의 삶과 예의 규범을 가르치기 위한 전고나 예시를 많이 알고 있었던 것으로 보인다. 여성들이 관심 가질 만한 규범서나 계녀서 류의 책들도 한남서림에 많이 구비되어 있었음을 짐작할 수 있다.

이소원(李少阮, ?~?)은 주사(主事) 이태영(李泰榮)의 딸이라고 소개되어 있으며 『도서첩』에 시문을 썼을 때의 나이가 15세라고 했다.

박동초(朴東初, ?~?)는 교사였던 박언진(朴彦鎭)의 딸로, 『도서첩』에 글을 썼을 때가 15세였다고 했다. 그녀가 축하글을 쓴 것은 '歲昭陽赤奮若中秋之望' 무렵이었다. 이때 '소양(昭陽)'은 십간(十干) 중에서 열 번째에 해당하

---

286) 장준영, 「한악(韓偓) 향렴(香奩)시 小考」, 『중국학연구』 제27집, 중국학연구회, 2004, 51~78쪽.

287) 조선 중기에 이옥봉(李玉峰)이 지은 5언 절구시로 그녀의 시집인 『옥봉집(玉峰集)』에 실려 있다. 임을 기다리는 마음을 재치 있게 잘 묘사한 작품으로 널리 알려져 있다.

288) 이점홍, 『가장도서첩』 제12책, 15쪽. "昔平原君好士, 趙州士女以謂褊褊獨世之佳公子爭繡其面, 盖其欽慕之深也. 竊聞心齋白先生蒐集書籍爲數萬籤九流百家輿, 夫內則閨範等篇 至於薛校書蘇若蘭烈女名媛香奩閨情無不畢致以作, 衰年臥遊之資云, 此直盛祉也. 若使趙州士女聞之其敬慕之情, 奚特繡其面而止也."

는 '癸'를, '적분(赤奮)'은 십이지(十二支)에서 두 번째에 해당하는 '丑'을 뜻하므로, 결국 '계축년(1913) 음력 8월 16일'에 쓴 것임을 알 수 있다. 『도서첩』 수록 글은 다음과 같다.

> 하우씨는 솥에다 탕각(湯刻)을 아로새기고, 소반에다 공적을 기록하고, 말로써 훈계하는 신계(申戒)를 후인에게 전해 주었다.[289]

백두용 또는 한남서림과 직접 관계된 언급은 아니지만, 후손에게 대대로 중요한 사실을 기록하고 전해주는 일이 소중한 것임을 들어 서점업이 그와 같은 가치와 의미를 갖는다고 말하고자 한 것이 아닌가 짐작된다.

각자(刻子) 심능택(沈能澤, ?~?)은 함경남도 관찰사였던 심응희(沈應熙)의 딸로 17세의 나이에 축하문을 썼다고 했다.

> 서림은 본디 하나였는데, 옛 자취를 힘써 찾아 구하는데 가장 앞장 선 곳이 한남서림이었다. 대개 소장한 책이 집안에 가득 차 있을 뿐이니 도시에 살면서 독서에 탐닉하고 즐기는 선비들 중에 책이 없다면 (서점이) 능히 도와줄 수 있다. 이로써 축하의 말을 쓴다. 백 선생이 즐기는 뜻에 비할 바 못된다.[290]

고서를 힘써 구해 많은 책을 소장하고 있는 곳이 한남서림이라고 전제한 뒤, 서점의 역할을 강조하며, 서점의 가치를 부여했다. 즉, 책을 읽기 원하지만 책이 없어 읽지 못하는 이들에게 도움을 줄 수 있기 때문

---

289) 박동초, 『가장도서첩』 제12책, 17쪽. "禹鏤其鼎湯刻, 其盤記功申戒貽則後人"
290) 심능택, 『가장도서첩』 제12책, 18쪽. "書林固一也. 而歡尋求古蹟必先翰南書林, 盖其書籍之藏不啻汗牛充棟, 若藏而不市其於耽翫之士烏能有輔也. 庸賀, 白先生之誄志於比."

에 서점이 필요하다는 논리로 한남서림 개업을 축하한다고 했다.

하원옥(河媛玉, ?~?)은 감리(監理) 하상기(河上驥)의 딸이다. 본(本)이 진주이며, 16살이라고 소개했다. '德動天鑒, 祥開日華'(덕에 감동한 하늘이 굽어 살펴보시고, 상서한 기운을 받아 문을 여니 날마다 번창한다)라는 짧은 축하문을 남겼다. 글은 '時癸丑梧秋下浣', 곧 계축년(1913) 음력 9월 하순에 쓴 것이다.

난파여사(蘭坡女史, ?~?)는 대구 기생이며, 『도서첩』에 쓴 글은 22세에 지은 작품이라고 했다.

윤차순(尹次順, ?~?)은 해평(海平) 부원군(府院君)의 둘째딸로 『도서첩』에는 '翰南書林'라는 네 글자를 크게 써 놓았다. 이때 그녀의 나이는 9세였다. 『도서첩』 참여자 중 가장 나이가 어렸다.

<제12책>에는 앞선 총 11책까지 남성만 소개되어 있던 것과 달리 총 8명의 여성의 시문을 따로 묶어놓았다. 그리고 이 중 기생인 난파여사를 제외한 7명은 모두 9세~17세의 어린 여성들이었다. 앞서 소개된 인물들과 달리 대부분 생년이 기재되어 있지 않은 것으로 보아 편집자 백인해가 개인적으로 이들을 잘 모르거나 젊은 사람들이라 정보가 많지 않았기 때문이 아닌가 싶다. 특별히 나이 어린 여성들이 『가장도서첩』에 시문을 남긴 것은 백두용과의 직접적 친분 관계 때문보다는 그들의 부친이나 친척이 백두용과 인연이 있거나 가족 간 교류가 있었기 때문으로 추측된다.

이상으로 『도서첩』 전 12책에 기록된 인물들에 관해 간략히 소개해 보았다. 『도서첩』 참여자들은 1840년~1860년대 생이 가장 많았다. <제1책>~<제5책>까지는 늦어도 1850년대에 태어난 인물들이며, <제10책>에 1850년대 후반~1860년대 전반 출생자들, 그리고 <제11책>에는 1860

년대 후반 출생자들이 대부분이다. 따라서 1870년대 이후 출생자들은 <제6책>~<제9책>과 <제12책>에 수록되어 있는 셈이 된다. 백두용이 1872년생인 것을 감안할 때, 이들은 백두용과 비슷한 나이의 지인, 또는 후배들보다는 선배들이 훨씬 더 많았음을 알 수 있다. 특히나 <제1책>~<제5책>에 수록된 이들 중에는 백두용과 2~3대 차이가 나는 이들도 적지 않다. 이들의 참여는 백두용보다는 부친 백희배와 평소 친분이 있었거나 집안끼리 잘 알고 지냈다거나 사회적 교분이 있었기 때문이었다.

『도서첩』 참여자들은 다수가 과거시험에 합격해 관료로 활동했던 인물들이다. 백인해가 관직을 밝혀 놓은 참여자들만 해도 총 249명에 이른다. 그런데 다소 주관적일 수 있지만, 관직이 아닌, 다른 관점에서 행적을 확인할 수 있고 공과가 알려진 인물들을 대상으로 분류해 보면 다음과 같다.

항목	인원	명단
독립운동/ 항일운동자	28명	권익상(제7책), 백용성(제6책), 오 혁(제11책), 이상천(제11책), 한만용(제4책), 김가진(제1책), 민달식(제2책), 유 근(제10책), 이윤종(제11책), 홍승영(제2책), 김세영(제11책), 민찬호(제2책), 윤주찬(제5책), 임병항(제7책), 홍필주(제5책), 김윤식(제1책), 박준승(제5책), 윤효정(제5책), 조완구(제7책), 하봉수(제11책) 김 일(제10책), 서학순(제5책), 이두연(제3책), 최동식(제5책), 박동초(제12책), 여병현(제11책), 이상재(제10책), 최재학(제11책),
친일 활동자	66명	강필우(제9책), 민종묵(제1책), 윤하영(제11책), 이해승(제8책), 현 채(제3책), 고영희(제4책), 민철훈(제3책), 윤희구(제11책), 이해창(제11책), 홍긍섭(제4책) 공성학(제7책), 민형식(제7책), 이규환(제5책), 장석주(제2책), 권순구(제8책), 민홍기(제8책), 이근명(제1책), 장지연(제10책), 권주상(제9책), 박경양(제11책), 이 기(제3책), 정만조(제5책), 권중현(제8책), 박용대(제4책), 이병교(제3책), 정봉시(제3책), 김교성(제10책), 박제환(제2책), 이병소(제7책), 정주영(제2책), 김동훈(제4책), 백철용(제10책), 이봉로(제6책), 정한조(제1책), 김성근(제1책), 성기운(제4책), 이승현(제5책), 조동희(제3책), 김영철(제1책), 성하국(제4책), 이완용(제6책), 조병건(제4책), 김용진(제7책), 송헌빈(제11책), 이용구(제4책), 조중응(제10책), 김학진(제1책), 신우균(제7책), 이원용(제7책), 조희연(제3책), 남규희(제2책), 여규형(제4책), 이재곤(제2책), 한상용(제7책), 남장희(제11책), 예종석(제6책), 이재정(제1책), 한영원(제6책), 남정철(제1책), 윤영구(제6책), 이정로(제1책), 한진창(제5책), 민병석(제2책), 윤택영(제7책), 이준용(제1책), 현 은(제2책),
문인 (작가)	5명	원세순(제1책), 김정순(제4책), 이유형(제10책) 여규형(제4책), 박건회(제6책),
예술가 (서화가/화가)	11명	강진희(제4책), 김돈희(제6책), 김유탁(제6책), 정대유(제4책), 강필주(제3책), 김석준(제1책), 윤근수(제11책), 홍림(제7책) 등. 고응원(제6책), 김용진(제7책), 윤영기(제1책),
종교인	5명	대종교(단군교) / 오 혁(제11책), 이 기(제3책), 이유형(제10책) 불교 / 박한영(제10책), 백용성(제6책) 등.
실업가	2명	공성학(제7책), 손봉상(제10책)
언론인	5명	윤영기(제1책), 강필주(제3책) 김유탁(제6책), 윤근수(제11책), 장지연(제10책)
군인	3명	강필우(제9책), 신우균(제7책), 이병교(제3책)

위 결과는 참여자들을 임의적 기준으로 분류한 것에 불과하다. 더욱
이 한 인물의 전 생애를 고려한다면, 이렇게 단순하게 평가내릴 수 없음
또한 자명하다.[291] 주요 활동 내용의 경우 중복되는 경우도 있다. 이런
분류는 개인에 대한 종합적 평가에 초점을 두고자 한 것이 아니라『도

서첩』 참여자들의 전체적 특성을 가늠해 보고자 한 것에 불과하다.

그런데 위 분류에 의거한다면, 전체 참여자들 중 친일 활동가와 독립 운동가가 적지 않은 비율을 보인다. 이는『도서첩』참여자들이 전체적으로 정치와 관계된 인사들이 많았음을 방증한다. 그리고 직업상 예술(화가와 서예가)과 종교 분야, 그리고 문인과 출판언론계 인물들도 적지 않은데292) 이는 백두용과 그의 집안이 평소 교유하던 직업군과 활동 반경을 간접적으로 보여준다고 하겠다. 화원 출신 집안의 사람으로 고서를 취급하던 백두용과 친분 관계를 형성했던 이들 역시 그의 관심사와 관계된 일에 종사하던 이들이었다고 할 것이다.

그 밖에『도서첩』참여자들을 특정 기관 내지 단체에 소속되어 활동한 회원 사항으로 살펴보는 일이 가능하다. 이것은 백희배와 백두용이 직접 그 단체(모임)에 참여했거나 간접적으로 관계를 맺고 있었음을 짐작케 하는 것으로, 당시 백희배와 백두용의 사회활동과 단체 활동의 단면을 엿볼 수 있는 단서가 된다는 점에서 의미가 있다. 특정 단체에 속했던 회원들 다수가『도서첩』에 글을 남긴 경우를 중심으로 단체명과 명단을 정리해 보면 다음과 같다.

---

291)『친일인명사전』(민족문제연구소, 2009)에 이름이 올라온 인물들은 모두 '친일 활동자' 항목에 포함시켰다. 그러나 이는『도서첩』참여 당시(1913년 경) 참여자들에 대한 평가도 아니며, 참여자들의 친일 여부를 파악하려는 것은 더더욱 아니다. 다만『도서첩』전체 참여자들의 대략적 성향을 가늠키 위한 목적에서 범박하게 나눠본 것에 불과하다.

292) 한남서림 개업 직후, 즉 1910년대 초반까지로 시기를 국한해 이들의 면면을 고려한다면, 친일파였다는 평가보다는 아직 그 당시 관료, 또는 학자, 예술가로서 자기 분야에서 이름이 높았던 인물들이었다는 평가가 온당해 보인다.

[표 6] 『가장도서첩』 참여자들의 주요 활동 단체명

기관명	연도	회원
대한자강회	1906~1907	유근(제10책), 윤효정(제5책), 임병항(제7책), 장지연(제10책) 등.
대동학회	1907~1909	김가진(제1책), 김학진(제1책), 이완용(제6책), 정교(제2책), 정봉시(제3책), 조병건(제4책), 조중응(제10책) 등.
대한협회	1907~1910	유근(제10책), 윤효정(제5책), 장지연(제10책), 정교(제2책), 정봉시(제3책), 지석영(제3책), 홍필주(제5책) 등.
자신회(自新會)	1907~?	오혁(제11책), 윤주찬(제5책), 이기(제3책), 홍필주(제5책) 등.
기호흥학회	1908~1910	김규동(기호흥학회월보 발행인/제7책), 김윤식(3대회장/제1책), 박기화(제6책), 성하국(찬무원/제4책), 유근(평의원/제10책), 유학수(제12책), 윤상현(제10책), 윤효정(기호학교 교장/제5책), 이상익(기호학교 교사/제7책), 이상재(평의원/제10책), 이용직(초대 회장/제3책), 정교(평의원/제2책), 정만조(기호학회 교사/제5책), 지석영(부회장/제3책), 현채(제3책), 홍필주(4대 회장/제5책) 등.
서북학회	1908~1910	최재학(제11책)
조선사편찬위원회 (조선사편수회)	1916~1945	권중현(제8책), 내등호차랑(內藤虎次郞/제6책), 윤영구(제6책), 이병소(제7책), 이완용(제6책), 정만조(제5책), 현채(제3책) 등.
서화협회	1918~1936	강진희(제4책), 강필주(제3책), 고응원(제6책), 김가진(제1책), 김돈희(제6책), 김유탁(제6책), 윤영기(제1책), 정대유(제4책) 등.
산벽시사 (珊碧詩社)	1920년대?	김돈희(제6책), 민형식(제7책), 박한영(제10책), 윤희구(제11책), 이기(제3책), 이응균(제8책), 정대유(제4책) 등.

백두용은 기호흥학회 찬무원(贊務員)으로 활동한 적이 있다. 이때 고유상(高裕相), 현채(玄采), 이인직(李人稙), 김정진(金正珍) 등 서점주인과 작가들이 다수 기호흥학회 찬무원으로 활동했다. 그리고 현채(제3책)와 성하국(제4책)도 백두용처럼 찬무원으로 있었다. 후에 백두용은 조선도서주식회사(朝鮮圖書株式會社)의 대주주로 활동하는가 하면(1922), 단군신전봉찬회(檀君神殿奉贊會) 창립총회에 참여(1931)하는 등 사회 활동을 전개했는데, 비록 『도서첩』 간행 후 십여 년 이상 흐른 후에 한 활동이지만, 『도서첩』 참여자들 중에는 출판업계와 단군교(대종교)와 직간접적으로 관계된 인물 또한 적지 않다는 점에서 이들과의 교유가 지속적으로 이루어졌음을 확인할 수 있다.

서화협회의 경우, 『도서첩』참여 시기보다 늦은 1918년에 결성된 단체이지만, 백희배와 백두용과 일찍부터 잘 알고 지내면서 그림과 서예 분야에서 지속적으로 활동한 이들이 만든 단체라 포함시켰다. 참여자 중에 화가들이 특히 많다. 백희배와 임천 백씨 집안이 화원 출신 집안으로 유명했기 때문에 그 분야로 관계가 더욱 밀접했던 것으로 보인다. 원래 서화협회 이전에는 이완용, 조중응(제10책), 조민희가 자금을 대 만든 미술협회가 1911년에, 김윤식(제1책)과 조중응(제10책)의 후원 하에 설립된 김규진(金圭鎭)의 서화연구회가 있었다. 이 두 협회가 모여 서화협회로 거듭나게 된 것이다.293) 강진희(제4책), 강필주(제3책), 고응원(제6책), 김가진 (제1책), 김돈희(제6책), 김유탁(제6책), 윤영기(제1책), 정대유(제4책) 등은 미술계에서도 내노라 하던 인물로 친일 성격의 경성서화미술원이나 서화협회를 만들거나 그 단체의 회장 또는 회원으로 활동했다.294) 그리고 이들과 함께 이런 단체에서 정치 활동을 한 인물들도 다수 『도서첩』에 참여했다. 김윤식(제1책), 민병석(제2책), 조중응(제10책) 등이 그러하다. 따라서 실제 화가이거나 정치인이면서 서화 관련 단체에서 함께 일하던 이들이 백두용의 한남서림 개업을 축하하는 일에 대거 참여했다는 것은 그만큼 백두용과 백희배의 인맥이 넓고 두터웠음을 보여준다.

그런가 하면 『도서첩』참여자 중에는 백두용의 스승인 최성학(제1책) 문하에서 함께 공부했던 동학으로 고응원(제6책)과 김우균(제7책), 그리고 최성학의 아들 최규원(제7책)이 백두용과 특별한 교유 관계를 형성했던 이들이라 하겠다. 당시 최고 지식인 15명이 참여했던 한시 창작 모임인 산벽시사도 박한영(제10책) 석전 스님을 중심으로 여러 제자들이 뜻을 모았는데, 이들 중 절반에 해당하는 7명이 이미 『도서첩』에 참여했다는 것

---

293) 안현정, 『근대의 시선, 조선미술전람회』, 이학사, 2012, 110쪽.
294) 홍선표, 『한국근대미술사』, 시공사, 2009, 116~117쪽.

은 일찍부터 서로 교류했을 가능성이 컸다고 하겠다.

그밖에 위 표에 포함시키지 않았지만, 참여자들 간에 공통점을 찾을 만한 것이 여럿 있다. 먼저 1912년부터 조선총독부 산하에 참사관실을 두고 각종 서류 정리와 서적 관리를 병행했는데, 이때 참여했던 여러 명도 『도서첩』에 글을 남겼다. 국분상태랑(國分象太郞)(제10책)이 책임자로 있었고, 직원으로 김돈희(제6책), 송영대(제4책), 정만조(제5책) 등이 그들이다.

『도서첩』 참여자 중에는 『한국서화인명사서(韓國書畵人名辭書)』295)에 등재된 인물만 해도 16명을 헤아린다. 이는 서예가와 화가, 또는 화원을 망라한 것으로 김가진(제1책), 김돈희(제6책), 김석준(제1책), 김성근(제1책), 김윤식(제1책), 남정철(제1책), 민병석(제2책), 민형식(제7책), 박기준(제7책), 유한춘(제3책), 윤용구(제3책), 이기(제3책), 이용직(제3책), 정대유(제4책), 정만조(제5책), 현채(제3책) 등이 그러하다. 여기에는 『도서첩』에 직접 참여하지 않았지만, 한남서림 간판을 써 준 정학교, 백두용의 부친인 백희배와 당숙인 백은배, 그리고 배전(裵婰)의 이름도 보인다.

그리고 『도서첩』 참여 화가들 중에는 역과 출신이 많다는 점에서 중인 화원 출신의 백두용 집안과 공통점이 많아 더 가까운 관계를 형성해 나갔다고 하겠다. 역과 출신으로 『도서첩』 참여했던 이들로는 강진희(제4책), 고영주(제1책), 백낙용(제4책), 백시용(제11책), 백필용(제7책), 안상원(제7책), 오경희(제4책), 이근배(제4책), 이기(제3책), 이희원(제2책), 현채(제2책) 등이 있었다.

이 밖에 2대가 함께 『도서첩』에 글을 남긴 경우도 있다. 부자지간인 최성학(제1책)과 최규원(제7책), 남정철(제1책)과 남장희(제11회), 윤하영(제11책)과 윤영섭(제12책), 이용구(제10책)과 이석규(제12책)가 그러하다. 반면, 이

---

295) 김영윤, 『韓國書畵人名辭書』, 한양문화사, 1959, 430~472쪽. 오세창의 『근역서화징(槿域書畵徵)』을 참고하고 인원을 추가해 만든 것이다.

두연(제3책)과 그의 딸인 이용자(제12책)는 부녀지간으로『도서첩』에 글을 남겼다. 그런가 하면 윤하영(제11책)의 부친인 윤승구는 직접 글을 남기지는 않았지만, 그의 친인척 형제인 윤용구(제3책)와 윤영구(제6책)가 참여함으로써 윤씨 집안과 백두용 집안이 가깝게 교류했음을 짐작해 볼 수 있다.

참여자 중에는 외국인도 여럿 눈에 띈다. 일본인이 10명으로 가장 많고, 중국인 1명에 서양인 2명이 포함되어 있다. 2명의 서양인은 프레데릭 스타(Frederick Starr, 1858~1933)(제8책)와 게일(Gale, 1863~1937)(제11책)이다. 스타 교수는 인류학을 전공한 교수이자 대중적 교육자로서 1911년에 한국을 방문한 이후 몇 차례 더 한국을 찾아왔다. 그 후 그는 미국에서 한국 관련 글과 책을 발표했는데, 그가 한국학 관련 글을 발표할 수 있었던 배경에는 한국 체류 당시 백두용과 알고 지내며 많은 한국 관련 고서를 구할 수 있었던 것이 컸다.

그런가 하면 게일(한국명 기일[奇一])은 영국 선교사로 최초의 한-영 사전을 편찬하고, 한국어성경과 영문으로 된 한국역사책을 처음으로 펴내기도 한 개화기 지한파 인사이자 한국학 연구자이다. 우리나라 최초의 번역소설이라 할『천로역정』을 한글로 번역했을 뿐더러『구운몽』과『춘향전』등을 영문으로 번역해 서구에 소개한 장본인이기도 하다. 그가 남긴 한국 관련 글과 책들은 현재 캐나다 토론토(Toronto) 대학교 토마스 피셔(Fischer) 희귀본 도서관(rare book library)에 보관되어 있다.『도서첩』수록 그의 영문 축하문은 "You're my friend"로 시작하는 브라우닝의 시를 소개해 놓았는데, 백두용에 대한 그의 마음을 단적으로 표현해 놓은 것이라 하겠다. 더욱이 앞서 언급했듯이,『도서첩』수록 스타 교수의 증언대로라면, 게일 선교사가『구운몽』과『춘향전』등 고전소설 작품에 관한 정보를 얻고 번역 텍스트로 삼았던 책들 중에는『한남서림』에서 간행한

도서, 또는 백두용을 통해 직접 얻은 것들이 포함되어 있을 가능성이 대단히 높다.

『도서첩』에 참여했던 일본인 중에는 이토 히로부미의 통역관으로 활동하고 총독부 서기관장까지 지낸 국분상태랑(國分象太郎)(제10책), 한국에 관한 한시「남산잡영」등을 남기고 조선총독부 산하 참사관실에서 도서 정리를 맡았던 천엽창윤(千葉昌胤)(제8책), 일본의 대표적 간도 문제 연구가 였던 내등호차랑(內藤虎次郎)(제6책), 그리고 출판사 사주와 저술가로, 언론 인으로 활동한 덕부저일랑(德富猪一郎)(제5책) 등을 기억할 만하다. 이들은 일본의 조선 침략을 위한 선봉에 선 일본인들이 대종을 이룬다. 그 중에 는 일찍부터 한국 고서화에 관심을 갖고 백두용의 한남서림을 드나들 며, 우리 고서를 대거 일본으로 유출해나가기도 했다.

<제12책>에 수록되어 있는 여성 참여자들은 대개 그들의 부친과 백두용 일가와 인연이 있어 참여하게 되었는데, 경성여자고등보통학교에 서 교편생활을 한 이홍우의 딸 이점홍, 한남서림 간행『대방초간독』(1920)에도 글과 그림을 남긴 이두연(제3책)의 딸 이용자 등이 사회활동을 하면서 이름을 남긴 이들에 해당한다.

이상의 관계를 종합하고 백두용과 관계된 인사들의 면면을 고려할 때, 이들이『도서첩』에 다수 참여해 한남서림 개업을 축하하는 내용으 로 한 목소리를 낸 것은 분야를 막론해 한남서림의 등장을 중요한 사회 적 사건으로 인식하고 있었음을 방증하는 것이라 하겠다.『도서첩』의 존재는 바로 이런 한남서림 출현을 둘러싼 당대 여론과 사회 인식의 한 단면을 보여주는 특별한 사건과도 같다.

4. 『가장도서첩』의 문화사적 의미

그렇다면 『도서첩』이 갖는 사회문화사적 의미는 무엇일까?

첫째, 『도서첩』은 그 분량과 참여자 수만 놓고 보더라도, 그리고 축하 시문의 내용을 살펴 볼 때, 한남서림 개업이 갖는 사회적 영향력과 공감 대가 컸었음을 집약적으로 잘 보여준다. 즉, 19세기말~20세기 초 한남 서림의 등장이 갖는 사회적 공리성과 기여도, 또 서점에 바라는 기대치 와 필요성을 분명히 확인할 수 있다. 책이 개인의 전유물이 아니라 사회 구성원 전체의 공유물이라는 사실을, 서점 설치의 필요성과 타당성을 일개 개인의 주장이 아닌 집단적 바람이라는 측면에서 한 목소리로 표 출시켜 놓은 것이 바로 『도서첩』인 것이다. 가히 『도서첩』은 한남서림 같은 서점의 의미가 무엇인지를, 민의가 무엇인지를 담아놓은 여론 수 렴 창구와도 같다.

둘째, 『도서첩』은 정치적, 종교적, 사상적 입장을 떠나, 그리고 직업의 고하나 남녀의 성별, 내외국인의 차이를 초월해 서점의 개업 그 자체를 축하하고, 한남서림의 발전을 기원하는 일종의 이벤트요 문화축제의 장 을 방불케 한다. 영리를 목적으로 개업한 점포의 탄생을 이처럼 지면을 빌어 각계각층의 인사들이 참여해 축하하는 지적(知的) 향연의 자리로 만 든 것은 아마 유례가 없었던 일로 보인다. 이는 백두용의 남다른 소신과 그의 인격, 그리고 대인관계에 대한 찬사인 동시에 책의 수집과 유통이 갖는 사회, 문화적 가치에 대한 자각과 평가라 할 것이다.

셋째, 『도서첩』은 한남서림의 존재를 세상에 알리고, 본격적으로 서점 운영을 꾀하려던 경영전략의 일환으로 마련된 것으로 볼 수 있다. 이미 개업 후 시간이 어느 정도 흘렀음에도 불구하고 약 5년 여 동안(1913~ 1917) 325명이나 되는 참여자들의 시문을 모아 그것도 자체적으로 책으로 편찬해 낸 것에서 그 이면적 의도를 읽을 수 있다. 더욱이 참여자들이 순수 일반인이 아닌 왕실(王室) 인물이나 고위 관료, 당대 실세, 또는 각 분야의 저명인사들과 지식인이 다수를 차지하고 있는 것에서 자축의 의미와 함께 세간의 관심과 이목을 끌려고 한 광고 의도, 또는 인맥 과시의 측면을 엿볼 수 있다.

넷째, 『도서첩』에는 참여자들의 신상이 비교적 자세히 소개되어 있어 이 시기 인물 연구에 필요한 기본 자료를 제공받을 수 있다. 백두용과 한남서림의 인맥과 대인관계의 의미를 재구성할 수 있는 일차적 자료로서 유용하다. 무엇보다도 백두용 개인에 대한 당대의 평가와 그의 됨됨이, 성격은 물론 한남서림의 설립과 그 초기 역사를 이해하고 재구성하는 데 긴요한 정보를 제공해 주는 자료집으로서 그 가치가 높다고 할 것이다.

다섯째, 당시 서적에 관한 다양한 시대 담론을 담아낸 자료집으로서 가치가 있다. 특별히 고서에 관한 관점이 여러 참여자들의 글에서 발견된다. 이는 동시대를 살았던 신채호가 서적에 대해 언명한 것과도 상통한다.

> 서적이란 것은 한 나라 인심 · 풍속 · 정치 · 산업 · 문화 · 무력을 산출하는 생식기이며, 역대 성현 · 영웅 · 고인 · 지사 · 충신 · 의협을 본떠 전하는 사진첩이다. 서적이 없으면 그 나라도 없을 것이다.[296]

단재는 책이야말로 한 나라의 문화, 정치, 풍속을 만들어내는 자궁과 같고, 선인과 지사의 뜻과 정신을 오롯이 들여다 볼 수 있는 앨범과 같

---

296) 신채호, 「구서간행론—서적출판가 제씨에게 고함」, 『대한매일신보』, 1908년 12월 18일자.

다고 보았다. 그래서 책이 없으면 나라 또한 없다고 했다. 단재는 개화기 출판의 미래를 출판업자의 역할에서 찾고자 했던 것이다. 서사(書肆) 주인이 옛 책을 잘 수집해 두었다가 양서(良書)를 선택하여 차례로 간행하면 국민의 앞길이 행복을 기약할 수 있다고 믿었다. 이는 고서(古書)가 새 시대에 부적합한 고문이 아니라, 신서(新書)의 기초가 된다는 의식에 기초한 것으로, 고서를 새롭게 간행한 것을 신서적으로 인식할 정도로 전향적 자세를 취했던 것이다. 『도서첩』에서 백두용이 고서를 중시하고 서점을 연 것이 당대 은자(市隱)다운 모습이며, 시대를 거스르는 것이 아니라 시대와 정정당당하게 맞서 자기 자리를 찾아 가는 과정임을 누누이 강조한 것이 바로 신채호의 주장과 다를 바 없다. 이렇듯 『도서첩』은 고서와 서점 경영에 관한 시대 담론을 살펴볼 수 있는 창구가 된다는 점에서 그 사료적 가치가 충분하다.

·
·
·
·
·
·
·
·
·

제2부

자 료 편

제1장 한남서림 간행 구활자본 소설
『창송녹죽(蒼松綠竹)』 작품 해제[1]

『창송녹죽(蒼松綠竹)』은 한남서림에서 간행한 구활자본 신작 구소설 작품으로는 유일한 작품이다. 그동안 한남서림 간행 소설 작품 광고란에 간행도서로 기재되어 있어 『창송녹죽』의 존재 사실은 알 수 있었으나, 그 실물을 확인하고 이를 지면에 소개한 적은 아직까지 없었다. 따라서 『창송녹죽』의 원문 소개와 작품 해제는 여기서 처음 이루어지는 것이다.

국립중앙도서관 소장본인 이 작품은 작자 미상의 소설로 총 103쪽 분량으로 되어 있다. 판권지에는 "大正十二年 二月 十日 印刷, 大正十二年 二月 十五日 發行"으로 명시되어 있어 1923년에 간행한 사실을 확인할 수 있다. '편집 겸 발행자'는 백두용(白斗鏞), '인쇄자'는 심우택(沈禹澤)이다. 인쇄소는 대동인쇄주식회사(大東印刷株式會社)인데, 인쇄소 주소지와 심우

---

1) 이 글은 『근대서지』(제6호)에 실린 해제 글을 일부 수정해 수록한 것이다. 『근대서지』에는 『창송녹죽』 원문까지 함께 실어 놓았다. 이민희, 「한남서림 간행 구활자본 소설 《창송녹죽(蒼松綠竹)》 작품 해제」, 근대서지학회 편, 『근대서지』 제6호, 소명출판, 2012, 359~463쪽.

택의 그것이 공히 '경성부(京城府) 공평동(公平洞) 55번지'인 것으로 보아 심우택이 대동인쇄소 주인이었던 것으로 보인다.

┃『창송녹죽』표지(국립중앙도서관)

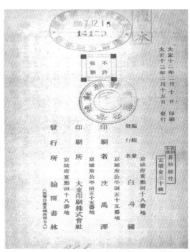

┃『창송녹죽』판권지(국립중앙도서관)

책값은 '30전(錢)'이었다. 이는 1920년경에 한남서림에서 간행했을 것으로 판단되는 목판본 국문소설의 가격과 비교했을 때 싼 것은 아니었다. 당시 활자본이 일반적으로 목판본보다 2배 정도 더 비쌌으며, 그 시기 목판본이 대거 10~15전 사이였던 것을 감안한다면[2] 활자본『창송녹죽』의 책값은 당시 시세에 부합하는 것이었다. 그것은 아마도『창송녹죽』이 작품성과 인기도가 검증되지 않은 신작이었기에 무리수를 두지 않으려 했던 것으로 보인다. 한편, 현재 화봉문고에는 1926년에 간행된『창송녹죽』(3판)이 소장되어 있는데, 이때의 책값이 '40전'이었다. 불

---

2) 방효순,「한남서림의 소설류 방각본 발행」,『근대서지』제5호, 근대서지학회, 소명출판, 2012, 156~161쪽.

과 3년 사이에 '10전'이나 오른 셈이다. 판권지에는 '大正十二年 二月十五日 初版 發行'과 더불어 '大正十五年 十月三十日 三板 發行'으로 되어 있다. '편집 겸 발행자' 부분이 찢겨져 있으나 주소지는 한남서림의 주소와 동일한 '京城府寬勳洞十八番地'로 명기되어 있다. 판을 달리 해 계속 찍었다는 것은 어느 정도 독자의 반응이 있었다는 것을 의미하며, 그 결과 책값도 계속 올랐던 것으로 보인다. 인쇄소와 발행소는 덕흥서림이었다.[3]

그런데 한남서림이 목판본 고소설 간행에 심혈을 기울였던 점을 고려할 때, 목판본이 아닌 활자본 소설로, 그것도 고소설 형태로 새롭게 창작한 신작 구소설 작품을 활자본으로 간행한 것은 한남서림으로서는 이례적이라 하지 않을 수 없다.[4] 1920년대에 활자본 소설 간행이 대거 이루어졌는데[5] 『창송녹죽』의 간행은 이런 시류에 편승하는 한편, 서점 경영의 어려움을 타개하기 위한 목적에서 이루어졌던 것으로 보인다.

그러나 『창송녹죽』이 출판 환경뿐 아니라 작품 자체를 놓고 볼 때, 동시대의 여느 구활자본 소설 작품보다도 더 뛰어나거나 특별한 점이 있

---

3) 1926년 간행 『창송녹죽』(제3판)의 주소지는 한남서림과 동일하지만, 판권지 상단에는 '京城德興書林新刊圖書廣告'라는 제목 하에 덕흥서림 간행물 목록과 가격이 제시되어 있다. 따라서 '편집 겸 발행자' 란이 찢겨져 있는 상태에서 그 주소지는 한남서림의 것으로 적혀 있지만, 인쇄소와 발행소를 겸한 덕흥서림이 실질적 판권을 소유한 채 간행했을 가능성이 높다. 또한 겉표지 왼쪽 하단에도 덕흥서림에서 발행했음을 의미하는 표식이 선명히 새겨져 있어 그 가능성을 한층 더 높여주고 있다.

4) 한남서림 간행 활자본 고소설의 목록은 다음과 같다. 『현토(懸吐) 천군연의(天君演義)』, 『현토(懸吐) 창선감의록(彰善感義錄)』, 『쌍련몽(雙蓮夢)』, 『손오공(孫悟空)』, 『창송녹죽』. 이 중 신작 구소설에 해당하는 작품은 『창송녹죽』 한 편 뿐이다.

5) 이주영은 구활자본 고소설의 성쇠를 모색기(1912~1914), 전성기(1915~1918), 침체기(1919~1920), 부흥기(1921~1926), 쇠퇴기(1927~)로 나눠 살폈다. 이에 근거할 때, 『창송녹죽』이 간행된 시기는 구활자본 고소설이 다시 부흥하던 시기였으며, 이미 그 전성기는 지난 상태였음을 알 수 있다.(이주영, 『구활자본 고전소설 연구』, 월인, 1998, 163~178쪽.)

는 것은 아니다. 상업적 이익을 추구하고자 고소설 독자를 겨냥해 내놓은 것인 만큼, 내용과 형식 모두 고소설 독자 취향의 감각과 정서, 표현 방식을 그대로 빌려오고 있어 고답성을 벗어나지 못하고 있다.[6]

『창송녹죽』은 마흔이 되도록 자식이 없던 황 참의와 정 승지가 절에서 만나 후일에 자식 간 결연을 약속한 뒤 실제로 동년의 아들과 딸을 각각 낳아 정혼을 했다가 피난 도중에 불한당에게 납치되어 헤어지게 되지만, 남녀 주인공과 부모가 서로를 찾아다니다가 결국 3년 만에 해후하게 된다는 내용이 주가 된다. 그런데 정혼, 이별, 정절, 극적 재회라는 서사 자체는 여타 군담 영웅소설에서 흔히 발견되는 요소이며, 심각한 갈등 국면이나 사건 전개 과정도 없고 개성적 표현과 참신한 주제의식 또한 보이지 않는다. 그보다는 헤어졌던 가족이 서로에 대한 믿음과 신뢰를 놓지 않았을 때, 우연히 가족의 소식을 농부나 어부 등으로부터 듣게 되어 결국 한 자리에서 만나게 된다는 것이 주된 사건이 된다. 특히 헤어진 딸과 부모에 대한 소식은 보조적 인물들의 대화를 우연히 엿듣게 됨으로써 알게 된다는 식으로 처리되고 있다. 그런데 그런 우연한 대화 청취가 반복적으로, 그것도 비중 있게 다뤄지고 있어 서사 구조의 느슨함을 잘 보여준다. 즉, 기존의 여러 작품을 짜깁기한 듯한 내용 및 사건 설정으로 흥미와 감동을 선사하지 못하고 있다. 이런 요소는 1910년대 이후에 나온 다른 구활자본 소설 작품과 별반 다르지 않다. 기존 통속 소설에서 빈번하게 보이는 상투적 서사 전개에 관심 있는 독자가 별다른 문제의식 없이 편하게 읽을 수 있는 작품에 속한다 할 것이다.

그러나 그렇다고 해서 『창송녹죽』의 고유한 특징이 아예 없는 것은 아니다. 다른 구활자본 소설 작품과 차이 나는 것은 일관된 주제 의식과

---

6) 이주영, 『구활자본 고전소설 연구』, 월인, 1998 ; 이은숙, 『신작 구소설 연구』, 국학자료원, 2000 ; 권순긍, 『구활자본 고소설의 편폭과 지향』, 보고사, 2000 등.

사건 전개에 있다. 이것을 확인하기 위해서는 『창송녹죽』의 전체 줄거리를 파악하는 것이 이해에 도움이 될 것이다. 작품의 전체 서사단락을 살펴본 후, 이 작품의 특징을 몇 가지로 나눠 언급하기로 하자.

(가을 산 북강 향곡 촌락 창 벽(窓壁)에서 16세 여자가 통한해 하며 울고 있다. 그 내력은 하회를 보면 짐작 가능하다)

1) 한성 북부 대안동에 단아하고 정직한 위인인 참의 황재연(黃在然)과 김 참판의 딸인 김 씨 부인이 살았는데, 10년 동안 슬하에 자식이 없었다.

2) 외출하고 돌아오던 황 참의가 마을 사람들이 이야기하는 신통한 도승 이야기를 듣고, 도승이 거한다는 도봉산 도선암을 찾아가기로 마음을 먹는다.

3) 이듬해 2월 그믐날, 황 참의가 화류 구경하러 동대문 밖 화계사를 갔다가 돌아오는 길에 도선암을 들르게 된다.

4) 새문 밖 약현 지역에 사는 정해창(鄭海昌) 역시 자식이 없어 기자치성을 드리려 도선암에 왔다가 황 참의와 만난다.

5) 황 참의와 정해창이 도승 혜원도사를 만나 때를 기다리라는 말을 듣는다. 두 사람이 서로 자식을 낳아 남녀일 경우 서로 자식을 혼인시키기로 약속을 하고 집을 돌아온다.

6) 1년 후 정 승지(=정해창)는 아들을 낳고, 황 참의는 딸을 낳는다.

7) 정승지가 편지를 보내 예전에 절에서 약속한 혼약 내용을 확인한다. 두 자식이 자라 10세가 된다. 두 집안이 서로 편지를 왕래하며 지낸다.

8) 시골로 내려와 살던 정 승지는 아들 필원의 교육을 위해 다시 대안동에 황 참의가 사는 집 옆으로 이사를 했다. 이웃지간으로 서로

사돈집처럼 가깝게 지내고, 두 선남선녀 역시 서로 사랑하고 아끼
며 지낸다.

9) 임오년 6월에 왕십리로부터 무근지설(無根之說)이 퍼져 모두 사대문
밖으로 피난을 떠난다.

10) 정 승지 집은 다시 고향 여주로 내려가고, 황 참의는 시골이 없지
만 교마를 구하기 어려워 돈과 행장을 간단히 꾸려 정처 없이 피
난길을 떠난다.

11) 더운 여름날 피난길에 철원 땅 룡담 주막에 이르렀다가 장떨걸이
와 최걸쇠라는 부랑자가 봉두 7~8인을 시켜 주막 황 규수를 납치
해 간다.

12) 산 속 외딴 집에서 황 규수를 차지하려고 장떨걸이와 최걸쇠가 칼
부림을 하다가 서로 죽이고 만다. 황 규수는 빈 집에서 나와 산
속을 혼자 헤맨다.

13) 무과(武科) 출신으로 호협(豪俠)한 인물인 홍인호(洪仁鎬)가 흐느껴 울
던 황 규수를 구해준다. 홍인호는 황참의 집을 드나들던 지인으로
두 사람은 서로 남매의 의를 맺는다.

14) 황참의 부부는 딸을 잃고 절망한 가운데 딸을 찾아다니다가 파주
문산포에 이른다. 거기서 정박한 배에 올라타 두 부부가 함께 물
속으로 뛰어들자, 주위에 있던 어부들과 주민이 물로 뛰어들어 두
사람을 구해낸다.

15) 그들 중 김근배라는 이가 도선암의 혜원도사가 생불이며 지금 해
인사에 와 있음을 알려준다. 황참의 부부가 김근배와 함께 그의
집이 있는 영천으로 가 지낸다.

16) 해인사에 머물던 혜원도사를 만난 황 부부는 딸과의 이별이 예정
된 운명임을 알게 되고 그 절에 머문다.

17) 황 규수는 부모를 찾고자 변복하고 홍인호 집을 나선다. 어느 큰 항구에 이르러 작년에 문산포에서 황 씨 부부를 만났던 이들의 대화 내용을 들은 황 규수는 부모가 영천 땅으로 갔다는 말을 듣고 영천 지역으로 향한다.

18) 여주로 내려갔던 정 승지는 집이 화적들에 의해 전소되자 충청도 내사군 근처로 이사 가 살았다. 이곳에서 정 승지는 풍상을 얻어 죽는다.

19) 혼사 문제와 황 씨 집안의 무소식을 걱정하는 정필원이 황 규수를 찾아 하인을 데리고 길을 나선다.

20) 부모의 거처를 알게 된 황 규수가 영천으로 가다가 영천 근처 주막에서 부친과 친한 정곡성이란 60대 노인을 만나 자초지종을 나눈다. 둘의 대화 도중, 정 승지 집안에서 보낸 하인을 만나, 황 규수가 비로소 정 승지 집안의 사정을 듣게 된다.

21) 황 규수는 자신의 신분을 속인 채 필원 도령을 찾는 하인과 함께 동행한다.

22) 하인 편에 정 승지 집안의 마님(=시어머니)에게 쓴 편지를 부탁하고, 황 규수 자신은 영천 지역으로 계속 향한다.

23) 하인은 계속 도령을 찾아 헤매다가 남포 주막에서 정 도령을 만난다.

24) 황 규수가 쓴 편지를 정 도령이 읽고는 자신이 찾던 여인의 편지임을 알아차린다. 하인을 모친에게 보내 편지를 전하게 하고 자신 역시 황 규수를 찾아 영천으로 향한다.

25) 영천에서 황 참의 부부와 함께 지내던 김근배는 부산 항구에서 관(건물)을 세우고 무역업에 종사했다. 황 규수가 부산항에서 큰 사업을 하는 김근배가 삼 년 전에 파주 문산포에서 빠져 죽게 된 두 부부를 구해 주었다는 이야기를 상인들로부터 들은 후, 자기 부모

이야기인 줄 알고 김근배를 찾아 부산으로 떠난다.

26) 한편, 청주 남문 밖 주막에서 황 참의는 홍인호를 만난다. 홍인호로부터 남장한 황 규수 이야기를 듣고 가던 길에서 돌아서 남쪽을 향해 간다. 황 규수를 찾기 위해 각각 영남과 호남을 돌아 날짜를 약속하고 부산에서 만나기로 하고 헤어진다.

27) 황 규수는 부산에 도착해 김근배 집을 찾아간다. 황 규수는 자신의 신분을 감춘 채 사정을 해 그곳에서 머문다.

28) 울적한 심회로 집 밖 높은 언덕 위에 올랐다가 황 규수는 정체를 감춘 채 정필원을 만나 이야기를 나눈다.

29) 정필원과 하인이 해인사로 향하다가 주막에서 황 참의를 만난다. 해인사에 있는 아내에게 편지를 대신 전해 달라는 구실로 말을 건 황 참의가 정필원이 자신의 사위인 줄 알고 서로 해후한다.

30) 홍인호와의 약속 때문에 황 참의는 부산에 들렀다가 해인사로 가고, 정 필원은 먼저 해인사로 간다.

31) 호남으로 갔다 온다던 홍인호가 주막에서 황 참의와 정필원의 이야기를 들은 행인으로부터 말을 전해 듣고 호남으로 가지 않고 부산 가는 길목의 주막에서 황 참의를 기다렸다가 다시 만난다. 그리고 곧바로 해인사로 갈 것을 권한다.

32) 황 참의는 부산에서 정필원이 만났다고 한 황 소년(=황 규수)를 보고 해인사로 가겠다고 한다. 그러나 황 규수 역시 해인사로 올 것이라고 설득해 함께 해인사로 간다.

33) 해인사에서 김근배와 황 규수가 먼저 도착해 만나는데 남장 황 규수가 황씨 집안의 딸임을 알고는 깜짝 놀란다. 황 참의와 홍인호 역시 나중에 도착해 서로 상봉한다. 정 필원도 도착해 부산에서 만난 황 소년의 도착 여부를 묻는다.

34) 방에 있던 황 소년(=황 규수)과 재회한 정 도령은 자신이 속은 것을 깨닫고 우스개 농담을 하며 상봉한다.

35) 혜원도사와 작별 후 모두 서울로 올라가고 김근배는 부산으로 돌아간다. 정필원과 황 규수는 혼례를 치른 후 서울에서 두 집안이 단란하게 지낸다.

▌『창송녹죽』 본문 첫 장

이상의 내용에서 확인할 수 있듯이, 주된 서사는 헤어진 두 남녀 주인 공 집안의 가족 구성원이 서로 극적으로 만나게 되는 과정에 집중되어 있다. 주변 인물을 우연히 만나고, 그들로부터 우연히 중요한 정보를 얻게 되어 결국 만남의 실마리를 얻게 되는 과정이 복잡하게 제시되고 있는 것이다. 그런데 이렇듯 복잡한 만남의 과정을 설정한 것은 여자 주인 공인 황 규수가 포기하지 않고 자신의 배필과 부모를 찾고자 온갖 고난을 무릅쓴 사실을 부각시켜 그녀의 '정렬' 의식을 강조하기 위함에서였다. 『창송녹죽』에 '정렬소설(貞烈小說)'이라는 표제가 있는 이유도 바로 이 때문이다.

> 슯흐다. 황 규수의 지극흔 성효와 구든 렬절은 몸이 죽을 짜에 빠져도 변치 아니흐야 후셰에 사룸의 자식된 자와 남의 안히된 사룸으로 흔 모범을 삼을 만흐니 힉가 찬 후에 숑빅의 지조를 알고 쌜은 바룸에 굿은 풀을 안다흐미 이갓튼 사룸에게 비흠이로다.(67면)

어린 나이에 가족과 헤어져 갖은 고생을 하면서도 효심(孝心)과 정렬(貞烈) 의식이 변치 않은 것을 두고 후대에 모범이 될 만하다고 했다. 즉, 수년 간의 시련과 극적인 가족 상봉 과정은 결국 황 규수의 정렬을 기리기 위한 교훈적 목적으로 설정된 것임을 분명히 드러내고 있다. 이로 보더라도 『창송녹죽』은 재미와 흥미보다 교훈과 감계에 초점을 맞춘 작품임에 틀림없다. 이러한 사실은 황 규수가 부모의 뜻에 따라 자신의 배필이 될 정필원을 처음 만나 그에 대한 일편단심을 결심하게 되는 장면에서도 확인 가능하다.

> 황 규슈는 날마다 정필원이 즈긔 모친 압혜셔 웃고 이약이할 제마다 엽골방으로 피흐야 혹 혼즈 안져서 귀를 기우려 듯기도 흐고 창 틈으로 그 얼

골도 보아셔 그 랑랑한 음셩과 혜힐한 언사와 단아 쥰슈한 용모가 흉즁에 ㅈ
연 흠모ㅎ는 싱각과 사랑ㅎ는 마음이 이러날 쩌마다 '내가 일후에 져 사롬의
안히가 될 터이라' ㅎ는 싱각이 '만일 뎌러한 군ㅈ를 즁로에 죠물이 싀긔ㅎ야
인연이 끈어지면 웃지 할고' 하는 싱각도 한다. 쏘 스스로 마음을 꾸지져셔
'니가 왜 이리 방뎡 맛게 마음을 먹노' ㅎ야 도리혀 위로도 한다. 쏘 다시 싱
각ㅎ기를 '만일 불여의ㅎ야 무슨 일이 잇드리도 나는 쥭기를 한ㅎ고 져 사롬
을 위ㅎ야 니 마음은 변치 아니ㅎ리라'고도 싱각ㅎ니 이러한 그 사롬의 흉즁
에 잇는 사상이야 그 부모인들 엇지 알니오. 옛말에 하늘은 불측풍운(不測風
雲)이 잇고 사롬은 죠셕화복(朝夕禍福)이 잇다 ㅎ니 그 말이 비록 심상한 듯
ㅎ나 뜻 잇는 사롬이 들을진딘 심즁에 식여 둘 만한 격언이로다.(22~23쪽)

황 규수의 심리를 구체적으로 드러내어 일부종사(一夫從事) 의식을 분
명히 보여주고자 했다. 이는 사건의 복선을 암시하고 있다. 이처럼 감계
를 목적으로 한 작가의 창작 의도는 소위 '서술자의 논평' 부분에서 더
욱 노골적으로 드러난다.

　　* 소위 평시에 여형약뎨든 졍분이 아름다운 한 가지 꼿을 셔로 닷토다
가 반 셰상 악과(惡果)를 삼쳑빅인지하(三尺白刃之下)에 져의 손으로 셔로 갑
핫스니 이를 인ㅎ야 보아도 근일 부량ㅈ에 혼 거울이 되리로다.(31쪽)
　　* 슯흐다. 이처럼 사랑ㅎ는 그 부모의 은혜를 져바리는 픠악혼 자졔들이
야 읏지 인류에 비견ㅎ야 쳔지 간에 용납ㅎ기를 바라리오.(58쪽)
　　* 대져 쳔시는 혼 번 치운 뒤에 다시 더워지고 인사는 혼 번 비식근 뒤에
도로 통퇴ㅎ는 것은 쩟쩟혼 리치라. 황씨 녀ㅈ의 무심 즁 우연이 안져 자탄
자어홀 즈음에 령남 우피 장사가 마침 일으러 우연이 셔로 말ㅎ는 것도 역시
하늘이 황규슈에게 그 부모 차질 길을 갈으치신 것 갓다. 이러혼 일은 밀우
어 보드리도 착혼 사롬은 명명지즁에도 쳔지신명이 도으미 잇고 악혼 사롬은
암쥬를 당ㅎ는 법이 잇다 ㅎ야도 헛된 말이 아니로다.(75쪽)
　　* 그 모녀의 반갑고 슯흐고 깃분 졍회눈 말 아니ㅎ야도 여러 독자의 짐작
이 잇슬 듯 ㅎ도드.(102쪽)

작품 중간에 소위 서술자 논평이 빈번이 등장하고 있는데, 이는 고소설의 상투적 표현을 그대로 남발한 결과라 하겠다. 그러나 서술자의 논평만큼 작가 의식을 뚜렷이 드러내고 교훈과 감계의 효과를 드러내는 데 직접적인 서사 장치도 드물다.

『창송녹죽』에는 또 다른 형태의 서술자 개입이 두드러진다. 그것은 서술자가 사건이 일어난 시간적 배경을 '과거'의 시대로 설정하고, 그 시대가 작가가 서술하고 있는 시점보다 이른 시기이면서 개화가 덜 된 시기였음을 노골적으로 구분 짓고 있는 데서 확인 가능하다. 작품의 배경이 된 시기의 사회는 열등한 반면, 서술자가 사는 시대는 잘 살고 평화로운 시기임을 대비해 이를 부각시키고 있는 것이다.

> * 그 쩌는 임오 이젼이라. 반상 등급이 분명한 시더이지마는(3쪽)
> * 지금으로 말흐면 경찰셔가 림립흐야 정탐이 엄밀흐니 그러한 불량한 무리가 접촉하기 어렵겟지마는 그쩌 우리 죠션은 경찰법이 유치흐니 그러흔 불량지도가 웃지 긔탄이 잇스리오.(6쪽)
> * 이 쩌는 임오 류월이라. 동더문 밧 왕십리로부터 흔 무근지셜이 셜편(雪片)갓치 일어나더니 만호장안에 이목이 현란흐고 아혹흐야 녀염이 일시에 물 쓸쓰시 남녀로쇼 물논흐고 모도 피란을 가는데 지금 시대 갓트면 사롭들이 긔명도 되고 단련도 흐여셔 일에 단셔를 알아셔 거취를 셔셔이 흐깃지마는 그 쩌만 흐야도 오날노 비흐여 보면 어수룩흐고 쌈쌈한 시대이라. (중략) 그 쩌는 쳘로도 업고 인력거 구루마꺼지라도 도모지 업는 쩌라.(23쪽)
> * 이젼 우리 죠션 습관이 반명이라 흐는 사롭들은 상고와 공장의 영업은 쳔루흔 스업으로 인정흐야 아모리 지빈무의흔 사롭이라도 아모 후숀 아모의 아들이라 자칭흐고 상고판에나 공장직업에 몸이 쌔져셔 슈십만 원 슈빅만 원의 지산가이 된다 흐야도 그 사롭 더우기를 노예흐쳔갓치 흐야 언필칭 모리지비라 흐야 혹 지별이 상당흔 사롭이라도 빈지쳑지(擯之斥之)흐야 혼인도 아니흐고 동셕에 대좌흐기도 붓그러흐든 풍습이 그 쩌만 흐야도 차차 변흐야 남의 경치도 보고 션진 긔명국의 이약이도 드러셔 이왕 이러흔 일에 절더격 반디흐든 랑반이라 흐든 사롭도 시셰의 형편도 짐작흐고 상리의 취지도 알아

셔 셔로 권고도 ᄒ고 혹 션창ᄒ는 자들도 잇든 터이라.(72~73쪽)

　＊ 지금으로 말ᄒ면 경부쳘도가 잇스니ᄶ 쳔리라도 하로에 가고 오지만은
그 쎅ᄂ 쳘로가 업논 시터이라.(75쪽)

　서술자의 우월의식 내지 개화 및 문명에 대한 자부심이 컸음을 확인
할 수 있다. 『창송녹죽』의 간행 시기가 1923년임을 고려할 때, 비록 창
작자와 창작 시기를 알 수 없지만, 작가는 일제 강점기 하의 문명과 그
사회가 그 이전 시기의 사회보다 훨씬 더 발전했다고 여겼거나, 아니면
이 부분을 일부러 내세운 인물이라 할 것이다. 그러나 신문물을 적극 수
용해 그러한 문화적 혜택을 누리고 있는 작가(서술자)가 근대 이전 시기
의 남녀 주인공과 사회 풍습을 소재 삼아 봉건적 유교 이념에 해당하는
'정렬' 문제를 정면으로 다루고 있다는 것은 이율배반적이다. 아니, 서술
자가 정렬 문제를 시대를 초월해 불변하는 이념이자 도덕규범으로 여기
고 있다는 사실은 서술자 역시 근대 사회의 새로운 문화와 사고방식과
일정한 거리두기를 하고 있음을 의미한다. 어떤 면에서 이러한 어정쩡
한 서술자의 태도야말로 전근대적 사고방식이 강한 독자의 취향과 근대
적 사고방식이 강한 독자의 취향 중 어느 한쪽도 제대로 만족시키지 못
하고 일정한 시대적 괴리감을 보임으로써 당대 사회에서 커다란 호응과
공감을 얻지 못할 수밖에 없었던 내적 요인이 되었다고 할 것이다.

　한편, 작품 서두 부분에서는 여자 주인공이 울고 있는 이유를 '하회(下
回)에서 찾아보라'고 하여 장회체(章回體) 소설을 표방하고 있다. 그러나
정작 이후 본문에서는 아무런 장회 구분이 나타나 있지 않다.[7] 이는 장
회체 소설에서 상투적으로 사용하던 '하회(下回)하라', '하회 분석하라' 식
의 표현을 무비판적으로 가져와 기존 고소설 서술상의 특성을 그대로

---

7) 『창송녹죽』, 한남서림, 1923, 1면. "엇쩌ᄒ 사롭인지 하회를 보면 짐작ᄒ올 듯"

답습하려 한 데서 비롯한 것이다.

서사 전개 과정에서 가장 개연성이 떨어지는 것은 주인공 집안이 피난길에 올랐다가 이별하게 되는 대목이다. 사건의 계기적 전개 제시라기보다 이산의 명분을 억지로 설정해 놓은 혐의가 짙다. 임오년 6월에 왕십리로부터 무근지설(無根之說)이 퍼져 모두 사대문 밖으로 피난을 떠나게 되었다는 상황 설정이 바로 그러하다. 갑자기 무근지설이 퍼졌다고 했는데 그것이 과연 모두 피난을 떠날 만한 정도의 것이었는지, 그 소문의 내용이 도대체 무엇이었는지 피난의 이유가 제대로 제시되어 있지 않아 쉽게 납득하기 어렵다. 황 참의 부부와 황 규수가 철원 용담주점에서 헤어지게 되고 정혼한 정필원 집안과도 소식이 끊겨 애타게 서로를 찾아 헤매게 되는 사건의 발단이 바로 피난길에서 비롯된 것이었기 때문에, 피난길을 나설 수밖에 없는 내적 필연성과 계기가 충분히 설정되었어야 했다. 그러나 그렇지 못함으로 인해 이런 것들이 이 작품의 문학성을 떨어뜨리고 작위적으로 느껴지게 만드는 주된 요인이 된다.

정작 사건 전개의 추동력을 주인공의 내적 의지나 대타적 저항의식이 아닌, 상인이나 농부, 어부 등 보조적 인물들의 대화(정보)에 두고 있는 것도 문제다. 일터에서 잡담 식으로 이야기하는 내용을 주인공이 우연히 엿듣게 되고, 거기서 주인공이 찾던 인물에 대한 중요한 정보를 얻게 됨으로써 서사의 진행을 가능케 하고 있는 것이다. 그것도 한 두 번이 아니라 여러 차례 반복적으로 동일한 방식으로 정보 수집을 하게 되고 그것을 매개로 결국 부모를 찾게 된다는 설정을 두고 있어 서사적 긴장과 흥미를 급격히 떨어뜨리고 있는 것이다. 그리고 작품 말미에는 소설의 가치와 의의를 서술자가 직접 언급해 놓은 것이 있다. 이를 통해 이 작품에서 말하고자 한 바가 무엇이며, 백두용이 당시 소설을 어떻게 인식했는지를 짐작해 볼 수 있다.

이 소셜이 비록 려항간 녀즈의 혼 죠름 씨임거리에 지니지 못 혼듯 혼깃스나 일편 가운디 효렬에 본바들만혼 것도 잇고 붕우간 신의를 볼만혼 일도 잇고 부랑 즈뎨의 감계될만혼 사실과 신불 밋는 사롬의 파혹될만혼 여러 가지 일이 모도 긔재ᄒ얏스니 여러 독자는 쥬의ᄒ시기를 바라노라.

서술자는 이 작품이 여주인공의 행적을 통해 졸음을 깨게 할 만한 심심타파용 재미를 제공해줄 뿐 아니라, 효와 열, 그리고 붕우 간 신의를 본받게 하고 불량한 이에게 교훈을 줄 만하다고 자평하고 있다. 이는 소설이 파적(破寂)과 재미, 그리고 교훈을 주기 위한 독서물이라고 여겼던, 근대 이전 조선 지식인들이 견지하고 있었던 소설 효용론과 크게 다를 바 없다. 고서만을 취급하던 백두용이 방각본 고소설을 1920년에 대거 간행하고, 이렇듯 신작 구소설 작품을 특별히 세상에 선보인 이유를 여기서 읽어낼 수 있다. 즉, 소설 작품이 경서의 보완적 독서물로서, 감계와 교훈을 전해 줄 수 있다는 전대의 소설 독서 인식을 그대로 계승하고 있는 것이다.[8] 그것이 백두용 시대에도 읽힐 수 있고, 읽어야 하는 독서물이라는 의식 하에 소설 출판을 시도했던 것이다.

이상에서 살펴본 대로, 『창송녹죽』은 약혼한 남녀가 피난길에 올랐다가 가족과 헤어졌고, 계속 길이 어긋난 상태에서 가족을 찾아 3년 간 헤매다가 결국 다시 해후하게 된다는 내용의 구활자본 소설 작품이다. 황 참의의 딸인 황 규수가 남장을 한 채 부모와 연인을 찾아다니는 여정을 통해 그녀의 처지에 동정을 느끼게 만든다. 이별과 재회 모티프를 통해 교훈과 감동을 주려는 목적을 갖고 고소설의 표현과 서사 기법을 적극 차용했다. 안타까움과 동정을 유발시키는 절절한 표현과 상황 설정, 그

---

8) 조선시대에 소설 독서를 옹호했던 이들이 내세웠던 이유로는 첫째, 소일거리(심심타파), 둘째, 경서의 보완, 셋째, 교화, 넷째, 심미적 감동 등을 들 수 있다.

리고 이산과 재회의 과정 구성도 나름 탄탄하다. 구어체를 적절히 섞어 쓰면서 현장감을 높이고 있는 점 또한 흥미를 불러일으키기에 충분하다. 독자에게 극적 재회를 통한 감동을 제공하고, 올바른 정렬의 삶을 간접 체험케 한 것이 이 책의 출판 미덕임에 틀림없다. 그러나 헤어진 이들에 대한 정보를 얻는 과정이 작위적이고 진부하다. 그래서 새로운 감각의 독자들에게는 큰 공감을 불러일으키기 어려운 측면이 적지 않다. 서사전개 방식과 말하고자 하는 주제 역시 참신하지 않기 때문에 감흥을 불러일으키기엔 역부족이다. 기존 고전소설에서 보여주는 남장 여주인공의 고행담과 이별한 가족과 연인의 해후라는 모티프를 적당히 짜 맞춰 놓은 작품이라 문학성이 탁월하다고 말하긴 어렵다. 비록 앞서 언급한 의의가 인정된다 할지라도, 다른 많은 구활자본 소설 작품과 마찬가지로 『창송녹죽』이 그 당대뿐 아니라 후대에까지 널리 알려지지 않은 이유 역시 작품 자체에 이미 내포되어 있는 셈이다.[9] 결국, 한남서림 간행 구활자본 소설 『창송녹죽』은 재미와 교훈과 감동을 추구했지만, 새로운 시대에 새로운 독자의 감각에 부응하기는 어려웠던, 작품의 한계와 성격이 뚜렷한 작품이었다고 할 것이다.

---

9) 참고로 『창송녹죽』은 한남서림에서 1923년에 처음 간행되었고, 1926년에 덕흥서림(德興書林)에서 출판한 간행물(제3판)이 현재 화봉문고에 소장되어 있다. 여러 차례 인쇄된 것으로 보아 『창송녹죽』이 일정 부분 판매되고 독자들의 공감을 불러 일으켰을 것으로 짐작해 볼 수 있다. 그러나 작품의 한계상 그 반응이 그리 오래 가지는 못했을 것이다.

제2장 한남서림 서적장부『서적목록』과 기재 도서 목록

서울대 도서관 고문헌실에는 한남서림에서 작성한 서적장부가 소장되어 있다. 표제는 '서적목록'으로 한남서림에서 그동안 취급했던 도서 목록을 일괄적으로 정리해 놓은 장부책으로 보인다. 책의 면수와 권수, 그리고 책의 형태(필사본, 목판본 등)가 적혀 있다. 언제 어떤 이유로 이것을 정리해 놓은 것인지 알 수 있는 단서는 없다. 다만 표지가 많이 훼손된 상태에서 하단에 고무인장이 찍혀 있는데 한남서림과 주인 백두용, 그리고 주소까지 선명히 남아 있어 이 책이 한남서림 소장 서적장부였음을 단적으로 보여준다. 주소지가 '경성부 관훈동 18번지'로 되어 있는 것으로 보아 인사동에서 관훈동으로 이사한 1919년 이후에 작성된 것으로 보인다. 아마도 백두용 집안 장서를 포함해 한남서림에서 갖고 있던 서적들을 정리해 놓은 것으로 보인다. 당시 한남서림에서 거래된 책의 종류와 성격, 그리고 서점 경영 규모까지 가늠할 수 있는 중요한 자료라 할 것이다.

『서적목록』 표지(서울대학교)   『서적목록』 본문 첫 장(서울대학교)

그러나 앞에서 소개한 한남서림 간행 도서목록과 『서적목록』 내용의
직접 비교는 어렵다. 한남서림 간행 도서로 널리 알려진 도서도 쉽게 확
인할 수 없거니와 『서적목록』에 적혀 있는 책들은 간행 도서보다 필사
본 책이 주종을 이루고 있기 때문이다. 출판 목록 장부가 아니라 서점
장부의 성격이 강하다. 백두용 집안과 한남서림에서 소장하고 있던 고
서를 위주로 정리해 놓은 것으로 보인다.

총 55장 110쪽 분량의 『서적목록』은 한 쪽에만 쪽수가 표시되어 있다.
그리고 매 쪽마다 동일하게 13종의 도서명이 적혀 있다. 다만 예외적으
로 제1장 앞면에 12종, 그리고 마지막 55장의 뒷면에만 10종의 도서명이
기입되어 있다. 따라서 전체 1,426종의 도서명이 적혀 있는 셈이 된다.
그러나 동일한 책이 권수를 달리해 중복 기재되어 있는 경우도 간혹 있
어 실제로는 약 1,400여 종의 도서가 적혀 있는 것으로 파악된다.

장부책에 기입된 도서들은 경서를 비롯한 각종 유학 관련 고서 필사본
이 주가 된다. 도서 기입에 있어 어떤 규칙이나 체계는 없는 것으로 보이

며 국문본은 없고 모두 한문본인 것이 특징적이다. 소설 작품은 모두 9종이 언급되어 있다. 고전소설 관련 도서명만 간단히 소개하면 다음과 같다.

『금화사몽유록(金華寺夢遊錄)』(1책, 필사본)
『창선감의록(彰善感義錄)』(2책, 필사본) / 『창선감의록(彰善感義錄)』(1책)
『응성전(應成傳)』(1책, 필사본)
『유연전(柳淵傳)』(1책)
『광한루기(廣寒樓記)』(1책, 필사본)
『사씨남정기(謝氏南征記)』(1책, 필사본) / 『남정기(南征記)』(1책, 필사본)
『구운몽(九雲夢)』(3책, 필사본) / 『구운몽(九雲夢)』(2책, 필사본)
『추월전(秋月傳) 언문(諺文)』(1책, 필사본)
『천군연의(天君演義) 부(附) 화사(花史)』(1책)

9종의 작품 중 중국소설은 없다. 『서적목록』 수록 책 중에 『수호지어록』과 『삼국지』가 있지만, 『수호지어록』은 작품에 나오는 어휘와 표현을 쉽게 풀어 놓은 작품어휘집이고, 『삼국지』 또한 소설이 아닌 역사서이다. 오히려 『수문록(搜聞錄)』(2책), 『기문록(記聞錄)』(1책, 필사본), 『기문총화(記聞叢話)』(2책)처럼 민간에서 전해오던 우스개 이야기와 각종 일화를 모아놓은 잡기류 책이 더러 포함되어 있다.

『서적목록』 본문 첫 장에는 '서적목록(書籍目錄)'이라는 제목이 적혀 있고 그 아래에 '백지고판(白紙古版)'이라 하여 백지(白紙)에다 고판을 찍어 인쇄했음을 알 수 있다. 이 『서적목록』이 서울대 도서관에 소장되어 있는 경위는 자세히 알 수 없다. 다만 경성제대도서관이 1926년에 개관한 이후로 1945년에 일본이 패망할 때까지 한국 고서가 한국인 서적상을 통해 경성제대 도서관에 대거 납품되었는데, 다수의 고서를 넣었던 서적상 중에 백두용도 있었다. 아마도 한남서림 소장 고서를 납입하면서 『서적목록』도 함께 묻어 들어온 게 아니었을까 추측해 볼 따름이다.

이하는 『서적목록』 수록 도서명과 권수, 형태 등을 표로 제시해 본 것이다.

[표 7] 『서적목록』 수록 도서명

쪽수	서적목록	권수	형태
一	正宗御製(정종어제)	二十二册	
	朝野零言(조야영언)	一	写本
	御製續自警編(어제 속자경편)	一	
	進饌儀軌(진찬의궤)	四	
	光國志慶錄(광국지경록)	一	
	御製常訓(어제 상훈)	一	
	樹烈千秋傳(수열천추전)	二	
	璿源譜畧(선원보략)	八	
	羹墻錄(갱장록)	四	
	大東歷史(대동역사)	二	
	紀效新書(기효신서)	七	
	訓蒙養心圖說(훈몽양심도설)	一	写本
	東國歷代總目(동국역대총목)	一册	写本
	肅廟寶鑑(숙묘보감)	六	
	翼宗御製(익종어제)	四	
	關西門答錄(관서문답록)	一	
	弘齋雲漢(홍재운한)	一	写本
	御製自省編(어제 자성편)	一	
	東鑑(동감)	一	写本
	萬機要覽(만기요람)	五	写本
	歷代要覽(역대요람)	一	写本
	華東正音(화동정음)	一	
	列聖御製(열성어제)	八	
	朝鮮歷史(조선역사)	一	

쪽수	서적목록	권수	형태
	進講考(진강고)	一	写本
二	實錄廳題名記(실록청제명기)	一冊	
	六典條例(육전조례)	十	
	章○公○○譜(장○공○○보)	九	
	大典會通(대전회통)	五	
	國朝榮選續(국조영선속)	一	写本
	兩銓便攷(양전편고)	二	
	奎華名選(규화명선)	三	
	賡載軸(갱재축)	一	
	臨官政要(임관정요)	一	写本
	民堡經說(민보경설)	一	
	三班禮式(삼반예식)	一	
	國朝寶鑑(국조보감)	二十六	
	志喜賡載軸(지희갱재축)		
	殿策(전책)	一冊	写本
	內部細則(내부세칙)	一	写本

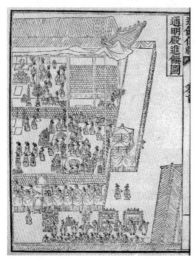

▌『진찬의궤』(한국학중앙연구원)

▌『갱장록(羹墻錄)』(한국학중앙연구원)

▎『관서문답록』(한국학중앙연구원)　　▎『삼반예식(三班禮式)』(한국학중앙연구원)

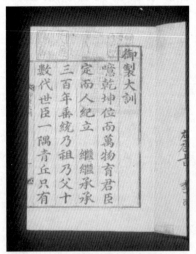

▎『어제대훈』(한국학중앙연구원)　　▎『척사윤음』(한국학중앙연구원)

『열성지장』(한국학중앙연구원)　　　　『태학은배시』(한국학중앙연구원)

쪽수	서적목록	권수	형태	비고
	東史(동사)	一	寫本	
	枚卜錄(매복록)	一		
	約中篇(약중편)	一		
	公車會文(공거회문)	二	寫本	
	銀臺條例(은대조례)	一		
	壽瑞錄(수서록)	一		
	朝鮮紀要(조선기요)	一	寫本	
	大王大妃殿加上尊號集章 (대왕대비전가상존호집장)	一		
	御製大訓(어제대훈)	一		
	斥邪綸音(척사윤음)	一		
	列聖誌狀續(열성지장속)	一		
三	孝悌編(효제편)	一册		
	莊陵誌續編(장릉지속편)	二	寫本	
	牧民政要(목민정요)	十	寫本	

쪽수	서적목록	권수	형태
	縉紳八世譜(진신팔세보)	二	写本
	銀臺便攷(은대편고)	三	写本
	東京誌(동경지)	三	
	修信使金綺秀疏(수신사 김기수 소)	一	写本
	政院日記(정원일기)	一	写本
	公車文(공거문)	十八	写本
	東國史略(동국사략)	三	
	臨官政要(임관정요)	二	写本
	表章(표장)	一	写本
	三韓華族(삼한화족)	一	写本
	忠賢書院誌(충현서원지)	二册	
	太學銀盃詩(태학은배시)	二	
	表忠祠題咏(표충사제영)	一	
	忠烈碑事蹟(충렬비사적)	一	写本
	折獄龜鑑(절옥귀감)	一	写本
	三韓詩紀(삼한시기)	一	写本
	寧城郡志(영성군지)	一	
	鄉禮合編(향례합편)	二	
	文獻輔黻(문헌보불)	二	写本
	文譜(문보)	三	写本
	蔭譜(음보)	三	写本
	蔭譜(음보)	五	写本
	莊陵誌(장릉지)	二	
四	鄉禮三選(향례삼선)	一册	
	正宗紀事(정종기사)	一	写本
	公車文(공거문)	七	写本

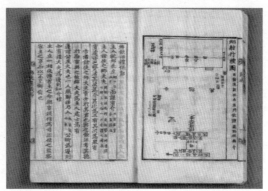

┃『음보』(한국학중앙연구원)　　┃『향례삼선』(한국학중앙연구원)

┃『백헌총요』(한국학중앙연구원)　　┃『소차유찬』(한국학중앙연구원)

Ⅰ『풍고집』(한국학중앙연구원)　　　　　Ⅰ『영옹속고』(한국학중앙연구원)

쪽수	서적목록	권수	형태	비고
	演礮圖說(연포도설)	三		
	公車日錄(공거일록)	八	寫本	
	册文(책문)	二	寫本	
	十七功臣會盟文(십칠공신회맹문)	一		
	縉紳內外案(진신내외안)	三	寫本	
	大東歷史(대동역사)	二		
	純廟御製(순묘어제)	七		
	翼宗御製(익종어제)	七		
	東國文獻錄(동국문헌록)	三		
	御製訓書(어제훈서)	一		
	東國史略(동국사략)	三册		
	朝鮮畧史(조선약사)	一		
	辭章(사장)	一	寫本	
	程里表(정리표)	一	寫本	
	百憲摠要(백헌총요)	一	寫本	

쪽수	서적목록	권수	형태	
	御題(어제)	一	写本	
	琬琰弘章(완염홍장)	四		
	全州李氏譜(전주이씨보)	三		
	增修無寃錄抄(증수무원록초)	一	写本	
	公車錄(공거록)	二	写本	
	八道程里表附燕倭程記 (팔도정리표부연왜정기)	一	写本	
	松京誌(송경지)	六		
	褒忠綸音(포충윤음)	一		
五	鄕禮集說(향례집설)	一冊	写本	
	東國名臣錄(동국명신록)	一	写本	
	東國闕里誌(동국궐리지)	一		
	闕里誌(궐리지)	三		
	約章合編(약장합편)	二		
	東鑑(동감)		写本	
	檢考(검고)	一	写本	
	靑邱言行錄(청구언행록)		写本	
	欽恤考(흠휼고)	一	写本	
	洗心臺辛亥賡載軸(세심대신해갱재축)	一		
	經筵講義(경연강의)	一	写本	
	公車文抄(공거문초)	一	写本	
	擇里誌(택리지)	一	写本	
	景陵誌狀(경릉지장)	一冊		
	攷事(고사)	一	写本	
	續明義錄(속명의록)	一		
	歷代摠考(역대총고)	一	写本	
	兩朝册封入學日記(양조책봉입학일기)	一		
	北輿要選(북여요선)	一		
	求仁錄(구인록)	二		

쪽수	서적목록	권수	형태
	謨訓輯要(모훈집요)	三	
	大典會通(대전회통)	五	
	文蔭譜(문음보)	四	写本
	三官記(삼관기)	一	写本
	靑邱詩抄(청구시초)	一	写本
	三禮類彙(삼례유휘)	一	写本
六	海東道里表(해동도리표)	一冊	写本
	大明律(대명률)	三	
	五倫行實(오륜행실)	四	
	豊沛賓興錄(풍패빈흥록)	一	
	增修無冤錄(증수무원록)	三	
	欽欽新書(흠흠신서)	八	写本
	隨聞錄(수문록)	三	写本
	大學箴(대학잠)	一	
	辛壬錄(신임록)	二	写本
	蔭譜(음보)	三	写本
	列聖御製(열성어제)	二	
	縉紳譜(진신보)	三	写本
	感應篇(감응편)	五	
	隨示錄(수시록)	二冊	写本
	天嶺誌 咸陽(천령지 함양)	二	
	沁都誌(심도지)	一	写本
	大明律(대명률)	三	
	琬琰通攷(완염통고)	一	写本
	續靑邱風雅(속청구풍아)	一	写本
	續光國志慶錄(속광국지경록)	一	
	五禮儀(오례의)	十	
	闕里誌(궐리지)	七	
	測量圖解(측량도해)	一	

쪽수	서적목록	권수	형태
	鄕里約束(향리약속)	一	寫本
	授時曆(수시력)	一	
	五禮儀抄(오례의초)	一	寫本
七	告祝輯覽(고축집람)	一冊	
	曆象集(역상집)	一	
	漫錄(만록)	二	寫本
	東岡經筵講義(동강경연강의)	一	仝
	諸宰珍賞(제재진상)	一	仝
	擇里志(택리지)	一	仝
	輿載撮要(여재촬요)	一	
	鶴城三綱行實錄(학성삼강행실록)	一	
	大麓三綱錄(대록삼강록)	一	
	續修三綱錄(속수삼강록)	一	
	辛壬紀年提要(신임기년제요)	四	
	鑑寅錄(감인록)	一	寫本
	嶺誌要選(영지요선)	二	寫本
	時令紀事(시령기사)	一冊	
	祝辭類聚(축사유취)	一	寫本
	奮武原從功臣錄券(분무원종공신록권)	一	
	華海師(화해사)	二	寫本
	續永世追慕錄(속영세추모록)	一	
	課文(과문)	一	寫本
	疏箚類纂(소차유찬)	一	寫本
	朝野會通(조야회통)	三	寫本
	己卯錄(기묘록)	一	寫本
	丁亥燕差(정해연차)	一	寫本
	成仁錄(성인록)	一	仝
	昭代雜錄(소대잡록)	一	仝
	華東題咏(화동제영)	一	仝

쪽수	서적목록	권수	형태
九	三禮儀(삼례의)	一	
	增修無冤錄諺解(증수무원록언해)	二	
	老湖兩儒賢疏奏(노호양유현소주)	一	写本
	攷事新書(고사신서)	一	仝
	感應圖說(감응도설)	五	
	朝鮮地誌(조선지지)	一	
	大明律講解(대명률강해)	三	
	科軆(과체)	一	写本
	面里表(면리표)	一	仝
	銀臺便考(은대편고)	三	仝
	江州狀啓(강주장계)	一	仝
	彙言(휘언)	二	仝
	戊申封事(무신봉사)	一	仝
十	各國約章合編(각국약장합편)	二册	
	舘閣(관각)	一	写本
	補恤契節目(보휼계절목)	一	
	章疏類攷(장소유고)	一	写本
	表奏(표주)	一	仝
	續修三綱行實(속수삼강행실)	一	
	算學(산학)	一	写本
	觀鄕言志(관향언지)	一	仝
	歷代大搃(역대대총)	一	仝
	兵將圖說(병장도설)	一	
	簪纓譜畧(잠영보략)	四	写本
	四禮便覽(사례편람)	四	
	東閣散錄(동각산록)	十	写本
	四禮纂說(사례찬설)	四册	
	四禮撮要(사례촬요)	三	
	無冤錄解(무원록해)	二	写本

쪽수	서적목록	권수	형태	
	四八(사팔)	四	仝	
	寒暄箚錄(한훤차록)	三		
	鄕約編(향약편)	一		
	科體(과체)	二	寫本	
	恒飯例(항반례)	一	仝	
	記聞叢話(기문총화)	二	仝	
	闕里誌(궐리지)	三		
	國朝詩刪(국조시산)	二	寫本	
	國朝榜目(自高麗王高宗太皇帝)(국조방목)	六	仝	
	甲子連譜(갑자연보)	一		
十一	甲子司馬榜目(갑자사마방목)	一冊		
	丁卯式司馬榜目(정묘식사마방목)	一		
	乙卯榜目(을묘방목)	一		
	乙卯司馬榜目(을묘사마방목)	一		
	甲午司馬榜目(갑오사마방목)	三		
	壬子司馬榜目(임자사마방목)			
	癸酉司馬榜目(계유사마방목)	一		
	辛卯增廣司馬榜目(신묘증광사마방목)	二		
	乙卯增廣司馬榜目(을묘증광사마방목)	一		
	丁亥增廣司馬榜目(정해증광사마방목)	一		
	甲午司馬榜目(갑오사마방목)	一		
	壬子式司馬榜目(임자식사마방목)	一		
	戊子司馬榜目(무자사마방목)	一		
	癸亥增廣文式科榜目(계해증광문식과방목)	一冊		
	壬午增廣司馬榜目(임오증광사마방목)	一		

쪽수	서적목록	권수	형태
	丁卯式司馬榜目(정묘식사마방목)	一	
	壬子式司馬榜目(임자식사마방목)	一	
	癸卯式司馬榜目(계묘식사마방목)	一	
	辛酉增廣榜目(신유증광방목)	一	
	庚子司馬榜目(경자사마방목)	一	
	辛卯文武科榜目(신묘문무과방목)	一	
	甲戌增廣文武榜目 (갑술증광문무방목)	一	
	丙午司馬榜目(병오사마방목)	一	
	辛卯司馬榜目(신묘사마방목)	一	
	壬午增廣榜目(임오증광방목)	一	
	己酉司馬榜目(기유사마방목)	一	
十二	壬午司馬榜目(임오사마방목)	一冊	
	戊子式司馬榜目(무자식사마방목)	一	
	辛卯司馬榜目(신묘사마방목)	一	
	己酉司馬榜目(기유사마방목)	一	
	庚辰增廣司馬榜目 (경진증광사마방목)	一	
	丙子司馬榜目(병자사마방목)	一	
	辛卯司馬榜目(신묘사마방목)	二	
	丙子蓮榜(병자연방)	一	
	甲戌增廣司馬榜目 (갑술증광사마방목)	一	
	甲子蓮榜(갑자연방)	一	
	甲辰司馬榜目(갑진사마방목)	一	
	宋子大全(송자대전)	百二	
	九僚詩(구료시)	一	寫本
	本菴集(본암집)	二冊	
	蒲褐山房詩話(포갈산방시화)	二	寫本
	陸宣公奏議(육선공주의)	四	

쪽수	서적목록	권수	형태	
	陸奏約選(육주약선)	一		
	東人詩(동인시)	一	寫本	
	秋琴詩(추금시)	一	仝	
	農巖集(농암집)	四十	仝	
	耳溪外集(이계외집)	五		
	玉吾齋集(옥오재집)	九		
	竹泉集(죽천집)	二十一		
	寒岡集(한강집)	十一 內一欠		
	韓昌藜集(한창려집)	二十三		
	華泉集(화천집)	八		
十三	貞觀政要(정관정요)	六冊		
	自好齋文集(자호재문집)	一		
	朱書節要(주서절요)	十		
	圃隱集(포은집)	一		
	梅亭麗準(매정여준)	十一 內一欠		
	南軒集(남헌집)	十 內二欠		
	自警編(자경편)	五		
	鶴峰集(학봉집)	十 內二欠		
	楓皐集(풍고집)	八		
	陸宣公集(육선공집)	五		
	金陵集(금릉집)	五		
	潛窩遺稿(잠와유고)	二		
	睡窩心稿(수와심고)	一	寫本	
	自警編(자경편)	十冊		
	李太白集(이태백집)	十二 內一欠		
	忠毅公行蹟(충의공행적)	一	寫本	
	龍潭先生集(용담선생집)			
	雙翠軒漫錄(쌍취헌만록)	一	寫本	
	桐巢漫錄(동소만록)	一	寫本	

쪽수	서적목록	권수	형태	
	敬節公派諧(경절공조보)	一	写本	
	教誨先生案(교회선생안)	一	写本	
	吹文堂記(취문당기)	一	仝	
	宛陵史編(완릉사편)	一	仝	
	臺山初稿(대산초고)	五	仝	
	我我錄(아아록)	一	仝	
	漁洋詩抄(어양시초)	二	仝	
十四	關聖帝君聖蹟圖誌全集 (관성제군성적도지전집)	五册		
	蘇詩韻彙(소시운휘)	二	写本	
	守拙齋集(수졸재집)	三		
	石世遺稿(석세유고)	一		
	靖節集抄(정절집초)	一	写本	
	石菱集(석릉집)	三		
	晩德唱酬錄(만덕창수록)	一		
	陸宣公奏議(육선공주의)	四	写本	
	蓀谷集(손곡집)	一	仝	
	明紀編年(명기편년)	六		
	潁翁續稿(영옹속고)	三		
	敬菴遺稿(경암유고)	二		
	潁翁再續稿(영옹재속고)	三		
	歷代帝王傳世圖(역대제왕전세도)	一册		
	凝溪實紀(응계실기)	一		
	淸陰先生司馬榜目 (청음선생사마방목)	一		
	荷棲集(하서집)	五		
	靑史(청사)	五 內一欠	写本	
	江陵咸氏族譜(강릉함씨족보)	十七		
	遂初堂集(수초당집)	三		
	雪橋文聚(설교문취)	一	写本	
	靖節集(정절집)	二		

▌『수초당집』(한국학중앙연구원)		▌『분충서난록』(한국학중앙연구원)	

쪽수	서적목록	권수	형태	비고
	御定陸選(어정육선)	一		
	班史撮要(반사촬요)	十三	寫本	
	同春別集(동춘별집)	五		
	宋子附錄(송자부록)	九		
	○○○○	○	寫本	
	楚辭後語(초사후어)	二	仝	
	詩林廣記(시림광기)	四	仝	
	歷代系統(역대계통)	二	仝	
	芝湖集(지호집)	六		
	崛堂集(거당집)	十六		
	金石錄(금석록)	十		
	孔夫子淵源儒林錄 (공부자연원유림록)	一		
	鐂後村詩抄(유후촌시초)	一	寫本	
	寔事求是(식사구시)	一	仝	
	淵明集(연명집)	二		

쪽수	서적목록	권수	형태	비고
	名媛詩句(명원시구)	二		
	寒暄箚錄(한훤차록)	三		
	晦菴先生家禮(회암선생가례)	二冊		
	月洲集(월주집)	三		
	風謠三選(풍요삼선)	三		
	松湖集(송호집)	三		
	錦石集(금석집)	五		
	櫟菴集(역암집)	七		
	文谷年譜(문곡연보)	二		
	三淵年譜(삼연연보)	一		
	松隱集(송은집)	一	寫本	
	尤庵先生言行錄(우암선생언행록)	一		
	明谷先生文集(명곡선생문집)	二		
	江樓鈔存(강루초존)	一		
	紅藥樓懷人詩錄(홍약루회인시록)			
十六	金華寺夢遊錄(금화사몽유록)	一冊	寫本	
	淸休齋文集(청휴재문집)			
	鰲峰集(오봉집)	一		
	善山金氏譜(선산김씨보)	十三		
	實事求是(실사구시)	二	寫本	
	晦軒先生實紀(회헌선생실기)	二		
	東坡詩選(동파시선)	二	寫本	
	蘭雪軒集(난설헌집)	一	仝	
	新谷集(신곡집)	一		
	於于集(어우집)	一		
	菊隱集(국은집)	二		
	豊沛誌(풍패지)	一	寫本	
	楓崖集(풍애집)	一		
	孤潭集(고담집)	二冊		

쪽수	서적목록	권수	형태	비고
	隨聞錄(수문록)	二		
	退軒集(퇴헌집)	三		
	孔子家語(공자가어)	二		
	三憂堂集(삼우당집)	二		
	寶白堂實紀(보백당실기)	二		
	情靜堂遺稿(정정당유고)	一		
	愼獨齋先生年譜(신독재선생연보)	一		
	少痊公文集(소전공문집)	二		
	孫慕堂集(손모당집)	三		
	景弇居士詩藁(경엄거사시고)	三		
	仙源先生年譜(선원선생연보)	一		
	竹溪誌(죽계지)	一		
十七	艮翁集(간옹집)	十二冊		
	徐文長詩集鈔(서문장시집초)	一	寫本	
	牛溪集抄(우계집초)	一	仝	
	鴻史攷證(홍사고증)	一	仝	
	白香山詩律(백향산시율)	一	仝	
	金海金氏世譜(김해김씨세보)	六		
	六谷集(육곡집)	三		
	朱書節要(주서절요)	十		
	朱書節要(주서절요)	二十		
	月沙集(월사집)	二十五		
	三蘇文料(삼소문료)	一	寫本	
	黃石公素書(황석공소서)	一	仝	
	關聖帝君全書(관성제군전서)	一		
	體素集(체소집)	一冊	寫本	
	桐漁年譜(동어연보)	一		
	古歌謠(고가요)	一	寫本	
	明詩選(명시선)	一	仝	

쪽수	서적목록	권수	형태	비고
	韋蘇州詩(위소주시)	二	仝	
	東坡年譜(동파년보)	一	仝	
	立岩集抄(입암집초)	一	仝	
	蘇詩施註(소시시주)	一	仝	
	鶴林玉露抄(학림옥로초)	一	仝	
	王建宮詞(왕건궁사)	一	仝	
	宋律(송률)	一	仝	
	月沙儐接錄(월사빈접록)	一		
	經山集(경산집)	十一		
十八	直一齋集(직일재집)	一册		
	松穆舘集(송목관집)	一		
	燕岩集續(연암집속)	一		
	只在堂稿(지재당고)	一		
	星湖僿說(성호사설)	一	寫本	
	王灘先生集(왕탄선생집)	一 落	古板	
	愼獨齋年譜(신독재연보)	一		
	尤庵年譜(우암연보)	四		
	朴正字遺稿(박정자유고) 欠	四		
	鄭統相事蹟(정통상사적)	一	寫本	
	思齋集(사재집)	一 落	古板	
	錦城世編(금성세편)	一	寫本	
	中州十一家詩選(중주십일가시선)	一	仝	
	東平尉鄭公遣聞錄 (동평위정공견한록)	一册	仝	
	邵亭詩稿(소정시고)	一		
	金氏世孝圖(김씨세효도)	一		
	慕菴孝行錄(모암효행록)	三		
	四買仁山集(사매인산집)	八		
	攷事新書(고사신서)	六 內一欠		

쪽수	서적목록	권수	형태	비고
	大山集(대산집)	二十七		
	秋山集(추산집)	二		
	百家類聚(백가유취)	三十七 內三欠		
	節酌通編(절작통편)	十九		
	貞觀政要(정관정요)	六		
	蒼霞集(창하집)	五 內一欠		
	皇明本紀(황명본기)	四	写本	
十九	復初齋文存(복초재문존)	一册	写本	
	東詩(동시)	一	仝	
	耳溪續纂(이계속찬)	一		
	叢○詩選(총○시선)	一	写本	
	欽念長短句(흠념장단구)	一	仝	
	宋文正文抄(송문정문초)	二	仝	
	范蔡列傳(범채열전)	一	仝	
	家傳世說(가전세설)	一	仝	
	可攷(가고)	一	仝	
	叢花薈英(총화홍영)	一	仝	
	科表(과표)	一	仝	
	表套(표투)	一	仝	
	東儷(동려)	一	仝	
	徐花潭集(서화담집)	二		
	稗言(패언)	一	写本	
	夏園詩抄(하원시초)	一		
	巍塘往復書(외당왕복서)	一	写本	
	龍岩集(용암집)	一		
	崧陽耆薦傳(숭양기천전)	一		
	靑野謾輯抄(청야만집초)	一	写本	
	昇平誌(승평지)	二		
	兄弟急難圖(형제급난도)	一		

쪽수	서적목록	권수	형태	비고
	叢詩(총시)	十五	寫本	
	秦漢實紀(진한실기)	一		
	東華雜錄(동화잡록)	一	寫本	
	宛丘遺集(완구유집)	二		
二十	箕子誌(기자지)	三册		
	高霽峰集(고제봉집)	五		
	薑山筆豸(강산필치)	一	寫本	
	普覺書(보각서)	一	仝	
	松江詩抄(송강시초)	一		
	芝峯類說(지봉유설)	一	寫本	
	靖獻編(정헌편)	一		
	關聖靈籤(관성영첨)	一		
	正氣錄(정기록)	一		
	帝王年紀(제왕연기)	一		
	益齋集(익재집)	四		
	益齋集(익재집)	五		
	孔子通紀(공자통기)	三		
	西涯樂府(서애악부)	三册		
	陳松溪集(진송계집)	一		
	蘇律(소율)	一	寫本	
	闕里誌(궐리지)	三		
	玄洲集(현주집)	二		
	夢窩集(몽와집)	一		
	三登公集(삼등공집)	一		
	楊子法言(양자법언)	一		
	南窓稿(남창고)	一		
	梅石遺稿(매석유고)	一		
	雲科榜目(운과방목)	一		
	三禮類彙(삼례유휘)	一	寫本	

쪽수	서적목록	권수	형태	비고
	○○○	一		
二十一	全唐詩(전당시)	一冊	寫本	
	昭代明儷(소대명려)	一		
	養山小稿(양산소고)	一		
	正菴稿(정암고)	一	寫本	
	雲石集(운석집)	十		
	松厓集(송애집)	一		
	蘆笑(노소)	一	寫本	
	涑水集(속수집)	六	소	司馬遷公集 (사마천공집)
	語錄解(어록해)	一	소	
	儷程(여정)	七	소	
	昌黎集(창려집)			
	朱子語類(주자어류)	五十		
	敬菴集(경암집)	二		
	冷泉集(냉천집)	三冊		
	四家詩集(사가시집)	一	寫本	
	鶴林玉露(학림옥로)	一	소	
	時文隨鈔(시문수초)	一		
	東坡詩(동파시)	一	寫本	
	諸子品節(제자품절)	一	소	
	雪堂詩(설당시)	三	소	
	白華經(백화경)	一	소	
	軫石文選(진석문선)	一	소	
	詩韻袖珍(시운수진)	一	소	
	詩類句抄(시류구초)	一	소	
	寒圃齋集(한포재집)	五 內一欠		
	悅心集(열심집)	一		
二十二	關籤(관첨)	一冊	寫本	

쪽수	서적목록	권수	형태	비고
	詩選(시선)	一	仝	
	磚社雜咏(전사잡영)	一	仝	
	休休子集(휴휴자집)	一	仝	
	月村塈言(월촌야언)	一	仝	
	東坡志林(동파지림)	一	仝	
	鈴癡西집(영치서집)	一	仝	
	諸家律詠(제가율시)	二	仝	
	東律(동률)	一	仝	
	雙節錄(쌍절록)	一		
	朱書百選(주서백선)	三		
	彰善感義錄(창선감의록)	二	寫本	
	東萊博議(동래박의)	三		
	陸宣公奏議(육선공주의)	三册	古板	
	三家詩宗(삼가시종)	一	寫本	
	警語隨筆(경어수필)	一	仝	
	三忠實紀(삼충실기)			
	夢觀詩稿(몽관시고)	一		
	詩餘圖咏(시여도영)		寫本	
	叢話(총화)	一	仝	
	儒人光山金氏烈行錄 (유인광산김씨열행록)	一	仝	
	石隨詩抄(석수시초)	一	仝	
	豊山世稿(풍산세고)	一	仝	
	龍湖集(용호집)	一	仝	
	圭南漫鈔(규남만초)	一	仝	
	三蘇文(삼소문)	一	仝	
二十三	孔雀詠(공작시)	一册	寫本	
	文題(문제)		仝	
	東坡集(동파집)	一	仝	

쪽수	서적목록	권수	형태	비고
	淵醉英邇(연취영선)	一	소	
	圍碁定石集(위기정석집)			
	箕子通紀(기자통기)	一	소	
	洞仙記(동선기)	一	소	
	百六吟(백육음)	一	소	
	九畹집(구원집)	一	소	
	詩宗(시종)	二	소	
	宋李旰江文抄(송리간강문초)	二		
	詩餘圖譜(시여도보)	一	寫本	
	江州狀啓(강주장계)	一	소	
	鎭江西序錄(진강서서록)	一	소	
	應成傳(응성전)	一	소	
	春山文藁(춘산문고)	一	소	
	慕夏堂集(모하당집)			
	古今詩話(고금시화)	一	寫本	
	東坡黃山谷尺牘(동파황산곡척독)	七	소	
	杜詩(두시)	一	소	
	散記新編(산기신편)	一	소	
	孝說(효설)	一		
	柳文(유문)	三		
	隨園尺牘(수원척독)	二	寫本	
	皇明文抄(황명문초)	一		
	遊燕錄(유연록)	一	寫本	
二十四	柳淵傳(유연전)	一册		
	廣寒樓記(광한루기)		寫本	
	記事珠(기사주)	一	소	
	紫霞詩目錄(자하시목록)	一	소	
	雲齋遺稿(운재유고)	二		
	農岩集(농암집)	十八 內一欠		

쪽수	서적목록	권수	형태	비고
	聞灘集(문탄집)	二		
	甫山集(보산집)	二		
	楓崖集(풍애집)	一		
	冬郞集(동랑집)	一		
	華西雅言(화서아언)	四		
	洪翼靖公奏○(홍익정공주○)	十八		
	宋子附錄(송자부록)	九		
	滄洲集(창주집)	七册		
	歐陽史(구양사)	六		
	西洲集(서주집)	四		
	柯亭集(가정집)	五		
	澹人集(담인집)	十		
	歷代捷錄(역대첩록)	四		
	玉泉詩詞(옥천시사)	二		
	選賦(선부)	二	古板	
	潛溪遺稿(잠계유고)	一		
	三山齋集(삼산재집)	六		
	太湖集(태호집)	四		
	葉葉齋集(엽엽재집)	二		
二十五	愼獨齋全書(신독재전서)	一册		
	石門集(석문집)	二		
	愚伏集(우복집)	十六		
	圃岩集(포암집)	十一 內一欠		
	漫錄(만록)	二	寫本	
	坡仙別集(파선별집)	三		
	淸陰先生別集(청음선생별집)	一	寫本	
	三淵詩抄(삼연시초)	一	仝	
	洞虛齋集(동허재집)	一		
	交隣考(교린고)	一	寫本	

쪽수	서적목록	권수	형태	비고
	國朝相臣攷(국조상신고)	一	仝	
	表忠祠題咏(표충사제영)	一		
	四溟集(사명집)	一		
	奮忠紓難錄(분충서난록)	一冊		
	藝苑精選(예원정선)	一		
	爛屑(난설)	一	寫本	
	看羊錄(간양록)	一	仝	
	甬雅堂叢書(용아당총서)	一	仝	
	王粹錄(왕수록)	一		
	上號都監儀軌(상호도감의궤)	二	寫本	
	縉紳案(진신안)	二	仝	
	各條笏記(각조홀기)	一	仝	
	節惠攷(절혜고)	三	仝	
	三節帖(삼절첩)	一	仝	
	東銓攷(동전고)	一	仝	
	先世行狀(선세행장)	一	仝	
二十六	晩德唱酬錄(만덕창수록)	一冊		
	芸窩集(운와집)	三		
	三淵先生年譜(삼연선생연보)	一		
	八松年譜(팔송연보)	一		
	西州集(서주집)	四		
	斗南詩選(두남시선)	二		
	玉溪遺稿(옥계유고)	一		
	松川集(송천집)	二		
	臺山集(대산집)	十		
	邵亭文稿(소정문고)	二		
	艮齋集(간재집)	三		
	松湖集(송호집)	三		
	薛氏讀書錄(설씨독서록)	一		

쪽수	서적목록	권수	형태	비고
	知守齋集(지수재집)	八冊		
	謝氏南征記(사씨남정기)	一	寫本	
	隨聞錄(수문록)	二		
	桐漁年譜(동어연보)	一		
	觀復菴集(관복암집)	一		
	三淵年譜(삼연연보)	一		
	泊翁集(박옹집)	一		
	石見集(석견집)	二		
	安村先生文集(안촌선생문집)	一		
	勉齋集(면재집)	四		
	邵亭詩稿(소정시고)	三		
	柯亭詩稿(가정시고)	五		
	退漁堂遺稿(퇴어당유고)	三		
二十七	志素遺稿(지소유고)	四冊		
	寒岡別集(한강별집)	一		
	石世遺稿(석세유고)	一		
	柳文(유문)	九	寫本	
	水村集(수촌집)	四		
	潘南朴氏世譜(반남박씨세보)	九		
	圃岩集(포암집)	十一		
	東萊鄭氏族譜(동래정씨족보)	五		
	愚伏集(우복집)	十六		
	大邱徐氏世譜(대구서씨세보)	六		
	平康蔡氏族譜(평강채씨족보)	十四		
	十六家小品選(십육가소품선)	四	寫本	
	皇明詔令(황명조령)	十		
	滄洲集(창주집)	七冊		
	潛溪集(잠계집)	一		
	朱子行狀(주자행장)	一	寫本	

쪽수	서적목록	권수	형태	비고
	石堂集(석당집)	一		
	項羽本紀列傳(항우본기열전)	一	寫本	
	歐陽史(구양사)	五		
	圭齋集(규재집)	三		
	白石集(백석집)	二		
	頤齋集(신재집)	四		
	畏窩集(외와집)	七		
	檜軒遺稿(회헌유고)	一		
	泊翁集(박옹집)	四		
	松谷集(송곡집)	六 內一欠		
二十八	鶴谷集(학곡집)	三册		
	江陵劉氏世德攷(강릉유씨세덕고)	二		
	燕岩續集(연암속집)	一		
	陽坡先生遺集(양파선생유집)	二		
	瓛齋集(환재집)	五		
	鳳棲集(봉서집)	四		
	夢觀詩稿(몽관시고)	一		
	白石詩集(백석시집)	四		
	菊隱集(국은집)	二		
	松川集(송천집)	二		
	蘭溪遺稿(난계유고)	一		
	月洲集(월주집)	三		
	晚隱集(만은집)	二		
	退軒集(퇴헌집)	三册		
	靜齋集(정재집)	四		
	宋文正公文抄(송문정공문초)	二	寫本	
	茅廬集(모려집)	三		
	邵亭集(소정집)	四		
	方山集(방산집)	一		

쪽수	서적목록	권수	형태	비고
	冲庵集(충암집)	一		
	耻庵集(치암집)	四		
	陸宣公集(육선공집)	五		
	楓崖集(풍애집)	一		
	本庵續集(본암속집)	三		
	文源宗海(문원종해)	四		
	九龍齋集(구룡재집)	二		
二十九	挹翠軒集(읍취헌집)	二册		
	苄亭集(변정집)	三		
	孺人光山金氏烈行錄 (유인광산김씨열행록)	一	写本	
	李忠定奏議(이충정주의)	八		
	冷泉集(냉천집)	三		
	蒼岩集(창암집)	一		
	孔子通紀(공자통기)	三		
	蘇老泉(소로천)	二		
	沙村集(사촌집)	一		
	太湖集(태호집)	四		
	皎亭詩集(교정시집)	二		
	列朝詩集(열조시집)	四	写本	
	晚隱遺稿(만은유고)	一		
	丹溪先生遺稿(단계선생유고)	一册	写本	
	溪堂集(계당집)	三		
	記聞錄(기문록)	一	写本	
	松坡稿(송파고)	一	仝	
	圭齋詩稿(규재시고)	一		
	八大家文抄(팔대가문초)	五	写本	
	先考遺稿(선고유고)	一	仝	
	滄洲集(창주집)	一		

쪽수	서적목록	권수	형태	비고
	松江年譜(송강연보)	一		
	大峰集(대봉집)	二		
	山谷集(산곡집)	十四		
	聖蹟圖後學錄(성적도후학록)	二		
	全州李氏族譜(전주이씨족보)	一		
三十	慶州李氏世譜(경주이씨세보)	一册		
	葵庵集(규암집)	三		
	稽古錄(계고록)	三		
	苔川集(태천집)	一		
	韋庵集(위암집)	三		
	唐詩聲音合編(당시성음합편)	八	寫本	
	明紀編年(명기편년)	六		
	靑城集(청성집)	一		
	一庵集(일암집)	一		
	寒齋集(한재집)	一		
	松齋遺稿(송재유고)	一		
	漢史列傳(한사열전)	三		
	漢雋(한준)	四		
	經史集說(경사집설)	七册		
	艮翁集(간옹집)	十二		
	武陵續集(무릉속집)	一		
	宋書百選(송서백선)	三		
	雅亭遺稿(아정유고)	三		
	○窩集(○와집)	四		
	朱文百選(주문백선)	四	寫本	
	文谷集(문곡집)	十四		
	東坡詩(동파시)	二十五		
	六谷集(육곡집)	三		
	河西集(하서집)	八		

쪽수	서적목록	권수	형태	비고
	皇明世說(황명세설)	四		
	景賢錄(경현록)	三 內一欠		
三十一	傾堂集(경당집)	二冊		
	素王史記(소왕사기)	一		
	晦軒實紀(회헌실기)	一		
	江州事蹟(강주사적)	一	寫本	
	松坡遺稿(송파유고)	一		
	耐齋集(내재집)	三		
	靜軒慶坎錄(정헌경감록)	二		
	晉庵集(진암집)	四		
	不可須臾離(불가수유리)	一	寫本	
	堯山堂紀抄(요산당기초)	一	소	
	德隱集(덕은집)	一		
	西齋集(서재집)	四		
	東坡集(동파집)	十五 內一欠		
	歷代彙要(역대휘요)	四冊	寫本	
	克省窩遺稿(극성와유고)	四	소	
	○峰集(○봉집)	一		
	湖叟實紀(호수실기)	二		
	聽軒集(청헌집)	二		
	松竹堂集(송죽당집)	二		
	分類杜詩(분류두시)	二十三		
	唐鑑(당감)	四		
	敬庵集(경암집)	二		
	士小節(사소절)	二		
	孔子通紀(공자통기)	一		
	五倫行實(오륜행실)	五		
	壽齋集(수재집)	三		
三十二	愼獨齋年譜(신독재연보)	一冊		

쪽수	서적목록	권수	형태	비고
	竹溪誌(죽계지)	一		
	德浦遺稿(덕포유고)	二		
	絶谷集(절곡집)	二		
	晚翁集(만옹집)	一		
	槎川詩抄(차천시초)	一		
	歷代棲錄(역대서록)	三		
	鹿○文抄(녹○문초)	一		
	空貢文(공공문)	一	写本	
	靜軒集(정헌집)	三		
	炭翁年譜(탄옹연보)	一		
	洛崖集(낙애집)	一		
	述夢瑣言(술몽쇄언)	一		
	希菴詩略(희암시략)	一冊		
	李東川遺稿(이동천유고)			
	江天閣銷夏錄(강천각소하록)	一	写本	
	尤翁長髟耆讁所語錄 (우옹장표기적소어록)	一	소	
	醉松詠(취송시)	一	소	
	思菴實記(사암실기)	二		
	東樊集(동번집)	二		
	列聖誌狀節要(열성지장절요)	二	写本	
	圭齋遺稿(규재유고)	三		
	滄洲別集(창주별집)	一		
	農圃集(농포집)	四		
	懶隱集(나은집)	一		
	玉溪集(옥계집)	一		
三十三	退溪集目錄(퇴계집목록)	一冊		
	正史彙鑑(정사휘감)	四	写本	
	豊川盧氏家學十圖 (풍천노씨가학십도)	一		

쪽수	서적목록	권수	형태	비고
	守虛齋遺稿(수허재유고)	二		
	昌黎三七言(창려삼칠언)	一	写本	
	杻○先生集(유○선생집)	二		
	龜岩集(귀암집)	一		
	荷棲集(하서집)	五		
	來翠堂文集(내취당문집)	一	写本	
	石田詩集(석전시집)	四	仝	
	古芸詩藁(고운시고)	一	仝	柳冷齋(유냉재)
	敬信錄諺解(경신록언해)	一		
	慕夏堂集(모하당집)	一		
	宋朝史(송조사)	三册		附遼史(부요사)
	杜慕明實記(두모명실기)	一		
	九逸傳(구일전)	一		隋城崔氏 (수성최씨)
	方山集(방산집)	一		
	善鳴集(선명집)	四		
	韓文(한문)	四		
	朱文酌海(주문작해)	八		
	耻庵集(치암집)	四		
	兩賢傳心錄(양현전심록)	四		
	景賢續錄考疑(경현속록고의)	一		
	濯纓先生年譜(탁영선생연보)	三		
	台溪附錄(태계부록)	四		
	○○○○○			
三十四	金陵集(금릉집)	十二册		
	光山小譜(광산소보)	一	写本	
	睡谷先生年譜(수곡선생연보)	一		
	勉齋集(면재집)	一		
	德隱遺稿(덕은유고)	一		

쪽수	서적목록	권수	형태	비고
	龜山年譜(귀산연보)	一		
	樗軒集(저헌집)	二		
	可之崎嶇集抄(가지기구집초)	一	寫本	
	四代詩選(사대시선)	一	仝	
	雙節錄(쌍절록)	一		
	古詩歸(고시귀)	三	寫本	
	素玩亭遺文(소완정유문)	一	仝	
	四時堂實記(사시당실기)	一		
	韓客巾衍集(한객건연집)	一冊	寫本	
	歸息堂集(귀식당집)	五		
	豊壤趙氏世譜(풍양조씨세보)	二十九		
	御評兩漢詞命(어평양한사명)	二		
	癡史集(치사집)	三		
	文谷疏抄(문곡소초)	一	寫本	
	巍岩雜著(외암잡저)	一	仝	
	東坡文抄(동파문초)	二		
	詩流含英(시류함영)	一	寫本	
	正氣錄(정기록)	一		
	愚齋實記(우재실기)	一		
	文藪(문수)	三	寫本	
	養正齋集(양정재집)	一		
三十五	詩賦雜抄(시부잡초)	一冊		
	龜菴擬政內案宙鑑 (귀암의정내안주감)	一	寫本	
	葛川集(갈천집)	二		
	羅竹軒先生集(나죽헌선생집)	二		
	濯纓集(탁영집)	三		
	三隱合稿(삼은합고)	二		
	靜菴集(정암집)	二		

쪽수	서적목록	권수	형태	비고
	退溪言行錄(퇴계언행록)	三		
	東坡詩集(동파시집)	七		
	柳文(유문)	二		
	竹香齋類書(죽향재유서)	四	写本	
	悔軒燕行詩(회헌연행시)	一	仝	
	農淵書牘(농연서독)	一	仝	
	竹溪誌尊賢錄(죽계지존현록)	一册		
	○○集抄(○○집초)	一	写本	
	雙節錄(쌍절록)	一	仝	
	方山集(방산집)	一		
	柳淵傳(유연전)	一		
	揖翠軒遺稿(읍취헌유고)	一		
	一广遺稿(일엄유고)	一		
	海陽遺稿(해양유고)	三	写本	
	芝湖年譜(지호연보)	一	仝	
	續○○錄(속○○록)	一	仝	
	止浦集(지포집)	二		
	靜軒實記(정헌실기)	二		
	南軒書論抄(남헌서론초)	三	写本	
三十六	南華仙書(남화선서)	五册	写本	
	逋翁實紀(포옹실기)	一		
	雲岩逸稿(운암일고)	一		韓山李氏
	清齋朴先生忠節錄 (청재박선생충절록)	一		
	陸宣公集(육선공집)	三	写本	
	壽齋遺稿(수재유고)	三		
	孔子實記(공자실기)	一		
	晦軒實記(회헌실기)	三		
	寒圃齊集(한포제집)	三		

쪽수	서적목록	권수	형태	비고
	峿堂集(오당집)	十二		
	昌黎集(창려집)	六		
	陶山通文(도산통문)	一		
	孔夫子淵源儒林錄 (공부자연원유림록)	一		
	文翼公行狀(문익공행장)	一冊		知守齋 (지수재)
	華山集(화산집)	五		
	竹溪誌(죽계지)	一		
	滄洲先生謚狀(창주선생익장)	一		
	默齋記思(묵재기사)	一		
	丹岩奏議(단암주의)	五		
	三秀軒遺稿(삼수헌유고)	一		
	觀圃集(관포집)	一		
	輕對說話(악대설화)	一	寫本	
	初菴集(초암집)	七		
	歷代史要(역대사요)	十二	寫本	
	愼庵遺稿(신암유고)	三		
	豊山集(풍산집)	三		
三十七	醉隱集(취은집)	二冊		
	秋山集(추산집)	一		
	○○偶存(○○우존)	一	寫本	
	四名子集(사명자집)	一		
	記聞摠錄(기문총록)	一	寫本	
	冲菴年譜(충암연보)	一		
	獨樂齋集(독락재집)	一		
	眞一齋集(진일재집)	一		
	玉圃集(옥포집)	一		
	聖學輯要(성학집요)	四		
	德隱遺稿(덕은유고)	一		

쪽수	서적목록	권수	형태	비고
	記聞叢話(기문총화)	二		
	拙隱集(졸은집)	二		
	直軒集(직헌집)	二冊		
	小松集(소송집)	三		
	莘言(췌언)	四		
	涉亭集(섭정집)	五		
	勿軒文集(물헌문집)	三		
	昇平誌(승평지)	二		
	雲養集(운양집)	三		
	宋子年譜(송자연보)	四		
	七書(칠서)	八十		
	論語(논어)	十一		
	孟子(맹자)	十四		
	中庸(중용)	二		
	大學(대학)	二		
三十八	詩傳(시전)	十七冊		
	書傳(서전)	十五		
	周易(주역)	十九		
	春秋(춘추)	十		
	禮記(예기)	十九		
	左傳(좌전)	十		
	小學(소학)	十		
	通鑑(통감)	十五		
	史記英選(사기영선)	三		
	尉繚子(위료자)	二	写本	
	李漢書(이한서)	十六		
	演經篇(연경편)	一	写本	
	錦繡策(금수책)	一	仝	
	古今命星圖(고령명성도)	二冊	写本	

쪽수	서적목록	권수	형태	비고
	四經圖說(사경도설)	一		
	分韻風謠(분운풍요)	二	寫本	
	醫宗損益(의종손익)	七		
	孟子正文(맹자정문)	二	寫本	
	濟衆新編(제중신편)	五		
	儷規(여규)	一	寫本	
	麻科彙編(마과휘편)	一	仝	
	觀感古人積德報恩說 (관감고인적덕보은설)	一	諺文	
	八大家(팔대가)	四十		
	西涯樂府(서애악부)	三		
	漢草(한초)	一		
	大學補遺(대학보유)	一		
三十九	豊壤趙氏世譜(풍양조씨세보)	十六册		
	蒙學史要(몽학사요)	一		
	東詩(동시)	一	寫本	
	廻嗣經(회사경)	一		
	孝說(효설)	一		
	增删卜易(증산복양)	六	寫本	
	敬信錄(경신록)	一		
	簡牘精要(간독정요)	一		
	左氏傳分類(좌씨전분류)	二	寫本	
	千抓腋(천조액)	一	仝	
	孝經大義(효경대의)	二	仝	
	近思錄釋疑(근사록석의)	五 內一欠		
	陸奏約選(육주약선)	一		
	○○○	八册		
	烟花万象(연화만상)	七	寫本	
	筆帥(필삭)	三	仝	

쪽수	서적목록	권수	형태	비고
	萬國地誌(만국지지)	一		
	公法會通(공법회통)	三		
	理科初步(이과초보)	四	寫本	
	四書條辨(사서조변)	五	仝	
	文選抄(문선초)	一	仝	
	東詠(동시)	二	仝	
	宮話指南(궁화지남)	一	仝	
	剪燈新話(전등신화)	二		
	自警編(자경편)	十		
	泰西新史(태서신사)	二		
四十	歷代文抄(역대문초)	二冊	寫本	
	無冤錄(무원록)	一		
	古文眞寶後集(고문진보후집)	五		
	周書國編(주서국편)	三		
	三畧(삼략)	一		
	司馬法(사마법)	一		
	尉繚子直解(위료자직해)	二		
	孫武子直解(손무자직해)	一		
	鮮由規則(선유규칙)	一		
	三韻聲彙(삼운성휘)	三		
	史要聚選(사요취선)	四		
	白軒集(백헌집)	十 內二次		
	世說(세설)	七 內一欷		
	唐鑑(당감)	四冊		
	左傳(좌전)	十五		
	張天師○○○○(장천사○○○○)	一	寫本	
	地璆略論(지구약론)	一		
	詞帖(사첩)	五	寫本	
	山經志(산경지)	一	仝	

쪽수	서적목록	권수	형태	비고
	傷寒論(상한론)	二	仝	
	暗室燈(암실등)	一	仝	
	駿奔式(준분식)	一	仝	
	續史略戔(속사략전)	六		
	春秋補編(춘추보편)	二		
	梅亭儷準(매정려준)	十一 內一次	寫本	
	左傳抄輯(좌전초집)	六		
四十一	史彙(사휘)	十五冊		
	易林(양림)	二	寫本	
	二程全書(이정전서)	十七 內三次		
	八子百選(팔자백선)	三		
	朱書百選(주서백선)	三		
	村瀨秀甫擲棋集(촌뢰수포척기집)	一		
	南征記(남정기)	一	寫本	
	濂洛(염락)	二		
	水滸誌語錄(수호지어록)	一	寫本	
	於于集(어우집)	一	仝	
	隨聞錄(수문록)	一		
	雅頌(아송)	二		
	史漢一統(사한일통)	十六		
	史記纂(사기찬)	十冊		
	南華經(남화경)	五		
	續綱目(속강목)	二十		
	季漢書(계한서)	二十		
	綱目輯要(강목집요)	三		
	左傳抄評(좌전초평)	六		
	通史(통사)	二十二	寫本	
	東漢文類(동한문류)	十 內二次	寫本	
	零金碎玉(영금쇄옥)	八	寫本	

쪽수	서적목록	권수	형태	비고
	歷代捷錄(역대첩록)	四	仝	
	焦氏易林(초씨양림)	四	仝	
	四禮纂說(사례찬설)	四		
	增修無冤錄(증수무원록)	三		
四十二	選賦抄評(선부초평)	三册		
	家禮儀節(가례의절)	四		
	三國誌(삼국지)	二十		
	禮記類編(예기유편)	十五		
	彙語(휘어)	十五		
	萬國公法(만국공법)	六	寫本	
	老乞大(노걸대)	一		
	事文抄(사문초)	三		
	無冤錄解(무원록해)	二	寫本	
	儷文(여문)	四		
	經書類抄(경서류초)	三		
	東律韻彙(동률운휘)	一	寫本	
	貨殖列傳(화식열전)	一	仝	
	策學衍義(책학연의)	二册	仝	
	海東山經(해동산경)	一	仝	
	東表(동표)	一	仝	
	折桂(절계)	三	仝	
	明紀綱目(명기강목)	六	仝	
	蒙喩編(몽유편)	一	仝	
	學達纂要(학달찬요)	一	仝	
	政始文程(정치문정)	一		
	通鑑增刪(통감증산)	三	寫本	
	社經辨訣(사경변결)	一	仝	
	古尺牘(고척독)	一	仝	
	數理精蘊補解(수리정온보해)	一		

쪽수	서적목록	권수	형태	비고
	欽定萬年書(흠정만년서)	四	写本	
四十三	地家書(지가서)	四册	写本	
	華語類抄(화어류초)	一		
	華音啓蒙(화음계몽)	一		
	聖理書(성리서)	一	写本	
	長篇(장편)	一		
	古文眞寶前集(고문진보전집)	三		
	簡牘會粹(간독회수)	一		
	痘科彙編(두과휘편)	三	写本	
	海國圖誌抄(해국도지초)	五	仝	
	塡詞格(전사격)	一	仝	
	古文各體(고문각체)	二	仝	一名玄英集
	宋史精選(송사정선)	一	仝	
	南征記(남정기)	一	仝	
	譯語類解補(역어유해보)	一册		
	周書國編(주서국편)	二		
	禮記箚記(예기차기)	十三		
	易言(양언)	二		
	兒學編(아학편)	二	写本	
	馬史(마사)	一	仝	
	左傳抄(좌전초)	二		
	杜律分韻(두률분운)	二		
	達道(달도)	三		
	涓吉龜鑑(연길귀감)	一		
	黶夢漫釋(염몽만석)	一	写本	
	玉鼓(옥고)	二		
	楚辭(초사)	一	写本	
四十四	兒戲原覽(아희원람)	一册		

쪽수	서적목록	권수	형태	비고
	儒學經緯(유학경위)	一		
	詩學指南(시학지남)	一		
	明史(명사)	三		
	牖蒙要覽(유몽요람)	一	写本	
	三政圖說(삼정도설)	一		
	風惠記畧(풍혜기략)	一		
	三才要義(삼재요의)	一	写本	
	堪輿類纂(감여유찬)	一	全	
	國語(국어)	四		
	算學啓蒙(산학계몽)	三		
	魯史零言(노사영언)	十一		
	洪武正韻(홍무정운)	五		
	近思續錄(근사속록)	二冊		
	世說(세설)	七		
	七書類抄(칠서유초)	二	写本	
	宋名臣錄(송명신록)	二十		
	彙語(휘어)	二十三		
	彙錄(휘록)	一	写本	
	六洲政表(육주정표)	四		
	句讀幻儀(구독환의)	一	写本	
	故經徵略(경사징략)	一	全	
	故事類聚(고사유취)	一	全	
	萬國略史(만국약사)	二		
	葩正(파정)	二	写本	
	方詰庭實(방힐정실)	一	全	
四十五	東坡年譜(동파연보)	一冊	写本	
	喩蒙編(유몽편)	一		
	敬信錄(경신록)	一		
	續通鑑(속통감)	八		

쪽수	서적목록	권수	형태	비고
	百家類纂(백가유찬)	三十七 內三次		
	經書正文(경서정문)	三		
	史記評林(사기평림)	三十三		
	漢書(한서)	四十五		
	古文眞寶(고문진보)	八		
	華雅(화아)	二	写本	
	虞註杜律(우주두율)	二	仝	
	儒胥必知(유서필지)	一		
	秘史(비사)	一	写本	
	左選(좌선)	二册	写本	
	東萊音註唐鑑(동래음주당감)	五		
	性理大全(성리대전)	二十七		
	杜律千選(두율천선)	四		
	八子百選(팔자백선)	三		
	漢志(한지)	十		
	龍珠(용주)	六		
	朱文抄選(주문초선)	二		
	唐詩(당시)	七		
	論語(논어)	三		
	書傳正文(서전정문)	三		
	漢儁(한준)	四		
	○○○○	四	写本	
四十六	桂叢(계총)	一册	写本	
	禮記(예기)	十五		
	大學類義(대학유의)	十		
	選賦(선부)	五		
	宋鑑(송감)	十五	写本	
	灝經(호경)	一	写本	
	胡傳春秋(호전춘추)	十		

쪽수	서적목록	권수	형태	비고
	六韜(육도)	三		
	道德經(도덕경)	二	写本	
	覺世寶箴(각세보잠)	三		
	蒙喩篇(몽유편)	一		
	歷代彙要(역대휘요)	四	写本	
	擇里志(택리지)	一	仝	
	鴻史攷證(홍사고증)	一册	写本	
	大明律(대명률)	三		
	唐詩正音(당시정음)	五		
	詩傳正文(시전정문)	二	写本	
	同異攷(동리고)	一	仝	
	太極問辨(태극문변)	一		
	大學或問(대학혹문)	一		
	四經圖(사경도)	一		
	李衛公心書(이위공심서)	四		
	無冤錄諺解(무원록언해)	四		
	性理大全節要(성리대전절요)	四		
	金管後錄(금관후록)	一	写本	
	眉公秘笈(미공비급)	五	仝	
四十七	玉華音逄(옥화음봉)	六册	写本	諺文
	敎子遺話(교자유화)	一	仝	諺文
	周禮(주례)	十		
	奎璧三經(규벽삼경)	十八		
	中庸或問(중용혹문)	一		
	書傳正文(서전정문)	二		
	雜錄(잡록)	一	写本	
	唐詩品彙(당시품휘)	二	仝	
	九雲夢(구운몽)	三		
	尙書補傳(상서보전)	一	写本	

쪽수	서적목록	권수	형태	비고
	農談(농담)	一		
	悦心集(열심집)	一	写本	
	皇極經世(황극경세)	一	仝	
	通鑑摠論(통감총론)	二册	仝	
	漫錄(만록)	一	仝	
	地理漢會(지리한회)	二	仝	
	倡善感義錄(창선감의록)	一	仝	
	時種通編(시종통편)	一	仝	
	漢洋醫方(한양의방)	一	仝	
	畵意(화의)	二	仝	
	悦心集(열심집)	二	仝	
	杜律分韻(두율분운)	二		
	時儷(시려)	二	写本	
	欽欽新書(흠흠신서)	十	仝	
	蓮港集(연항집)	一	仝	
	黃石公素書(황석공소서)	一	仝	
四十八	古今諺(고금언)	一册	写本	
	地理傳道(지리전도)	一	仝	
	八子百選(팔자백선)	四		
	錦○經(금○경)	一	写本	
	七巧圖(칠교도)	二	仝	
	福壽全書(복수전서)	一	仝	
	唐鑑(당감)	六		
	禮○類輯(예○유집)	十五		
	山天易說(산천역설)	六		
	明史綱目(명사강목)	八	写本	
	算學正義(산학정의)	三		
	○○大義(○○대의)	二		
	南華經(남화경)	十		

쪽수	서적목록	권수	형태	비고
	山大易說(산대양설)	六册		
	四書問答(사서문답)	四		
	醫方(의방)	三	写本	
	大明律(대명률)	四		
	古文精選(고문정선)	三		
	素微全書(소정전서)	四	写本	
	射後方(사후방)	一	仝	
	賦集(부집)	一	仝	
	禮記鈔(예기초)	二	仝	
	三政攷(삼정고)	一	仝	
	明聖經(명성경)	一		
	片金(편금)	一	写本	
	紀年兒覽(기년아람)	二	仝	
四十九	地理演會(지리연회)	一册	写本	
	陳𧃲痘方(진설두방)	一	仝	
	南華經(남화경)	二	仝	
	聖○(성○)	一	仝	○微
	禮書箚記(예서차기)	十三	仝	
	義○(의○)	一		
	闕里誌(궐리지)	一		
	周易○○(주역○○)	七	写本	
	○○	二	仝	
	○○○知(○○○지)	二	仝	
	蘇東坡文抄(소동파문초)	二		
	金剛經諺解(금강경언해)	一		
	續大學或問(속대학혹문)	一		
	青○長篇(청○장편)	一册	写本	
	尺牘要覽(척독요람)	一	仝	
	農談(농담)	一		

쪽수	서적목록	권수	형태	비고
	天文誌(천문지)	一	寫本	
	八家百選(팔가백선)	一	仝	
	周禮(주례)	八		
	篆字彙(전자휘)	一	寫本	
	簡禮彙纂(간례휘찬)	一		
	方藥合編(방약합편)			
	詩律(시율)	一	寫本	
	東坡詩集(동파시집)	七		
	喪禮○要(상례○요)	二		
	論語詳說(논어상설)	四		
五十	臨川集(임천집)	四册		
	欽書(흠서)	五	寫本	
	發蒙編(발몽편)	一		
	堪輿論(감여론)	一	寫本	
	孝經(효경)	一	仝	
	種德新編(종덕신편)	一	仝	
	秘傳萬法歸宗(비전만법귀종)	五	仝	
	日本政紀(일본정기)	五		
	骰譜(투보)	一	寫本	
	明史要選(명사요선)	一		
	海國圖誌抄考(해국도지초고)	一	寫本	
	詩數(시수)	六		
	周紀選(주기선)	一	寫本	
	韻玉(운옥)	一册	寫本	
	經史註解(경사주해)	一	仝	
	心經(심경)	二		
	史略諺解(사략언해)	四		
	篤大學(독대학)	一		
	易學啓蒙(양학계몽)	三		

쪽수	서적목록	권수	형태	비고
	參同契(참동계)	一		
	日用指訣(일용지결)	一		
	醫學入門(의학입문)	十九		
	東醫寶鑑(동의보감)	二十九		
	天原發微(천원발미)	六		
	百中曆(백중력)	一		
	歸眞錄(귀진록)	一	写本	
五十一	啓蒙傳疑(계몽전의)	一冊		
	暗室燈(암실등)	一	写本	
	圖章會纂(도장회찬)	一	仝	
	佛說神咀經(불설신저경)	一		
	功過格(공과격)	一		
	天地人陽經(천지인양경)	一		
	玉樞寶經(옥추보경)	一		
	解慍譜(해온보)	一		
	濟衆甘露(제중감로)	二		
	明心寶鑑(명심보감)	一		
	藥言寶典(약언보전)	一		
	玉皇寶訓(옥황보훈)	一		
	孟子正文(맹자정문)	二	写本	
	文昌帝君孝經(문창제군효경)	一冊		
	四部手圈(사부수권)	十二		
	秋月傳(추월전)	一	写本	諺文
	分韻風謠(분운풍요)	二	仝	
	錦繡策(금수책)	二	仝	
	演經編(연경편)	一		
	簡牘精要(간독정요)	一		
	水滸傳語錄(수호전어록)	一	写本	

쪽수	서적목록	권수	형태	비고
	直指方(직지방)	六		
	漢書(한서)	三十		
	玉定金科(옥정금과)	一		
	解名書(해명서)	一	写本	
	達道(달도)	三		
五十二	斗數(두수)	二册	写本	
	簡式類編(간식유편)	一		
	玉樓華欄(옥루화란)	一	写本	
	濂洛遺韻(염락유운)	一	仝	
	隋唐史抄(수당사초)	一	仝	
	宋名臣錄抄(송명신록초)	一	仝	
	警韋(경위)	一	仝	
	漢都頌(한도송)	一	仝	
	儒學經緯(유학경위)	一		
	濟要新編(제영신편)	一		
	簡牘抄(간독초)	一	写本	
	古東人(고동인)	一	仝	
	古尺牘(고척독)	一	仝	
	古詩英選(고시영선)	一册	写本	
	天源發微各種圖(천원발미각종도)	一	仝	
	折桂刀(절계도)	二	仝	
	莊馬(장마)	一	仝	
	書傳正文(서전정문)	一	仝	
	紺珠(감주)	二	仝	
	萬國地誌(만국지지)	一		
	兒戲原覽(아희원람)	二	写本	
	珊瑚綱(산호강)	十三 內二次	写本	
	陸律分韻(육률분운)	二		
	新唐書抄(신당서초)	一		

쪽수	서적목록	권수	형태	비고
	算學啓蒙(산학계몽)	二		
	陰隲文註解(음척문주해)	一		
五十三	尺牘要覽(척독요람)	一册	寫本	
	葆光碑(보광비)	一	仝	
	步天歌(보천가)	一		
	天元玉曆祥異賦(천원옥력상이부)	二		
	希夷子評(희이자평)	四	寫本	
	寶鑑(보감)	六	仝	術書
	忠經(충경)	一		
	簡禮類編(간례유편)	一		
	經類(경류)	三		
	儷抄(여초)	二		
	大明律(대명률)	五	寫本	
	左選(좌선)	四		
	烟波釣叟歌(연파조수가)	一	寫本	
	書法要訣(서법요결)*	一册		
	玄黃會英(현황회영)	四	寫本	
	艶異編(염이편)	一	仝	
	幼學須知(유학수지)	一	仝	
	孝經大義(효경대의)	一		古
	字訓增輯(자훈증집)	一		
	過化存神(과화존신)	一		
	卜筮正宗(복서정종)	三	寫本	
	白虎通(백호통)	二	仝	
	童蒙須知(동몽수지)	一	仝	
	呂氏春秋傳(여씨춘추전)	一	仝	
	○○○	一	仝	
	十二經納甲歌(십이경납갑가)	一	仝	
五十四	楚鳴(초명)	一册	寫本	

쪽수	서적목록	권수	형태	비고
	御定大學類義(어정대학류의)	一		
	碑文正本(비문정본)	一	寫本	
	尙書正文(상서정문)	一		
	陸海圖(육해도)	一	寫本	
	籀文(주문)	一	仝	
	九雲夢(구운몽)	二	仝	
	通解(통해)	二		
	綱目(강목)	七十六		
	事文類聚(사문유취)	七十		
	原古(원고)	二		
	選擇紀要(선택기요)	二		
	問義通攷(문의통고)	十 內一欠		
	二十一都懷古詩(이십일도회고시)	一册		
	海東歷代名家筆譜(해동역대명가필보)	六		
	註解語錄總覽(주해어록총람)	二		
	大方草簡牘(대방초간독)	二		
	東國文獻錄(동국문헌록)	三		
	補遺喪祭禮抄(보유상제례초)			
	全韻玉篇(전운옥편)	二		
	奎章全韻(규장전운)	一		
	唐詩長篇(당시장편)	一		
	擊蒙要訣(격몽요결)	一		
	增補三畧(증보삼략)	一		
	史畧(사략)	七		
	三體草千字(삼체초천자)	一		
五十五	啓蒙篇(계몽편)	一册		
	註解千字(주해천자)	一		
	千字(천자)	一		
	四禮撮要(사례촬요)	三		

쪽수	서적목록	권수	형태	비고
	增補天機大要(증보천기대요)	二		
	申紫霞詠(신자하시)	二		
	時行簡牘會粹(시행간독회수)	一		
	重訂方藥合編(중정방약합편)	一		附補遺方
	周易正文(주역정문)	二	寫本	
	鶴宗撮要(학종촬요)	四	仝	
	玄理(현리)	四	仝	
	玄理(현리)	一	仝	
	命理聚要(명리취요)	二	仝	
	古今命星類(고금명성류)	二	寫本	
	爛草(난초)	一	仝	
	同異攷(동이고)	一	仝	
	奇貨(기화)	一	仝	
	玉匣記(옥갑기)	一		
	河洛眞經(하락진경)	二	寫本	
	杜詩抄解(두시초해)	十四		
	算學啓蒙(산학계몽)	三		
	好古窩文集(호고와문집)	十 內一欠		
	陸奏約選(육주약선)	一		
	百年遺稿(백년유고)	一	寫本	
	東國闕里志(동국궐리지)	一		
	民堡節目(민보절목)	一		
	文廟享祀錄(문묘향사록)	一冊		
	實錄廳題名記(실록청제명기)	一		
	錦繡文章(금수문장)	一	寫本	
	紀年兒覽(기년아람)	二	仝	
	銀臺條例(은대조례)	一		
	天君演義(천군연의)	一		附花史
	癸丑覃恩錄(계축담은록)	一		

쪽수	서적목록	권수	형태	비고
	秋曹○圖錄(추조○도록)	一		
	光國志慶錄(광국지경록)	一		
	中星表(중성표)	一	寫本	

제3장 백두용 연보

1872년(0세)	서울 출생. 본관은 임천(현 충남 부여군). 자(字)는 도칠(道七).
1888년(16세)	고종 25년(1888)에 열린 무자(戊子) 식년시(式年試)에서 역과 (譯科) 2위로 합격. 그 후로 역관으로 활동. 전공분야는 한학 (漢學).
1902년(30세)	광제원(廣濟院) 사무위원으로 활동함.
1906년(34세)	벼슬이 6품으로 올라감.
1908년(36세)	기호흥학회 찬무원(贊務員)으로 활동. 고유상(高裕相), 현채(玄采), 이인직 (李人稙), 김정진(金正珍) 등 서점주인 또는 작가들도 다수 기호흥학회 찬무원으로 활동함.
1910년(38세)	이 무렵 한남서림 간판을 내건 근대식 서점을 개업함.
1911년(39세)	부친 백희배 사망.
1913년(41세)	한남서림 개업축하시문집 『가장도서첩(家藏圖書帖)』 축하문 받기 시작함.(325명 참여)
1916년(44세)	한남서림 간행 서적 『천자문』 등을 처음으로 간행함.
1920년(48세)	약 20여 종에 달하는 목판본(일부 식연활자본) 고소설을 집중적으로 간행함.

1921년(49세)	모친 사망.
1923년(51세)	1920년에 설립된 조선도서(朝鮮圖書)주식회사의 대주주로 활동함.
1926년(54세)	한남서림의 간판 도서인 『해동역대명가필보(海東歷代名家筆譜)』를 간행함.
1931년(59세)	단군신전봉찬회(檀君神殿奉贊會) 창립총회에 참여함. 이때 지석영(池錫永), 윤치호(尹致昊), 권상로(權相老), 정인보(鄭寅普), 최린(崔麟), 최남선(崔南善), 민영휘(閔泳徽), 박영효(朴泳孝) 등도 함께 참여함.
1932년(60세)	간송 전형필에게 한남서림의 위탁 경영을 위임함.
1935년(63세)	8월 20일 복막염으로 갑작스럽게 사망함.
	경기도 고양군 지축리에 묻힘.
1936년	간송 전형필이 유족으로부터 한남서림을 법적으로 완전 인수함.

참고문헌

1. 자료

「古書畵 머물던 한남서림」, 『동아일보』, 1962년 5월 7일자.

「廣告」, 『매일신보』, 1936년 8월 2일자 ; 1940년 3월 11일자.

「廣告」, 『동아일보』, 1937년 4월 8일자.

김동욱 역, 『국역 동상기찬』, 보고사, 2004.

김문기, 『시조·가사 한역가 전서 2』, 태학사, 2009.

김영윤, 『韓國書畵人名辭書』, 한양문화사, 1959.

『동아일보』, 1921년 5월 27일자 ; 1962년 5월 7일자.

東山潛叟, 『心齋記』, 『海東佛敎』 4호, 1914년 2월.

「大成中學寄金寄附人士芳名錄」, 『동아일보』, 1923년 11월 25일자.

『매일신보』, 1930년 5월 1일자.

모리스 쿠랑, 박상규 역, 『한국의 서지와 문화』, 신구문화사, 1974.

박종화, 『역사는 흐르는데 청산은 말이 없네』, 삼경출판사, 1979.

백관수, 『경성편람』, 홍문사, 1929.

백두용, 「跋」, 『海東歷代名家筆譜』, 한남서림, 1926.

백인해 편, 『家藏圖書帖』(1~12책), 한남서림, 국회도서관 소장본.

『서적목록』(한남서림 고서목록 장부책), 서울대 도서관 소장본.

「水災同情金」, 『동아일보』, 1925년 9월 29일자.

『시대일보』, 1926년 5월 23일자.

安往居, 「序」, 이덕무, 『(懸吐) 士小節』, 한남서림, 1916.

蓮波居士, 「序」, 백두용 편, 『東床記纂』, 한남서림, 1918.

오세창, 동양고전학회 역, 『국역 근역서화징(槿域書畵徵)』(상·하), 시공사, 1998.

「우리문화-도서출판(5)」, 『경향신문』, 1972년 10월 26일자.

윤희구, 「序」, 백두용 편, 『海東歷代名家筆譜』, 한남서림, 1926.

이겸로, 「흘러간 옛 출판계 : 한남서림 편 ①·②」, 『출판문화』 제15·16호, 1962년 3월 10일, 4월 10일.

이병기, 정병욱·최승범 편, 『가람日記(2)』, 신구문화사, 1976.

이병욱, 「序」, 『현토 창선감의록』, 한남서림, 1917.

『戔註四家詩』, 한남서림, 1917.

전형필, 「수서만록」, 최완수, 『전형필』, 문화체육부, 1996.

정태제, 백두용 閱, 「序」, 『天君演義 全』, 한남서림, 1917.

『조선시대잡과합격자총람(朝鮮時代雜科合格者總攬)』, 한국학중앙연구원 소장본.

조선총독부 『관보』 381호, 1939년 9월 19일자.

「한남서림翰南書林=주인主人 백두용白斗鏞씨氏 담담」, 『매일신보』, 1930년 5월 1일자.

「海東歷代名家筆譜」, 『동아일보』, 1926년 4월 28일자.

「海東歷代名家筆譜出來」, 『시대일보』, 1926년 5월 23일자.

2. 논문/연속간행물

김민환, 「개화기 출판의 목적 연구」, 『언론정보연구』 제47권 제2호, 서울대학교 언론정보연 구소, 2010.

김양수, 『朝鮮開港前後 中人의 政治外交-譯官 卞元圭 등의 東北亞 및 美國과의 활동을 중심으로」, 『실학사상연구』 제12집, 1999.

김유경, 「방각본 <남훈태평가>의 간행 양상과 의의」, 『열상고전연구』 제31집, 열상고전연구 회, 2010.

김종수, 「일제 식민지 문학서적의 근대적 위상-박문서관의 활동을 중심으로」, 『우리어문연 구』 제41집, 우리어문학회, 2011.

박몽구, 「일제 강점기 한민족 출판 연구」, 『한국출판학연구』 제36권 제2호(통권 제59호), 한국출판학회, 2010.

박준영, 「朝鮮末期 畵員 林塘 白殷培의 生涯와 繪畵」, 『미술사연구』 제25호, 미술사연구회, 2011.

방효순, 『일제시대 민간 서적발행 활동의 구조적 특성에 관한 연구』, 이화여대 박사학위논 문, 2001.

_____, 「한남서림의 소설류 방각본 발행」, 『근대서지』 제5호, 근대서지학회, 2012.

서혜은, 「한남서림의 경판본 소설 대중화 방안과 그 소설사적 의미」, 『어문학』 제133집, 한국어문학회, 2016.

성민경, 『<姑婦奇譚> 연구 : 작자 문제와 창작 양상을 중심으로』, 고려대 석사학위논문, 2011.

안미경, 「일제시대 천자문 연구」, 『서지학연구』 제22집, 서지학회, 2001.

엄태웅, 『활자본 고전소설의 근대적 간행 양상:新舊書林의 간행 양상을 중심으로』, 고려대 석사학위논문, 2007.

유탁일, 「경판방각소설의 문헌학적 연구를 위한 모색」, 『도남학보』 제7~8집, 도남학회, 1985.

유춘동, 『<수호전>의 국내 수용양상과 한글 번역본 연구』, 연세대 박사학위논문, 2012.

이겸로, 「흘러간 옛 출판계 : 翰南書林篇 ①·②」, 『출판문화』 제15·16호, 1962년 3월 10일·4 월 10일.

이민희, 「서적중개상 송신용 연구」, 『고소설연구』 제27집, 한국고소설학회, 2009.

_____, 「翰南書林의 白斗鏞 연구-새 발굴 자료 <家藏圖書帖>을 중심으로」, 『고전문학연구』 제37집, 한국고전문학회, 2010.

_____, 「서지학자로서의 가람 이병기 연구-<가람일기>에 나타난 고서 수집 및 거래를 중심으로」, 『한국학연구』 제37집, 고려대학교 한국학연구소, 2011.

_____, 「한남서림 간행 신작 구소설 <蒼松綠竹> 작품 해제」, 『근대서지』 제6호, 소명출판, 2012.

이상태, 「김정호의 생애」, 『산』 11월호, 조선일보사, 2011.

이승우, 「개화기 출판·서적계를 가다-한말 신문광고에 비친 책방 풍속도」, 『출판저널』, 대한 출판문화협회, 1993.

이종국, 「개화기 출판 활동의 한 징험-회동서관의 출판문화사적 의의를 중심으로」, 『한국출 판학 연구』 통권49호, 한국출판학회, 2005.

이창헌, 「한남서림 간행 경판방각소설 연구」, 『한국문화』 제21집, 서울대한국문화연구소, 1998.

전재진, 「≪남훈태평가≫의 인간과 개화기 한남서림 서적발행의 의의」, 『인문과학연구』 제37집, 성균관대 인문과학연구소, 2007.

정병설, 「<도서원부>를 통해 본 경성제국대학 부속도서관의 한국고서 수집」, 미발표 원고.

정용수, 「<동상기>의 성격과 조선후기 백화투 문체」, 『한문학보』 제18집, 우리한문학회, 2008,

최완수, 「간송 선생 평전」, 『간송문화』 제41호, 1991.

_____, 「간송(澗松) 전형필(全鎣弼)」, 『간송문화』 제70호(간송탄신백주년기념호), 한국민족미술연구소, 2006.

최완수, 「간송 전형필 선생 평전」, 『간송문화』, 간송미술문화재단, 2014.

최호석, 「지송욱과 신구서림」, 『고소설연구』 제19집, 한국고소설학회, 2005.

_____, 「영창서관의 고전소설 출판에 대한 연구」, 『우리어문연구』 제37집, 우리어문학회, 2010.

하동호, 「博文書館의 出版書誌攷」, 『출판학연구』, 한국출판학회, 1971.

_____, 「개화기소설의 서지적 정리 및 조사」, 『동양학』 제7집, 단국대 동양학연구소, 1977.

한국민족미술연구소, 『澗松文華』 창간호~77호, 1971~2009.

홍인숙, 「근대 척독집 연구-김우균의 <척독완편>을 중심으로」, 『한국문화연구』 제19집, 이 화여대 한국문화연구원, 2010.

古家寶三, 「古本仕入旅日記」 4~5, 『日本古書通信』 218~219호, 1962.

市井散人, 「京城の韓人書店」, 『朝鮮』, 1908년 12월.

3. 단행본

강관식, 『조선후기 궁중화원 연구』(상·하), 돌베개, 2001.

김봉희, 『한국 개화기 서적문화 연구』, 이화여대출판부, 1999.

김윤수 외 57인, 『한국미술 100년』, 한길사, 2006.

서성록, 『한국 현대회화의 발자취』, 문예출판사, 2006.

안춘근, 『韓國古書評釋』, 동화출판공사, 1986.

＿＿＿, 『한국출판문화사대요』, 청림출판, 1991.

안현정, 『근대의 시선, 조선미술전람회』, 이학사, 2012.

유탁일, 「경판 방각본 연구방향」, 『韓國文獻學研究』, 아세아문화사, 1989.

윤효정, 박광희 역, 『대한제국아 망해라』, 다산초당, 2010.

이경훈, 「옛 종로의 서점 이야기」, 『(속) 책은 만인의 것』, 보성사, 1993.

이구열, 『韓國文化材秘話』, 한국미술출판사, 1973.

이민희, 『16~19세기 서적중개상과 소설·서적 유통관계 연구』, 역락, 2007.

＿＿＿, 『마지막 서적중개상 송신용 연구』, 보고사, 2010.

이승우, 「개화기 출판·서적계를 가다」, 『출판저널』, 한국출판문화협회, 1993.

이영학 외, 『63인의 역사학자가 쓴 한국사 인물 열전』, 돌베개, 2003.

이종국, 『한국의 교과서』, 대한교과서주식회사, 1991.

이중연, 「백두용과 한남서림」, 『고서점의 문화사』, 혜안, 2007.

이창헌, 『경판 방각본 소설의 연구』, 태학사, 2000.

이충렬, 『간송 전형필』, 김영사, 2010.

정옥자, 『조선후기 문학사상사』, 서울대학교출판부, 1990.

조기준, 『韓國企業家史』, 박영사, 1973.

朝鮮總督府, 『朝鮮人の商業』, 京城:朝鮮總督府, 1925.

종걸·혜봉 공저, 『석전 박한영』, 신아출판사, 2016.

최완수, 『전형필』, 문화체육부, 1996.

최 열, 『화전(畵傳)』, 청년사, 2004.

하동호, 『한국근대문학의 서지연구』, 깊은샘, 1981.

＿＿＿, 「韓國古書籍商變遷略考」, 『近代書誌攷類叢』, 탑출판사, 1987.

한국민족미술연구소 편, 『澗松 全鍪弼』, 보성중고등학교, 1996.

한기형, 『한국 근대소설사의 시각』, 소명출판, 1999.

홍선표,『한국근대미술사 – 갑오개혁에서 해방 시기까지』, 시공사, 2009.
황정연,『조선시대 서화수장 연구』, 신구문화사, 2012.
R. 에스카르피, 민병덕 역,『출판·문학의 사회학』, 일진사, 1999.

부록 『가장도서첩』 수록 참여자 명단(가나다 순)

이름	호	책 수
ㄱ		
강우형(姜友馨)	소명(小溟)	제8책
강진희(姜晉熙)	청운(菁雲)	제4책
강태응(姜泰膺)	긍고(肯古)	제12책
강필우(康弼祐)	송암(松菴)	제9책
강필주(姜弼周)	위사(渭史)	제3책
강하형(姜夏馨)	추정(秋汀)	제10책
고영일(高永鎰)	소산(韶山)	제2책
고영주(高永周)	혜방(惠舫)	제1책
고영희(高永喜)	우정(雨亭)	제4책
고응원(高應源)	송천(松泉)	제6책
공성학(孔聖學)	의당(毅堂)	제7책
국분상태랑(國分象太郎)	오정(梧庭)	제10책
권녕우(權寧瑀)	낙재(樂齋)	제6책
권보상(權輔相)	각헌(覺軒)	제7책

권순구(權純九)	해사(海사)	제8책
권익상(權益相)	수정(邃庭)	제7책
권주상(權周相)	운산(芸山)	제9책
권중현(權重顯)	경농(經農)	제8책
권직상(權直相)	당은(唐隱)	제6책
길영순(吉英淳)	봉암(鳳菴)	제9책
김가진(金嘉鎭)	동농(東農)	제1책
김교성(金敎聲)	우청(又靑)	제10책
김규동(金奎東)	창원(蒼圓)	제7책
김규보(金奎輔)	희산(希山)	제4책
김규형(金奎馨)	동석(東石)	제5책
김규흥(金奎興)	취석(醉石)	제8책
김균상(金均祥)	운방(雲舫)	제7책
김균정(金均禎)	연향(硏香)	제7책
김기현(金基賢)	금사(錦纕)	제12책
김녕제(金寧濟)	지산(支山)	제11책
김녕한(金寗漢)	동강(東江)	제7책
김돈희(金敦熙)	성당(惺堂)	제6책
김동훈(金東勛)	양남(陽南)	제4책
김상목(金商穆)	추당(秋堂)	제8책
김상화(金相華)	남고(南皐)	제9책
김석준(金奭準)	소당(小棠)	제1책
김성근(金聲根)	해사(海士)	제1책
김성두(金星斗)	동연(東連)	제7책
김세영(金世榮)	영천(泳川)	제11책
김세익(金世益)	소파(筱坡)	제9책
김승규(金昇圭)	국헌(菊軒)	제10책

김언제(金彦濟)	농산(農汕)	제4책
김연수(金讌洙)	정석(正石)	제11책
김영철(金永哲)	화산옹(華山翁)	제1책
김영훈(金永勳)	몽해(夢海)	제9책
김용진(金容鎭)	영운(穎雲)	제7책
김우균(金雨均)	춘포(春圃)	제7책
김원근(金瑗根)	지재(止齋)	제9책
김유탁(金有鐸)	수암(守巖)	제6책
김유홍(金裕弘)	동암(董庵)	제11책
김윤식(金允植)	운양(雲養)	제1책
김익남(金益南)	심오(心吾)	제6책
김일(金馹)	화산(華山)	제10책
김정순(金廷淳)	성석(醒石)	제4책
김종근(金宗根)	금은(錦隱)	제9책
김준학(金準學)	소매(小梅)	제5책
김중연(金重演)	수당(守堂)	제11책
김진규(金晉圭)	석당(石堂)	제10책
김진숙(金鎭肅)	송관(松觀)	제9책
김춘수(金春洙)	기정(沂亭)	제6책
김태호(金泰鎬)	경재(庚齋)	제12책
김학진(金鶴鎭)	후몽(後夢)	제1책
김희명(金羲明)	우관(雨觀)	제1책

ㄴ

난파여사(蘭坡女史)	성렴(姓廉)	제12책
남계석(南啓錫)	귀당(龜堂)	제3책
남계용(南啓容)	설초(雪楚)	제4책

남규희(南奎熙)	초서(蕉西)	제2책
남장희(南章熙)	농운(弄雲)	제11책
남정철(南廷哲)	하산(霞山)	제1책
내등호차랑(內藤虎次郎)		제6책
노봉수(盧鳳洙)	옥서(玉棲)	제4책
노완수(盧完洙)	설파(雪坡)	제2책

ㄷ

덕부저일랑(德富猪一郎)	소봉(蘇峰)	제5책

ㄹ

류근(柳瑾)	석농(石儂)	제10책
류학수(柳學秀)	우당(雨塘)	제12책

ㅁ

문명욱(文明旭)	남몽(南夢)	제10책
민달식(閔達植)	회와(晦窩)	제2책
민병석(閔丙奭)	시남(詩南)	제2책
민병성(閔丙星)	우봉(又峰)	제6책
민영채(閔泳采)	금석(錦石)	제11책
민종묵(閔種默)	한산(翰山)	제1책
민찬호(閔贊鎬)	몽유(夢遊)	제2책
민창호(閔昌鎬)	학은(鶴隱)	제11책
민철훈(閔哲勳)	만향(晩香)	제3책
민형식(閔衡植)	우하(又荷)	제7책
민홍기(閔弘基)	시정(詩庭)	제8책

박건회(朴健會)	대쾌재(大快齋)	제6책
박경양(朴慶陽)	하정(荷汀)	제11책
박기준(朴基駿)	춘전(春筌)	제7책
박기화(朴夔和)	우석(虞石)	제6책
박난서(朴蘭緖)	신동와(愼動窩)	제9책
박노학(朴魯學)	금운(琴雲)	제6책
박동초(朴東初)		제12책
박성연(朴性淵)	우당(藕堂)	제1책
박승혁(朴承赫)	용초(蓉初)	제10책
박영한(朴永漢)	포운(匏雲)	제4책
박용대(朴容大)	미고(眉皐)	제4책
박제환(朴齊瓛)	금재(錦齋)	제2책
박준승(朴準承)	속연(俗緣)	제5책
박준화(朴駿和)	성재(聲齋)	제7책
박태영(朴台榮)	서향(書薌)	제3책
박태희(朴台熙)	육계(六谿)	제9책
박한영(朴漢永)	영호(暎湖)	제10책
박홍주(朴弘柱)	혜정(蕙汀)	제10책
방한종(方漢宗)	혜정(蕙庭)	제6책
방한풍(方漢豊)	석천(石泉)	제1책
백낙용(白樂鏞)		제4책
백만갑(白萬甲)	해석(海石)	제11책
백시용(白時鏞)	사종(四從)	제8책
백시용(白時鏞)		제11책
백용성(白龍城)		제6책
백우용(白禹鏞)		제9책

백윤민(白潤民)		제7책
백윤승(白潤昇)		제11책
백정중임(白井重任)	화당(和堂)	제2책
백철용(白喆鏞)	서은(墅隱)	제10책
백필용(白弼鏞)	석운(石雲)	제7책
변종헌(卞鍾獻)	유운(幼雲)	제2책
복부건(服部鍵)	고표선사(古瓢仙史)	제11책

人

서긍순(徐肯淳)	회당(晦堂)	제2책
서도순(徐道淳)	석경산인(石鏡山人)	제1책
서만순(徐晩淳)	취간(翠磵)	제8책
서병규(徐丙奎)	약산(藥山)	제3책
서학순(徐學淳)	약운(藥雲)	제5책
성기운(成岐運)	자은(紫隱)	제4책
성낙순(成樂洵)	서농(書農)	제2책
성덕기(成德基)	이소재(履素齋)	제10책
성하국(成夏國)	나운(蘿雲)	제4책
성하국(成夏國)		제10책
손봉상(孫鳳祥)	성암(誠菴)	제10책
손붕구(孫鵬九)	북해(北海)	제4책
송규진(宋奎鎭)	기산(綺山)	제10책
송규회(宋奎會)	죽촌(竹村)	제1책
송세현(宋世顯)	죽하(竹下)	제3책
송영대(宋榮大)	추당(秋堂)	제4책
송인회(宋仁會)	학주(鶴洲)	제5책
송찬회(宋贊會)	풍사(楓史)	제3책

송헌빈(宋憲斌)	동산(東山)	제11책
신경희(申耕熙)	우당(芋堂)	제3책
신대균(申大均)	유당(有堂)	제10책
신우균(申羽均)	소산(小山)	제7책
신태동(申泰東)	회당(晦堂)	제5책
심능택(沈能澤)	각자(崔子)	제12책
심승필(沈承弼)	우당(愚塘)	제5책
심의평(沈宜平)	운봉(雲鳳)	제1책

ㅇ

안만수(安晩洙)	미산(眉山)	제7책
안상원(安商元)	춘계(春溪)	제7책
안영수(安暎洙)	성석(醒石)	제8책
안택중(安宅重)	왕거(往居)	제2책
여규형(呂圭亨)	하정(荷亭)	제4책
여병현(呂炳鉉)	소암(素巖)	제11책
예종석(芮宗錫)	운계(雲溪)	제6책
오경희(吳慶喜)	희재(熙齋)	제4책
오혁(吳赫)	손암(巽菴)	제11책
왕자천운(王子天雲)	일육당(一六堂)	제12책
원세순(元世洵)	춘정(春汀)	제1책
원영의(元泳義)	장은(漳隱)	제4책
원정현(元定鉉)	정재(靜齋)	제6책
유근(柳根)	석농(石儂)	제10책
유길상(劉吉相)	송석(松石)	제12책
유길준(兪吉濬)	구당(矩堂)	제3책
유세남(劉世南)	도옹(陶翁)	제2책

유원표(劉元杓)	밀아(蜜啞)	제10책
유인식(兪寅植)	부천(溥泉)	제11책
유장한(劉章漢)	소당(韶堂)	제3책
유장한(劉章漢)	호정(壺井)	제7책
유한춘(劉漢春)	우관(又觀)	제3책
유홍열(劉興烈)	만오(晚悟)	제2책
육용정(陸用鼎)	의전(宜田)	제1책
윤교영(尹喬榮)	청운(晴雲)	제2책
윤규섭(尹奎燮)	취애(翠崖)	제4책
윤근수(尹瑾秀)	우호(又湖)	제11책
윤기원(尹起元)	여해(如海)	제2책
윤영구(尹寗求)	수정(須亭)	제6책
윤면오(尹冕五)	파산(坡山)	제5책
윤방직개(允芳直介)	휘담(徽潭)	제7책
윤상연(尹相衍)	소호(小湖)	제5책
윤상현(尹商鉉)	옥정(玉汀)	제10책
윤석영(尹奭榮)	우석(友石)	제5책
윤순학(尹淳學)	심원(尋源)	제8책
윤영기(尹永基)	옥경(玉磬)	제1책
윤영섭(尹英燮)	동봉(東峰)	제12책
윤용구(尹用求)	석촌(石邨)	제3책
윤조영(尹祖榮)	파산(坡山)	제1책
윤종문(尹鍾聞)	농성(弄星)	제10책
윤주찬(尹柱瓚)	일사(一史)	제5책
윤차순(尹次順)		제12책
윤택영(尹澤榮)	송음(松陰)	제7책
윤하병(尹夏炳)	송운(松雲)	제4책

윤하영(尹夏榮)	후당(厚堂)	제11책
윤효정(尹孝定)	운정(雲汀)	제5책
윤희구(尹喜求)	우당(于堂)	제11책
이교영(李喬永)	유곡(酉谷)	제10책
이규환(李圭桓)	만당(晚堂)	제5책
이근교(李根教)	염인(恬人)	제1책
이근명(李根命)	동미(東眉)	제1책
이근배(李根培)	죽촌(竹村)	제4책
이근홍(李根洪)	송고(松皐)	제6책
이기(李琦)	난타(蘭陀)	제3책
이노수(李魯洙)	수암(壽巖)	제12책
이덕현(李悳鉉)	정산(鼎山)	제1책
이돈수(李敦修)	석은(石隱)	제1책
이두연(李斗淵)	용파(蓉坡)	제3책
이민부(李民溥)	혜양(蕙養)	제3책
이병교(李秉喬)	화산(華山)	제3책
이병소(李秉韶)	화석(華石)	제7책
이병욱(李炳勗)	우연(友蓮)	제5책
이병호(李秉昊)	유재(維齋)	제6책
이봉노(李鳳魯)	석치(石癡)	제6책
이상영(李商永)	창상(滄上)	제5책
이상익(李相益)	연재(淵齋)	제7책
이상재(李商在)	월남(月南)	제10책
이상천(李相天)	죽하(竹下)	제11책
이석규(李錫奎)	우산(又山)	제12책
이섭(李燮)	덕암(德巖)	제10책
이소원(李少阮)		제12책

이수용(李秀龍)	만하(晚荷)	제5책
이순하(李舜夏)	삼연(三然)	제5책
이승설(李承卨)	나운(懶雲)	제12책
이승우(李勝宇)	벽서(碧棲)	제1책
이승재(李承載)	우당(又堂)	제4책
이승현(李升鉉)	원계(圓溪)	제5책
이완용(李完鎔)	소암(小菴)	제6책
이용관(李容觀)	좌치(左癡)	제1책
이용구(李容九)	계당(溪堂)	제4책
이용구(李龍九)	해사(海士)	제10책
이용린(李容麟)	난곡(蘭谷)	제8책
이용자(李蓉子)	창사(蒼姒)	제12책
이용직(李容稙)	강암(剛庵)	제3책
이원용(李源鎔)	소연(少淵)	제7책
이위래(李渭來)	형산(馨山)	제10책
이유삼(李裕三)	우석(愚石)	제3책
이유형(李裕馨)	백허(白虛)	제10책
이윤종(李胤鍾)	석당(錫堂)	제11책
이응균(李應均)	성석(醒石)	제8책
이응식(李膺植)	풍석(豊石)	제3책
이익수(李益洙)	수운(壽雲)	제7책
이장훈(李章薰)	지산(芝山)	제2책
이재곤(李載崑)	동원(東園)	제2책
이재영(李載榮)	경당(敬堂)	제9책
이재정(李在正)	운초(雲樵)	제1책
이점흥(李占興)		제12책
이정노(李正魯)	탄운(灘雲)	제1책

이정환(李鼎煥)	혜전(惠荃)	제3책
이제선(李濟宣)	운초(雲樵)	제10책
이종진(李鍾振)	소오(篠梧)	제2책
이준용(李埈鎔)	석정(石庭)	제1책
이찬래(李纘來)	미정(薇庭)	제11책
이평(李平)	고옥(古玉)	제9책
이항의(李恒儀)	만취(晩翠)	제4책
이해승(李海昇)	송석(松石)	제8책
이해창(李海昌)	인헌(仁軒)	제11책
이흥수(李興洙)	수천(壽泉)	제9책
이희원(李熙元)	위서(韋西)	제2책
임경호(任駉鎬)	동범(東凡)	제2책
임병항(林炳恒)	동초(同初)	제7책
임정모(任正謨)	청계(淸溪)	제3책
임창재(任昌宰)	성사(星史)	제2책

ㅈ

장석주(張錫周)	치암(癡菴)	제2책
장좌근(張左根)		제9책
장지연(張志淵)	위암(韋菴)	제10책
정교(鄭喬)	추인(秋人)	제2책
정대유(丁大有)	우향(又香)	제4책
정만조(鄭萬朝)	무정(茂亭)	제5책
정봉시(鄭鳳時)	송리(松里)	제3책
정응(鄭凝)	공동산인(崆峒山人)	제4책
정인석(鄭寅奭)	유재(游齋)	제1책
정인승(鄭寅昇)	동곡(東谷)	제2책

정인형(鄭寅炯)	하당(荷塘)	제6책
정일용(鄭鎰溶)	소호(素湖)	제10책
정주영(鄭周永)	우포(又圃)	제2책
정최섭(丁最燮)	석당(石堂)	제11책
정치덕(鄭致德)	퇴산(退山)	제5책
정태석(鄭泰奭)		제6책
정한조(鄭漢朝)	호은(皓隱)	제1책
조국원(趙國元)		제8책
조동희(趙同熙)	동석(東石)	제3책
조병건(趙秉健)	견산(見山)	제4책
조완구(趙琬九)		제7책
조익원(趙翼元)		제9책
조중응(趙重應)	랑전(琅田)	제10책
조중익(趙重翊)	화교(華喬)	제6책
조중정(趙重鼎)	이당(彝堂)	제10책
조학원(趙學元)	석남(石南)	제4책
조한응(趙翰膺)	성재(成齋)	제5책
조희연(趙羲淵)	기원(杞園)	제3책
주원영(朱源榮)	자운(紫雲)	제6책
중서천길(中西千吉)	고죽(古竹)	제8책
지경춘야(地經春也)	악양루주인(岳陽樓主人)	제2책
지석영(池錫永)	송촌(松村)	제3책
진학선(秦學善)	소운(少芸)	제9책

ㅊ

천엽창윤(千葉昌胤)	녹봉(鹿峯)	제8책
철당(鐵堂)		제12책

최규수(崔奎綬)	경정(敬廷)	제7책
최동식(崔東植)	동산(東山)	제5책
최봉우(崔奉禹)	학로(鶴蘆)	제9책
최성학(崔性學)	연농(研農)	제1책
최재학(崔在學)		제11책

▌ㅎ

하봉수(河鳳壽)	백촌(栢村)	제11책
하원옥(河媛玉)		제12책
한경택(韓敬澤)	만송(晩松)	제3책
한기준(韓基準)	우교(雨橋)	제6책
한만용(韓晩容)	기당(幾堂)	제4책
한상용(韓相龍)	창남(滄南)	제7책
한석진(韓錫振)	석천(石泉)	제3책
한세진(韓世鎭)	동성(東星)	제2책
한영원(韓永源)	성석(惺石)	제6책
한진창(韓鎭昌)	우려(又黎)	제5책
한창교(韓昌敎)	백산(白汕)	제3책
한현석(韓玄錫)	백남(白南)	제6책
허만필(許萬弼)	송계(松溪)	제6책
허일(許鎰)	자헌(紫軒)	제9책
현동건(玄東健)	죽재(竹齋)	제10책
현백운(玄百運)	죽헌(竹軒)	제6책
현보운(玄普運)	석남(石南)	제7책
현영운(玄暎運)	설석(雪石)	제11책
현은(玄檃)	운초(雲艸)	제2책
현채(玄采)	백당(白堂)	제3책

홍긍섭(洪肯燮)	경당(敬堂)	제4책
홍림(洪琳)	휘산(輝山)	제7책
홍승영(洪承永)	만연(晚然)	제2책
홍우섭(洪愚燮)	모청(帽靑)	제12책
홍종길(洪鍾佶)	귤원(橘園)	제6책
홍필주(洪弼周)	자인(紫人)	제5책

▌기타

Frederick Starr	제8책
Gale	제11책

찾•아•보•기

● **이민희**(李民熙, Lee Min-heui)　강화 출생. 연세대학교 국문학과를 졸업하고 서울대학교 국문학과 대학원에서 문학 석사 및 문학 박사 학위를 받았다. 현재 강원대학교 국어교육과 교수로 재직 중이다.

저서로 『파란·폴란드·뽈스까!-100여 년 전 한국과 폴란드의 만남, 그 의미의 지평을 찾아서』(소명출판, 2005), 『16~19세기 서적중개상과 소설·서적 유통관계 연구』(역락, 2007), 『조선의 베스트셀러』(프로네시스, 2007), 『조선을 훔친 위험한 책들』(글항아리, 2008), 『역사영웅서사문학의 세계』(서울대출판부, 2009), 『마지막 서적중개상 송신용 연구』(보고사, 2009), 『고전산문 교육의 풍경』(강원대출판부, 2011), 『강화 고전문학사의 세계』(인천학연구원, 2012), 『쾌족, 뒷담화의 탄생』(푸른지식, 2013), 『세책, 도서대여의 역사』(커뮤니케이션북스, 2017), 『박지원 읽기』(세창미디어, 2018) 등이 있고, 번역서로 『여용국전·어득강전·조충의전』(지만지, 2010), 『낙천등운』(공역)(한국학중앙연구원, 2010), 『춘풍천리』(지만지, 2011)가, 그리고 논문이 70여 편 있다.

[개정판] **백두용과 한남서림 연구** ●

초 판 1쇄　2013년 7월 4일
개정판 1쇄　2020년 1월 29일
지은이　이민희
펴낸이　이대현
편 집　이태곤 권분옥 문선희 임애정 백초혜
디자인　안혜진 최선주 김주화
영 업　박태훈 안현진
펴낸곳　도서출판 역락
　　　　　서울시 서초구 동광로 46길 6-6(문창빌딩 2F)
　　　　　전화 02-3409-2058(영업부), 3409-2060(편집부)
　　　　　팩시밀리 02-3409-2059
　　　　　이메일 youkrack@hanmail.net
　　　　　홈페이지 www.youkrackbooks.com
　　　　　등록 1999년 4월 19일 제303-2002-000014호
ISBN　979-11-6244-438-2　93910

■ 이 도서의 국립중앙도서관 출판예정도서목록(CIP)은 서지정보유통지원시스템 홈페이지(http://seoji.nl.go.kr)와 국가자료종합목록 구축시스템(http://kolis-net.nl.go.kr)에서 이용하실 수 있습니다. (CIP제어번호 : CIP2020001050)